城乡一体化
嵌入县域经济发展动力结构的
制度创新

秦兴方 ◎ 著

中国财经出版传媒集团

经济科学出版社
Economic Science Press
·北 京·

图书在版编目（CIP）数据

城乡一体化嵌入县域经济发展动力结构的制度创新/
秦兴方著 . -- 北京：经济科学出版社，2024.7
ISBN 978 - 7 - 5218 - 5877 - 8

Ⅰ.①城…　Ⅱ.①秦…　Ⅲ.①县级经济 - 区域经济发
展 - 研究 - 中国　Ⅳ.①F127

中国国家版本馆 CIP 数据核字（2024）第 092028 号

责任编辑：崔新艳
责任校对：蒋子明
责任印制：范　艳

城乡一体化嵌入县域经济发展动力结构的制度创新
CHENGXIANG YITIHUA QIANRU XIANYU JINGJI FAZHAN
DONGLI JIEGOU DE ZHIDU CHUANGXIN

秦兴方　著

经济科学出版社出版、发行　新华书店经销
社址：北京市海淀区阜成路甲 28 号　邮编：100142
经管中心电话：010 - 88191335　发行部电话：010 - 88191522
网址：www. esp. com. cn
电子邮箱：espcxy@ 126. com
天猫网店：经济科学出版社旗舰店
网址：http://jjkxcbs. tmall. com
北京季蜂印刷有限公司印装
710×1000　16 开　25 印张　400000 字
2024 年 7 月第 1 版　2024 年 7 月第 1 次印刷
ISBN 978 - 7 - 5218 - 5877 - 8　定价：95. 00 元
（图书出现印装问题，本社负责调换。电话：010 - 88191545）
（版权所有　侵权必究　打击盗版　举报热线：010 - 88191661
QQ：2242791300　营销中心电话：010 - 88191537
电子邮箱：dbts@ esp. com. cn）

本书为国家哲学社会科学基金重点项目（项目编号：17AJL009）成果

序

党的二十大正式开启了以中国式现代化全面推进中华民族伟大复兴的新征程。中国式现代化新征程赋予城市化和城乡现代化新内涵、新路径，既需要实践部门勇于探索，更需要学术界从理论逻辑、历史逻辑与实践逻辑相统一的角度，紧密结合我国城乡发展实际，创新中国发展经济学，为实践提供科学指导。最近，扬州大学秦兴方教授征求我对其主持并完成的国家社科基金重点项目——"城乡一体化嵌入县域经济发展动力结构的制度创新研究"的意见。鉴于这一成果回答了我国新时代城乡关系中的一些关键性问题，对城乡融合发展及其现代化的理论创新有积极的贡献，欣然作序。

为了推动学术界对新时代中国城乡关系的研究，同时对本研究成果的评价更加全面、客观，我想对中国式现代化新征程中由城镇化转向新型城市化所涉及的若干重要问题，基于"城市—城镇—农村"框架谈谈我的看法。

第一，城镇化是中国式现代化中正确处理城乡关系的一个伟大创造。众所周知，城市是市场中心，是各类市场集聚之城，而城镇则不仅包括城市，还包括坐落在广袤农村的乡镇。发展经济学中的二元结构理论强调，城市化是发展中国家克服二元结构实现现代化的必要过程，城市化实际上是农业人口向城市迁徙、城市人口增加的过程。当然，农业劳动力进城需要进行成本和效益分析，即劳动力在城市部门的期望收入（移民收入和成本之差）超过在农村的平均收入，即理性选择，这构成城市化的前提条件。在我国，农业劳动力转移或者城市化并没有完全按照发展经济学所指的路子走。改革开放以来，农村改革使大量的农业剩余劳动力从土地中释放出来、需要转移，但由于当时我国城市和农村一样落后，城市工业吸收农业剩余劳动力的能力很低。所以，中国农民只能在农村通过发展乡镇企业推进农村工业化，并且就地建城镇自己转移自己，从而创造了具有中国特色的城市化道路，即城镇化。城镇化是中国式现代化中的一个伟大创造，是低成本加速度的城镇化道路。其中，工业化和城镇化同步推进，农民离土不离乡、就地转移，是这一道路的两大中国特色。从历史角度看，这一道路是一条正确处理我国城乡关系的有效途径。

第二，新时代中国城乡现代化的关键是由城镇化转向城市化。经过 40 多年的改革开放和建设，中国经济发展进入新阶段，我国传统意义上的工业化、城镇化已基本到位，中国式现代化所赋予的城市及城市化功能已经大大超出了城镇及城镇化的功能。因此，一方面，新时代不能再限于农业剩余劳动力转移意义上的城镇化，而要促进城市现代价值的创造。如果说全面小康社会建设时期发展的重点在农村，农村改革、农村工业化、城镇化以及农村的脱贫攻坚战是当时发展的主动力源，那么，新时代需要更加凸显城市的经济、创新、文化、生态等现代价值，使城市成为现代化的策源地，城市化新内容成为发展的新动能，同时为城市和周边农村居民提供高品质生活的空间，引领居民消费水平的提升，满足居民经济、生活、生态、安全等方面需要。另一方面，为促进新时代城市现代价值创造，必须推进城市化、城镇化转型升级。尽管城镇化还需进一步解决城镇转移人口市民化、经济欠发达地区还要补上城镇化短板，但总体而言，重点要解决城市本身的更新、升级和功能再造问题。对中心城市特别是特大城市、大城市来说，需要克服"城市病"。随着产业、人口高度集聚和家庭轿车的普及，沿海城市（尤其是特大城市、大城市）普遍出现人口拥挤、交通拥堵、环境污染、房价高昂等"城市病"。克服"城市病"主要路径是逆城市化，即将占空间大而产值相对小的产业转移出城市，相关的部分人口也转移出城市进入城镇；需要提高城市集聚经济水准，包括集聚各类市场、集聚经济发展要素、集聚企业家、集聚每个时期的主导产业，充当地区或区域的发展极；需要提升城市产业业态提升，主要是面对中低端工业制成品成为买方市场以后，让那些过去依靠工业中心成为经济中心的城市，加大城市产业业态调整和优化，依托数字技术的数字产业化、产业数字化、城市治理和社会管理数字化，发展数字经济，通过大数据、云计算、人工智能等高科技手段建设智慧化城市。对于过去依靠农村工业化、农民就地转移而建设起来的城镇，特别是县城和重点镇，需要大力推进城镇的城市化，即让城镇具备城市集聚经济的功能，让城镇的农业转移人口市民化、留在农村的农民市民化，逐步达到城市的生活水准。在城镇的城市化中，要按城市功能建设城镇的城市设施，尤其是要在交通和信息通道上缩短城市和城镇的距离；要引导优质的基本公共服务资源进入城镇，引导社会资本在城镇建设现代商业设施，使得农村区域范围中的城镇具有城市功能，基本具备现代生活条件，使乡村居民就近享受到城市生活，就近获取现代发展要素。因此，从党的十八届三中全会提出"推动大中小城市和小城镇协调发展、产业和城镇融合发展，促进城镇化和新农村建设协调推进"，到党的二十大报告强调"以城市群、都市圈为依托构建大中小城市协调发展格局"和"实施城市更新行动"，也即由"城镇化"到"城市化""城市更新"，不只是回归到发展经济学中城市化的本义，关键在于指出了新时代中国城市化的新路径，赋予了"城市—城镇—农村"空间布局中城市、城镇的新功能和城乡融合、一体化发展的新思维，体现了中国发展经济学的重大理论创新。

第三，新时代的城市化是城乡融合发展的城市化，其主要途径是促进中心城市发展极功能由虹吸转向扩散。城市化发展水平对区域协调发展和区域现代化具有决定性作用，我国不同区域经济社会发展水平的差距与其城市化程度相关，欠发达地区经济相对落后的主要原因在于城市化落后——城市少、城市发展极功能弱，从而获取发展要素的能力弱。所以，党的二十大强调促进区域协调发展，抓手是推进新型城市化，关键是放大中心城市在实施区域协调发展的国家战略中的发展极功能。根据目前我国中心城市、城镇发展现状，新时代城市化推动区域协调发展和区域现代化，一方面，在地区之间，重点是在全国统一大市场建设中解决后发地区补城市化短板，改变"无城或少城"或缺乏发展极问题，以及发展城市群经济；另一方面，在城乡之间，重点是中心城市的发展极功能由虹吸转向扩散。新时代城市化是城乡融合发展的城市化，是中心和外围建立一体化经济，涉及产业体系一体化、创新中心与创新成果产业化一体化、交通信息一体化等。目前，我国中心城市的现代化指标明显高于其周边农村，但决不能就此认为中心城市能够率先基本实现现代化。众所周知，城市化水平决定的城市功能直接影响外围农村地区的发展水平，但外围地区的发展水平也会反作用于城市化进程。外围的城镇、乡村不只是承接城市转移的产业，还要为城市提供包括人力在内的要素供给，降低现代化成本，提供市场和发展空间，还为整个区域提供生态财富。只有中心的现代化而没有外围的现代化，中心的现代化是不可持续的。所以，党的二十大特别强调，中国式现代化中的城乡融合发展就是要形成中心和外围相互依赖相互支持的格局。从我国目前中心和外围的发展状况看，既要强化中心城市更新，特别是现代价值的培育和发展极功能的创造，更要强化城乡融合中将中心城市发展极功能由虹吸转向扩散，在更大范围吸引要素的基础上强化对城镇、乡村的辐射或扩散，而不能再像以前那样虹吸外围的发展要素。乡村振兴不能只是依靠乡村，而要得到本区域城市的市场、知识、资本及商业和公共服务设施等支持，使城乡收入差距能够不断缩小。同样，改善农村生活和居住条件，改善农村人居环境，完善乡村水、电、路、气、通信、广播电视、物流等基础设施，现有的乡村尤其是后发展地区的乡村是没有力量承担的，都要依赖城镇的城市化。

我认为，这三个问题对于研究新时代中国城乡融合发展、一体化发展和现代化，对于进一步创新中国发展经济学特别重要。秦兴方教授完成的"城乡一体化嵌入县域经济发展动力结构的制度创新"成果，很好地回答了其中的一些重大问题，提出了有前瞻性、创新性的思想或观点。

首先，回答了中心城市由虹吸转向扩散（简称"转向"）为何成为新时代城乡现代化中的必须重点突破的关键问题。众所周知，马克思、恩格斯在批判资本主义城乡对立矛盾的根源、表现形式及其影响的基础上，描绘了未来社会城乡融合、一体化发展愿景，创立了城乡对立统一规律理论。这一理论中包含了市场经济条件下城市对乡村极化的机理，在社会主义市场经济下也是适用的。但是，对于城市对乡村的扩散效应，基于马克思、恩格斯所处的时代还在城乡对立期，没有可参考的实践样本，只是做了合乎逻辑的愿景式描述，没有而且不可能揭示城乡融合的具体路径，需要后人在实践基础上探索和发现。本成果基于中国与西方发达国家、中国与苏联、东欧社会主义的比较，通过新中国成立以来城乡关系的实践证明：像中国这样的社会主义发展中大国，"转向"是生产力发展到一定高度——全面小康社会转向社会主义现代化强国建设阶段弥合城乡发展鸿沟和社会矛盾的必然选择，是中国式现代化的内在要求。这一点，与我对中国式现代化进程中城镇化转向新型城市化的判断是一致的。

其次，提出通过创新中国经济学理论来科学指导中心城市"转向"的主张。众所周知，中心城市支持乡村或者"转向"是一个系统性、全局性问题，涉及方方面面的利益调整，特别是涉及由社会主义制度本质要求和基本制度规定性决定的执政理念、政策取向等问题，再加上实践中没有现成的参考模式，需要学术界思考用什么样的理论、方法来指导"转向"的路径选择和政策设计。作者长期学习、研究《资本论》，同时发挥自己在县（区）挂职担任副县（区）三年多、2015 年以来一直跟踪调查研究"戴庄经验"等优势，旗帜鲜明地提出：不能照搬马克思主义经典理论，也不能套用偏重技术分析的西方城乡现代化理论，必须创新具有中国特色的城乡关系理论，即以马克思主义城乡关系理论为遵循，科学借鉴现代城乡现代化理论和方法，同中国具体实际、同中华优秀传统文化、同城乡经济社会发展阶段有机结合起来，基于丰富的城乡关系实践创新中国特色社会主义城乡融合、一体化和现代化理论，才能科学、有效地指导我国的"转向"实践。这一思想正是中国经济学所大力倡导的，基于这一研究范式在第九章中归纳提炼出来的中国特色城乡现代化理论、中国特色人的全面发展理论和中国特色县域经济发展动力结构理论，对科学探寻我国城乡现代化的新路子具有重要的学术价值、实践价值和方法论意义。这与我所主张的丰富、完善和创新中国发展经济学理论不谋而合。

再次，提出了中心城市如何有效"转向"的新思想、新观点。本成果认为，长期以来我国工业优先发展战略和市场极化效应共同引致县域、乡村自身"造血"功能偏弱，决定了新时代"转向"需要发挥好政府作用并善于借助市场的力量，在做强做大中心城市发展极功能的同时，大力推动中心城市赋能县域、乡村发展，在城乡发展规划一体化尤其是空间聚落优化的前提下，引导中心城市将基础设施、生产要素、产业、基本公共服务、生态建设嵌入县域经济发展动力结构并使其内源化，扭转县域、乡村发展要素单向流入中心城市的态势，形成城乡之间合理分工、发展要素双向流动、融合发展的新格局。这一学术思想清晰地描述了"转向"的目标、内容、路径和主要手段，符合我国城乡发展实际和中国式现代化的内在要求，具有学术创新和实践指导意义。与国内外同类成果相比较，围绕以上学术思想所证明的下列学术观点，同样具有前瞻性、创新性。一是关于城乡融合、一体化发展基本框架，提炼了"中心城市—县域（县城、重点镇）—乡村"框架，提出"转向"需要经历中心城市与县域融合发展以及县域内部城乡一体化发展两个层次，其中县域内部县城、重点镇扮演"承上启下"功能，是我国现代化的关键载体。二是证明了我国城乡融合、一体化发展两个层次之间的行动逻辑，即以中心城市发展要素嵌入县域经济发展动力结构并内源化为前提，率先破除县域内部城乡二元结构，促进县域内部城乡融合、一体化发展。这一"转向"次序及其实现条件，是学术研究中的重要发现，对中国式城乡关系现代化路径选择和制度安排具有重大参考价值。三是在中心城市发展要素嵌入县域经济发展动力结构并内源化方面，即成果的第二章至第八章，有诸多创新性研究结论，包括但不限于：基于中国国情和县域、乡村发展实际，科学设计未来县城、重点镇、乡村的形态、功能及其空间聚落布局是有效"转向"的前置条件；中心城市发展要素有效嵌入县域、乡村，"政府有为"的重点是补上县域、乡村发展的两块短板——基础设施建设和基本公共服务，协同推进城乡生态一体化建设，不仅有代内发展影响，而且还有代际传递效应，必须先行先试、善作善成；中心城市生产要素嵌入县域、乡村经济发展动力结构，促进其日益固化的生产要素结构在生产力领域产生质量变革、效率变革效应，在产业上产生融合发展、转型升级、产业创新效应，同时，通过清单制度特别是为资本设置"红绿灯"，避免或校正嵌入过程中在生产关系领域所产生的与共建共享共富共生目标的偏离，是有效"转向"的关键；城乡融合、一体化发展制度创新的核心是处理好有为政府和有效市场的关系，难点是科学界定市场有效作用和政府有为的边界，关键是中心城市支持县域、乡村过程中的中央政府和地方各级政府的行动一致，等等。

最后，中心城市发展极"转向"的制度创新具有科学依据和实践指导价值。本成果的制度设计建立在创新中国特色城乡现代化理论、中国特色人的全面发展理论和中国特色县域经济发展动力结构理论的基础之上，而且基于对新中国成立以来城乡分割、城乡统筹、城乡融合等不同发展阶段相关政策的系统梳理和新时代中国式现代化客观要求的正确把握，从局部与整体统一、长远与当下结合、供给与需求匹配的角度提出了相关政策建议，既体现了经济学理论研究的严谨、科学要求，又提高了实践指导的针对性、可借鉴性。

"转向"研究不仅需要研究中心城市侧或政策供给侧，还需要系统研究需求侧，即县域、乡村如何有更大的吸引力、更多的外源性动力内源化平台、更强的内生性发展动力等。作者上一个国家社科基金项目研究的是县域经济发展动力结构及其变迁规律，本成果研究了中心城市发展要素嵌入县域经济发展动力并内源化，希望下一步能更深入地研究"中心城市—县域（县城、重点镇）—乡村"框架中县域内率先城乡融合的机理、路径及其制度创新，以构成一个完整的研究体系。期待不断推出精品力作，为中国式城乡现代化研究作出更大的贡献！

是为序。

洪银兴
2024年3月10日

目　录
CONTENTS

绪　　论

第一节　问题的由来

坚持问题导向，特别是从错综复杂的经济实践中提炼出科学研究的问题，是经济学研究的基本方法。本书所研究的问题，主要源于笔者三次重要的社会实践及其观察和思考。

第一次是笔者 1983 年上大学以前在苏南农村的劳动体验。当年辛苦的劳作并没有从根本上解决温饱问题，既是那个时期包括笔者在内的农家子弟立志"跳农门"的诱因，也是笔者后来走上科研之路后将"三农"问题作为研究方向的主因之一。30 年后再回到家乡，发现确实已经比较发达了，特别是过去的本地农民多数已经非农化。进一步观察发现，从事农业生产的很多是外地人，其生产方式有所变化但没有发生由传统向现代的根本性转变，收入足以解决其温饱但不足以支撑其富裕。与当地非农化农民相比较，无论是本地的纯农户还是外地的务农者，尽管非常努力、辛劳，也享受到了国家农产品支持价格和各种生产补贴等优惠政策，但在当地仍然属于低收入阶层，与城市居民相比收入差距更大。农民纯粹依靠诚实劳动能否致富？农民走上共同富裕之路难在何处并如何突破？这是笔者的研究方向由《资本论》研究转向运用《资本论》范畴、方法和理论研究中国"三农"问题的起点。

第二次是笔者于 2004 年 4 月至 2007 年 8 月挂职担任扬州市邗江区人民政府副区长的实践。在调查研究并参与政府决策的过程中，得到了两个重要启示：一方面，县域政府确实是县域经济发展的重要引擎。时值 2002

年党的十六大首次提出"发展县域经济"重要命题，竞争性县域政府正由兴起、发展转向高潮。分税制、以 GDP 为核心的政府绩效考核及其相联系的干部晋升机制等因素共同作用，竞争性县域政府开启了通过争夺县域外部资源（主要是资本要素），也就是通过招商引资，实质上是利用资本集中手段推动本地经济发展的进程。竞争性县域政府的产生及其作用，既使笔者对马克思资本集中理论有了全新的认识，也使笔者理解了后来张五常等学者所说：竞争性县制度是中国改革开放以来经济保持强势增长的主要推动力之一，是一种有效率的经济制度。[①] 在地方挂职的经历，让笔者开始关注县域经济及其县域政府作用问题。另一方面，列席或出席区委、区政府经济决策的经历也告诉笔者，依托经济利益和晋升激励驱动的竞争性政府，也会带来县域经济发展的动力结构扭曲等负面效应，包括但不限于：招商引资通常以工业强县（区）为目标，不仅轻视甚至忽视了作为县域经济基石的农业农村发展，而且过度竞争还扭曲了土地、劳动力、资本等生产要素价格；与县（区）域 GDP、财政收入爆发式增长形成鲜明对比的是，县域农村居民收入增长乏力、农户生产效率提升缓慢。尽管从 2004 年开始中央已经连续出台支持"三农"发展的一号文件，但地方政府的注意力并未有大的转变。由此，笔者深切感受到，要促进县域经济全面、协调和健康发展，尤其是推动县域农业农村发展，必须变革、规范和优化县域发展动力结构。所以，2007 年 8 月笔者回到高校后，组织科研团队成员开始县域经济发展动力结构的研究，并于 2010 年承担了国家社科基金项目——"县域经济发展动力结构及其变迁规律"的研究。

第三次是笔者带领"戴庄经验及其可推广性研究"团队于 2015 年 5 月开始的跟踪调查研究。2014 年 12 月 13 日，习近平总书记在镇江考察时，对全国道德模范赵亚夫先生科技兴农、带领农民共同富裕的事迹给予高度赞扬，鼓励沿着"这条路子"继续走下去。作为镇江市委"一号课题"，本团队围绕赵亚夫先生在镇江句容市戴庄村走过的"这条路子"进

---

① 张五常从界定经济制度合约结构与安排的角度，认为中国的县经济制度是一种有效率的经济制度，是中国改革开放以来经济保持高速增长的根本原因，他说："虽然制度中的每一部分都不是新的，但组合的方法与形式是创新而又有效能"（中国的经济制度［M］. 北京：中信出版社，2009：143.）。尽管他也提出：以县为基础的制度在中国运作得好，但换一个国家并不一定有好的效果。他并没有说明原因、这一制度设计存在的问题及其解决方案。

行了全面、深入的跟踪调研。从戴庄村2003年时还是句容市最穷乡村之一，到2013年时成为本市最富乡村之一的嬗变中，我们不仅总结提炼出实践层面可推广、借鉴的具体经验并在江苏全省推广，也从中得到了理论研究的重要启示。一方面，乡村要振兴，农民要走上共同富裕，必须变革"劳动力＋土地"这一财富形成的原始动力结构。通过调查研究，我们发现，"戴庄经验"的实质是在赵亚夫先生带领和村社组织直接指挥下，通过教育、引导、组织农民和制度创新，将现代农业科技、人才、数据等生产要素和基础设施、配套产业、公共服务等外部资源或发展要素嵌入戴庄村并内源化的过程，从而走出了一条不发达的偏远乡村依靠发展现代农业让农民走上共同富裕的新路子。另一方面，复制、推广"戴庄经验"，让更多农民走上共同富裕的路子，还需要在合理利用资本、有效对接市场、更进一步推进城乡空间规划、基础设施投入、产业融合发展和公共服务供给等领域改革创新：不仅要改造乡村生产要素结构，而且要改造乡村经济发展动力结构；不仅需要激活县域、乡村的内源性动力，而且需要善于引入外部尤其是中心城市等外源性动力并将其内源化。然而，单纯依靠农民、乡村甚至县域政府还不行，需要更高层面的统筹、协调和支持。为了揭示外源性动力内源化的机理及其实现机制，在完成上一个国家社科基金项目的基础上，本科研团队又申报了本书研究项目——"城乡一体化嵌入县域经济发展动力结构的制度创新研究"。

　　本书研究项目是笔者上一个国家社科基金项目——"县域经济发展动力结构及其变迁规律研究"成果的进一步深化。该项目将新中国成立以来我国经济发展阶段抽象为封闭经济（1949~1978年）、有限开放（1978~2001年）、开放经济（2001年至今）三个阶段，研究了县域居民、农户、企业、政府四个主体在三个不同发展阶段相互制约、相互促进所构成的动力结构，分析了不同主体在不同发展阶段对县域经济发展的驱动性及其变化规律，总结提炼了县域经济发展动力结构的变迁规律。该项目研究证明了五点结论。（1）中国县域经济系统具有特殊性，西方的区域经济学理论或发展经济学理论具有不完全适用性，中国县域经济发展具有独特的理论基石。[①]

---

　　① 秦兴方，李镇江．试论中国特色县域经济理论的基石［J］．教学与研究，2013（9）：14－20.

（2）在县域经济发展不同阶段，县域经济主体的驱动性和驱动形式存在差异，其相互作用构成不同的经济发展动力结构，即封闭经济时期县域政府集中式、单一驱动的结构，有限开放时期企业与县域政府双轮驱动的结构，以及开放经济时期逐步过渡到市场起决定性作用的企业主导型驱动结构。（3）随着经济社会的变迁，县域经济主体及其相关生产要素对县域经济发展的驱动性变化也显示出规律性，体现为县域居民驱动性由弱转强再变弱、农户由强变弱、县域企业和政府持续强化等趋势，而县域生产要素则由劳动力要素占主导地位、劳动力与资本并驾齐驱，到创新要素贡献率逐步提升，以及出口、投资驱动性不断强化而消费驱动性呈现弱化的趋势等。（4）县域经济发展动力结构的变迁规律，即由政府主导的单一驱动结构，到企业和县域政府双轮驱动结构，再到市场起决定性作用的企业主导型驱动结构的演进，是由我国国情、市场化改革、县域工业化和城镇化发展等因素共同作用的结果，既具有必然性、规律性，又具有暂时性、替代性。（5）工业化、城市化发展战略等历史因素和经济全球化、市场化和信息化等现实发展因素共同作用，决定了内源性发展难以支撑县域经济的长期、可持续发展，有效利用外源性动力并内源化，是促进县域经济发展的必然选择。

上一个国家社科基金项目受研究期限的影响，有关县域经济发展动力结构的研究主要是县域内源性动力，虽然也间接证明了引入外源性动力的客观必然性，但未能系统研究外源性动力引入的机理、条件、效应及其内源化的实现机制。所以，本书研究项目在很大程度上是为了深化相关方面的研究，即通过中心城市发展要素嵌入县域经济发展动力结构并内源化的研究，探寻促进我国县域经济发展动力结构现代化、乡村振兴及其现代化，从而最终促成中国式城乡现代化的路径。

第二节　学术史梳理

本书所涉及的论题——城乡一体化及其县域经济发展动力结构，在学术史上，都可以归结为城乡关系研究，涉及城乡分离、对立、融合、一体化及其现代化等问题。

众所周知，在经济发展史上，人类社会第一次大分工使得城乡关系问题越来越尖锐。"第一次大分工，即城市和乡村的分离，立即使农村居民陷于数千年的愚昧状况，使城市居民受到各自的专门手艺的奴役。它破坏了农村居民的精神发展的基础和城市居民的肉体发展的基础。"① 马克思进一步指出："社会的全部经济史，都概括为这种对立的运动。"② 在学术史上，伴随政治经济学的产生，城乡关系尤其是城乡矛盾问题，一直受到学术界的关注。在众多学术思想、理论或流派中，马克思、恩格斯的城乡对立统一规律理论，具有划时代、标志性意义。马克思、恩格斯分析了城乡分离由古代社会格外漫长的过程到资本主义社会下突然加速的进程，既肯定了资本主义社会城乡分离对劳动分工的合理性和历史进步性，特别是对生产力的巨大促进作用，也揭示了城乡分离引致脑力劳动与体力劳动分离、城乡发展差距拉大及其整个城乡关系的恶化。更为重要的是，经典作家还科学阐述了从城乡对立走向城乡融合、一体化发展的历史趋势及其条件，包括"生产资料公有制"替代资本主义私有制，由"一个统一的大的计划协调地配置自己的生产力"，消灭了资本主义私有制下的"旧的分工"体制，"工业在全国分布得最适合于它自身的发展和其他生产要素的保持或发展"，③ 在生产力高度发展基础上城乡居民共享社会福利等。列宁也提出要通过自觉运用科学，结合工农业，重新分布人口，以及通过集体劳动实现城乡融合。④ 马克思主义经典作家的城乡关系理论、方法，尤其是未来社会城乡融合发展的科学阐释，是本研究的理论基础。

在马克思、恩格斯之后，西方学界有关城乡关系问题的研究几乎完全放弃了有关生产关系的研究，将资本主义私有制和市场经济看作最优的社会制度和资源配置方式，以此为分析前提，纯粹或主要从生产力层面去探寻一个国家或地区（主要是发展中国家）解决城乡对立矛盾及其均衡发展的方案。其研究主要集中在三个领域。

第一，城乡均衡的空间路径选择："城市偏向"还是"乡村偏向"。借鉴艾伯特·赫希曼的不平衡增长理论，弗朗索瓦·佩鲁等在 20 世纪 50 年

---

① 马克思恩格斯文集：第 9 卷 [M]. 北京：人民出版社，2009：308.
② 马克思恩格斯文集：第 5 卷 [M]. 北京：人民出版社，2009：408.
③ 马克思恩格斯全集：第 3 卷 [M]. 北京：人民出版社，1965：644 - 647.
④ 列宁全集：第 21 卷 [M]. 北京：人民出版社，1963：52.

代提出了"发展极"理论，认为发展中国家在资金有限的条件下，可以集中力量培育一部分"发展极"，尤其是先加大大城市或地区中心资本密集型工业的投资力度以刺激经济增长，尔后通过"涓滴效应"带动乡村地区的发展。弗里德曼的"中心－外围"理论也是强调先"先中心，后外围"，即城市逐步成为"中心"，而乡村则成为"外围"。缪尔达尔针对城乡地理二元结构，认为政府应该在发达地区累积起发展优势时采取不平衡发展战略，促进其扩散效应的形成。20 世纪 70 年代，利普顿认为，偏重城市而轻视乡村的理论和政府实施的偏袒城市的政策，是城乡发展不平衡的根源，会引致城乡发展差距不断扩大。[1] 20 世纪 70～80 年代，"城市偏向"逐步转向，道格拉斯等提出了"乡村城市战略"，认为城镇不是一个增长极而只是作为非农产业和行政管理的主要场所，需要通过地方与城市的相互联系才能有效促进乡村发展。朗迪勒提出"次级城市发展战略"，即通过建立体系完整、布局分散的次级城市体系，更好发挥中小城市在联系农村、沟通大城市方面的作用，从而成为促进城乡均衡发展的助推器。[2] 施特尔和泰勒由"城市偏向"走向"乡村偏向"，提出"选择性空间封闭"理论，认为应该建立以农业为中心、以基本需求和减贫为目标、以利用区域内部资源为基础的劳动密集、小规模发展模式。[3]

第二，城乡均衡的产业发展次序选择："先工后农"还是"工农平衡"。艾伯特·赫希曼秉持不平衡增长理论，认为发展中国家要集中有限的资金和资源，首先发展一部分工业，待这些部门发展起来并产生大量收入后，带动整体经济的发展。阿瑟·刘易斯于 1954 年提出二元经济结构理论，认为发展中国家存在传统经济部门与现代经济部门，现代部门通过高工资和经济扩张，可以吸纳传统农业部门的剩余劳动力，进而经济结构可以实现从二元结构向一元结构的转变。[4] 学术界将其称为"刘易斯模式"

① M. Lipton. Why Poor People Stay Poor: Urban Bias in World Develeopment [M]. MA: Harvard University Press, 1977: 121－125.

② D. A. Rondinelli. Secondary Cities in Develeoping Countries: Policies for Diffusing Urbanization [M]. London: Sage Publications, 1983: 138－163.

③ Stohr, Taylor. Devolopment form Above or Below? The Dialectics of Regional Planning in Develeoping Countries [M]. Chichester: John Wiley & Sons. LTD, 1981: 158－163.

④ W. A. Lewis. Economic Develeopment with Unlimited Supply of Labor [J]. The Manchester School of Economic and Social Studies, 1954 (5): 139－191.

或"二元结构模型",并作为分析城乡关系、农业与工业的重要框架。拉尼斯和费景汉发展了刘易斯理论,认为传统的农业部门既为现代工业部门提供了所需的劳动力,也为其提供了农业剩余,两者的平衡增长才能保证经济持续增长。① 人们将这一理论与"刘易斯模式"联系起来,通称为"刘易斯 – 拉尼斯 – 费景汉"模型。这一模型总体上有"先工后农"的特征,与此不同,西奥多·舒尔茨在《经济增长与农业》中强调了农业与工业同等重要,认为重工抑农会导致经济失衡和比例失调。② 乔根森模型也强调,工业和农业从一开始就要保持平衡发展。③ 托达罗模型认为,发展农村经济和提高农民收入是解决城市失业和各种城市病的出路,城乡协调发展是工业化顺利推进的保证。④

第三,城乡均衡发展研究的新趋势:城乡区域联动和城乡一体化发展。20 世纪 70 年代以来,随着埃德加·M. 胡佛的《区域经济学导论》的出版,区域经济学理论和方法被引入城乡关系分析中,同一时期兴起的新制度经济学,也对城乡关系研究产生了重要影响。埃比尼泽·霍华德提出"田园城市"理论,提出了工业化条件下替代城乡对立从而实现城乡一体的新社会结构形态。⑤ 美国地理学家芒福德从自然环境角度,认为城与乡不能截然分开且同等重要,需要通过分散权力来形成一个更大的区域统一体,重建城乡之间的平衡,以实现田园城市的构想。⑥ 赖德提出要取消一切活动集中于城市的模式,发展一种完全分散的、低密度的、可实现居住与就业相结合的模式,要以现有城市为基础,形成更大的城市区域一体,推进城乡区域发展的一体化。岸根卓朗试图构建"自然 – 空间 – 人类系

①　Gustav Rains and John C H Fei Source. A Theory of Economic Develeopment [J]. American Economic Review, 1961 (9): 533 – 565.

②　Theodore W. Schultz. Economc Growth and Agriculture [M]. New York: meGraw-Hill, 1968: 251 – 258.

③　D. W. Jorgenson. The Develeopment of a Dual Economy [J]. Economic Journal, 1961 (2): 309 – 334.

④　迈克尔·P. 托达罗. 经济发展与第三世界 [M]. 印金强, 赵荣美译. 北京: 中国经济出版社, 1992: 27 – 31.

⑤　埃比尼泽·霍华德. 明日的田园城市 [M]. 金经元译. 北京: 商务印书馆, 2002: 9.

⑥　刘易斯·芒福德. 城市发展史: 起源、演变和前景 [M]. 倪文彦等译. 北京: 中国建筑工业出版社, 1989: 365 – 366.

统"相结合的城乡融合社会。① 波特和昂温则构建了"城乡联合流"分析框架,试图从城乡联系角度研究城乡均衡发展的规律。② 20 世纪 90 年代中后期以来,麦基提出了"Desakota 模式",强化城乡之间的互动,混合农业与非农活动,弱化城乡差距,从而建立一种区域综合发展基础上的城乡统筹协调发展并一体化的模式。③ 道格拉斯提出区域网络发展模型,强调乡村人流、生产流、商品流、资金流、信息流与城市功能互动,通过城乡互动、良性循环,实现城乡均衡发展目标。④

　　西方学界的上述三类理论,学者们大多崇尚私有制和市场法则,没有充分考虑城乡对立正是由此而产生,很少考虑如何发挥政府的作用和中心城市对乡村的主动支持。尽管张五常等少数学者论及中国县域政府,并强调竞争性县制度是中国 1978 年以来经济体制改革取得成功和经济高速增长的根源,但他们同样没有将其纳入城乡一体化框架并展开分析,⑤ 所以,这种纯粹从经济运行层面来考虑城乡均衡、融合发展路径的做法,决定了其方法、理论及其所得出的结论、建议,对中国城乡一体化发展,总体上具有不完全适用性。当然,其中有关城乡一体化规划和建设技术层面的内容,有一定的借鉴意义。

　　中国学界有关城乡关系的研究是在 20 世纪 90 年代后才成为热点的。在我国五千多年的历史长河中,封建的传统农业社会是主线,城乡呈现低水平"和谐"的格局,一直延续到新中国成立之初。因此,在中国学术史上,城乡关系不是主要问题。除了费孝通 1936 年出版的《江村经济》成为当时世界了解中国农村的窗口,其他有影响的著述甚少。当然,包含在城乡关系中的县域问题却是一个例外。自从秦始皇统一中国并正式确立郡县制度以来,就有诸多郡县方面的论述,有"郡县治,而天下无不治"之

① 岸根卓朗. 迈向 21 世纪的国土规划:城乡联合系统设计 [M]. 高文琛译. 北京:科学出版社,1990:17-18.

② R. B. Potter, T. Unwin. The Geography of Urban-rural Interraction in Developing Countries: Essays for Alan B Mountjoy [C]. London: Routledge, 1989: 93-98.

③ M. Douglass. A Regional Network Strategy for Reeiprocal Rural Urban Linkages: An Agenda for Policy Researech with Reference to Indonesia [J]. Third World Planning Review, 1998, 20 (1): 111-114.

④ 张康之. 论全球化运动中的"去中心化"[J]. 理论与探讨,2012 (2):5-10.

⑤ 张五常. 中国的经济制度 [M]. 北京:中信出版社,2009.

说。然而，人们关注郡县制度的重点在国家统一和社会稳定方面的功能，很少论及其经济发展功能。从 1949 年新中国成立到 1978 年改革开放之初，面对一穷二白的底子和错综复杂的国际环境，为迅速推进工业化，我国实施了以农支工、以乡支城、城乡分离的体制及其政策。而且，在高度集中的计划经济体制下，县域只是国家垂直管理体系中执行上级政府指令的一个环节。所以，尽管已经存在比较复杂的城乡关系矛盾，但并没有成为学术界研究的主题，县域经济问题也未真正进入学术视野。

　　1978 年改革开放以来，随着经济社会发展环境的变化，城乡关系问题和县域经济问题逐步引起学界的关注。这些问题从不同的起点几乎作为平行的学术问题分别展开，但在 2012 年党的十八大尤其是 2013 年新型城镇化工作会议以后，它们又逐步交叉并呈现出相互融合为一个新的科学问题的趋势。

　　在两条"平行线"中，第一条主线是有关城乡关系问题的研究。改革开放之初，虽然客观上存在着城乡矛盾，但是，农村家庭联产承包责任制改革和随后兴起的乡镇企业，大大促进了农村发展和农民温饱问题的解决，在一定程度上淡化了既有的矛盾，弱化了 1984 年对外开放和城市经济体制改革对于城乡关系产生的影响，尤其是转移了有关市场化和城市化对乡村发展极化效应的视线，使人们专注于城市发展潜力的激活。一直到 20 世纪 90 年代，工业化、城市化与市场化三大力量共同发力，引致我国城乡差距不断拉大，城乡关系问题才真正进入学界视野。学者们认识到，中国社会城乡二元结构问题已经非常突出，中国社会正在失衡（郭书田，刘纯彬，1990），需要从理论上解释并解决中国城乡关系问题（胡必亮，马昂主，1993），有些学者开始较为系统地介绍国外城乡关系的研究文献（周叔莲，1993；金碚，1993），一些实践部门的专家也介入了讨论。针对我国城乡矛盾的不断激化，尝试通过"双层分离式"① 等工业化战略解决矛盾，由此，"如何把握城乡经济和社会发展的态势和特点，减少它们之间的摩擦和对立，促进它们之间的协调发展"② 成为学术前沿问题。在此以

---

　　① 王积业，王建. 我国经济发展中的二元结构矛盾与90年代经济发展的出路选择 [J]. 经济研究参考，1993（12）：2-16.
　　② 周叔莲，郭克莎. 中国城乡经济及社会的协调发展（上）[J]. 管理世界，1996（3）：15-24.

后的十多年时间，学界重点围绕以下问题展开研究：一是对中国城乡关系内在结构的解释，多数观点认为中国社会存在典型的城乡二元结构（林刚，2000；张卓元，路遥，2002），也有学者提出了三元结构的观点（乔根平，2002）。二是城乡二元结构转化的动力——劳动力流动或转移的研究，包括劳动力流动或转移特征、影响因素、途径及其对城乡关系影响等（辜胜阻，1994；周天勇，2001；蔡昉，都阳，2004；张彩江，马庆国，2004；史晋川，战明华，2006；侯风云，张凤兵，2006）。在这一阶段，少数学者还讨论了劳动力供求"拐点"问题（王诚，2005）或"刘易斯转折点"（王瑜，2012）等问题。三是城乡二元结构现代化的途径，提出通过取消户籍制度，推进城乡体制改革，协调城乡社会关系，实现城乡劳动力自由流动（冯雷，1999），需要调整城乡关系（宋洪远，2004），加强城乡统筹（蒋永穆，戴中亮，2005；韩俊，2006），在工业化中期需要突出农业的基础性地位转变（黄泰岩，王检贵，2006），发挥工业化带动或反哺作用（曾寅初，2006；安同良，卜加振，陆国庆，2007），等等。

第二条主线是关于县域经济发展的研究。从1978年改革开放到2012年党的十八大，县域经济逐步成为一个独立问题的研究经历了三个阶段。一是20世纪80年代后期，正式提出"县域经济"范畴（胡福明，1987；孙学文，王长远，1990），重点研究县域经济运行中的具体问题，但对县域经济整体性、系统性问题涉足甚少。二是20世纪90年代至2002年党的十六大，开始研究县域经济系统的特征、功能及其与城市系统之间的相互关系等问题，认为县域经济是各种运行机制构成的综合体概念（王长远，1993），依靠自身经济社会发展所凝聚的内在张力向外部区域扩展、渗透（谢自奋，凌耀初，1996），是功能比较完备且具有明显地域特色的区域经济（刘福刚，孟宪江，2002），是一种三次产业兼有、多种所有制经济并存的复合经济（陈锡文，2001），是国民经济结构中具有开放性、区域特色性和空间非均衡性等特征的综合系统（王怀岳，2001），县域经济基础理论研究取得了重大进展。三是从2002年党的十六大正式提出"壮大县域经济"命题到2012年党的十八大，学界开始重点探索县域经济发展路径，涉足县域经济与城镇化、城乡二元结构现代化的关系问题，提出县域经济发展与城镇化的有机结合（胡鞍钢，2004；邓银章，2005），认为县域经济的发展过程就是二元经济向现代经济转变的过程，就是城乡经济协调发展的过程（许经勇，2007），需要加强区域之间的合作（杨亚琴，2003；解思明，2005；江水，2006）和政府干预（江世银，2003；谢德保，2005；王郡华，2006），需要大力推进省直管县和扩权强县改革试点（柯柄生，2009；叶兴庆、陈剑波，2010），要系统解决县域发展中的结构性矛盾和体制性矛盾（杨萌凯，2005），等等。这一时期，尽管有学者注意到了县域经济与城镇化甚至城乡二元结构现代化的关系问题，但是，总体而言，县域经济与城乡关系仍然是两个独立的学术问题。

2012 年党的十八大以来，中国特色社会主义进入了新时代。2013 年中央城镇化工作会议的召开，上述两条"平行线"逐步出现并轨的趋势，即学界开始关注城乡一体化进程中县域扮演的角色，以及县域经济发展对城乡一体化的作用，新型城镇化、城乡一体化与县域经济发展相互关系的研究成为热点。学者们认为，城乡一体化的重点是县域城乡一体化（曹群，刘宇，2014），关键要通过发展县域经济推进城乡一体化（刘爱华，2014），要注重中心城市与县域经济的协整（袁中许，2014），解决好战略规划、产业支撑、配套公共服务、农村土地、投融资和县域政府债务风险防范等问题（韩启德，2013，2014；李文宇，2015；孟中华，2016；党国英，2016；李浩等，2016）。还有学者提出了"城市包容乡村发展"的理论建构，主张对城乡边缘群体尤其是乡村弱势群体的补益和赋权（武小龙，刘祖云，2013），等等。这些研究都很有价值，但是，城乡一体化与县域经济发展到底如何结合，特别是，县域、乡村经济发展能力和水平较为弱势，而且单纯依靠市场机制只会进一步拉大城乡发展差距的背景下，如何解决两者结合过程中的矛盾，学术界并未找到合适路径或者提供解决矛盾的系统性方案。

因此，面对县域、农村和农民在中国特色社会主义进入新时代初期是全面建成小康社会的"短板"或"短腿"，在全面建成社会主义现代化强国进程下仍然是瓶颈的现实，需要学术界更加重视中心城市支持县域、城镇支持农村、工业支持农业、"先富"帮助"后富"并实现"共富"的研究；面对县域经济在解决我国城乡二元结构矛盾中的重要性，需要学术界将更加重视县域经济系统的整体性、规律性研究，特别是加强新科技革命新经济背景下县域经济发展动力结构现代化的研究。本书研究就是对以上研究趋向的积极回应。

第三节　研究框架

1. 研究对象

本书以城乡关系为研究对象，将"以城支乡"在空间上落到"县域"为主要切入点，通过"中心城市—县域—乡村"路径，研究中心城市发展要素嵌入县域经济发展动力结构并内源化中的体制机制障碍及其理论创新、制度创新，以实现我国城乡二元结构现代化、一体化和城乡居民全面发展。

从科学研究的需要出发，对本研究中涉及的重要范畴或研究的核心问题做以下假设或说明。

（1）"城"包括中心城市（设立区级行政单位的城市）和县域内部的城镇，"乡"是指狭义的乡村。在中国语境下，乡村有广义和狭义之分。广义的"乡"包括乡镇、乡村，有时泛指整个县域，而狭义的乡村是指以农业生产为主要经济基础、居民聚落分布相对分散且生活方式基本相似的地方。若以乡村经济活动内容划分，有农业村（种植业）、林业村、牧村和渔村，或者农林、农牧、农渔等兼业村落之分；以是否具有行政含义，可分为自然村和行政村，前者是村落实体，后者则是行政实体。一个大自然村可设几个行政村，一个行政村也可以包含几个小自然村。乡村是县域的重要组织单元，乡村动力结构是县域经济发展动力结构的重要组成部分，是动力结构现代化的重点和难点。

需要特别说明的是，本书研究项目在申报时，乡村动力结构只是作为县域经济发展动力结构的组成部分而论证的。在项目立项后，正值党的十九大召开并提出了乡村振兴战略，随后，乡村振兴和率先在县域内实现城乡一体化成为国家政策的重点。因此，在研究过程中，本团队对研究重点进行了适度调整，即在研究县域经济发展动力结构时，更加重视乡村经济发展动力结构、中心城市发展要素嵌入乡村动力结构的研究，以更好地对接国家战略需求。

（2）"县域"既是一个有固定边界的地理空间，是国民经济中相对完整、相对独立的子系统，是联结中心城市和乡村的重要桥梁，也是一个政府运转体系相对完整的行政空间，是促进县域经济尤其是乡村振兴最有力的行政单元。在我国中央到乡镇的政府治理体系中，中央、省和地市三个层级的政府主要执行宏观或中观层次的调控，与企业、居民和农户等经济主体和乡村的联系具有间接性，而乡镇层级的政府虽然与乡村的联系最直接，但其与中心城市的联系和统筹城乡的能力偏弱。县域政府则不同，它既有直接联系企业、城乡居民和农户的优势，又握有独立的规划权、财政权和土地支配权，是"中心城市—县域—乡村"这一城乡发展动能传输通道中最重要的环节，是促进城乡融合发展中最直接、最有效的政府组织。在中国现行制度框架下，发挥县域政府的作用，做强县域经济，是推进城乡一体化建设最有力的抓手。

（3）"城乡一体化"是作为促进县域经济发展和乡村振兴的实现机制的范畴而存在的。"传统的城乡一元结构""城乡二元结构""城乡现代化"是城乡发展水平或程度性范畴；"城乡一体化"与"城乡统筹""城乡融合"类似，都属于城乡空间分离后由特定经济社会条件决定的城乡关系状态性概念。在本书中，"城乡一体化"或者"城乡融合""城乡统筹"，既是消除城乡分隔的手段，更是促成城乡二元结构转化为新的一元结构，即城乡现代化的实现机制，包括发展规划一体化、基础设施建设一体化、生产要素配置一体化、产业发展一体化、基本公共服务一体化、生态建设一体化等机制。

在"中心城市—县域—乡村"框架下，"城乡一体化"既涉及"中心城市支持县域并实现城乡一体化"，即中心城市与县域乡村发展的一体化，其构成县域外源性动力，又涉及"县域内部城镇与乡村的一体化"，即县域内部城乡一体化，其属于县域内源性动力。本书的研究重点是"中心城市支持县域并实现城乡一体化"，在这一基础上，再分析县域内部城乡一体化机制。

（4）"城乡一体化机制"，既包括乡村、县域发展要素向中心城市流动的机制，也包括中心城市发展要素向县域、乡村流动的机制。在我国社会主义市场经济体制下，前一个层面发展要素的流动是畅通的，主要问题在后一个层面，即纯粹依靠市场机制的作用，难以保证中心城市的相关发展要素有效流向县域、乡村，在相当长一段时间内，在很多领域还需要借助政府或社会的力量，因此，笔者用了"嵌入"一词。"嵌入"的本义是指"物质之间深深埋入、牢牢固定"，本书中则指引入中心城市这一外源性动力并将其与县域、乡村内源性动力结合，并逐步将外源性动力内源化的方式。

2. 思路框架

本书按照"理论—实践—新理论、新实践"的分析范式，即以马克思主义城乡关系理论为基本遵循，基于丰富的中国特色社会主义城乡一体化及其现代化实践，特别是中心城市支持县域、城镇支持农村、工业支持农业、"先富"帮助"后富"并实现"共富"的实践，研究在城乡空间聚落一体化前提下，中心城市基础设施、生产要素、产业、基本公共服务和生态建设等发展要素嵌入县域经济发展动力结构过程中，在生产力和生产关系领域所产生的效应、矛盾或问题，运用马克思主义经济学范畴、理论和方法进行实践经验总结、提炼，努力创新具有中国特色的城乡关系理论，并用创新理论指导我国城乡一体化及其城乡居民全面发展的制度创新。本研究基本思路框架见图 0 – 1。

3. 研究内容

绪论。主要说明本书选题的由来及其价值，在梳理城乡关系学术史和研究动态的基础上，阐明本书的研究对象、边界、思路框架、主要内容以及学术思想、学术观点等方面有可能的创新。

第一章：理论基础。这是本书的逻辑起点，通过分析马克思主义城乡关系理论，重点是马克思主义经典作家有关未来社会城乡一体化和人的全面发展理论的阐释，以及县域、乡村发展动力结构的解读，既为城乡一体化嵌入县域经济发展动力结构及其矛盾的研究提供理论指导，也为中国特色城乡一体化理论创新及其制度创新奠定基石。

第二章：城乡聚落优化研究。城市聚落与乡村聚落存在差异，城乡空间聚落的规模、结构会对资源配置效率和经济社会发展产生影响。本章在一般分析城乡空间聚落规模和结构发展效应的基础上，通过对西方城乡聚落的变迁、我国城乡空间聚落嬗变的研究，结合我国国情和新时代城乡一体化基本要求，对城乡空间聚落优化及其制度安排的方向进行探索，为城

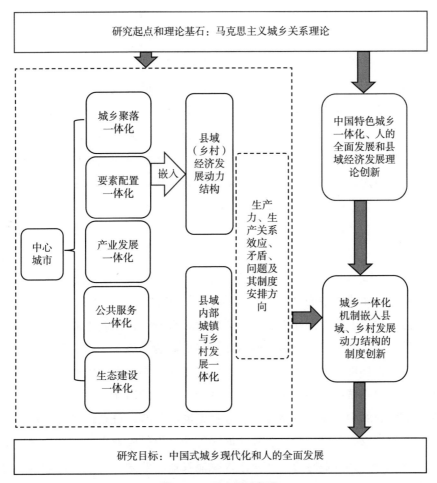

图0-1　研究思路框架

乡一体化嵌入县域经济发展动力结构提供前提条件。

第三章：基础设施嵌入研究。基于马克思主义经典作家关于未来社会城乡一体化必须以基础设施在全国均衡分布为前提条件，以及我国城乡基础设施建设的差距，同时结合新科技革命新经济发展新基建的发展趋势，研究将中心城市狭义的基础设施——直接为生产和生活服务的物质工程设施，有计划地向县域和乡村延伸、拓展或覆盖的途径、方式，以及对县域、乡村经济发展产生的数量变革和质量变革效应，揭示城乡基础设施一体化制度安排的基本方向，即补齐县域、乡村传统基础设施建设短板，推进城乡新基建一体化规划与建设。

第四章：生产要素嵌入研究。基于我国城乡经济二元结构主要是城乡发展动力结构，实质上是生产要素现代结构与传统结构的差距，也就是说，中心城市适应生产社会化、市场化和新科技革命发展需要，基本上建立了以资本、技术、人才等为主体的现代结构，而县域、乡村基本上还是以"劳动力＋土地"为主体的传统结构。本章在一般分析生产要素及其组合的基础上，分别研究资本、技术、人才和数据等派生性生产要素嵌入县域、乡村动力结构后对生产力和生产关系所产生的正向、负向效应，揭示外源性动力内源化过程中的矛盾，明晰加速县域、乡村生产要素结构向现代化转型制度安排的方向，即提高县域、乡村全要素生产率，为中心城市、县域、乡村产业融合发展和高质量发展创造条件。

第五章：产业嵌入研究。基于产业发展是城乡一体化、现代化的物质支撑，结合改革开放40多年来我国城乡产业发展基础和新科技革命新经济发展趋势，在我国中心城市产业嵌入县域、乡村发展场景发生深刻变化，即着力形成以国内大循环为主体、国内国际双循环相互促进的新发展格局和推进以城市群为依托的新型城镇化战略格局的形势下，阐明我国中心城市产业嵌入县域、乡村既不能走城市发展工业、农村发展农业的老路，也不是重复中心城市将制造环节转移到县域、乡村的旧路，而是要走以功能分工为主导的中心城市支持县域、乡村发展的新路，重点研究如何通过农户生产组织形式升级、生产服务业嵌入等途径提升农业产业韧性，通过县域产业融合及其利益融合、产业嵌入赋能农业产业融合升级、产业嵌入赋能非农产业功能升级等途径促进城乡产业融合发展，以及通过产业嵌入塑造县域经济发展节点，揭示产业嵌入制度安排的基本方向，即赋能共同富裕，着力破解实现富裕中的"共同"难题。

第六章：公共服务嵌入研究。基于公共服务是我国县域尤其是农村农民发展的短板，在理论研究公共服务赋能人的全面发展和公共服务资源配置平衡性等问题的基础上，重点研究我国公共服务供给水平和质量总体不充分、不均衡的问题，特别是相关资源主要集中在中心城市的背景下，分别从财政性公共资源和人力性公共资源两个维度，分析中心城市两种公共资源嵌入县域、乡村的共同富裕倍加效应和代际效应，揭示共同富裕短板的生成逻辑和公共资源供需匹配或错配，论证补齐县域尤其是乡村公共服务短板的政策取向，即在加大财政性公共资源和人力性公共资源支持农村的力度，以外部资源的嵌入带动县域内部资源的挖潜、整合和高效配置，在克服人力性公共资源数量短缺基础上推动质量渐进式提升。

第七章：城乡生态融合研究。基于保护和改善生态环境就是保护和发展生产力的理念和城乡自然生态系统不完全可分性特征，在分析人与自然和谐共生的前提条件、实现条件和中国实践的基础上，重点研究城乡生态系统内在结构及其城乡自然生态子系统、城乡经济生态子系统、城乡社会生态子系统的交互矛盾，从夯实城乡生态融合三维经济基础、严格管控城乡国土空间三条红线、赢得蓝天碧水净土三大保卫战等维度探索了城乡生态融合的途径，论证了城乡生态融合"强基础、补短板、促平衡"与激励约束、非正式制度有效匹配的制度安排方向。

第八章：县域内部城乡一体化研究。第二章至第七章探讨中心城市与县域、乡村的一体化，本章重点研究县域内部的城乡一体化机制问题。在一般研究县域内部城乡一体化性质及其功能的基础上，重点分析有效发挥县域内部城乡一体化驱动机制，赋能县域经济社会高质量发展尤其是乡村振兴的实现途径，即创造外源性动力嵌入的条件、建设外源性动力内源化平台和创新外源性动力内源化机制，同时积极探索县域、乡村内源性动力高级化的载体和机制。

第九章：中国特色城乡关系理论创新研究。基于马克思主义城乡关系理论同中国国情的结合，从丰富的中国特色社会主义城乡融合发展、一体化发展实践中，总结、提炼经验并努力上升到理论，试图创新具有中国特色的城乡关系理论（或中国式城乡关系理论），包括发展中社会主义大国在城乡发展不充分和不平衡条件下的城乡一体化发展阶段理论，作为城乡一体化目标的人的全面发展尤其是农民全面发展的理论，以及突破城乡发展不充分和不平衡的县域经济发展动力结构理论。在县域经济发展动力结构理论中，又包括中心城市发展要素嵌入理论、外源性动力内源化理论和乡村动力结构变革理论。

第十章：城乡一体化嵌入制度创新研究。基于丰富的中国城乡一体化实践，以中国特色城乡关系创新理论为指导，在阐释社会主义根本制度本质要求和社会主义基本经济制度内在规定性是我国城乡一体化发展制度创新基本边界的基础上，重点研究中心城市发展要素嵌入县域、乡村的体制，即在发挥好市场在城乡资源配置中决定性作用的同时，更好地发挥政府在调节城乡发展差距、保证市场有效运行、促进城乡治理现代化，促成城乡公共产品与服务有效供给等方面功能。同时，从补长农民共同富裕"短腿"政策、适度超前的县域乡村布局政策、补齐农村公共基础设施短板的政策、生产要素嵌入的"红绿灯"政策、基于丰产增收的产业融合政策、补齐农村基本公共服务短板政策和打造乡村"三生"融合宜居宜业的政策等方面，构建促进县域、乡村动力结构现代化和城乡一体化、现代化的政策体系。

第四节　有可能的创新

理论创新上，本书基于丰富的中国特色社会主义城乡融合发展、一体化发展实践，将马克思主义城乡关系理论中国化、时代化，在总结、提炼实践经验的基础上努力创新具有中国特色的城乡关系理论（或中国式城乡关系理论）。中国特色的城乡关系理论主要包括中国式城乡一体化发展阶段理论、中国式人的全面发展尤其是农民全面发展理论，以及由中心城市发展要素嵌入、外源性动力内源化和乡村动力结构变革等理论构成的中国式县域经济发展动力结构理论。

学术思想上，本书通过研究证明：中国社会主义经济制度本质要求、发展中大国国情和城乡二元结构特征，决定了我国城乡一体化必须以马克思主义城乡关系理论为遵循，批判性借鉴西方城乡发展理论和发达资本主义国家城乡一体化实践经验，创新中国特色社会主义城乡关系理论和体制机制，走中心城市发展要素嵌入县域经济发展动力结构并内源化，促进乡村动力结构变革和乡村振兴，在"中心城市—县域—乡村"路径下促成我国城乡二元结构逐步现代化，在城乡融合发展、一体化发展中逐步实现城乡居民全面发展的道路。这一道路既不同于西方发达国家的城市资本先剥夺农村后改造农村的路子，也不同于战后崛起的中小新兴资本主义国家优先发展城市再扶持农村的路子，是社会主义发展过程中，大国 70 多年来基于本国国情和文化特征，在城乡对立转向统筹、融合和一体化发展实践中不断总结经验教训的成果，即中国式城乡现代化道路。

围绕上述学术思想，本书试图证明五方面有创新性的学术观点。

（1）中国城乡一体化目标实现有赖于中国特色城乡关系理论创新。中国城乡一体化发展不能照搬照抄马克思主义经典作家的城乡关系理论，更不能套用私有制和市场至上的西方理论。为人民谋幸福、促进人的全面发展的社会主义公有制度本质要求，发展中大国尤其是农业人口十分庞大的具体国情，以及城乡二元结构中县域、乡村处于相对甚至绝对弱势等现实，决定了我们必须将马克思主义城乡关系理论同中国具体实际、同中华优秀传统文化相结合，创新中国式城乡关系理论。新中国成立以来尤其是改革开放以来，中国共产党人在实践中不断探索和总结，创新的城乡一体化发展阶段理论、人的全面发展尤其是农民全面发展理论和县域经济发展动力结构理论，是我国城乡融合、一体化发展成功实践的奥秘。

（2）县域经济发展和县城支撑功能的发挥是城乡一体化的关键。从中国城乡经济发展的空间结构看，"郡县治，而天下无不治"，县域经济在国民经济中的基础地位、县城在有效联结中心城市与乡村中的支撑作用和县域政府在我国现行行政管理系统的独特功能，决定了我国城乡现代化及其城乡居民全面发展，必须充分发挥县域经济、县城和县域政府的关键作用，将城乡发展规划、基础设施、生产要素、产业、基本公共服务和生态建设等一体化发展机制嵌入县域、乡村发展动力结构，带动县域、乡村经济社会发展质量变革和效率变革，壮大县域经济，促进乡村振兴。

（3）中心城市发展要素嵌入县域动力结构并内源化是基础。从长期看，县域经济发展必须因地制宜，走内源性动力为主导的发展道路，但在长期的中心城市优先和市场极化效应引致县域自身"造血"功能偏弱的背景下，"先富"帮助"后富"，重点是在城乡发展规划一体化前提下，发挥市场机制的决定性作用和政府的宏观调控作用，积极引导中心城市将基础设施、生产要素、产业、基本公共服务、生态建设嵌入县域动力结构并使其内源化，建立中心城市、县域之间发展要素双向流动、融合发展机制，扭转县域发展要素单向流入中心城市的格局，是当今及今后相当长时期内促进县域经济高质量发展、发挥县域在城乡一体化中的桥梁纽带作用和实现城乡居民全面发展的必然选择。

（4）乡村振兴需要乡村动力结构变革与促进农民共建共享双管齐下。我国城乡现代化建设的重点和难点在乡村，瓶颈在于农民共同富裕和全面发展。基于我国国情和农村农民发展基础，需要坚持将脱贫攻坚成果与乡村振兴有效衔接的基本思路，长期坚持"先富"帮"后富"并促成"共富"的政策导向，坚持变革乡村发展动力结构和促进农民共建共享两手抓、两手都要硬的改革取向，既要促进中心城市和县域城镇发展要素（尤其是资本、技术、人才和数据等社会化、市场化、现代化派生要素）的合理、有效嵌入，逐步变革农村原始的、传统的、固化的"劳动+土地"结构，提高农业生产的全要素生产率，促进农民既丰产又增收，又要进一步破除城乡分离的体制机制，补齐农村基础设施短板，补齐基本公共服务短板，不断提高农民共建共享的水平和质量。

（5）城乡一体化机制催生县域、乡村动力结构变革需要制度创新。中心城市发展要素嵌入县域、乡村动力结构，面临着诸多利益矛盾或衍生问题。能否促成传统、固化的县域、乡村动力结构现代化，取决于能否与时俱进地推进制度创新；关键是处理好有效市场和有为政府作用的关系问题；难点是科学界定社会主义经济制度本质要求的市场机制作用边界、市场起决定性作用条件下政府有效作用的界区和经济社会发展水平决定的共建共享程度及其水平；重点是中心城市支持县域及其乡村、工业支持农业、"先富"支持"后富"中的中央政府顶层设计及其地方各级政府的行动一致，国民经济社会发展系统中城乡经济系统与社会系统和生态系统、中心城市经济系统与县域经济系统、县域内部城镇经济系统与乡村经济系统的统筹，以及城乡发展规划一体化、基础设施一体化、生产要素配置一体化、产业发展一体化、基本公共服务一体化和生态建设一体化各种支持政策的协调配套。

研究方法上，本书运用马克思主义经济学范畴、理论和方法，对中国特色社会主义城乡融合、一体化发展实践进行经验总结、提炼，创新中国式城乡关系理论，再指导我国城乡现代化发展和城乡居民全面发展新实践，是一种"理论—实践—新理论、新实践"研究范式。与学术界现有城乡关系"理论—理论"或"理论—实践"研究范式相比较，更加符合中国国情和发展实际，在中国经济学研究中具有方法论上的特色。

第一章　马克思主义城乡关系理论

马克思主义城乡关系理论是本研究的逻辑起点。本章通过对马克思主义城乡对立统一理论、人的全面发展理论的阐释和我国县域、乡村经济发展动力结构的解读，既为城乡一体化嵌入县域、乡村经济发展动力结构及其矛盾的研究提供理论遵循，也为中国特色城乡一体化理论创新和制度创新建立理论基石。

第一节　城乡对立统一规律

城市与乡村分离，并逐步走向对立，最终又走向统一，是历史演进的产物。马克思主义经典作家在继承古典资产阶级政治经济学和空想社会主义者科学、合理成分的基础上，基于城乡关系发展史的科学梳理和对资本主义城乡关系的现实考察，深刻揭示了城乡关系变化规律，创立了城乡对立统一理论。

一、城市与乡村分离

在人类发展史上，城市是在乡村的基础上逐步产生的。城市脱胎于乡村并逐步与乡村分离，成为两个既相对独立又相互联系的空间，是一个历史范畴。在马克思、恩格斯之前，学者们曾试图厘清两者分离的过程及其根源，但都没有成功。例如，亚当·斯密提出的产业和城镇发展"自然顺序论"，认为社会中的大部分资本投入的顺序"首先是农业，其次是工业，最后是国际贸易。我相信，在所有拥有土地的社会，投资总是在某种程度上遵循这种极自然的顺序。总是先开垦了一些土地才能建立很多城镇；正是城镇里那些粗糙的制造业的持续经营，才使人们投身于国际贸易"。① 斯密所描述的乡村和城镇产生的一般顺序，是极其朴素的，从一般性描述财富起源的角度看，也许无可厚非。但是，这一理论没有揭示城乡分离的深层逻辑，难以为解决城乡矛盾提供科学依据。

马克思主义经典作家从理论逻辑与历史逻辑相统一的角度，指出人类社会早期的城市是在原始社会末期为防卫他族侵犯而产生的。"只要它（乡村）用壕沟和墙壁防守起来，乡村制度也就变成了城市制度"。② 在防守需要而用石墙围起来的"城"的基础上，在"城"中逐渐聚集了更多的人口、生产工具、资本以及享乐等其他需求，③ 出现了以商品交易特征的"市"。这样，就产生了真正意义上的城市。马克思、恩格斯认为，决定城市产生及其发展的起始因素是阶级斗争、战争及其防卫的需要，而根本性推动力则是生产力发展尤其是社会分工、专业化和商品经济发展。"一个民族内部的分工，首先引起工商业劳动同农业劳动的分离，从而也引起城乡的分离和城乡利益的对立"，④ 所以，在漫长的古代社会，农业经济占统治地位，生产力发展水平低，商品交换极为有限，所以，城市发展速度极其缓慢，城市通常是用于攻防需要的"一个孤立的据点"⑤ "一个相对封闭的社会空间"，一个除师傅、帮工、学徒、平民的劳动分工外"没有大分工"的地理空间。⑥

城市的产生是人类社会迈进文明时代的重大历史事件，但是，城乡分离过程极其缓慢、漫长，不是一蹴而就的。例如，德国的城乡分离过程就经历了三个世纪。⑦ 在城乡分离的历史演进中，城市大多是政治、军事和宗教活动中心，而非商业中心或经济中心，城市与乡村之间差别不大。事实上，在欧洲中世纪的封建社会中，庄园和城市两个经济中心并存，在封建经济规律支配下，各自走着不同的发展道路并形成了不同的经济体系。所以，城乡分离并不是一开始就表现为城乡对立。事实上，马克思主义经

---

① 亚当·斯密. 国民财富的性质和原因的研究：上卷 [M]. 北京：商务印书馆，2002：16.
② 马克思恩格斯全集：第19卷 [M]. 北京：人民出版社，1963：361.
③ 马克思恩格斯全集：第2卷 [M]. 北京：人民出版社，1957：408.
④ 马克思恩格斯文集：第1卷 [M]. 北京：人民出版社，2009：520.
⑤ 马克思恩格斯选集：第4卷 [M]. 北京：人民出版社，1995：159 – 160.
⑥ 马克思恩格斯全集：第3卷 [M]. 北京：人民出版社，1965：27 – 28，313.
⑦ 马克思恩格斯全集：第1卷 [M]. 北京：人民出版社，1956：520.

典作家都充分肯定了城乡分离的历史进步性，即城乡分离一定程度上促进了社会分工、专业化发展和商品交换，提高了劳动生产效率，促进了社会生产力的发展。

二、城市与乡村对立

在人类历史上，城乡分离过程极其漫长，但从城乡分离真正走向城乡对立则发生在近代资本主义时期。18 世纪的英国工业革命促进了工业化与城市化的交织发展。城市不仅成为劳动力的聚集地，而且成为市场化、科技革命过程中的派生性生产要素——资本、人才、技术、知识的聚集地，成为人类最先进文明成果的汇集地，成为一个国家或地区工商业活动中心、政治中心、文化中心和社会生活中心。

马克思主义经典作家认为，工业革命及其资本主义生产方式的兴起，加速了城乡分离，在促进生产力极大发展的同时，又在推动城乡分离转向城乡对立中扮演了主导角色。一方面，城乡分离本身推动了产业分工、社会分工，以及脑力劳动与体力劳动的分工，"物质劳动和精神劳动的最大的一次分工，就是城市和乡村的分离"。[①] 在工业革命及其资本驱动下，进一步加速了城乡分离及其各类分工，加速了人口向工厂和城市集中的进程。"资产阶级已经使乡村屈服于城市的统治，它创立了规模巨大的城市，使城市人口比乡村人口大增加起来。"[②] "新的工业总是需要大批常备的工人来供给无数新的劳动部门……工业把劳动力集中到工厂和城市里，工业活动和农业活动不可能结合在一起了……城市人口增加了两倍。这些增加的人口几乎全是工人。"[③] 由此，在不同工业化程度和人口规模基础上产生了不同等级的城市，而诸多不同等级的城市逐步连接成为一个个城市地区，这些城市或城市地区不再是过去封闭的社会单元，而是不断开放的经济社会活动空间，是一个国家或地区的经济、政治、文化和社会中心，形成现代城市工业文明，逐步替代农业文明，成为主导社会文明进程的主体力量。从生产力角度看，资本主义替代封建专制，资本主义生产方式催生

---

① 马克思恩格斯全集：第 1 卷 [M]. 北京：人民出版社，1956：104.
② 马克思恩格斯全集：第 1 卷 [M]. 北京：人民出版社，1956：255.
③ 马克思恩格斯全集：第 1 卷 [M]. 北京：人民出版社，1956：676－677.

城乡加速分离，是当时最有效率的生产方式。"资产阶级在它不到一百年的阶级统治中所创造的生产力，比过去一切时代所创造的全部生产力还要多、还要大。"①

但是，另一方面，工业革命及其资本主义生产方式，大大加速了城乡分离转向城乡对立。在工业革命产生前的几千年历史长河中，乡村一直安逸地坚守着"劳动＋土地"这一财富产出的生产要素结构或模式。然而，随着工业革命和资本主义生产方式的发展，这一模式被资本介入、工业化介入打破了。在等量资本获取等量利润规律的支配下，在城市非农领域不能获得等量利润的资本开始向乡村、农业领域转移。随着资本与土地相结合，传统的乡村阶级结构也被打破，在农民、地主基础上产生了农业资本家或者资本主义租地企业家。与佃农不同，他们以资本主义工业化方式经营农业，雇用农业工人并在农业资本家或者其代理人的统一指挥下进行农业生产，以分工协作为主导的土地规模化经营、产业化或市场化经营，替代了封建的、以自我指挥、小块土地生产、自给自足为主要特征的农业生产经营方式。这种以资本主义大工业方式发展起来的现代农业，将先进的农业科技（包括种源改良、土壤改良、生产技术、先进生产工具等）引入农业生产领域，将传统农民转变为农业工人，引入分工、协作机制，极大地提高了农业生产力。但是，资本主义在农业上的任何进步不仅是掠夺劳动者技巧的进步，是以劳动力本身的破坏和衰退为代价的，而且更是掠夺土地技巧上的进步。"一个国家越是大力发展大工业，那么这个破坏土地的过程就越迅速。"② 特别是，以资本主义工业化方式发展农业，毁坏了工农业之间原始的纽带，资本无处不在、无时不在地侵占、排挤、剥夺和驱赶着那些固守封建生产方式的小农，使他们成为无产阶级，流向城市，成为城市扩张的动力和工业化扩张的后备军。由此，也无情地摧毁着传统乡村，使乡村走向凋敝、衰落。正是从这个时候开始，脱胎于乡村的城市逐渐远离了乡村，成为经济、政治、文化和社会中心，在城乡对立的矛盾运动中越来越取得绝对优势地位，城乡对立格局真正形成了。

城乡之间的对立是随着野蛮向文明的过渡、部落制度向国家的过渡、

---

① 马克思恩格斯全集：第1卷 [M]. 北京：人民出版社，1956：256.
② 马克思恩格斯文集：第5卷 [M]. 北京：人民出版社，2009：578.

地域局限性向民族的过渡而开始的，只有在私有制的范围内才能存在，[①]特别是在资本主义私有制条件下，资产阶级使农村屈服于城市的统治，[②]才使城乡分离真正表现为城乡对立。

三、城乡一体化发展

在学术史上，对于资本主义城乡对立及其由此引发的社会矛盾，空想社会主义者就已经关注，并在批判的基础上设想了"城乡和谐"模式。例如，莫尔的"乌托邦"社会，圣西门的城乡人口平等思想，傅里叶的"和谐社会"和"法朗吉"基层组织，欧文的"理性社会制度"和"共产主义新村"等。对于空想社会主义城乡关系的思想，马克思主义经典作家进行了一分为二的评价。一方面，肯定并汲取了其中合理的成分。恩格斯在《反杜林论》中指出："空想主义者已经充分地了解到分工所造成的后果，……欧文和傅里叶都要求消灭城市和乡村之间的对立，作为消灭整个旧的分工的第一个基本条件。……他们两人都远远地超出了杜林先生所承袭的剥削阶级的思维方式。这种思维方式认为，城市和乡村的对立按事物的本性来说是不可避免的。"恩格斯不仅肯定了空想社会主义者有关消灭城乡对立是消灭旧分工的基本条件的论断，而且还汲取了空想主义者有关"未来社会人口均衡分布于全国""每个社会成员都既从事农业，又从事工业""每个人尽可能地调换工种""人应当通过全面的实践活动获得全面的发展"[③]等思想，为马克思主义经典作家设计未来社会城乡一体化发展愿景提供了重要参考。另一方面，空想社会主义者只是看到了资本主义社会城乡对立的表象，缺乏对城乡对立根源的认知，因而其解决方案设计带有"空想性"。马克思、恩格斯认为，只有从社会制度层面消除了城乡对立根源并在这一基础上进行科学设计，才有可能找到城乡一体化之路。

在历史分析基础上，尤其是通过分析资本主义社会城乡对立产生的经济社会基础，马克思、恩格斯对未来社会城乡关系进行了合乎逻辑的、体系化的构想（主要包括三个层面）。

---

① 马克思恩格斯文集：第1卷 [M]. 北京：人民出版社，2009：556.
② 马克思恩格斯文集：第2卷 [M]. 北京：人民出版社，2009：36.
③ 马克思恩格斯文集：第9卷 [M]. 北京：人民出版社，2009：309－310.

第一，城乡融合和一体化发展的目标。人的全面发展，是未来社会城乡融合和一体化发展的根本目标，即"通过城乡的融合，使社会全体成员的才能得到全面发展"。① 在经典作家看来，未来社会消灭城乡对立走向城乡融合具有必然性。"城市和乡村的对立的消灭不仅是可能的，而且已经成为工业生产本身的直接需要，同样也已经成为农业生产和公共卫生事业的需要。只有通过城市和乡村的融合，现在的空气、水和土地的污染才能排除，只有通过这种融合，才能使城市中病弱群众的粪便不致引起疾病，而被用作植物的肥料。"②

第二，城乡融合和一体化发展的社会条件。马克思、恩格斯认为，未来社会要实现城乡融合和一体化发展，"又只有消灭现代工业的资本主义性质才有可能"，③ 才能消除资本主义私有制下旧的社会分工，才能消除工农之间的对立，"才能使农业人口从他们数千年来几乎一成不变在其中受煎熬的那种与世隔绝的和愚昧无知的状态中挣脱出来"。④

第三，城乡融合和一体化发展的经济条件。城乡融合和一体化发展必须建立在生产力高度发展基础上。也就是"只有按照一个统一的大的计划协调地配置自己的生产力的社会，才能使工业在全国分布得最适合于它自身的发展和其他生产要素的保持或发展"，⑤ 才能使"大工业在全国的尽可能均衡的分布"。⑥ 同时，也"只有使人口尽可能地平均分布于全国，只有使工业生产和农业生产发生紧密的联系，并适应这一要求使交通工具也扩充起来"，⑦只有"让城市的先进生产力来辐射边远地区的发展"，⑧ 只有"在农业中采用集体的、有组织的劳动，并且只有在广泛利用现代科学技术成就的基础上，才能保证农业生产的不断发展"，⑨ 才能使乡村得到不断发展，才能真正实现乡村与城市的融合。由此可见，在马克思、恩格斯看来，公有制和资源有计划配置是城乡融合、一体化发展的前提条件，而生产力合理布局（包括产业和人口在全国范围内均衡分布，工业与农业的紧

---

① 马克思恩格斯文集：第9卷［M］. 北京：人民出版社，2009：309-310.
②③ 马克思恩格斯文集：第9卷［M］. 北京：人民出版社，2009：313.
④⑦ 马克思恩格斯文集：第3卷［M］. 北京：人民出版社，2009：326.
⑤ 马克思恩格斯全集：第3卷［M］. 北京：人民出版社，1965：646.
⑥ 马克思恩格斯文集：第9卷［M］. 北京：人民出版社，2009：314.
⑧ 马克思恩格斯选集：第35卷［M］. 北京：人民出版社，1971：446.
⑨ 马克思恩格斯选集：第18卷［M］. 北京：人民出版社，1974：64.

密联系，交通等基础设施覆盖城乡，农业劳动组织化、科学技术广泛利用，城市先进生产力辐射到乡村等边远地区等）是城乡融合、一体化发展的实现条件。

列宁继承了马克思、恩格斯城乡融合、一体化发展理论，强调"要自觉运用科学，结合工农业，重新分布人口，通过集体劳动，实现城乡融合"。① 而且又从社会主义城市功能的角度进一步发展了马克思主义城乡融合、一体化发展理论。列宁指出："在现代各个国家甚至在俄国，城市的发展要比乡村迅速得多，城市是经济、政治和人民的精神生活的中心。"② 无产阶级掌握了城市中心地区，也就掌握了国家政权的神经中枢和心脏，③ 无产阶级领导着城市的发展方向，城市的繁荣与乡村的发展将会同步前行。在列宁看来，在无产阶级领导下，社会主义国家的城市不再是资本家或富人的乐园、穷人的地狱，城市将由工人阶级来领导，全体劳动者共同参与建设，并且共享城市繁荣和文明成果，城市将成为工人阶级和普通劳动者的物质家园和精神家园。

马克思主义经典作家有关城乡融合、一体化发展的思想表明，在未来社会，从城乡分离、城乡对立向城乡融合、一体化的演进，需要满足一系列条件。其中，生产资料公有制度只是创造了城乡融合、一体化发展的前提条件，还需要通过极大提高社会生产力、合理配置社会资源和科学的制度安排，以创造城乡融合、一体化发展的实现条件。

第二节 人的全面发展理论④

人的全面发展，是马克思主义经典作家未来社会城乡一体化的根本目标。经典作家基于资本主义城乡对立制约人的发展的批判，对未来社会促进人的全面发展及其条件进行了合乎逻辑的推演。作为我国城乡一体化发

① 列宁全集：第21卷 [M]. 北京：人民出版社，1963：52.
② 列宁全集：第19卷 [M]. 北京：人民出版社，1963：264.
③ 列宁全集：第30卷 [M]. 北京：人民出版社，1963：234.
④ 本节的主要内容参见笔者与课题组成员发表的阶段性研究成果：人的全面发展及其中国样式 [J]. 教学与研究，2019（4）：31 - 40.

展的又一重要理论基石，正确理解经典作家有关人的发展的"全面性"及其实现过程的思想，对于我国以人民为中心推进城乡一体化具有方向性意义。

一、人的发展的"全面性"

根据马克思主义经典作家的论述，人的发展的"全面性"，是一个基于一定经济发展水平基础上的范围性概念。一方面，人的发展的"全面性"必须建立在一定经济发展水平基础之上。马克思说，一切民族未来要走的路必然是"在保证社会劳动生产力极高度发展的同时又保证每个生产者个人最全面的发展的这样一种经济形态"。① 自从动物界中分离出来，人就在与自然、社会的相互作用中不断地进化，只是在不同的历史阶段，人的发展会因经济发展水平的高低而呈现水平差异和速度快慢。另一方面，"全面性"所涉及的范围（即人的发展涉及的领域）是多方面的。在《德意志意识形态》中，马克思、恩格斯说："只有在共同体中，个人才能获得全面发展其才能的手段。"② 在《共产主义原理》中，还涉及"社会全体成员的才能"，即"通过城乡的融合，使社会全体成员的才能得到全面发展"。③ 同样，在《共产主义原理》中，经典作家们还认为，每一个社会成员都能够完全自由地发展和发挥他的全部力量和才能。④ 这里的"全部力量和才能"，包括人的肌体、心智、思想、灵魂和才能等。因此，"全面性"既包括人的才能的全面发展，也包括社会全体成员的才能的全面发展，"每个人的自由发展是一切人的自由发展的条件。"⑤ 但是，"才能"并不是"全面性"的全部内容。

人的全面发展是历史的产物，在不同历史时期，人的"全面性"所包含的内容是不一样的。"在发展的早期阶段，单个人显得比较全面，那正是因为他还没有造成自己丰富的关系，并且还没有使这种关系作为独立于

① 马克思恩格斯文集：第3卷 [M]. 北京：人民出版社，2009：466.
② 马克思恩格斯文集：第1卷 [M]. 北京：人民出版社，2009：571.
③ 马克思恩格斯文集：第1卷 [M]. 北京：人民出版社，2009：689.
④ 马克思恩格斯文集：第1卷 [M]. 北京：人民出版社，2009：683.
⑤ 马克思恩格斯文集：第2卷 [M]. 北京：人民出版社，2009：53.

他自身之外的社会权力和社会关系同他自己对立。"① 人的全面发展，是在人与自然、社会相互作用中，不断地完善自身的生存条件、不断获得自由和发展的过程。人的发展的"全面性"，至少涵盖以下三个既相互联系又相互制约的内容。

第一，人与自然系统层面，人的全面发展必须以人逐步摆脱自然的束缚并实现人与自然和谐共生为条件。自然界是"人的无机的身体"。② 自然界一方面是人的生活和人的活动的一部分，另一方面又是自然科学的对象和艺术的对象，是人必须事先进行加工以便享用和消化的精神食粮。在人的物质来源和精神食粮完全受自然控制的条件下，人的发展是非常艰难的，人的全面发展更是不可能的。在马克思、恩格斯看来，在自然形成生产工具的条件下，人完全"像牲畜一样慑服于自然界"，人与自然界相对立，受自然界的支配，在观念上体现为对自然、对上帝的盲目崇拜。③ 当人开始生产自己所需要的生活资料，人本身就逐步与动物区别开来，④ 人就在追求生活资料进步的过程中不断地发展自己，人类社会也逐步由蒙昧时代、野蛮时代向文明时代过渡，⑤ 但总体而言，资本主义以前的社会，人都处于对自然的控制和崇拜之中。在资本主义社会，一方面，"资本的伟大的文明作用"表现在，它创造了这样一个社会阶段，通过科学使自然力受人类支配，⑥ 把物质生产变成对自然力的科学支配，⑦ 从而克服把自然

---

① 马克思恩格斯文集：第 8 卷 [M]. 北京：人民出版社，2009：56.
② 马克思恩格斯文集：第 1 卷 [M]. 北京：人民出版社，2009：161.
③ 在《德意志意识形态》中，马克思、恩格斯指出："在自然形成的生产工具的情况下，各个人受自然界的支配"（马克思恩格斯文集：第 1 卷 [M]. 北京：人民出版社，2009：555.），这时，"人们就像牲畜一样慑服于自然界"（同上，第 534 页）。在《家族、私有制和国家的起源》中，恩格斯还指出："人类差不多完全受着同他异己地对立着的、不可理解的外部大自然的支配，这也都反映在幼稚的宗教观念中"，"部落、氏族及其制度，都是神圣不可侵犯的，都是自然所赋予的最高权力，个人在感情、思想和行动上始终是无条件服从的"，"他们都还存在于——用马克思的话说——自然形成的共同体的脐带"（马克思恩格斯文集：第 4 卷 [M]. 北京：人民出版社，2009：112 – 113.）。
④ 马克思恩格斯文集：第 1 卷 [M]. 北京：人民出版社，2009：519.
⑤ 蒙昧时代、野蛮时代和文明时代是路·亨·摩尔根在《古代社会》（1877 年版）一书中对人类史前史进行的分期，恩格斯认为："他所提出的分期法，在没有大量增加的资料要求作出改变以前，无疑依旧是有效的"（马克思恩格斯文集：第 4 卷 [M]. 北京：人民出版社，2009：32.）。
⑥ 马克思恩格斯文集：第 1 卷 [M]. 北京：人民出版社，2009：77.
⑦ 马克思恩格斯文集：第 2 卷 [M]. 北京：人民出版社，2009：691.

神化的现象，克服民族界限和民族偏见，摧毁一切阻碍发展生产力、扩大需要、使生产多样化、利用和交换自然力量和精神力量的限制，使自然界才真正是人的对象，真正是有用物，使自然界（不管是作为消费品，还是作为生产资料）服从于人的需要。① 但另一方面，资本主义为追逐私利的最大化，又存在着过度利用甚至掠夺自然界的倾向。只有到了共产主义社会，人们第一次成为自然界的自觉的和真正的主人，因为，人终于成为自己的社会结合的主人，从而也就成为自然界的主人，成为自身的主人——自由的人。② 也只有到这时，才是人和自然界之间、人和人之间的矛盾的真正解决，③ 人与自然和谐共生成为可能，从而人的全面发展才具有可能性。

第二，人与生产力系统层面，人的全面发展要以社会财富不断增长从而使人逐步摆脱物的束缚为条件。人的全面发展，一方面，必须以物质财富不断增长，从而使人的生存和发展逐步摆脱物质财富的限制为前提。"当人们还不能使自己的吃喝住穿在质和量方面得到充分保证的时候，人们就根本不能获得解放。"④ 另一方面，必须使人在生产过程中逐步从生产条件的限制中解脱出来。在私有制社会特别是资本主义社会中，人受制于生产条件，每个人都只隶属于某个生产部门，受它束缚，每个人都只能发展自己才能的一个方面而偏废了其他各方面。"财产，这个同人的、精神的要素相对立的自然的、无精神内容的要素，就被捧上宝座……人已经不再是人的奴隶，而变成了物的奴隶，人的关系的颠倒完成了"。⑤ 在共产主义社会的第一阶段，尽管人已经成为社会的主人，但是他们仍然处在旧的社会分工之中，劳动还只是个人谋生的手段，劳动时间仍然是衡量财富的尺度，所以，人的全面发展必然受到生产条件的限制和物的束缚。只有具备以下条件，即未来社会共同地、有计划地来开展生产活动，社会财富"可以满足全体社会成员丰裕的消费和造成充足的储备"，⑥ 同时"教育将

① 马克思恩格斯文集：第8卷 [M]. 北京：人民出版社，2009：90-91.
② 马克思恩格斯文集：第3卷 [M]. 北京：人民出版社，2009：554-556.
③ 马克思恩格斯文集：第1卷 [M]. 北京：人民出版社，2009：185.
④ 马克思恩格斯文集：第1卷 [M]. 北京：人民出版社，2009：527.
⑤ 马克思恩格斯文集：第1卷 [M]. 北京：人民出版社，2009：94-95.
⑥ 马克思恩格斯文集：第3卷 [M]. 北京：人民出版社，2009：258.

使他们摆脱现在这种分工给每个人造成的片面性"，从而"直接形式的劳动不再是财富的巨大源泉，劳动时间就不再是，而且必然不再是财富的尺度"① 等，才有可能给所有的人腾出了时间和创造了手段，使每个人都有充分的闲暇时间去获得历史上遗留下来的文化中一切真正有价值的东西，个人才有可能得到全面的、充分的发展。

第三，人与生产关系系统层面，人的全面发展必须以摆脱人与人之间的利益束缚并实现自由平等为条件。人的发展不仅体现在满足其发展所需要的生活资料数量增加、品种多元和质量提高，而且体现在精神生活的不断丰富和多样。实现后一个目标既有赖于人摆脱自然束缚和物的束缚，而且还有赖于生产关系能否适应生产力发展要求进行调整。在人受制于自然和物的条件下，人极其崇拜神灵和魔鬼等超自然力量，其精神世界被宗教所控制。"人的幻想、人的头脑和人的心灵的自主活动对个人发生作用不取决于他个人，就是说，是作为某种异己的活动，神灵的或魔鬼的活动发生作用。"② 只有"当单个人不再把宗教当作公共事务而当作自己的私人事务来对待时，他在政治上也就从宗教中解放出来了"。③ 当然，这还不是人的精神世界解放的全部。因为，人还受到决定其精神需要的物质基础及其生产条件的束缚。在私有制关系中，人的劳动不是自愿的劳动，而是被迫的强制劳动，不是满足自己的需要，而是满足其他人需要的一种手段，"他在自己的劳动中不是肯定自己，而是否定自己，不是感到幸福，而是感到不幸，不是自由地发挥自己的体力和智力，而是使自己的肉体受折磨，精神遭摧残。"④ 因此，马克思、恩格斯说，一方面，资本主义给社会劳动生产力和一切生产者个人的全面发展以极大的推动，⑤ 因为，资本唤起科学和自然界的一切力量，⑥ 使人的劳动也即使力量的支出缩减到最低限度，这将有利于解放了的劳动，也是劳动获得解放的条件。⑦ 也就是说，资本的作用有可能使人科学认识自然从而从超自然力量的崇拜中解放出

① 马克思恩格斯文集：第 2 卷 [M]. 北京：人民出版社，2009：196－197.
② 马克思恩格斯文集：第 1 卷 [M]. 北京：人民出版社，2009：160.
③ 马克思恩格斯文集：第 1 卷 [M]. 北京：人民出版社，2009：311.
④ 马克思恩格斯文集：第 1 卷 [M]. 北京：人民出版社，2009：159.
⑤ 马克思恩格斯文集：第 3 卷 [M]. 北京：人民出版社，2009：465.
⑥ 马克思恩格斯文集：第 8 卷 [M]. 北京：人民出版社，2009：197.
⑦ 马克思恩格斯文集：第 8 卷 [M]. 北京：人民出版社，2009：192.

来，有可能创造出自由可支配的时间以用于精神生活需要。另一方面，资本把这些可以自由支配的时间变为剩余劳动。[①] "至于个人受教育的时间，发展智力的时间，履行社会职能的时间，进行社交活动的时间，自由运用体力的智力的时间，以至于星期天的休息时间（即使是在信守安息日的国家里），——这全都是废话！"[②] 只有"由社会全体成员组成的共同联合体来共同地和有计划地利用生产力；把生产发展到能够满足所有人的需要的规模；结束牺牲一些人的利益来满足另一些人的需要的状况；彻底消灭阶级和阶级对立；通过消除旧的分工，通过产业教育、变换工种、所有人共同享受大家创造出来的福利，通过城乡的融合，使社会全体成员的才能得到全面发展"。[③]

根据马克思主义经典作家的论述，人的全面发展就是人在经济社会的变迁中，随着科技进步、生产力发展和生产关系变革，摆脱自然的束缚，摆脱物的束缚，摆脱人的束缚，从而不断改善赖以生存的物质条件，不断获得人身自由和心智、思想、灵魂的解放，不断使自己的才能得到全面、充分发展的过程。

二、理想的静态实现模型

人的全面发展，是人与自然、人与物、人与人之间的关系由对立、矛盾走向和谐、共生的过程。根据马克思主义经典作家的思想，这一过程不可能瞬间完成，而是逐步演进的。为了揭示这一实现过程的内在规律性，可以借用数学工具进行分析。

如果纯粹从抽象的、理想的状态考察某一特定时期或时点上（"静态"）特定国家（区域）人的全面发展实现程度，可以将这一状态下人的全面发展实现模型称为"理想的静态实现模型"（见图1-1）。

在图1-1中，A轴代表人与自然的和谐程度，即在资源和环境可承载能力约束下人的发展对自然界的需求与自然界可持续供给之间的协调程度，是人对自然界索取与回馈的平衡程度；B轴代表人与物之间的协调程

---

① 马克思恩格斯文集：第8卷［M］. 北京：人民出版社，2009：199.
② 马克思恩格斯文集：第5卷［M］. 北京：人民出版社，2009：306.
③ 马克思恩格斯文集：第1卷［M］. 北京：人民出版社，2009：689.

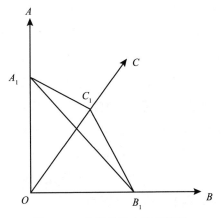

图 1−1　理想的静态实现模型

度，即当时生产力总体发展水平约束下社会物质资料及其生产条件能够满足人们有购买能力需求的能力或程度；C 轴代表人与人之间的和谐程度，即在一定社会制度和生产力发展水平约束下社会公平、社会结构优化、社会稳定等综合发展水平或程度。OA_1、OB_1、OC_1，分别表示特定国家（区域）特定时期（点）上所能实现的人与自然和谐程度、物质资料满足人的需要程度和人与人之间和谐程度，而 $OA_1B_1C_1$ 所围成的体积，即 $V_1OA_1B_1C$，表示静态条件下特定国家或区域人的全面发展的实现程度。众所周知，要使 $V_1OA_1B_1C$ 最大，如果抽象掉各种错综复杂的现实因素，理想的状态是：当物质资料满足人的需要程度达到 OB_1 时，人类与自然的和谐程度、人与人的和谐程度也分别达到相同的高度 OA_1 和 OC_1，即 $OB_1 = OA_1 = OC_1$。同理，当人类与自然的和谐程度达到 OA_1，或人与人的和谐程度达到 OC_1 时，其他两个指标达到同样的高度。

　　尽管 OA_1、OB_1、OC_1 三者绝对相等是一种理想状态，在现实中只是暂时的、偶然的。但是，追求三者之间均衡、协调，则是实现人的全面发展需要努力的方向。以人与物的关系为分析起点，随着社会的不断发展，人的物质资料需求不断增长，而且生产也会产生各种新的需要。于是，一方面，"就要探索整个自然界，以便发现物的新的有用性：普遍地交换各种不同气候条件下的产品和各种不同国家的产品；采用新方式加工自然物，以便赋予它们新的使用价值。……从一切方面探索地球，发现新的有用物体和原有物体的新的使用属性。因此，要把自然科学发展到它的最高点；

要发现、创造和满足由社会本身产生的新需要。"[1] 也就是说，人的全面发展中的人与物的关系就会传导到人与自然的关系，人的物质需要的满足程度最终是由人与自然的和谐程度决定的，特别是那些受自然资源和环境约束的物质资料供给，情况更是如此。另一方面，需要"培养社会的人的一切属性，并且把他作为具有尽可能丰富的属性和联系的人，因而具有尽可能广泛需要的人生产出来——把他作为尽可能完整的和全面的社会产品生产出来（因为要多方面享受，他就必须有享受的能力，因此他必须是具有高度文明的人）"。[2] 也即，人的物质需要的满足程度也与人自身的发展相联系，物质需要的满足程度的提高要有与此相适应的"丰富的属性和联系的人"，有"高度文明的人"。

因此，从发展趋势看，要实现人的全面发展，OA_1、OB_1、OC_1 之间相互协调、均衡发展是必要的，是人的全面发展的前提条件。这是"理想的静态实现模型"蕴含的最重要的思想，也是其他分析模型必须遵循的一条基本原理。

三、理想的动态实现模型

在经济社会变迁中，即从动态角度看，人的全面发展的理想状态是：在理想的静态实现模型基础上，影响人的全面发展程度的三个程度性指标会随着经济社会发展按相同比例提高。我们将这一模型称为"理想的动态实现模型"（见图 1－2）。

在图 1－2 中，用 1，2，3，…，n 分别代表社会发展的不同阶段。随着物质资料满足人的发展需要程度的提高，人与自然的和谐程度、人与人之间的和谐程度都等比例地提高，即当 OB_1 提高到 OB_2 或 OB_n 时，人与自然和谐程度相应地从 OA_1 提高到 OA_2 或 OA_n 的水平，人与人和谐程度则从 OC_1 提高到 OC_2 或 OC_n 的水平，不仅 $OB_1 = OA_1 = OC_1$，而且 $OB_2 = OA_2 = OC_2$，$OB_n = OA_n = OC_n$。同理，当人类与自然和谐程度从 OA_1 提高到 OA_2 或 OA_n 的水平，或者人与人和谐程度从 OC_1 提高到 OC_2 或 OC_n 的水平，其他两个指标均达到同样的高度，在这种状态下，人的全面发展水平将会达到既

---

① 马克思恩格斯文集：第 8 卷 [M]. 北京：人民出版社，2009：89－90.
② 马克思恩格斯文集：第 8 卷 [M]. 北京：人民出版社，2009：90.

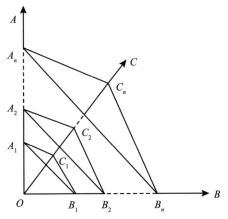

图 1 - 2　理想的动态实现模型

定条件下的最大化水平。

　　人的全面发展的理想的动态模型也是一种假说，在实践中也许是非常偶然的。但是，这一模型却蕴含了如下重要思想，即要最大限度地提高人的全面发展的实现程度，必须以人与自然、人与物、人与人之间均衡、协调、和谐发展为条件。同时，这一模型也为比较分析不同时期人的全面发展程度提供了有用的工具。

　　在图 1 - 2 中，$OA_1B_1C_1$、$OA_2B_2C_2$ 和 $OA_nB_nC_n$ 所围成的体积，即 $V_{OA_1B_1C_1}$、$V_{OA_2B_2C_2}$ 和 $V_{OA_nB_nC_n}$，分别是特定国家或区域在经济社会发展第 1、第 2 和第 n 阶段人的全面发展的总体水平。如果用 M 代表不同时期人的全面发展程度指数，则特定国家（区域）在第二个阶段人的全面发展程度指数为：

$$M_2 = V_{OA_2B_2C_2}/V_{OA_1B_1C_1}$$

同理，亦然。如果 $M_2 > 1$，表示人的全面发展程度提高；$M_2 < 1$，表示人的全面发展程度降低；$M_2 = 1$，表示人的全面发展程度不变。

四、现实的静态实现模型

　　如果放弃"理想的静态实现模型"假设，考虑人的全面发展实现过程中的各种影响因素，也即从抽象到具体、从理想状态回到现实中，那么，多数情况下，人与自然的和谐程度、物质资料满足人的发展的需要程度，以及人与人之间的和谐程度三个发展指标的变化不会是等比例的，有可能同向变化，也有可能出现反向变化。我们将这种状态下特定国家（区域）特定时期（点）的人的全面发展实现模型称为"现实的静态实现模型"（见图1－3）。

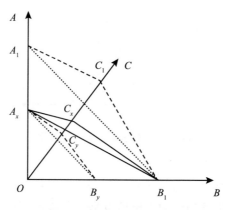

图1－3　现实的静态实现模型

在图1－3中，OA_x、OB_1、OC_x分别表示特定国家或区域在特定时期（点）上实际达到的人与自然的和谐程度、物质资料满足人的需要程度和人与人之间的和谐程度，且$OB_1 > OC_x > OA_x$。也就是说，物质资料满足人的需要程度是人的全面发展的"长边"，而人与自然的和谐程度成为人的全面发展中的"短边"。这时，人的全面发展水平有可能出现两种结果。

第一种结果，如果人对物的需求仍在自然资源和环境可承受的范围内，则该国家或地区这一时期人的全面发展将会达到$V_{OB_1A_xC_x}$的总水平。而与理想的结果相比较，即当物质资料满足人的需要程度OB_1时，人与自然和谐程度达到OA_1，而人与人之间和谐程度也达到OC_1，且$OB_1 = OA_1 = OC_1$，则理想的人的全面发展总水平为$V_{OA_1B_1C_1}$。这样，现实的人的全面发展总水平$V_{OB_1A_xC_x}$与理想的人的全面发展总水平$V_{OA_1B_1C_1}$之间就有了差距，绝对差距为$V_{OA_1B_1C_1} - V_{OB_1A_xC_x}$，相对差距为$1 - V_{OB_1A_xC_x}/V_{OA_1B_1C_1}$。缩小了的这一部分，正是人、自然与社会协调过程中需要努力的方向。

第二种结果，在人与自然和谐程度OA_x成为"短边"的条件下，如果人对物的需求超出了自然资源和环境可承受的能力（例如，产生了资源枯竭、生态危机等），那么，即使人的物质生活满足程度达到OB_1，人与人之

间和谐程度达到 OC_x，但是，强制规律发挥作用，从而迫使人的物质生活满足程度、人与人和谐程度有可能分别从 OB_1、OC_x 降低到与自己相适应的水平 $OB_y(OB_y < OB_1)$ 和 $OC_y(OC_y < OC_x < OC_1)$，从而使 $OB_y = OC_y = OA_x$。这样，人的全面发展总体水平仅仅只能达到 $V_{OA_xB_yC_y}$ 的水平。$V_{OB_1A_xC_x}$ 与 $V_{OA_xB_yC_y}$ 的差额，是社会的净损失。所以，恩格斯在《自然辩证法》中指出："我们不要过分陶醉于我们人类对自然界的胜利。对于每一次这样的胜利，自然界都对我们进行报复。"因此，"我们每走一步都要记住：我们决不像征服者统治异族人那样支配自然界，决不像站在自然界之外的人似的去支配自然界。"①

同理，如果人与人之间和谐程度成为"短边"，也有可能产生"净损失"。因为，人们"追求幸福的欲望只有极微小的一部分可以靠观念上的权利来满足，绝大部分却要靠物质的手段来实现。"除了物质限制从而自然承载力限制外，人们追求幸福的欲望还受到他们的行为的自然后果的矫正，受到我们的行为的社会后果的矫正。如果一个人只是同自己打交道，他追求幸福的欲望只有在非常罕见的情况下才能得到满足，而且绝不会对己对人都有利。② 如果我们不尊重他人同样的追求幸福的欲望，那么他们就会反抗并妨碍我们自己追求幸福的欲望。所以，人们满足自身欲望和追求自身发展，既要正确地估量物质的、自然的承载力，还要考虑自身行为的社会后果，必须承认他人有相应的欲望的平等权利。否则，我们就会受到自然界或社会对我们的不当行为的惩罚。

五、现实的动态实现模型

在"现实的静态实现模型"基础上，如果将静态分析变成动态分析，即考察特定国家或地区不同发展时期人的全面发展水平和发展程度，则转化为"现实的动态实现模型"（见图 1-4）。

在图 1-4 中，假如与"现实的静态实现模型"中的假设相同，即人与自然的和谐程度、物质资料满足人的发展需要的程度，以及人与人之间的和谐程度不等，且人与自然的和谐程度最低，但人的物质资料需要仍在

---

① 马克思恩格斯文集：第9卷 [M]. 北京：人民出版社，2009：559-560.
② 马克思恩格斯文集：第4卷 [M]. 北京：人民出版社，2009：292，293.

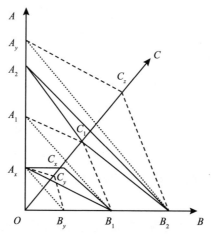

图 1-4 现实的动态实现模型

自然界可以承受的范围内，那么，我们可以将特定国家（区域）在特定时期人的全面发展总水平 $V_{OB_1A_xC_x}$ 作为"现实的动态实现模型"的研究起点，而当时条件下理想的人的全面发展水平是 $V_{OA_1B_1C_1}$，两者之间的差额 $V_{OA_1B_1C_1} - V_{OB_1A_xC_x}$ 是未来社会需要解决的主要问题。

在动态分析中，我们进一步假定：在新的发展阶段，人与自然和谐程度从原有的 OA_x 提高到 OA_2、物质资料满足人的需要程度从 OB_1 提高到 OB_2，同时，人与人之间和谐程度也从 OC_x 提高到"现实的静态实现模型"时的理想水平 OC_1，但 $OC_1 < OA_2 < OB_2$，即 OC_1 处于新发展阶段的"短边"，OB_2 处于新发展阶段的"长边"。由此，人的全面发展水平有可能产生两种情况。

一种情况是，尽管人与人的和谐程度滞后，但尚未形成对生产力发展的实质性阻碍，则特定国家或地区在新阶段人的全面发展总水平将从起点的 $V_{OB_1A_xC_x}$ 提升到 $V_{OB_2A_2C_1}$。新阶段人的全面发展程度指数 $M = V_{OB_2A_2C_1} / V_{OB_1A_xC_x}$，而且 $M > 1$。当然，与理想状态下（$OB_2 = OA_y = OC_z$）人的全面发展总水平 $V_{OB_2A_yC_z}$ 相比，仍有差距，$V_{OB_2A_yC_z} - V_{OB_2A_2C_1}$ 的差额是下一个发展阶段需要着力弥补的。

另一种情况是，如果人与人的和谐程度对生产力发展产生了实质性阻碍，例如，出现了严重的社会矛盾、对立与冲突，国家危机与动乱等，那么，强制规律作用或生产关系的反作用，也有可能使人的物质生活满足程度、人与自然的和谐程度分别从 OB_2、OA_2 降低到 OB_1（$OB_1 < OB_2$）和 OA_1（$OA_1 < OA_2$），从而使 $OB_1 = OA_1 = OC_1$。这样，人的全面发展总体水平只能达到"现实的静态实现模型"下的理想水平——$V_{OA_1B_1C_1}$，$V_{OA_1B_1C_1} < V_{OB_2A_2C_1}$，两者的差额（$V_{OB_2A_2C_1} - V_{OA_1B_1C_1}$）就是社会的净损失。由此可见，人与人之间的和谐，对于人与物、人与自然，从而对于人的全面发展也具有至关重要的影响。也正因如此，马克思主义经典作家指出："全面发展的个人……不是自然的产物，而是历史的产物""个人的全面性不是想象的或设想的全面性，而是他的现实联系和观念联系的全面性。"① 人的全面发展必须放到历史的、现实联系的框架下理解和把握。

分析表明，在社会主义城乡一体化实践中，人的全面发展也不可能是一蹴而就的，必然是一个渐进式的过程，是人与自然的和谐程度、物质资料满足人的需要程度、人与人之间的和谐程度不断提高、三者之间不断趋向协调、均衡，而新发展又不断地破除低水平均衡并走向新的非均衡，再向更高水平均衡发展的过程。为实现人的全面发展，不仅需要大力发展生产力，为人的全面发展奠定经济基础，而且需要注重人与自然的和谐共生、人在生产力创造中共建共享、人与人的和谐共处，注重经济建设与政治建设、社会建设、文化建设、生态建设的全面、系统、协调推进。

第三节　县域经济发展动力结构

从城乡分离、对立到一体化，到城乡居民全面目标的实现，在城乡村之间，需要有一定的媒介或者传导机制。在中国特色社会主义城乡一体化实践中，这一传导机制，在空间形态上就是既涵盖乡村又联通中心城市的县域，在经济发展形态上就是承接中心城市经济辐射并赋能乡村发展的县域经济，在政府治理体系中就是既接受上级领导又领导乡村、既争取县域外部发展要素又统筹内部资源的县域政府。由此，县域经济发展动力结构，构成本书研究的第三个理论基石。

---

① 马克思恩格斯文集：第 8 卷［M］. 北京：人民出版社，2009：56，172.

一、县制、县域及其县域经济

县制也即县级行政管理制度，是在秦始皇统一中国后首创的（即郡县制度），分天下为三十六郡，郡下设若干县。汉代实行郡、国并行制（同时还采用了州制），郡和国之下有县、邑、道、侯国。隋炀帝时，废除州制，恢复推行郡、县二级地方行政制度。唐、宋、辽、金几代改用道、府、路的地方行政管理制度。元代开始确立行省制度，每个行省下辖路、府、州、县四级地方行政机构。明代改行省为布政司，但县制度一直保留至今。

从秦代以来，县制度通过在资源配置权力尤其是将人事任免权归属中央，以及军政管理体制上由"兵民合治"转向"军政分职"的制度设计，有效地维护了中央集权，防范了武装叛乱和军事割据，基本消除了秦代以前分封制的弊端，保证了社会稳定乃至国家统一。所以，县制度自从产生以来就为多数朝代推崇，有"郡县治，而天下无不治"之说。

新中国成立以来，尽管行政区域管理经历了多次调整，但都继承和发展了历史上的县制。所谓继承，即保留了县级行政建制及其相应的资源配置方式。所谓发展，即不仅赋予县域政府社会"稳定器"功能，而且通过中央和地方政府财政分灶吃饭体制改革直到建立"分税制"，逐步赋予县域政府经济发展功能。不仅发挥县域政府作为公有制经济中生产资料所有者代表的作用，而且还有在市场经济中调控县域经济运行的功能。

县域，是伴随县制而产生的范畴。它既是一个行政区域的概念，即行政管辖的空间范围，又与地理学上的区域相交叉，是以地理区域为基础且"包含着地方公民间的文化联结、惯例认同、心理归属、民族历史、社会经济关系等意义"① 的范畴。在赋予县制经济功能后，县域又成为经济活动的重要单元，并赋予经济区域的含义，即作为重要的经济活动地域单元。但是，与经济区域不同，县域中的政府具有相对独立的规划、财政和土地支配权，具有组织、引导和调控功能，县域内部的经济联系呈现横向联系（市场联系）与纵向联系（县域政府引导或主导）相结合的特点，而在一般的经济区域中，同级政府主要起协调作用，区际经济联系以横向联

---

① 孙久文. 区域经济学［M］. 北京：首都经济贸易大学出版社，2006：2.

系为主导。

在国民经济系统中，县域经济具有特殊性。在中国学术界，学者们大多认为，县域经济"是以县级行政区划为地理空间，……具有地域特色和功能完备的区域经济""县域经济是一种行政区划型区域经济""县域经济是功能完备的综合性经济体系"① 等。本书认为，从一般意义上看，县域经济是一种行政区域经济或行政区划型区域经济，反映了县域经济的基本属性。但是，作为县域生产、交换、消费和分配等经济活动的总和，县域经济既具有宏观经济的特征但又不是宏观经济，更不是微观经济。能够揭示县域经济的基本特征的，或者能够真正与县域经济比较的，是城市经济。② 这是因为，在国民经济系统中，县域经济和城市经济都是物质资料生产和再生产的并行系统。

在社会主义市场经济体制背景下，与城市经济系统相比较，县域经济系统具有三大特征。第一，县域经济系统是国民经济系统中的本源性系统。县域经济系统不仅是经济产出的主要载体和重要的消费市场，关键还是人们赖以生存的粮食和农副产品的主要供给者、工业基础原材料的主要供给地、城市人口和劳动力资源的主要供给地，是山川、河流、湖泊、森林、草地、湿地等生态资源的主要分布地。第二，县域经济系统是与城市经济系统不对称竞争的系统。城市经济系统天生是而且必须是一个开放系统。相比而言，县域经济系统则能够依靠土地资源、自然资源等保持自身的循环和周转，从一开始就具有自给性、相对封闭性。在市场经济下，城市经济系统的天生开放性与城市作为区域政治、经济、文化等中心的优势相结合，使中心城市取得了竞争优势，产生了巨大的极化效应，吸引了县域发展要素向中心城市集中。相反，县域则面临两难选择。县域空间、资源、市场等的有限性，要求其走开放之路，以充分利用外部市场；然后，县域在市场中的相对弱势性又使得一旦开放，有可能导致县域发展要素加速向城市的聚集。所以，县域经济是一种与城市经济进行不对称竞争的经济。第三，县域经济系统内部是一个不完全合作的经济系统。县域经济系统存在着县际关系、县域内部各经济主体之间的利益关系。这些关系既有

---

① 参见绪论中"学术史梳理"有关县域经济概念的相关观点。
② 闫恩虎. 县域经济论纲 [M]. 广州：暨南大学出版社，2005：7.

合作，但更多地表现为不完全合作甚至竞争关系。在县域经济现代化进程中，为争夺稀缺资源，县际之间的合作是不完全的，竞争甚至恶性竞争有可能代替合作。在县域内部，居民、农户和企业等经济主体的行为是由市场导向的，而与县域政府为推进县域经济发展所要求的经济主体合作或协作不完全一致，有时甚至是矛盾的。

总之，县域经济是以县级行政区划为地理空间组织经济活动的行政区划型区域经济，是国民经济系统中与城市经济系统相对应的、本源性、不对称竞争和不完全合作的经济系统。

二、县域经济发展动力及其结构

县域经济发展的动力是驱动县域经济增长和经济发展的各种作用力之和，是由多层次、多种作用力构成的体系。县域经济发展动力是社会发展动力的重要组成部分，同时，作为国民经济系统中的子系统，又具有特殊性。

马克思主义的社会发展动力论是县域经济发展及其动力结构的思想来源。马克思、恩格斯在批判地继承黑格尔思想的基础上，创立了科学的社会发展动力理论，即人类社会发展的演进，都是由社会内部生产力与生产关系、经济基础与上层建筑的矛盾运动推动的。也就是说，社会基本矛盾运动是社会发展的根本动力。其中，生产力是社会发展的最终决定力量，生产力对生产关系、经济基础对上层建筑，具有决定性的意义，"它构成一条贯穿始终的、唯一有助于理解（社会发展历史过程，笔者标注）的一条红线。"① 根据经典作家的思想，社会发展动力由四类动力构成。

第一类，生产力动力，由形成生产力的诸要素组成，主要包括三种要素。一是原动力，即人及其需要。其中，人是第一推动因素，人的需要是社会历史发展的起点，是人与自然发生联系的原动力，正如马克思所说："人们为了能够'创造历史'，必须能够生活。但为了生活，首先需要吃喝住穿以及其他一切东西。因此第一个历史活动就是生产这些需要的资料，即生产物质生活本身。"② 二是资源性动力，即由土地、矿产、生物、水等

---

① 马克思恩格斯选集：第4卷 [M]. 北京：人民出版社，1995：732.
② 马克思恩格斯选集：第2卷 [M]. 北京：人民出版社，1995：79.

自然资源和社会资源对社会发展形成的推动力。三是特定社会的资源动力，如资本要素，是人类社会发展到商品经济时代特有的产物。

第二类，生产关系动力，主要通过对生产力的正向或负向反馈发挥作用。从社会再生产过程角度，可以分为生产关系、交换关系、分配关系和消费关系；从生产关系层次上，由里及表，可以分为反映特定社会本质的、深层次的生产关系——生产资料所有制度、分配制度等根本制度，作为本质关系实现机制的生产关系——经济体制关系，以及一个社会中最表层的生产关系——经济运行关系。

第三类，经济基础动力，由特定社会占统治地位的各种生产关系组成，包括占统治地位的所有制形式、交换形式、分配形式等，它从属于生产力动力但又对上层建筑动力发挥决定性作用。

第四类，上层建筑动力，主要包括政治上层建筑动力——在一定经济基础上建立起来的政治、法律制度以及建立的军队、警察、法庭、监狱、政府部门、党派等国家机器和政治组织，以及社会意识形态动力——政治思想、法律思想、道德、艺术、哲学、美学、宗教、文化传媒等。这类动力由经济基础决定并发挥对生产力的正向或负向作用。

依据经典作家的社会发展动力理论，结合本书的研究对象和目的，社会发展动力体系中第一类动力（或生产力动力），以及第二类动力中经济体制关系和经济运行关系，是本书研究相关动力的理论来源；第二类动力中经济制度关系和第三、第四类动力构成本书研究的基本场景。研究中国特色城乡一体化及其县域经济发展动力结构的制度创新，其内涵就是，在坚持社会主义根本制度、基本经济制度和社会主义上层建筑等社会制度规范的前提条件下，如何推动城乡生产力动力体系和生产关系中经济体制关系、经济运行关系等动力体系的变革、有效配置及其制度创新。也正因为本书研究的动力既涉及生产力要素，又涉及部分生产关系，有时两者交融，主要包括城乡规划、基础设施、就业、教育、医疗、社会保障、生态建设等一体化等，所以，在研究中，我们使用了"发展要素"这一概念，以涵盖除狭义生产要素外的其他影响经济发展的因素。基于以上认识，本书所涉及的动力、动力结构及其制度创新，是作为社会发展动力及其结构的一部分，并且是在社会主义社会基本经济制度、基本经济规律约束下的发展动力、动力结构及其制度创新。

为便于研究，基于研究的根本目标——人的全面发展，以及具体目标——人与自然和谐共生、共建共享、人与人和谐共处，我们又可以将县域经济发展涉及的相关动力进一步抽象为三大类。

第一大类，可市场化的发展要素，主要是生产要素。根据生产要素在物质财富创造中的功能、性质及其历史地位，又可以分为三类。[①] 一是原始生产要素，或创造物质财富的基本生产要素，主要是劳动和土地。其中，劳动属于可市场化要素，城镇土地属有条件市场化要素，而农村集体土地则属于非市场化或限制性市场化要素。无论土地属于何种性质，都不影响其在财富创造中的功能。威廉·佩第说"劳动是财富之父，土地是财富之母"，说明了劳动和土地在物质财富创造中的基础性作用。人类社会进行物质资料生产都离不开这两个基本要素，社会进步只是改变了两种要素使用的数量、质量和比例。二是派生性要素（即随着生产社会化、市场化和科技革命发展而派生出来的生产要素），主要包括社会化大生产派生的企业家（包括经理人或管理要素），市场化下派生的资本要素，科技革命派生的人才、技术、知识等要素。三是再派生要素，是社会大生产过程中原始生产要素、派生性生产要素及其相关经济主体相互作用过程中产生的生产要素，主要包括数据（信息）。在以上三类生产要素中，派生性生产要素和再派生性生产要素天生不是生产要素，而是历史发展到一定阶段的产物，但一旦成为生产要素，就发挥着不可或缺的作用。例如，人类社会进入社会化大生产时代，企业家或管理要素就不可替代；科技革命以来，技术、人才和知识要素越来越成为第一生产力；在商品经济尤其是市场经济时代，资本购买展现出强大的黏合力，使其他要素生产力都表现为资本生产力，具有无可比拟的扩张力。例如，"劳动的一切力量都显现为资本的力量"[②]"同历史地发展起来的社会生产力一样，受自然制约的劳动生产力也表现为合并劳动的资本的生产力"[③]"科学发现需要足够的投入，科学发现转化为新技术新产品需要极其昂贵的设备，更是

① 具体分析参见第四章第一节有关"基本生产要素与派生生产要素"。
② 资本论：第1卷 [M]. 北京：人民出版社，2004：700－701.
③ 资本论：第1卷 [M]. 北京：人民出版社，2004：589.

风险投资"。① 正如马克思所说："资本一旦合并了形成财富的两个原始要素——劳动和土地，它便获得了一种扩张能力。这种能力使资本能把它的积累的要素扩展到超出似乎是由它本身的大小所确定的范围，即超出由体现资本存在的、已经生产的生产资料的价值和数量所确定的范围。"② 所以，"在资本推动型经济增长的条件下，资本是经济增长的第一推动力"。③

　　第二大类，不完全市场化的发展要素，主要是通过国家权力介入或公共资源投入为公民及其组织开展经济社会活动提供的公共产品与服务。这既构成经济发展目标上的城乡居民美好生活的组成部分，又构成经济发展动力上县域、乡村发展的基本环境。根据公共产品与服务在经济发展中的功能及其公用性，可以分为三类。一是生态环境保护，其属于纯公共产品或服务，具有城乡不可分、不排他特征，既直接影响城乡居民生活环境，又直接构成经济发展重要因素，是生产、生活和生态循环链的重要组成部分。我国经济发展水平和人民生活水平不断提高，对于县域尤其是乡村来说，"绿水青山就是金山银山"，是经济社会发展的基础性资源。二是公共基础设施，包括交通、水、电、气，通信基础设施和新科技革命新经济背景下的新基础设施，属于准公共产品，是公益性、国家垄断性较高的基础性公共服务。公共基础设施不仅影响居民生活环境，而且直接构成特定区域的区位条件，决定其发展环境和发展进程。公共基础设施建设主要由政府或国有企业主导，国家在基础设施投入空间、规模、方向等方面的差异，会造成区际发展环境的差异，是区域经济发展不平衡的重要原因。我国存在典型的城乡二元结构，乡村基础设施供给不足是主要影响因素之一。三是基本公共服务，既包括直接影响城乡居民生存、生活和发展的社会保障体系（就业政策与服务、收入政策、医疗养老社会救助等）、教育卫生文化体育等各项社会事业服务，以及为公民提供的安全服务等，又包括为公民及其组织（主要是企业）从事经济发展活动所提供的各种公共经济服务，如科技推广、咨询服务、政策性信贷、公共性人才支持计划和其他政策性支持等。基本公共服务整体上也属于准公共产品，主要由国家或

---

　　①③　洪银兴等.《资本论》的现代解析（修订版）[M]. 北京：经济科学出版社，2011：185.

　　②　资本论：第1卷 [M]. 北京：人民出版社，2004：697.

政府供给，但部分服务也可以吸引社会资本参与，或者采取政府购买私人服务的方式。如果说公共基础设施直接构成一个区域经济发展的"硬环境"，那么，基本公共服务直接构成一个区域经济发展的"软环境"。与中心城市相比，基本公共服务供给不足是造成我国乡村发展相对滞后的另一个重要原因。

第三大类，能动性发展要素。主要是前两类发展要素的所有者（或产品或服务的供给者），即社会主义市场经济中的各类经济主体，是县域经济发展的根本性动力。在我国，县域能动性动力主要包括县域居民、农户、企业和政府，这些经济主体以发展要素或者产品服务供给者的身份、以不同的行为方式驱动着县域经济发展。一是县域居民。县域居民作为劳动力供给、投资、储蓄和消费的经济主体，构成县域经济发展的动力。二是农户。农户作为具有中国特色的市场经济主体，是一种主要以家庭为单位、作为集体土地所有者并掌握土地承包经营权的生产组织，通过自身生产经营行为及其变化影响县域经济（尤其是农业生产、农村经济）稳定及发展。三是企业。企业是县域经济中投资拉动和出口拉动的主体、技术进步的主要推动者，通过资本流动方向区位选择、产业选择、生产行为选择和收益分配等行为影响县域经济发展。四是县域政府。县域政府既作为上级政府政策、意志的贯彻者和执行者，又通过经济手段、行政手段和法律手段等对县域经济活动施加影响，还通过与城市、县际竞争和合作，通过制度创新方式影响县域内外部发展要素的配置，影响县域经济增长速度、质量和效益。事实上，无论是可市场化发展要素，还是不完全市场化发展要素，最终都必须通过能动性发展主体才能发挥作用。在这个意义上，前两类发展要素与第三类发展要素是密不可分。

在县域经济发展中，上述各种不同类别、不同形式的发展动力相互联系、相互作用，共同构成特定发展阶段县域经济发展的动力结构。同时，在县域经济发展动力结构内部，市场化发展要素、不完全市场化发展要素和能动性发展要素内部，又是由各种具体发展要素构成的，它们既相互联系又相互制约，构成子动力体系及其结构。这些子动力结构在一定发展时期是相对稳定的，但又会随着经济发展背景、条件的变化而变化，推动或制约着县域经济发展。例如，在可市场化发展要素内部，随着新科技新经济的发展，劳动和土地这两种基本生产要素的贡献份额逐步下降，而技术、知识和数据等派生性要素的驱动性则逐步提升。在不完全市场化要素内部，随着经济社会发展水平的提高和人民对美好生活需求层次的不断提升，公众对生态环境、公共产品与服务的质量要求越来越高。在能动性发展要素内部，随着市场化范围的扩大和市场化程度的提高，企业对县域经济发展的贡献率越来越高，等等。本书涉及的动力结构，既包含以上多层次动力之间的关系，也包括特定子动力结构内部的相互关系。

第四节 马克思主义城乡关系理论的中国实践

1949 年中华人民共和国成立以前，我国是一个半殖民地半封建国家，生产力极不发达。中华人民共和国成立后，中国共产党人在实践中努力将马克思主义城乡关系理论和中国具体实际相结合、同中华优秀传统文化相结合，经过 70 多年的摸索，初步找到了一条具有中国特色的城乡一体化发展道路。

一、新中国城乡关系实践探索历程

中华人民共和国成立以来，我国经历了社会主义革命和建设时期、改革开放和社会主义现代化建设新时期、中国特色社会主义新时代三个历史阶段。面对不同阶段不同的主要任务，我国城乡关系实践探索的侧重点有所不同。

在社会主义革命和建设时期，我国的主要任务是实现从新民主主义到社会主义的转变，进行社会主义革命，推进社会主义建设，为实现中华民族伟大复兴奠定根本政治前提和制度基础。在这一历史时期，以毛泽东同志为主要代表的中国共产党人提出了关于社会主义建设的一系列重要思想，实现了中华民族有史以来最为广泛而深刻的社会变革，实现了一穷二白、人口众多的东方大国大步迈进社会主义社会的伟大飞跃。这一时期，为了迅速改变落后的生产力面貌和薄弱的工业基础，为了奠定社会主义制度的经济基础，我国实施了工业优先发展战略，建立起了独立的比较完整的工业体系和国民经济体系。由于这一时期的工业主要布局在城市，所以，工业优化发展实际上也是城市优化发展。尽管如此，政府还是注意到了统筹兼顾城乡关系问题。在党的七届二中全会上，毛泽东提出："城乡必须兼顾，必须使城市工作和乡村工作，使工人和农民，使工业和农业，紧密地联系起来。"① 在《关于正确处理人民内部矛盾的问题》一文中，毛泽东再次明确了城乡"统筹兼顾、适当安排"的思想。② 总体而言，这一时期我国对城乡关系的探索还只是初步的，特别是，随着高度集中的计划经济体制的建立，为保证工业优化战略目标的实现，我国形成了城乡分割的管理体制。

在改革开放和社会主义现代化建设新时期，我国的主要任务是继续探索中国建设社会主义的正确道路，解放和发展社会生产力，使人民摆脱贫困、尽快富裕起来，为实现中华民族伟大复兴提供充满新的活力的体制保证和快速发展的物质条件。以党的十一届三中全会的召开为标志，我国以经济建设为中心，以农村改革为突破口，以市场化改革为基本取向，开启了以农村改革带动城市改革并促进城乡共同发展的进程。以实行"家庭联产承包责任制"和废除人民公社为标志的农村经济体制改革，不仅极大地调动了农民的劳动积极性和创造性，解放和激活了农村活力，使农村剩余劳动力逐步从土地的束缚中解放出来，而且农村改革也为城市改革提供了经验、动力和外在压力，由此开启了打破城乡分割之旅，推动了以城市为重点的全面经济体制改革。③ 1984 年 10 月党的十二届三中全会明确提出社会主义计划经济是在公有制基础上的有计划的商品经济，强调商品经济的充分发展是社会经济发展不可逾越的阶段，是实现我国经济现代化的必要条件，为此要进一步贯彻执行对内搞活经济、对外实行开放的方针，加快以城市为重点的整个经济体制改革的步伐。由此，我国进入了近 20 年的以城市改革为中心的新阶段，工业化进程明显加快，中心城市发展进入快车道。这既为农村剩余劳动力向中心城市大规模转移创造了条件，也为农民增收和农民市民化开拓了新渠道，但与此同时，中心城市对乡村的极化效应也逐步放大，城乡居民收入差距、城乡发展差距逐步拉大，在世纪之交达到高峰。2002 年党的十六大提出"统筹城乡经济社会发展，建设现代化

① 毛泽东著作选读：下册 [M]. 北京：人民出版社，1986：654.
② 毛泽东文集：第 7 卷 [M]. 北京：人民出版社，1999：228.
③ 黄泰岩，李德标. 我国新型工业化的道路选择 [J]. 中国特色社会主义研究，2003（1）：35－41.

农业，发展农村经济，增加农民收入，是全面建设小康社会的重大任务"。在 2004 年党的十六届四中全会上，胡锦涛同志明确提出了"两个趋向"的重要论断：在工业化初始阶段，农业支持工业，为工业提供积累，是带有普遍性的趋向；在工业化达到相当程度后，工业反哺农业、城市支持农村，实现工业与农业、城市与农村协调发展，也是带有普遍性的趋向。在 2004 年 12 月中央经济工作会议上，胡锦涛同志进一步强调，我国总体上已经到了"以工促农、以城带乡"的发展阶段。为此，我国不仅从 2004 年开始将中央一号文件聚焦于"三农"，坚持"多予少取"政策，减免直至取消农业税，而且开始关注城乡统筹发展，在统筹规划、统筹管理、统筹公共资源分配等领域推进了一系列改革。2007 年 10 月，党的十七大首次提出了城乡一体化的目标，即"建立以工促农、以城带乡长效机制，形成城乡经济社会发展一体化新格局"。2008 年 10 月十七届三中全会提出了 2020 年基本建立城乡经济社会发展一体化体制机制的构想。2010 年 10 月十七届五中全会上提出了"加快社会主义新农村建设"的重大任务。总之，在这一历史时期，中华民族实现了从站起来到富起来的伟大飞跃，人民生活经历了由温饱不足到总体小康、奔向全面小康的历史性跨越，我国城乡关系也实现了由城乡分割到城乡统筹、城乡一体化发展的迈进。

党的十八大以来，中国特色社会主义进入新时代，我国的主要任务是实现第一个百年奋斗目标，开启实现第二个百年奋斗目标的新征程。这一时期，在习近平新时代中国特色社会主义思想指引下，我国城乡关系进入了融合发展、一体化发展的新时代。新时代在城乡关系上的"新"不仅体现在由城乡统筹发展转向城乡融合、一体化发展，而且体现在明确了城乡一体化以人民为中心——以实现人民对美好生活向往和人的全面发展为根本目标，还体现在将乡村振兴提升为国家战略，以促进农业全面升级、农村全面进步、农民全面发展。2012 年党的十八大提出："加快完善城乡发展一体化体制机制，着力在城乡规划、基础设施、公共服务等方面推进一体化，促进城乡要素平等交换和公共资源均衡配置，形成以工促农、以城带乡、工农互惠、城乡一体的新型工农、城乡关系。"2013 年 12 月首次召开的中央城镇化工作会议，将新中国成立以来的城镇化由波动城镇化、农村城镇化、土地城镇化正式转入新型城镇化发展阶段，其典型特征是突出以人为本，更加关注人的生产方式和生活方式的转变，政策上着力有序推进农业转移人口市民化，关注流动人口的"落地"，强调现代化建设成果的全体居民共享。① 2014 年中央一号文件开启了村庄人居环境整治，同时强调要赋予农民更多财产权利，让农民平等参与现代化进程、共同分享现代化成果。2016 年中央一号文件提出"确保亿万农民与全国人民一道迈入全面小康社会"。2017 年党的十九大将"坚持以人民为中心"上升为新时代中国特色社会主义基本方略之一，将人民对美好生活的向往作为奋斗目标，将乡村振兴上升为国家战略，提出"以城市群为主体构建大中小城市和小城镇协调发展的城镇格局，加快农业转移人口市民化"。2018 年中央一号文件提出了 2020 年和 2035 年城乡基本公共服务均等化水平和城乡融合发展体制机制的建设目标，在随后出台的《乡村振兴战略规划（2018 - 2022 年)》中进行了具体部署，强调要坚持农民主体地位，"充分尊重农民意愿，切实发挥农民在乡村振兴中的主体作用，调动亿万农民的积极性、主动性、创造性，把维护农民群众根本利益、促进农民共同富裕作为出发点和落脚点，促进农民持续增收，不断提升农民的获得感、幸福感、安全感"。在 2018 年 9 月中共中央政治局第八次集体学习会上，习近平总书记提出了"促进农业全面升级、农村全面进步、农民全面发展"（简称"三个全面"）的重要思想，进一步强调"通过振兴乡村，开启城乡融合发展和现代化建设新局面""要围绕农民群众最关心最直接最现实的利益问题，加快补齐农村发展和民生短板，让亿万农民有更多实实在在的获得感、幸福感、安全感"。2019 ~ 2021 年的三个中央一号文件，分别就"补齐农村人居环境和公共服务短板""补上农村基础设施和公共服务短板"及其与乡村振兴如何有效衔接进行了制度安排。2022 年中央一号文件明确提出把"三农"工作的重心转移到全面推进乡村振兴上来。由此可见，以人为本推进新型城镇化、以"三个全面"为目标推进乡村振兴并开启城乡融合、一体化发展新局面，加快补齐、补上乡村发展之短板，构成新时代中国特色社会主义城乡一体化实践的主线。

新中国成立 70 多年来，我国从"农业支持工业、农村支持城市"，到"工业反哺农业、城市支持农村"，再到"以工促农、以城带乡、工农互

① 吴莹. 新中国成立七十年来的城镇化与城乡关系：历程、变迁与反思［J］. 社会学评论，2019（6）：82.

惠、城乡一体"新型城乡关系的实践探索证明：在一个生产力极其落后的社会主义发展中大国，要从城乡分割走向城乡统筹，再向城乡融合及其一体化方向发展，必须根据生产力发展要求及其由此决定的社会主义发展阶段，分阶段、有重点地推进，城乡一体化是由低层次逐步向高层次演进、攀升的过程。

二、人的全面发展之中国样式

中华人民共和国成立 70 多年来，我们不断明确、细化和深化了对社会主义发展目的的认识，坚定了人的全面发展是城乡一体化发展的根本目标。

在社会主义革命和建设时期，我国构建了人的全面发展的制度基础——消灭私有制度，建立了社会主义基本经济制度，实现了人与人之间的制度性平等，但由于生产力基础过于薄弱，人的全面发展的重点还只是解决温饱问题。在改革开放和社会主义现代化建设新时期，随着我国人民生活从温饱不足到总体小康、奔向全面小康的历史性跨越，我们开始关注人的全面发展问题。起初，人们还只是理论上的探索，如人的全面发展到底是教育学原理、经济学原理，还是哲学原理的讨论，[①] 但进入 21 世纪以来逐步转向人的全面发展原理的时代价值。[②] 2003 年 10 月十六届三中全会通过的《中共中央关于完善社会主义市场经济体制若干问题的决定》，正式提出了"坚持以人为本、全面协调可持续的科学发展观，促进经济社会和人的全面发展"，标志着人的发展、全面发展不仅作为社会主义根本目的，成为我国处理城乡关系的基本理念，而且正式纳入国家顶层设计，政策支持力度越来越大。2012 年党的十八大，标志着中国特色社会主义进入新时代，我国步入全面、整体、系统探索和设计人的全面发展实践路径的阶段。2017 年党的十九大，从指导思想、基本方略、发展目标、重点任务和政策取向等方面，初步构建了人的全面发展的中国样式（简称"中国样式"），即以人民为中心，坚持人、自然、社会三位一体，形成人民共建共享、人与人和谐共处、人与自然和谐共生的新局面，到本世纪中叶，全体人民共同富裕基本实现，人民享有更加幸福安康的生活。

---

① 丁学良. 马克思的"人的全面发展观概览"［J］. 中国社会科学，1983（3）：127－153.
② 陈晓辉. 人的全面发展问题研究综述［J］. 学术交流，2004（11）：125－128.

　　"中国样式"坚持以人民为中心的价值取向。党的十九大强调：新时代"是全国各族人民团结奋斗、不断创造美好生活、逐步实现全体人民共同富裕的时代"。① 面对新时代我国社会主要矛盾已经转化为人民日益增长的美好生活需要和不平衡不充分的发展之间的矛盾，强调解决这一矛盾，"必须坚持以人民为中心的发展思想，不断促进人的全面发展、全体人民共同富裕"。② 在设计未来中国两个阶段发展目标时，特别强调了人的全面发展目标。主要包括：第一个阶段，从2020年到2035年，人民平等参与、平等发展权利得到充分保障，人民生活更为宽裕，基本公共服务均等化基本实现，全体人民共同富裕迈出坚实步伐，美丽中国目标基本实现，国家基本实现社会主义现代化。第二个阶段，从2035年到本世纪中叶，全体人民共同富裕基本实现，我国人民将享有更加幸福安康的生活，建成富强民主文明和谐美丽的社会主义现代化强国。为此，从经济、政治、文化、社会、生态等层面进行了战略部署和政策设计。

　　"中国样式"坚持物质文明建设中的共建共享。党的十九大不仅强调："在发展中补齐民生短板、促进社会公平正义，在幼有所育、学有所教、劳有所得、病有所医、老有所养、住有所居、弱有所扶上不断取得新进展，深入开展脱贫攻坚，保证全体人民在共建共享发展中有更多获得感，不断促进人的全面发展、全体人民共同富裕。"③ 为实现"共建共享"，在政策思路上进行了一系列调整或优化，主要体现在基本政策取向上由"效率优先"转向更加注重公平。不仅注重再分配领域的公平，而且要注重初次分配领域的公平；不仅要注重机会平等，而且要注重机会平等与结果平等的结合；由"鼓励一部分人先富起来"转向"共同富裕"，而且"后富起来的人"成为政策关注的重点。为此，在重点任务和制度安排上，"面"

---

① 习近平. 决胜全面建成小康社会，夺取新时代中国特色社会主义伟大胜利——在中国共产党第十九次全国代表大会上的报告（中国共产党第十九次全国代表大会文件汇编）[M]. 北京：人民出版社，2017：9.

② 习近平. 决胜全面建成小康社会，夺取新时代中国特色社会主义伟大胜利——在中国共产党第十九次全国代表大会上的报告（中国共产党第十九次全国代表大会文件汇编）[M]. 北京：人民出版社，2017：15–16.

③ 习近平. 决胜全面建成小康社会，夺取新时代中国特色社会主义伟大胜利——在中国共产党第十九次全国代表大会上的报告（中国共产党第十九次全国代表大会文件汇编）[M]. 北京：人民出版社，2017：19.

上除了进一步重视居民通过扩大就业和增加劳动收入外，更加重视拓宽居民财产性收入渠道，加快推进基本公共服务均等化，特别是加大城乡统筹、一体化推进义务教育、基本医疗保险、大病保险、养老保障、社会救助和"健康中国"等行动的力度；"点"上则瞄准人的全面发展中的瓶颈，将脱贫攻坚提升为国家战略和行动，加大精准扶贫、精准脱贫力度，提出到 2020 年实现了中国现行标准下农村贫困人口脱贫的目标。

"中国样式"坚持人与人和谐共处。面对我国改革开放 40 多年来"先富起来的人"对精神文化需求和政治诉求越来越强烈，而"后富起来的人"对公平正义的诉求越来越多的现实，2012 年党的十八大以来，通过大力加强民生建设，大力推进全面依法治国，大力惩治腐败并形成反腐的高压态势和常态化机制，解决人民尤其是农村居民和其他弱势群体普遍关注的物质文化生活诉求和权利平等诉求。党的十九大进一步将和谐社会建设的实践经验制度化、法治化和现代化。一方面，加大民主和法制建设。用制度体系保证人民当家作主，丰富民主形式，拓宽民主渠道，"扩大人民有序政治参与，保证人民依法实行民主选举、民主协商、民主决策、民主管理、民主监督；维护国家法制统一、尊严、权威，加强人权法治保障，保证人民依法享有广泛权利和自由"，① 将人民当家作主落实到国家政治生活和社会生活之中，让人民群众真正感受到公平正义。另一方面，大力推进社会治理现代化建设，打造共建共治共享的社会治理格局，保护人民人身权、财产权、人格权，使人民有更多的获得感、幸福感、安全感。

"中国样式"坚持人与自然和谐共生。2012 年党的十八大将"生态文明建设"纳入国家战略布局，构建了"五位一体"的战略布局，提出"努力建设美丽中国"。2014 年在联合国气候峰会上中国承诺：确保实现 2020 年碳排放强度比 2005 年下降 40% ~ 45%。党的十九大明确提出："我们要建设的现代化是人与自然和谐共生的现代化，既要创造更多物质财富和精神财富以满足人民日益增长的美好生活需要，也要提供更多优质生态产品以满足人民日益增长的优美生态环境需要。"② 为此，初步构建了人与自然和谐共生的行动路线图，即树立和践行绿水青山就是金山银山的理念，坚

① 陈晓辉. 人的全面发展问题研究综述 [J]. 学术交流, 2004 (11)：29 - 30.
② 陈晓辉. 人的全面发展问题研究综述 [J]. 学术交流, 2004 (11)：40 - 41.

持节约资源和保护环境的基本国策，坚持节约优先、保护优先、自然恢复为主的方针，坚定走生产发展、生活富裕、生态良好的文明发展道路，以及统筹山水林田湖草系统治理、实行最严格的生态环境保护制度等政策取向，以形成节约资源和保护环境的空间格局、产业结构、生产方式、生活方式，建设美丽中国，为人民创造良好生产生活环境，为全球生态安全作出贡献。这一路线图既是我国向世界提供的具有鲜明中国特色、中国智慧和中国担当的人与自然和谐共生的建设方案，也是将马克思主义人与自然关系理论中国化的创新成果。

由此可见，我国城乡一体化的推进，必须立足中国具体实际，坚持以人民为中心的基本理念和城乡居民全面发展的根本目标，坚持人、自然、社会三位一体和生产、生活、生态"三生融合"，有力、有效化解城乡居民共建共享、人与人和谐共处、人与自然和谐共生中的矛盾或冲突。

三、"中心城市—县域—乡村"路径

城乡一体化中人的全面发展目标的实现，需要有足够数量和高质量的物质产品、精神产品、生态产品的供给，需要以物质资料再生产、人口再生产、生态再生产持续和高质量为支撑，需要兼顾中心城市与乡村进行物质资料再生产、人口再生产和生态再生产的不同特点、差异、差距进行统筹协调。在我国存在城乡二元结构或乡村相对不发达的背景下，城乡再生产高质量的推进，需要借助政府的力量，推动中心城市赋能乡村发展，以克服市场化条件下中心城市对乡村的极化效应，形成城乡之间合理分工、发展要素双向流动、城乡融合发展的格局。

在现实中，由于中心城市赋能乡村需要有一定的内外部条件，很多情况下不能直接赋能而需要借助中介载体。在中国特色社会主义城乡关系实践中，基于县域经济和县域政府在我国区域经济发展中的重要地位和作用，通过中心城市赋能县域，主要是县域城镇，形成经济节点，然后再赋能乡村，即"中心城市—县域（城镇）—乡村"路径或模式，这是我国城乡一体化及其城乡居民全面发展实践中具有鲜明中国特色的创造。

马克思、恩格斯在分析资本主义城乡对立运动中，深刻揭示了市场经济中资本用工业化改造农业，迫使农民离开土地、乡村，从而流落城市成为无产阶级的过程（即中心城市极化乡村的路径），勾勒出未来社会城乡

人口、生产条件等均衡分布以促成城乡融合、一体化发展的愿景。但是，他们没有而且事实上也不可能描绘城乡一体化的具体实现路径。

在西方学界，特别是从 1949 年阿根廷经济学家劳尔·普雷维什提出"中心–外围"理论（Core and Periphery Theory）模式以来，经济学家们不仅用这一理论解释世界经济体系中发达资本主义国家和发展中国家的经济关系，而且经迪克西特、斯蒂格利茨、克鲁格曼、弗里德曼等的改进，也试图用"中心–外围"理论或"核心–边缘"理论来解释一个国家或地区内部的城乡关系，提出了中心城市是社会经济活动的聚焦区或"中心区"（或"核心区"），而乡村则属于"外围区"（或"边缘区"）。在市场机制作用下，"中心区"通过从"外围区"聚集发展动能不断巩固自身的中心地位，也会通过市场化方式向外扩散动能，逐步实现空间经济一体化。①这些理论或观点，尽管忽视了经济关系的分析，带有技术分析的特征，但其中有关城乡生产力发展特征的描述，对于分析我国城乡之间发展动能传递仍然具有一定的参考价值。

在我国，基于县域经济在国民经济中的重要地位，可以将我国国民经济空间系统分为中心城市和县域经济两个子系统，而县域经济子系统内部又可以细分为县域城镇系统和乡村系统（见图 1 - 5）。根据各子系统发展要素或动能的聚集度，我国中心城市是人口及其经济社会活动的聚焦区或"中心区"，县域城镇是"次中心区"，而乡村则属于"外围区"。

中华人民共和国成立 70 多年来，中心城市、县域城镇和乡村三者在国民经济系统中的地位和作用发生了巨大变化。其中，在社会主义革命和建设时期，由于县域城镇规模较小，在工业化优先发展战略下，我国城乡动能的传递路径主要是计划支配的乡村支持中心城市，也就是"外围区"为"中心区"廉价甚至无偿提供工业产品原材料。在改革开放和社会主义现代化建设新时期，其中又可以分为两个阶段，从 1978 年改革开放到世纪之交，伴随市场化改革和县域城镇的兴起，乡村除了逐步开始按市场价格向中心城市提供工业品原材料外，出现了"外围区"劳动力大规模向"次中心区"或直接向"中心区"转移的趋向。同时，这一阶段工业化和城镇化的高速

①　杨友孝. 约翰·弗里德曼空间极化发展的一般理论评介 [J]. 经济学动态, 1993 (7): 69 - 72.

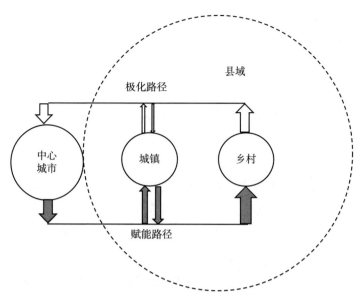

图1-5　中心城市极化和赋能县域、乡村路径

发展推动了"中心区"向"次中心区"和"外围区"的经济辐射，以及"次中心区"向"外围区"的经济辐射。世纪之交尤其是2002年党的十六大提出"壮大县域经济"到2012年党的十八大期间，发展县域经济成为推进城乡统筹发展、科学发展的主要途径。这一时期，面对市场化引致中心城市对乡村的极化效应，大力发展县域经济，有序推进农村城镇化，特别是2004年开始中央每年出台一号文件支持"三农"发展，政府主导下的中心城市带动县域、县域城镇带动乡村发展的路径逐渐明晰。2012年中国特色社会主义进入新时代以来，特别是2013年启动新型城镇化建设和2017年党的十九大提出乡村振兴战略，以城乡居民全面发展为目标、以城市支持乡村为核心、以城乡发展要素双向流动为主要内容、以"中心城市—县域（城镇）—乡村"为基本架构的中国特色城乡融合发展、一体化发展模式初步形成。

　　"中心城市—县域（城镇）—乡村"是相对于市场机制下发展要素"乡村—县域（城镇）—中心城市"单向流动的"极化路径"而言的，是一种"赋能路径"（即在政府引导下中心城市发展要素嵌入县域经济发展动力结构并赋能乡村发展的路径），既包括中心城市直接赋能乡村（如交通、水、电、气、通信等公共基础设施的嵌入），也包括中心城市发展要素嵌入县域城镇再赋能乡村的间接途径（包括政府引导下的教育、医疗、养老设施、政府"三农"服务等公共产品与服务的嵌入）以及市场机制作用下中心城市对乡村的经济辐射。间接赋能的途径大多是先由县域城镇这一经济节点吸纳中心城市的经济辐射，聚集发展动能，然后再赋能乡村发展的。这一途径与西方国家用工业化改造农业、资本驱赶农民流入城市成为无产者，然后再借助资本力量改造农村，使其成为富人的庄园、农业工人暂住地的路子有着本质性的不同，是一条基于农民全面发展目标，在政府引导下促成城乡之间合理分工、发展要素双向流动、城乡融合发展格局形成，既克服"极化路径"下中心城市对乡村发展的负面效应，又避免资本主导乡村改造下出现的乡村异化的新路径，是一条具有中国特色的"赋能路径"。

随着我国城市化水平的提高，特别是农业人口市民化、新型农民替代传统农民进程的加快，县域经济发展特别是县域城镇发展在我国城乡一体化中的桥梁作用将会更加凸显。同时，基于中心城市、县域城镇与乡村之间经济社会发展总体水平、现代化程度、居民全面发展程度依次递减的现实，因此，发展壮大县域经济成为促进我国城乡一体化发展的关键。其中，促进县域经济发展的动力结构变革，带动县域经济质量变革和效率变革又是重中之重。为此，政府引导下推进中心城市发展要素嵌入县域经济发展动力结构并内源化是主要途径。

在"中心城市—县域（城镇）—乡村"框架下，中心城市发展要素的嵌入包括两个层次。第一个层次是中心城市与县域之间的一体化发展。基于县域经济发展及其县域居民全面发展的需求，重点是中心城市公共基础设施覆盖县域以实现城乡互联互通，中心城市现代生产要素嵌入县域以推动传统生产要素结构变革，中心城市现代产业向县域延伸以促进产业融合发展和转型升级，中心城市基本公共产品与服务向县域拓展以逐步实现共建共享，以及城乡生态一体化建设。在这一层面，在我国人口、资源集聚度不断提高的背景下，为了提高中心城市发展要素嵌入效率（即提高中心城市赋能县域经济发展的效率），避免资源浪费，城乡规划一体化尤其是城乡聚落的科学布局是中心城市发展要素有效嵌入县域经济发展动力结构的前提。第二个层次是县域内部城镇与乡村之间的一体化发展。这一层次既包括县域城镇将中心城市外源性发展动力内源化，有效传输到乡村，促进乡村传统动力结构的现代化，也包括县域内部城镇与乡村内部资源的有效整合、融合和一体化发展。

鉴于本书的研究主题，我们重点研究第一个层次的城乡发展一体化，即中心城市发展要素嵌入县域经济发展动力结构问题。以此为基础，再研究第二个层次，即县域的外源性动力内源化后，如何有效赋能乡村的问题。

第二章 城乡聚落优化

在城乡分割转向融合发展、一体化阶段，无论是中心城市直接赋能乡村，还是通过县域城镇间接赋能乡村，优化城乡聚落都是中心城市发展要素有效嵌入县域、乡村的前提。城乡在地理空间上的聚落形式，地理学、社会学、建筑学、艺术学等不同学科有不同的研究角度和内容，本研究以其他学科的研究成果为基础，从经济学角度分析城乡空间聚落的规模、结构及其对资源配置效率的影响，从中西方城乡聚落形式变迁的经验教训中分析我国城乡一体化进程中城乡空间聚落的政策取向。

第一节 城乡聚落规模与结构

中心城市、县域城镇、乡村不同的聚落形式随着经济社会发展条件的变化而变化，不同聚落形式的规模和结构对中心城市赋能县域城镇、乡村具有不同的效率。

一、人类聚落形式是历史范畴

聚落是人类各种形式的居住地并据此开展经济社会活动的场所。人类的居住地选择主要由生产方式和生活方式决定。在人类社会变迁中，自学会运用生产工具从事种植、放牧、养殖、林业及家庭副业等生产活动起，就形成了聚落，即最初的乡村聚落。随着农业生产力提高和商品经济发展，人们开始从事工业、商业、服务业等非农产业活动，逐步形成城（镇）市聚落。由于早期的农业生产活动分工不细、社会化程度不高，所以，乡村聚落一般人口密度较小，规模不大。非农经济活动一般都建立在日益复杂的社会化分工和商品交换基础上，因此，城市聚落大多比乡村聚落的人口密度高、规模大。随着人类经济社会发展和城市现代化发展，人类的聚落形式也日益多样化、高级化，从低级到高级，大致可以分为自然村、村庄、镇、城市、大都市、大都市区、集群城市或城市群、城市带或城市连绵区等形式。在我国，镇又可以分为集镇（一般乡镇、村镇）和经省级人民政府批准、具有正式编制的建制镇。

根据聚落的基本职能和结构特点，一般而言，自然村、村庄和集镇属于乡村聚落，建制镇、城市、大都市、大都市区、集群城市或城市群、城市带或城市连绵区属于城市聚落。其中，镇（集镇和建制镇）是乡村聚落和城市聚落的交界点，兼有两种聚落的特征。根据我国城乡分割形成的体制特征和现行管理体制特点，本书在整体讨论中心城市与县域关系时，将建制镇纳入乡村聚落分析，而在具体讨论县域内部城乡关系时，则将建制镇作为城市聚落来看待。

人类聚落形式是社会发展的产物，随着人类适应自然、改造自然能力的不断提升而不断演进。1877年，路·亨·摩尔根在《古代社会》一书中首次对人类社会发展阶段进行了分期，即划分为蒙昧时代、野蛮时代和文明时代。恩格斯对摩尔根的分期进行归纳提炼后认为："蒙昧时代是以获取现成的天然产物为主的时期；人工产品主要是用作获取天然产物的辅助工具。野蛮时代是学会畜牧和农耕的时期，是学会靠人的活动来增加天然产物生产的方法的时期。文明时代是学会对天然产物进一步加工的时期，是真正的工业和艺术的时期。"① 蒙昧时代是人类的童年，人的生存完全取决于自然界的供给，人的命运由自然主宰，他们都依存于自然的共同体的脐带。所以，人通常以部落、氏族为单位，住在热带或亚热带的森林中，部分住在树上，部落、氏族及其制度，都是神圣不可侵犯的，都是自然所赋予的最高权力。② 当人类进入野蛮时代，逐步学会了畜牧和农耕等生产活动，人的生活空间大大拓展，原始公有制和公社形式逐步被封建私人占有制和家庭所替代，村落成为人类的主要居住方式。同时，随着农产品剩余的增加，商品交换数量、范围的扩大，市场的兴起，又产生了城市聚落

---

① 马克思恩格斯文集：第4卷［M］. 北京：人民出版社，2009：38.
② 马克思恩格斯文集：第4卷［M］. 北京：人民出版社，2009：112.

的雏形，尽管在野蛮时代这是一种非主导的聚落形式。当人类社会进入文明时代，随着人类改造自然界能力的提升，在逐步摆脱自然界束缚的同时，资本主义私有制的产生使城市与乡村分离、脑力劳动与体力劳动对立逐步加快，人类的聚落方式尤其是城乡聚落的规模和结构发生了革命性变革。总体趋势是，城市聚落逐步成为人的主导方式，乡村聚落则日趋衰落。

人类聚落形式不是被动地随着人类经济社会变迁而变化，而是也会反作用于经济社会变迁进程。在经济领域，这种反作用主要通过城乡聚落的规模和结构影响资源配置整体效率，从而对城乡经济社会发展产生积极或消极影响。一般而言，与生产力发展要求相适应，城乡聚落的合理规模和均衡结构将会提升全社会资源配置效率。反之，如果人口过于向大城市集中，不仅会导致人口膨胀、交通拥堵、环境恶化、住房紧张、就业困难、市民身心疾病加剧、社会治安恶化等"城市病"，而且还会导致乡村发展"空心化"，加剧城乡对立，制约经济社会整体发展。这种反作用既被西方资本主义国家早期的实践所证明，也为后来拉丁美洲等发展中国家工业化和城市化实践所证明。所以，恩格斯在《反杜林论》中说："大工业在全国的尽可能均衡的分布是消灭城市和乡村分离的条件。"① 与此相联系，人口在城乡之间尽可能均衡分布也是城乡融合的必要条件。这一切，"只有按照一个统一的大的计划协调地配置自己的生产力的社会"② 才能实现。

二、聚落规模、结构及其影响因素

在理论上，城乡聚落规模主要是指城市或乡村在特定空间常住人口的规模，而城乡聚落结构是一个国家或地区城市聚落之间、乡村聚落之间、城乡聚落之间居住人口的规模、比例和相互联系，以及城乡聚落内部与常住人口生产、生活和发展需求相配套的聚落功能、结构及其相互关系。

关于城乡聚落规模和结构的研究，不同学科关注的重点有所不同，地理科学更加关注自然地理环境，如地形、降水、气温、水源等因素对城乡聚落的形态——集聚形、长条状还是放射状，以及城乡聚落规模和结构的

---

① 马克思恩格斯文集：第 9 卷 [M]. 北京：人民出版社，2009：314.
② 马克思恩格斯文集：第 9 卷 [M]. 北京：人民出版社，2009：313.

影响。国外在 20 世纪 40～90 年代运用统计分析、数学模型、网络分析等方法对城镇规模体系等级划分、位序规模分布、时空变化的研究，20 世纪 90 年代以来学术界有关城市群、城市网络、都市区问题的研究，都具有上述特征；我国学界从 20 世纪 80 年代中后期开始的城镇规模体系评价与规划研究，以及进入 21 世纪以来运用位序规模分析、分形研究、网络分析、数学建模等方法研究城镇、村镇等级结构划分、演化特征、模拟预测、影响因素以及规划设计等，也具有类似的特征。20 世纪 70 年代区域经济学作为独立学科产生以来，区位（实际上主要是交通线对城乡聚落形态、规模和结构）的研究曾一度成为热点课题。其中，有关交通条件及其变化会造成聚落空间形态、规模和结构演变的观点，已经成为学界的共识。本研究在地理学、区域经济学等研究成果的基础上，侧重从理论经济学角度，研究经济关系对城乡聚落规模和结构的影响。

决定一个社会性质的经济制度主要是生产资料所有制度，在城乡对立走向城乡融合、一体化阶段，主要涉及资本主义私有制和社会主义公有制两种经济制度。这两种制度的差异不只是体现在生产资料占有方式上的区别，更主要的是生产资料占有所实现的利益归属及其由此决定的相关利益主体或者其代表者的行为差异。资本主义一经产生，以资本家意志或资本利益为中心就成为天经地义，资本成为剥夺其他经济主体利益的最主要手段，也充分体现在城乡对立关系的产生和演进过程中。恩格斯说："资产阶级反对封建贵族的斗争是城市反对乡村、工业反对农业、货币经济反对自然经济的斗争，在这一斗争中，资产者的决定性的武器是他们的经济上的权力手段。"① 资本用工业化手段改造农业，在资本集中过程逼迫农村人口向城市集中，其结果是在促进农业生产力大幅提高的同时，引致农民被迫离开土地、离开农村，成为相对过剩余人口，成为资本主义工业化、城市化扩张需要的"蓄水池"中一员。在城市人口迅速扩张、城市走向繁荣的同时，农村则走向衰落。这种资本至上的行为方式及其结果，是符合资本主义制度本质规定性的，但与社会主义所要求的人民利益至上、社会共同利益为中心的规定性相悖。在社会主义社会，资本流动或资本利用会受到公有制本质规定性的约束。在农村，具有鲜明中国特色的土地的集体所

---

① 马克思恩格斯文集：第 9 卷［M］．北京：人民出版社，2009：171．

有、家庭承包经营制度，消除了资本驱逐农民、城市剥夺农村的制度基础，对农民尤其是纯农民起到了托底或基本保障作用，因而也是农村聚落存在的制度保障。当然，在市场经济下，我们如何既发挥社会主义公有制度的优势，又有效发挥资本利用的效率，更加优化城乡聚落的内部结构，则是制度设计中需要考虑的问题。

人口在城乡聚落之间的具体配置，涉及经济体制问题。在人类进入资本主义社会后，自然地理环境对聚落的影响力呈现减弱趋势，而市场机制的影响力则不断强化。在资本强势作用下，市场机制既创造了生产高效率和资本高回报率，同时也将劳动与资本、乡村与城市的两极分化效应发挥到了极致。空想社会主义者看到了市场对劳动者、对乡村所带来的消极后果，也设计了未来社会的理想模式，如欧文和傅里叶都主张可以将全国人口分成 1600~3000 人的许多集团并均衡分布，但由于他们没有厘清问题产生的根本原因——市场背后的资本主义私有制及其与生产社会化的矛盾，所以，无法从根本上找到解决问题的可行方案。马克思主义经典作家深刻揭示了资本主义社会的基本矛盾和市场机制的弊端，不仅从人口的分布，而且从人的全面发展的角度提出了未来社会有计划配置人口聚落的设想及其实现的前提条件，即"只有使人口尽可能地平均分布于全国，只有使工业生产和农业生产发生紧密的联系，并适应这一要求使交通工具也扩充起来——同时这要以废除资本主义生产方式为前提——才能使农业人口从他们数千年来几乎一成不变在其中受煎熬的那种与世隔绝的和愚昧无知的状态中挣脱出来"。[①] 当然，在社会主义实践中，如何有计划地配置城乡人口，还需要结合本国或本地区发展实际。事实上，无论是苏联、东欧社会主义国家，还是我国社会主义实践中，都曾试图用指令性计划方式配置城乡人口，而且也确实极大地避免了资本主义市场经济下城乡聚落的极化效应，但是，也产生了城乡人口流动停滞尤其是城市化进程滞后的矛盾，制约了全社会资源配置效率的提高。所以，在我国城乡聚落的制度安排中，如何将计划配置或政府引导主导与市场机制有机结合起来，是非常重要的。

在现实生活中，城乡聚落的规模和结构还受到特定国家或地区具体国

---

① 马克思恩格斯文集：第 3 卷 [M]. 北京：人民出版社，2009：326.

（区）情、产业发展、就业与生活环境等因素的影响。从经济运行角度看，城乡聚落不只是人口居住地在城市或乡村之间的选择，而且与就业、区域产业发展、区域经济发展水平和发展潜力相联系。在这个意义上，安居乐业的含义发生了变化，即乐业也是人们选择安居之地的重要影响因素。事实上，城市或城市聚落的兴起，起源于商品交换及其市场的产生，但城市的发展，主要是工业革命的产生、城市现代产业体系的建立和不断壮大，从而引致城市产业工人需求的日益扩大。与此相反，乡村聚落的衰弱也与农村产业吸纳就业人口的有限性相关。随着农业有机构成不断提高，农业相对过剩人口呈现不断扩大之势，他们向何处去成为突出问题。能不能通过市场化途径向中心城市集中？这又不得考虑一个国家或地区的具体国（区）情联系起来。例如，中国是一个幅员辽阔但地形地貌复杂、宜居环境相对有限、人多地少且农村人口规模十分庞大、东中西部发展差距明显、区际文化社会环境复杂的发展中大国，这种情况将会影响我国城乡聚落的规模、形态、结构。因此，研究我国城乡聚落及其优化，既要注重城乡聚落的一般性和他国经验的借鉴，更要结合本国和本地实际，积极探索符合国（区）情的城乡聚落优化方式。

第二节　西方城乡聚落变迁

在人类发展史上，从资本主义萌芽以来的 500 多年间，以西方国家尤其是以英国为代表的西欧发达资本主义国家，为完成资本原始积累对农民和农村强取豪夺，在工业革命后又借助大工业、市场化无情地摧毁了农民和农村，将城乡对立发展到了顶点。20 世纪 50 年代以来，为弱化矛盾，发达资本主义国家又不得不借助政府力量扶持乡村发展。西方的实践可以为研究我国城乡聚落及其优化提供借鉴或启示。

一、资本原始积累动摇乡村聚落根基

在 14 世纪末期，英国的农奴制已经消亡，此后，尤其是 15 世纪，多数农民成为自耕农，也出现了农业雇佣工人，主要是利用空闲时间为大土地所有者做工的农民和为数不多的真正的雇佣工人，而后者实际上也是自

耕农。因为，根据英国当时的法律，这些农业工人除了得到工资外，还分得四英亩或更多一些的耕地和小屋。另外，英国当时真正的农民还可以共同利用公有地并在其上放牧、取得燃料等。从英国整体情况看，在 15 世纪的多数时期，小农户仍然遍布全国，只是在有些地方穿插有较大的封建领地，"人民财富能够产生出来，但是这些情况是排斥资本财富的"。① 因此，城乡聚落的格局保持相对均衡。而且，农民从农奴制中解脱出来而成为自由劳动者，解放了生产力，使得乡村聚落比历史上任何时间更加繁荣。

"为资本主义生产方式奠定基础的变革的序幕，是在 15 世纪最后 30 多年和 16 世纪最初几十年演出的"。② 也正是从这一时期开始了对农村居民土地的剥夺，并使乡村聚落走向衰弱。在这一时期，"货币是一切权力的权力，因而，把耕地转化为牧羊场就成了他们的口号。"③ 为了与作为资产阶级发展产物的王室和议会进行对抗，大封建主把那些和自己一样享有封建权利的农民从土地上强行赶走，夺走了他们的公有地，小农的住房和工人的小屋也被强行拆除。同时，大量封建家臣被解散，造就了大量不受法律保护的无产者。这一切，在加速农民成为无产阶级和乡村聚落走向衰弱的同时，却为资本主义的发展创造了条件。因为，资本主义制度正是要求农民成为雇工，使他们的劳动资料转化为资本。在 16 世纪，宗教改革及其对教会地产的大规模盗窃，也使暴力剥夺农民的过程惊人地推进。但无论如何，在 17 世纪最后几十年，自耕农还比租地农民多，农业雇佣工人也仍然是公有地的共有者，这种状况一直延续到 18 世纪中后期。"农民当时十分虔诚地、安分守己地过着平静和安宁的生活，生活中没有许多操心的事，但也没有什么变动，没有普遍利益，没有文化教育，没有精神劳动；他们还处在史前阶段。城市的状况也没有多大差异。"④ 在 18 世纪最后几十年，自耕农消失了，农民公有地的最后痕迹也消灭了，代替他们的是资本租地农场主或商人租地农场主。"农村居民变成无产阶级，把他们'游离'出来投向工业。"⑤ 到 19 世纪，人们已经忘记了农民和公有地之间的联系。"掠夺教会地产、欺骗性地出让国有土地、盗窃公有地、用剥夺方

①②③　马克思恩格斯文集：第 5 卷 ［M］. 北京：人民出版社，2009：825.

④　马克思恩格斯文集：第 1 卷 ［M］. 北京：人民出版社，2009：96.

⑤　马克思恩格斯文集：第 5 卷 ［M］. 北京：人民出版社，2009：833.

法、用残暴的恐怖手段把封建财产和克兰财产转化为现代私有财产——这就是原始积累的各种田园诗式的方法。这些方法为资本主义农业夺得了地盘，使土地和资本合并，为城市工业造成了不受法律保护的无产阶级的必要供给。"①

在资本原始积累过程中，对农民土地和农民自身的剥夺和驱逐，一方面迫使农村居民从土地中游离出来，使他们以前的生活资料游离出来并转化为可变资本的物质要素，并从他们的新主人——工业资本家那里以工资的形式挣得这些生产资料的价值，也使国内农业提供的工业原料转化为不变资本的要素之一，从而为资本主义的发展奠定了物质基础，不仅如此，这还为资本创造了比以前更为发达、资本发挥作用更为必需的国内市场。另一方面，农村居民的游离及其与物质要素一起向城市聚集，以及国内市场的发展，在促进城市繁荣和城市聚落规模扩大的同时，也使乡村聚落逐步走向衰落，而这种衰落又反过来成为资本积累和资本扩张的必要条件。

二、农业工业化加速城乡聚落极化

土地和资本的合并只是为完成资本原始积累奠定了基础，是乡村聚落走向衰落的第一步，18 世纪 60 年代率先从英国开始并于 1840 年前后完成的第一次工业革命，加速了农业的工业化，从而使土地、劳动力、技术等几乎一切生产要素与资本合并，集中到资本家手中并由其统一指挥，无论是工业、商业还是农业，都按照资本的意图进行生产，从而真正形成了以资本为中心的经济社会体系，将城乡对立（即与城市繁荣相伴的乡村衰落）推向了顶点。

一方面，资本集中、工业集中、大工业加速了农村村镇化、城市化，吸引了农村人口向村镇、城市的集中，城市（镇）聚落规模以惊人的速度扩大。恩格斯在 1844～1845 年完成的《英国工人阶级状况》中，详细描述了这一阶段的历史境况。在英国工业革命过程中，"分工，水力特别是蒸汽力的利用，机器装置的应用，这就是从 20 世纪中叶起工业用来摇撼世界基础的三个伟大的杠杆"，② 这一切都需要大量的资本，用这些资本建立

---

① 马克思恩格斯文集：第 5 卷 [M]. 北京：人民出版社，2009：842.
② 马克思恩格斯文集：第 1 卷 [M]. 北京：人民出版社，2009：406.

庞大的企业，使自然力为自己服务。资本通过吞并和联合的方式，迅速实现了资本的集中，资本集中促进了大工业的发展，这又使财产不断地集中到少数手中，加速了手工业小资产阶级破产，并把个体手工业工人从市场中排挤出去。资本集中、工业集中也加速了人口集中，因为大工业需要许多工人在同一建筑物里共同劳动，这些工人必须集中居住。于是，在一个中等规模的工厂附近就会形成一个村镇。为满足村镇居民的生活需求，又吸引了提供各种生活服务劳动者向这里集中。这里生活便利、对外交通条件优越，容易找到合适的熟练工人，这又吸引了新的厂主搬到这里来。这样，村镇就逐步变成小城市，小城市变成大城市。人口越来越集中，对外联系越来越便捷，市场规模越来越大，于是，大工厂城市的数量就以惊人的速度增长起来。当然，那些未开发的农村与已经发展成为工厂城市的地区相比较，也有工资较低的优势，两者之间不断开展竞争，其结果是，工业集中的趋势依然强劲，而农村继续向工厂城市方向发展。"如果工业的这种疯狂的活动还能这样持续 100 年，那么英国的每一个工业区都会变成一个巨大的工厂城市。"[1] 马克思也说："现代的［历史］是乡村城市化，而不像在古代那样，是城市乡村化。"[2]

另一方面，资本大规模进入农业领域并进行工业化改造，既促进了现代农业发展，又造就了大批农村相对甚至绝对过剩人口，加速了乡村聚落的衰落。"资本主义生产和积累的对抗性质，在任何地方再也没有比在英格兰农业（畜牧业）的进步和农业工人的退步上表现得更为残酷的了。"[3] 这是一个矛盾的两个方面。从生产力角度看，在英格兰，起始于 18 世纪中叶的现代农业（即对传统农业生产按照资本主义工业化生产要求进行改造）促进了耕地面积的扩大和规模经营，便于耕作更加集约化，农业投入的单位成本大幅度降低而投资效益大大提高，农业资本有了空前的积累，在英格兰农业史上农产品获得了空前未有的增长，土地所有者地租大大增加，资本主义租地农场主的财富日前膨胀。但是，从生产关系角度看，对农村人口或农业工人来说，情况完全是另外一回事。在处于现代农业早期

---

① 马克思恩格斯文集：第 1 卷［M］. 北京：人民出版社，2009：407.
② 马克思恩格斯文集：第 8 卷［M］. 北京：人民出版社，2009：131.
③ 马克思恩格斯文集：第 5 卷［M］. 北京：人民出版社，2009：774.

的 1770～1780 年，农业工人的状况"无论就他们的营养和居住状况来说，或者就他们的自尊感和娱乐情况等等来说，都成了以后再也没有达到过的理想"。① 资本主义生产一旦占领农业，或者随着它占领农业程度的提高，农业资本及其积累规模的扩大，资本有机构成不断提高，其所需要的农业工人数量相对减少。而且，在非农产业中，资本对人口的排斥有可能会因更大规模的投资而得到补偿，但在农业或农村中，资本引致耕地集中、耕地转化为牧场、采用机器等，会使农业人口绝对地减少，农村人口也会因小屋被拆除而不断地被驱逐，流往村镇、城市，他们成为需要救济的贫民的摇篮。"他们可能成为需要救济的贫民，是他们被驱逐的一个原因，也是居住条件恶劣的主要根源，而居住条件恶劣又摧毁了他们最后的反抗能力，使他们完全变成地主和租地农场主的奴隶，以致获得最低的工资对他们来说已成了天经地义。"② 资本在农业领域越深入，积累规模越大，农业资本有机构成越高，对农业和农村人口的排挤效应就越大，乡村聚落规模就越小。

资本对乡村聚落的影响不仅体现在规模上，马克思在考证英国 18 世纪中叶以来资本主义农业发展史后指出，资本还对乡村聚落的结构产生了深刻影响。尽管资本作用导致农村经常出现相对甚至绝对过剩人口，但是，在人口过快地流往城市、矿山、铁路工地等处的地区，以及农业收获季节和春夏两季，以及精耕细作的、集约化的农业需要额外劳力的许多时候，又经常发生人手不足的现象。然后，面对临时性的或局部的农业劳动力结构性短缺，资本通常不是通过提高工资的办法加以解决，而是通过吸引或迫使妇女和儿童也参加田间劳动，从而使工人的年龄不断下降。"一旦妇女和儿童被大规模地使用，这又会反过来成为一种新的手段，造成农业中男工过剩，并使他们的工资下降。"③ 这种恶性循环的结果之一是在农村形成了帮伙制度，即通常由一些已婚妇女作为"帮头"，她们招揽一帮少男少女形成帮伙。为了挣钱，"帮头"整体出租帮伙，交给租地农场主支配，大多数是由"帮头"从租地农场主那里按活茬包揽农活，然后在"帮头"

① 马克思恩格斯文集：第5卷 [M]. 北京：人民出版社，2009：774.
② 马克思恩格斯文集：第5卷 [M]. 北京：人民出版社，2009：797.
③ 马克思恩格斯文集：第5卷 [M]. 北京：人民出版社，2009：798.

的指挥下干活。帮伙们在"帮头"的带领下，在以家庭为圆心、能够早出晚归为半径的空间范围内劳动，从一个庄园到另一个庄园。这种帮伙制度是在土地耕作过程中采用了工业制度。在这种制度下，使租地农场主用最低的成本解决了劳动力的结构性短缺问题。对于农村家庭来说，使农村孩子比不入帮有了更多的就业机会，且收入也有一定的保障。但是，在这种制度下，青少年往往过度劳动，给他们的身心造成了巨大伤害。更关键的是，这一制度使成年男工在农村变得"过剩"，或者使他们所得到的工资越来越低，迫使成年男工不得不流向城市。由此，乡村聚落出现了女性化、未成年化、老年化的趋势。

三、城乡聚落对立矛盾及其纾解

资本主义工业革命及其对农业、农村的改造，推进了生产力的高速发展，创造了巨大的城市，使很大一部分居民脱离了农村生活的愚昧状态，这是资本的"文明"作用或巨大进步。但与此同时，也将城市扩张与乡村衰落推向了历史顶点，"城市已经表明了人口、生产工具、资本、享受和需求的集中这个事实；而在乡村则是完全相反的情况：隔绝和分散"。① 其结果是：乡村农业人口的分散、过剩、驱逐和大城市工业人口的集中，不仅使农村变得日益衰败，而且大城市也因为人口的过度集中而变得交通拥挤、住宅紧张，工人挤满了恶劣的街区，又成为城市的一切流行病的发源地。霍乱、斑疹伤寒、伤寒、天花以及其他灾难性的疾病通过工人区被污染的空气和混有毒素的水，传播到资本家居住的城区去，城市内部的阶级矛盾日益激化，社会日益动荡。

大城市是工人运动的发源地，城市的发展造就了一个更为庞大而且凝聚力日益强大的无产阶级，产生了工人团体、宪章运动和社会主义。"工业革命使资产者和无产者都集中在最有利于发展工业的大城市里，广大群众聚集在一个地方，使无产者意识到自己的力量。"② 无产阶级为了改变自己的窘境，与资产阶级的斗争日益尖锐化、公开化和常态化。"社会机体

---

① 马克思恩格斯文集：第1卷 [M]. 北京：人民出版社，2009：556.
② 马克思恩格斯文集：第1卷 [M]. 北京：人民出版社，2009：681.

的疾病，在农村中是慢性的，而在大城市中就变成急性的了。"① 面对不断发作的社会机体急性疾病，资产阶级的代理人——政府不得不开始寻找解决方案，尽管没有而且事实上在资本主义私有制度框架内也不可能有根治之法，但是，20世纪初以来，有些纾解方案还是在一定程度上缓解了城乡对立矛盾。

19世纪末20世纪初，资本主义工业进入大规模生产阶段，城市扩张所造成的社会压力越来越大，迫切需要城市聚落在结构、形态等方面进行革新。于是，作为对资本主义工业化带来的城市问题的回应，以功能主义、标准化等为设计原则的现代主义建筑运动开始兴起，逐步形成了形式、理性、功能、经济等现代城市规划思想。例如，霍华德对社会改革的主张和抱负，尤其是基于城乡一体的"田园城市"的构想，柯布西耶等以理性原则为基础、以功能分区为特征的城市规划，都在一定程度上缓解了城市聚落内部的突出矛盾。但是，这些规划、设想和实践，还只是停留在学术思想层面或局部范围的技术变革层面，而没有上升到资本主义国家层面，没有消除城乡对立的制度根源，所以，这些办法所起的作用非常有限，无法弥合城乡对立的鸿沟。

1929～1933年的资本主义大危机，宣告了完全市场调节崇拜的破产。以凯恩斯为代表的宏观经济理论和美国的罗斯福新政，从理论和实践角度开启了国家宏观调节的时代。在第二次世界大战后，宏观调节在西方发达资本主义国家日益常态化。1937年，英国政府授权巴罗委员会解决伦敦人口过密问题，随后，巴罗委员会提出了通过疏散人口来解决大伦敦环境和效率的报告。依据巴罗报告，1942年艾伯克隆比主持大伦敦规划。与此同时，1940年的哥本哈根规划，荷兰兰斯塔德地区规划等，重点也是控制大城市的过度蔓延，主张利用交通轴线、廊道以及卫星城等形式，将城市向周边乡村地区延伸。20世纪50年代以后，德国巴伐利亚州政府制定了"村镇整体发展规划"，重点围绕农业现代化，调整地块分布，改善农田基础设施，推广农村机械化作业，组建专业合作社，发展生态农业和特色农业；围绕农村现代化，保护乡村传统文化，整修传统民居，保护和维修旧村落等。法国建立"土地整治与农村安置公司"，通过贷款从私人手中购

---

① 马克思恩格斯文集：第1卷［M］. 北京：人民出版社，2009：436.

买土地，整治后再以较低价格卖给农民，特别是卖给中等规模的农民，调整土地政策以控制农用土地价格，为鼓励老年农场主放弃耕作而发放脱离农业终身补贴，等等。总体而言，这一时期西方资本主义国家政府所常用的城市规划、区域规划及其相关政策等工具，在缓解城市发展矛盾的同时，一定程度上带动了乡村的发展。

20世纪70年代西方发达资本主义国家滞胀后，出现了逆城市化浪潮。与无产者流入城市相反，一大批富有的城市白领开始远离拥挤、喧嚣、嘈杂的城市，选择到环境优美的乡村定居落户。这一趋势并没有随着资本主义国家走出滞胀而消退。相反，20世纪90年代以来，以互联网、人工智能、大数据为代表的新科技革命、新经济、新业态的兴起和发展，不仅加速了资本流动，而且加速了办公、产业和公共空间的自由流动，带动了城市人口、居住空间向乡村转移。一些自然条件较好、环境优美、生活便利的郊区、远郊和乡村城镇逐步成为知识密集型产业的重要选择地，乡村的后发优势逐步显现，由此形成了所谓的后郊区、技术郊区以及边缘城市等，为乡村空间注入新的内容和活力。欧盟有56%的人口居住在占国土面积91%的农村地区，其中，19%的人口居住在农村主导的地区，37%的人口居住在中间地带地区。为适应这一新变化，西方主要发达资本主义国家开始了新一轮区域规划，如英国的大伦敦空间发展战略，法国的大巴黎区域规划、里昂战略规划等。这些规划都以区域均衡为目标，以便生产要素在城乡、区域间和区域内部得到合理配置，促使城乡利用各自的空间实现优势互补。

四、西方城乡关系实践的经验教训

古为今用、洋为中用，从西方发达资本主义国家城乡聚落变迁史中，可以发现对推进我国城乡聚落由分割、极化到融合、现代化有借鉴意义的启示或教训。

首先，在人类社会演进中，资本对提高土地配置效率和农业生产力，对于农民摆脱自然束缚，从封闭、愚昧中解放出来，具有文明作用。但是，资本在逐利性支配下对农民土地、劳动、权利的剥夺和驱离，使农民沦为相对甚至绝对过剩人口，成为无产者，以及引致城市过度膨胀而农村日趋衰落，显示了其残酷性。因此，资本在城乡关系演进中具有鲜明的两重性。在社会主义市场经济下，土地集体所有制性质决定了经济社会发展以集体利益为中心而非以资本利益为中心，资本不可能像在资本主义社会下那样自由流动并发挥作用，从而消除了资本对农民、农村产生极化作用的制度基础。但是，在社会主义初级阶段还需要大力发展市场经济的背景下，我们在城乡关系上不能一味地排斥资本，在某些领域还需要充分利用资本对生产力的促进作用，发挥其文明功能。因此，正确处理好城乡关系，关键是正确把握好利用资本的边界。

其次，在竞争性领域，以利润为导向的市场机制是有效率的资源配置方式，但其具有两极分化的效应。在资本主义城乡关系演进中，资本的逐利性与市场的利益导向性相结合，既对农业工业化、现代化起到了极大的推进作用，但也对农民、农村的极化起到了推波助澜作用，加速了农民沦为无产者和农村衰落的进程。20 世纪以来西方资本主义国家纾解城乡矛盾的实践表明，推进城乡融合、一体化，必须发挥国家的调节作用，其核心是国家对农村、农民的扶持，包括为改善农村、农民生产生活条件的直接支持，以及城乡一体化规划、城乡公共基础设施和公共服务一体化等间接支持。在社会主义市场经济下，正确处理好城乡关系，需要发挥市场在城乡资源配置中的决定性作用，但鉴于市场机制具有的极化作用，我国农村、农业与城市、工业相比较具有明显的弱势性，因此，加强政府宏观调控，强化城市支持农村、工业支持农业、先富帮助后富，具有客观必要性，能够彰显社会主义制度的优势。

最后，对于 20 世纪 70 年代以来尤其是新科技革命兴起以来西方资本主义国家出现的逆城市化现象，需要一分为二地看。逆城市化（包括城市人口郊区化、农村化倾向）是城市对乡村经济辐射的重要形式之一。对于新科技革命下由新科技、新经济、新业态发展而产生的逆城市化，一定程度上会产生挤占农村耕地的现象，但客观上会促进新理念、新技术、新产业、新人才向乡村的传输，具有加速城乡融合、一体化的效应。对于我国这样一个人多地少的发展中大国，针对逆城市化现象，需要根据不同区域和经济社会发展不同阶段进行科学甄别，加强引导，纯粹进行行政阻拦无助于城乡融合、一体化发展。

第三节 新中国城乡聚落嬗变

1949 年中国取得新民主主义革命胜利后，经过短暂的过渡时期，开启了社会主义建设新征程。其中，城乡关系重构是重要的建设内容之一。尽管当时苏联已进行了 30 多年社会主义建设实践，但在城乡关系上并未创造出可以借鉴的成功经验。所以，我们只能在实践中摸索马克思主义城乡关系理论与中国实际相结合的具体道路，城乡聚落的嬗变从一个侧面反映了这一摸索的过程。

一、低水平均衡结构的根基改造

在现代社会，生产资料占有方式决定了人们的具体生产方式，而生产方式及其空间选择又决定了人们聚落空间的选择。生产力发展水平越低，生产方式和生产空间的选择性就越小，生活聚落空间的选择性也就越小。在新中国成立前夕，中国社会处于生产力极不发达，呈现官僚资本主义经济和民族资本主义经济占主导、半封建的私有制经济占主体的经济结构形态，中国社会处于传统的农业社会，商品化、工业化、城市化水平都非常低，城乡居民在各自的生产空间劳作并进行有限的商品交换。因此，无论是城市聚落，还是农村聚落，都处于相对封闭、稳定的状态，是一种典型的低水平均衡结构。这是我们研究的起点。

新中国成立以来城乡聚落结构的变化，是从打破低水平均衡结构的公有制度基础（即对其进行社会主义改造）开始的。其中，对于城乡聚落结构变化产生革命性变化的，是农业的社会主义改造。新中国成立之初，封建或半封建的地主土地私有制已经基本消灭，从革命年代保留下来的"打土豪、分田地"制度，使多数农民获得了属于自己的小块土地，农民小块土地所有制成为农村社会的制度特征。但是，正如马克思主义经典作家所说，在无产阶级夺取政权后，我们"不能向小农许诺，给他们保全个人财产和个体经济"，但"我们不会违反他们的意志而强行干预他们的财产关系""不是采用暴力，而是通过示范和为此提供社会帮助"等方式，"把他们的私人生产和私人占有变为合作社的生产和占有"。① 因此，面对一穷二白的底子和百废待兴的时局，新中国在经历短暂的经济恢复时期（1950～1952年）后，从1953年起，开始了由新民主主义向社会主义的过渡。到1956年，遵循自愿互利、典型示范和国家帮助的原则，积极引导农民组织起来，走互助合作之路，经过互助组、初级社、高级社三个阶段，将农民小土地所有制转变为土地集体所有制，从而完成了农业社会主义改造。与此同时，通过说服教育，示范和国家帮助等方法，从供销合作入手，逐步发展到生产合作，再到建立手工业生产合作社方式，完成了手工业者私有制到社会主义集体所有制的改造；通过和平赎买的方法改造民族资本主义工商业，经过从低级到高级的国家资本主义过渡形式，完成了资本主义工商业的社会主义改造。社会主义三大改造的完成，标志着中国旧社会制度基础的消亡和社会主义社会制度基础的正式确立。

社会主义生产资料公有制的建立，一方面，消灭了城市剥夺乡村、工业剥夺农业、资本剥夺劳动（尤其是剥夺农民、驱逐农民）的制度基础，消除了资本主义条件下城乡对立滋生的土壤。尤其是土地集体所有制的建立，极大地克服了农民小土地所有制的弱势性，阻挡了资本的自由流动及其对土地的吞并，为乡村聚落保持相对稳定性提供了制度保障。另一方面，生产资料所有制度变革也使得传统的、封闭的生产方式的根基产生了动摇，为新的生产方式的嵌入和生产力提高创造了条件，也为农民生产方式和生活方式的空间选择提供了可能性。尽管在过渡时期内，我国城乡聚落结构并未出现很大变化，但对聚落结构的影响是深远的，特别是对改革开放后市场化条件下农民利益的保护和乡村聚落保持相对稳定，具有特别重要的意义。

二、城乡聚落结构的固化

城乡居民的生产方式及其空间决定了聚落空间的选择。社会主义三大改造完成后，我们面临着有效地开展社会主义生产的任务。在社会主义过渡时期，城市居民的具体生产经营方式并没有随着所有制度变革发生太大的变化，产生剧变的是农村居民的生产方式，即由传统的个体劳动转变为

---

① 马克思恩格斯文集：第4卷［M］. 北京：人民出版社，2009：524－527.

合作社的共同劳动、联合劳动。在社会主义过渡时期，由于国家的经济管理体制尚未定型，所以，城乡居民身份界限不是很清晰，城乡生产组织形式、生产管理、劳动管理等制度也未定型，约束性不是很强，城乡之间劳动力尚可流动。所以，生产方式的变化对城乡居民聚落空间选择的影响也没有显现出来。真正发生变化是从进入社会主义建设时期后开始的。工业优先发展战略和高度集中的计划经济体制的实施，加速了中国城乡居民在劳动力流动性选择、生产方式及其空间选择、生活方式及其空间选择的单一化或固化，进入城乡聚落结构趋向固化、聚落规模增长趋于内生化的时代。这种状况一直延续到1984年人民公社体制的终结和城市体制改革序幕的拉开。

第一个五年计划（1953～1957年）工业优先发展战略的实施，是对中国经济体制选择和工农关系、城乡关系处理具有重大影响的历史事件。新中国成立之初，我国经济发展战略有两条道路可以选择。一条是早期资本主义国家先发展轻工业、积累资金再转向发展重工业，从而逐步发挥比较优势的发展道路。另一条是20世纪上半叶，以苏联为代表的社会主义国家，为在短时间内赶上经济发达资本主义国家而实施的重工业优先发展战略或赶超发展战略。新中国成立初期，一穷二白落后面貌激发的穷则思变和强烈的赶超意识，对苏联社会主义发展模式的认同，朝鲜战争爆发以及由此带来的更加严峻的国际环境，抗美援朝战争中我方与敌方的装备落差等一系列因素，影响我国走上了工业优先（而且是重工业优先）的发展道路。重工业发展具有初始投资规模大、资本密集、资本有机构成高、建设周期长、回报慢等特征，需要大规模资本积累与供给，容易产生资金动员能力和外汇支付能力等方面的矛盾，引发产业之间、产业内部和城乡之间比例关系失衡的矛盾，因此需要强有力的国家政策协调。所以，为实施工业优先发展战略，我国选择了高度集中的计划经济体制。在第一个五年计划结束时，即1957年，我国高度集中的计划经济体制框架已经基本形成。在随后的20多年时间内，工业优先战略与高度集中的计划经济体制相结合，形成了指令性计划支撑下城市发展工业、农村发展农业、农业支持工业的基本格局。计划不仅在生产领域发挥决定性作用，而且对城乡居民劳动力配置、生活空间选择甚至消费决策等都产生了很强的约束作用，为城乡聚落固化奠定了体制基础。

工业化尤其是重工业优先战略，一方面需要大量资金，有赖于国民经济内部不断积累，而在中国这样的农业大国，相当一部分资金积累必须依靠农业。20 世纪 50～90 年代初我国实施的农产品低价政策或工农产品"剪刀差"，是农业为工业、乡村为城市发展提供积累的主要来源，是农民为我国工业化作出的巨大贡献。另一方面，发展重工业不仅建设周期长，而且其产品不能直接满足人民消费需求，客观上需要全体人民在一定时期内节衣缩食、艰苦奋斗。在这一背景下，如何有效组织城乡居民，尤其是组织农民为工业化积累奉献被提上议事日程。1958 年，在高级农业生产合作社基础上联合组建的人民公社组织形式，得到毛泽东同志的肯定并迅速在全国推广。根据《农村人民公社工作条例》（以下简称《条例》），特别是 1962 年 9 月通过的《农村人民公社工作条例修正草案》，"农村人民公社是政社合一的组织"，既是我国社会主义政权在农村中的基层单位，又是我国社会主义社会在农村中组织经济活动的基层单位，是社会主义的互助、互利的集体经济组织。人民公社的基本核算单位是生产队。根据各地方不同的情况，人民公社组织可以是公社和生产队两级，也可以是公社、生产大队和生产队三级，但无论采取何种形式，人民公社的各级组织，都必须执行国家的政策和法令，在国家计划指导下，因地制宜地、合理地管理和组织生产。《条例》还特别规定，人民公社一般地不办企业。已经举办的企业，不具备正常生产条件的，不受群众欢迎的，应该一律停办。事实上，人民公社逐步变成单纯的农业生产组织，与工业的联系大大减少了。与此同时，对农村聚落规模和结构产生重要影响的还有"两个不变"的政策。人民公社的规模是一乡一社，有的是小乡一社，有的是大乡一社，各个公社的规模定下来以后，长期不变。生产队的规模应该根据土地的数量和远近、居住的集中或者分散、劳动力能够搭配得开、畜力和农具能够配套、有利于发展多种经营等等条件确定。生产队的规模定下来以后，长期不变。另外，《条例》还对农村居民劳动力配置和居住选择进行了规定，包括"生产队范围内的劳动力，都由生产队支配""生产队应该组织一切有劳动能力的人，参加劳动""社员的房屋，永远归社员所有""任何单位、任何人，都不准强迫社员搬家""社员新建房屋的地点，要由生产队统一规划"等。由此，农村居民在生产队组织专门从事农业生产、城市居民在国有或集体企业从事工商业或其他非农活动的模式真正形成，城乡聚落也随之逐步走向固化。

城乡聚落的固化与户籍制度及其背后的福利制度有关。1958 年 1 月颁布并实施的《中华人民共和国户口管理条例》，明确了"城市、水上和设有公安派出所的镇"和"农村以合作社为单位"分别颁给不同的户口簿，设立城乡不同的户口管辖区。该条例起初的出发点主要是"为了维持社会秩序，保护公民的权利和利益，服务于社会主义建设"。1959～1961 年出现全国性粮食和副食品短缺危机，即"三年困难时期"。为了应对危机，户籍制度被赋予了享受不同公共服务的功能，即持有不同户口的居民按计划享受不同的粮食和副食品供给，随后又扩大到一些重要的生活必需品，并进一步拓宽到就业、教育文化体育、医疗卫生、社会保障等公共服务领域，即持有城镇户口的居民享受由国家财政保障的公共服务供给，持有农业户口居民则主要依靠土地来保障，城乡分离的二元结构户籍管理体制正式确立。在这种体制下，农村居民被牢牢地与乡村、土地捆绑，城乡聚落之间形成了一道鸿沟。

在城乡聚落结构固化、隔离的背景下，城乡聚落发展呈现内生性的特征，即城市聚落和乡村聚落的规模主要取决于各自聚落内部的人口规模及其增长速度。例如，在人民公社成立之初，乡村聚落基本以生产队为单位，户数和辖域约为一个"甲"（10 户左右）的规模。随着人口增长和家庭单位变小，到 20 世纪 70 年代，一个生产队或乡村聚落平均达到 20 个农户。到 80 年代初期，一般都达到了 25～30 户的规模。乡村集落的人口规模从几十人到一百多人不等，平均人口约为 100 人。由于中国农村人口的增长快于城市人口的增长，在城乡隔离政策下，乡村聚落人口规模增长过快，产生大量剩余劳动力，农业生产效率降低，这与城市聚集落缺乏人口补充而发展停滞并存，城乡聚落及其内部发展出现了扭曲。这一扭曲现象在当时政策背景下没有可行的解决方案，在改革开放后仍然延续了相当长一段时间。

三、城乡聚落结构的分化

1978 年党的十一届三中全会标志着中国进入了改革开放时代。在改革开放初期，主要是探索放松计划管制的方式和领域，改革的重点主要在农业生产领域，即推行土地承包经营责任制。改革虽然对城乡聚落布局产生了一定影响，但由于引致城乡聚落固化的许多政策仍在发挥作用，以市场为导向的改革举措尚处于摸索阶段，所以，城乡聚落规模和结构总体上变化不大。1984年10月党的十二届三中全会通过的《中共中央关于经济体制改革的决定》，提出了计划经济是公有制基础上的有计划的商品经济，拉开了以城市为重点推进整个经济体制改革和对外开放的序幕。同时，1984年底终结了人民公社体制，政策上开始鼓励和支持乡镇企业的发展，放宽农村剩余劳动力流动限制，对城乡聚落发展进程、规模、结构和形态产生了革命性或颠覆性影响。从1984年到2012年党的十八大，这28年是我国城乡聚落由固化走向分化、由低水平均衡或固化状态向融合发展过渡的阶段。

首先，城市经济体制改革全面加速，激发了城市发展内生活力，城市产生了对农业转移人口的强烈需求，同时创造了吸引农业转移人口的基本条件。1981年我国首先在沙市、常州、重庆开始了城市经济体制改革试点工作，1984年4月在常州市召开"城市经济体制改革试点工作座谈会"后又增加了一批进入试点的大中城市，1987年初全国各级、各类试点城市达148个。城市经济体制改革试点的主要目标是增强城市辐射力、吸引力和综合服务能力，打破条块分割和地区封闭束缚，努力把城市尤其是大城市改变成为开放型、多功能、社会化和现代化经济中心。城市经济体制改革主要围绕政企分开、简政放权、搞活企业展开，要求所有政府经济管理机关与企业在直接经济利益联系上脱钩，使企业真正成为相对独立的商品生产者和经营者。改革的另一个重点是"敞开城门"，实行市领导县的体制，通过城市统一组织城乡生产和流通，打破城乡封闭和分割。1986年3月召开的第一次全国城市经济体制改革工作会议，把发展横向经济联合作为改革的重要工作。1987年党的十三大提出"国家引导市场，市场引导企业"后，出现了改革开放以来城市第一轮基础设施"投资热"，城市兴建了一大批楼、堂、馆、所等生产经营设施，客观上改变了城市面貌，增加了就业机会，提高了城市对农村人口的吸引力。1992年党的十四大提出社会主义市场经济体制后，出现了改革开放以来城市第二轮基础设施"投资热"，重点是各类经济开发区等生产平台建设，为城市经济爆发式增长和大量吸纳农村人口创造了基础条件。从1998年开始在东部沿海发达地区率先推进的"撤乡并镇"，是我国为克服城镇化低于工业化发展进程而实施的重大改革，是国家在制度层面强化城市（镇）化发展的标志性事件。由此，政府推动与市场机制作用相结合，我国城市经济发展的速度、规模和聚集人口等生产要素的能力不断提升。与此同时，随着农业转移人口规模的不断扩大，乡村聚落由固化开始分化，部分步入衰落的速度也随之加速。

高度集中的计划经济体制下城乡聚落结构固化，实质上是城乡劳动力岗位、区域的固化，关键在于旧体制堵塞了农村剩余劳动力转移的通道。1984 年后，人民公社制度的终结和户籍制度改革的深化，特别是附着在户口之上的城乡居民差异化公共服务功能逐步被剥离或淡化，这为农村人口向城市转移提供了可能性。一方面，1978 年以后，实行家庭联产承包责任制以后，农业生产经营方式和分配方式发生了根本性变化。生产队体制最先瓦解，随后冲击到生产大队。1982 年的宪法明确了城市和农村居民居住地区设立的居民委员会或者村民委员会是基层群众性自治组织。1983 年 10 月中共中央、国务院下发《关于实行政社分开，建立乡政府的通知》，提出："政社分开、建立乡政府的工作要与选举乡人民代表大会代表的工作结合进行，大体上在一九八四年底以前完成。"到 1984 年，人民公社体制正式解体，人民公社转为乡（镇）政府，生产大队转为村民委员会，生产队过渡到村民小组。新的生产管理体制和组织方式，为农村人口自由转移提供了可能性，另一方面，1984 年 10 月国务院发布的《关于农民进入集镇落户问题的通知》，在制度层面正式允许农民自理口粮进集镇落户，并在 1985 年 7 月公安部颁布的《关于城镇人口管理的暂行规定》中将"农转非"内部指标确定为每年万分之二。1997 年 6 月国务院批转的公安部《小城镇户籍管理制度改革试点方案和关于完善农村户籍管理制度的意见》、1998 年 7 月国务院批转的公安部《关于解决当前户口管理工作中几个突出问题的意见》，进一步明确了"农转非"的范围和条件。2001 年 3 月国务院批转的公安部《关于推进小城镇户籍管理制度改革的意见》，明确提出对办理小城镇常住户口的人员不再实行计划指标管理。2005 年底，开始全面改革户籍制度。到 2009 年初，全国有 13 个省、自治区、直辖市相继取消了农业户口和非农业户口性质划分。从户籍管理制度改革到取消户口性质划分，依附于户籍背后的城乡居民不同等的生活消费品计划分配制度、福利制度、公共服务分享制度等改革的不断深化，是我国城乡居民政治权利更加平等、经济活动选择不断公平、公共服务日趋均等的重要标志。由此，农村人口向城市转移的可能性逐步转变为现实。在 1984～1988 年，我国迎来了改革开放后的第一次大规模农村劳动力转移，累计转出农村劳动力达到 5 566 万人，平均每年转移 1 113 万多人。随后，除了 1989～1991 年因治理整顿而使转移速度有所放缓外，其他年份均保持平缓增长。到 2011 年，全国农民工数量达到 25 278 万人，其中外出农民工数量达到 15 863 万人。[①]

乡镇企业发展、市场化改革和城市（镇）化等因素共同作用，加速了农民分化的进程。1978 年农村土地承包经营责任制改革，极大地调动了农民的生产积极性，促进了农民收入增长，在很大程度上解决了农民温饱问题。但是，由于中国人多地少，尤其是在东部人口稠密地区，人均占有土地面积更少，土地承包制解决了农民温饱问题却无法解决农民富裕问题。1984 年国家大力发展社会主义有计划商品经济，对乡镇企业发展由默认转向鼓励和支持，传统体制下城市办工业、农村搞农业的格局被打破，极大地推进了农村地区工业化发展，促进了农村劳动力的就地转移。与此同时，随着乡镇企业的发展，特别是 20 世纪 90 年代中后期乡镇企业的转制，资本开始向农村地区转移、渗透。尽管我国农村土地集体所有制性质和家庭承包经营制度，决定了资本不可能像在资本主义国家那样在农业、农村自由流动并产生剥夺农民的后果，但在市场化和城市对乡村辐射共同作用下，资本仍然可以而且政策上支持其在农产品流通环节、农村非农产业领域和特定农业生产领域发挥作用，在大大激活农村经济发展活力和提升整体实力的同时，农户承包经营体制下土地规模小或缺乏规模经济性、分散性、无组织性、发现市场难、谈判能力低等局限性开始暴露出来，与从事非农产业相比较，农户所获得的收入呈现相对下降趋势，非农与农业之间、城乡居民之间收入差距不断扩大。据统计，从中华人民共和国成立到改革开放初期，我国城乡居民收入差距保持在 2.5∶1 左右，[②] 1983 年达到最低点 1.82∶1。从 1984 年到

---

① 资料来源：根据农业农村部、人力资源和社会保障部官方网站提供的相关年份数据进行整理。

② 谢志强，姜典航. 城乡关系演变：历史轨迹及其基本特点 [J]. 中共中央党校学报，2011（4）：68-73.

2002 年，这一差距逐步扩大，最高点达到 2.67：1。① 在比较利益驱使下，农村劳动力开始主动向非农产业、向城市转移，农民内部分化大大加剧。到 2012 年党的十八大前，在我国农村基层，除了有少量职业农民外，农民大致分化为三类：（1）离土又离乡的农民工，他们长期工作和居住在中心城市，但身份仍属于农村居民；（2）兼业农民，他们一般以农村家庭为日常居住地，既从事农业又从事非农产业，属于离土不离乡的农民；（3）纯农民，即固定在土地上、纯粹从事农业生产的农民，一般是年老体弱、缺乏从事非农产业意识或技能、照顾家庭需要而留守的妇女等群体。因此，在农民分化后，乡村聚落的常住人口大多是纯农民和部分兼业农民，而年轻力壮的农村劳动力大多流向中心城市或发达城镇，城乡聚落分化格局正式形成了。

在我国城乡聚落分化中，计划生育政策是不可忽视的因素。1982 年 9 月，提倡晚婚、晚育，少生、优生，努力实现有计划地控制人口的计划生育政策被确定为基本国策，同年 12 月这一国策进入宪法，2001 年通过了《中华人民共和国人口与计划生育法》并在 2015 年进行了修订。计划生育政策是根据我国国情做出的重大战略决策，对科学解决人口问题和促进经济社会协调发展起到了积极的推动作用。但是，计划生育客观上又加速了我国人口老龄化进程，对我国城乡聚落规模、结构及其分化产生了深远影响。一方面，计划生育相对甚至绝对降低了城乡聚落人口增长速度和规模，而这一时期恰恰是城市高速发展从而对人口集中需求不断增长的时期，这一矛盾随着第一批独生子女进入就业阶段逐步暴露出来，其结果是：与计划生育政策前相比，我国农村聚落不只是人口规模相对甚至绝对下降了，更主要的是农村聚落内部人口年龄结构、知识结构、能力结构进一步弱化了。另一方面，随着第一批独生子女逐步进入适婚年龄，先富起来的农村独生子女家庭选择到城市（镇）购买住房、置业，在乡村自建或兴业的比例逐步下降，带动了农村消费力、投资的空间转移，进一步弱化了乡村聚落的内在结构及其发展动能，加速了城乡聚落分化。

---

① 刘天勇. 中国城乡居民收入差距扩大的程度、原因与政策调整［J］. 农业经济问题，2004（3）：56－58.

四、城乡聚落结构的融合

改革开放以来城乡聚落的分化，具有必然性，是市场化改革和经济社会发展共同作用的结果，符合经济社会发展的一般规律。但是，城乡聚落分化，尤其是乡村衰落——"空心化"、老龄化、部分农户出现贫困化等，引发了一系列经济社会矛盾，与中国特色社会主义本质要求——共同富裕和人的全面发展相悖。2012 年党的十八大标志着中国特色社会主义进入新时代。这一时期，基于我国和地区经济社会发展总体水平、发展趋势、区域自然条件和历史文化民族差异，根据新时代城乡居民生产、生活、生态三位一体的要求，合理布局中心城市、县域城镇和乡村聚落空间布局、功能和规模，形成城乡聚落规模合理、梯次有序、功能互补、各具特色和共享发展、全面发展的新格局，成为大趋势。由此，我国城乡关系由对立、统筹进入融合、一体化发展的新时代，城乡聚落由低水平均衡、固化、分化走向一体化、高级化新阶段。

党的十八大强调坚持走中国特色新型工业化、信息化、城镇化、农业现代化道路，推动信息化和工业化深度融合、工业化和城镇化良性互动、城镇化和农业现代化相互协调，促进工业化、信息化、城镇化、农业现代化同步发展。特别提出了"加快完善城乡发展一体化体制机制，着力在城乡规划、基础设施、公共服务等方面推进一体化，促进城乡要素平等交换和公共资源均衡配置，形成以工促农、以城带乡、工农互惠、城乡一体的新型工农、城乡关系"。2013 年 11 月，党的十八届三中全会通过的《中共中央关于全面深化改革若干重大问题的决定》，对健全城乡发展一体化体制机制进行了总体安排，强调要"让广大农民平等参与现代化进程、共同分享现代化成果。"会议提出的"启动实施一方是独生子女的夫妇可生育两个孩子的政策，逐步调整完善生育政策，促进人口长期均衡发展"，对于扭转城乡尤其是乡村聚落人口规模缩小和结构弱化格局具有重要意义。该会议提出的"推进农业转移人口市民化，逐步把符合条件的农业转移人口转为城镇居民"，为此要加快户籍制度改革，全面放开建制镇和小城市落户限制，有序放开中等城市落户限制，合理确定大城市落户条件，严格控制特大城市人口规模；稳步推进城镇基本公共服务常住人口全覆盖，把进城落户农民完全纳入城镇住房和社会保障体系，在农村参加的养老保险和医疗保险规范接入城镇社保体系等政策，既直接促进了建制镇和中小城市聚落发展，又对农村内部人口管理、土地流转制度、收入分配制度和社会管理的改革深化起到了积极的推动作用。会议还提出了"统筹城乡基础设施建设和社区建设，推进城乡基本公共服务均等化"等系列政策，对于提升乡村聚落生活环境和现代生活功能、促进乡村聚落稳步发展具有重要意义。

2013 年 12 月召开的中央城镇化工作会议及其随后公布的《国家新型城镇化规划（2014 – 2020 年)》，是对党的十八大、十八届三中全会有关加快完善城乡发展一体化体制机制要求的具体化，从实践层面对城乡聚落的优化进行了制度设计。会议突出强调：围绕提高城镇化发展质量，稳步提高户籍人口城镇化水平；以人为本，推进以人为核心的城镇化，提高城镇人口素质和居民生活质量；提高城镇土地利用效率，按照促进生产空间集约高效、生活空间宜居适度、生态空间山清水秀的总体要求，形成生产、生活、生态空间的合理结构；优化城镇化布局和形态，依据全国主体功能区规划，根据资源环境承载能力构建科学合理的城镇化宏观布局，把城市群作为主体形态，促进大中小城市和小城镇合理分工、功能互补、协同发展；提高城镇建设水平，依托现有山水脉络等独特风光，让城市融入大自然，让居民望得见山、看得见水、记得住乡愁。其中，城市建设既要融入现代元素，更要保护和弘扬优秀传统文化，延续城市历史文脉；乡村建设要注意保留村庄原始风貌，慎砍树、不填湖、少拆房，尽可能在原有村庄形态上改善居民生活条件。会议还强调，提高城镇建设水平必须坚持市场在资源配置中的决定性作用，更好发挥政府在创造制度环境、编制发展规划、建设基础设施、提供公共服务、加强社会治理等方面的职能，特别强调城市规划要由扩张性规划逐步转向限定城市边界、优化空间结构的规划。在《国家新型城镇化规划（2014 – 2020 年)》有关社会主义新农村建设中，还对乡村聚落建设提出了明确的要求，即"适应农村人口转移和村庄变化的新形势，科学编制县域村镇体系规划和镇、乡、村庄规划，建设各具特色的美丽乡村。按照发展中心村、保护特色村、整治空心村的要求，在尊重农民意愿的基础上，科学引导农村住宅和居民点建设，方便农民生产生活。在提升自然村落功能基础上，保持乡村风貌、民族文化和地域文化特色，保护有历史、艺术、科学价值的传统村落、少数民族特色村寨和民居。"

2017年，党的十九大进一步强调以城市群为主体构建大中小城市和小城镇协调发展的城镇格局，加快农业转移人口市民化，从国家层面提出实施乡村振兴战略，坚持农业农村优先发展，按照产业兴旺、生态宜居、乡风文明、治理有效、生活富裕的总要求，建立健全城乡融合发展体制机制和政策体系，加快推进农业农村现代化，并且明确提出了深化农村土地制度改革，深化农村集体产权制度改革，构建现代农业产业体系、生产体系、经营体系，促进农村一二三产业融合发展，健全自治、法治、德治相结合的乡村治理体系，培养造就一支懂农业、爱农村、爱农民的"三农"工作队伍等改革、建设和发展重大任务，为乡村聚落优化奠定了法律基础、政策基础、物质基础和人才基础。本次会议还从战略高度推进美丽中国建设，强调现代化建设中人与自然的和谐共生，提出"坚持节约优先、保护优先、自然恢复为主的方针，形成节约资源和保护环境的空间格局、产业结构、生产方式、生活方式，还自然以宁静、和谐、美丽"，提出要强化土壤污染管控和修复，加强农业面源污染防治，开展农村人居环境整治行动，完成生态保护红线、永久基本农田、城镇开发边界三条控制线划定工作，为城乡聚集落尤其是乡村聚落现代化中如何处理好人与自然的关系提供了基本遵循和行动指南。

为贯彻落实党的十九大精神，2018年1月正式发布《中共中央 国务院关于实施乡村振兴战略的意见》，其中对于城乡聚落优化具有特别重要意义的是，意见明确了乡村聚落优化的行动方向，重点包括：加强乡村振兴中的规划引领，对具备条件的村庄，要加快推进城镇基础设施和公共服务向农村延伸；对自然历史文化资源丰富的村庄，要统筹兼顾保护与发展；对生存条件恶劣、生态环境脆弱的村庄，要加大力度实施生态移民搬迁；加强对新建农房的规划管控，加强"空心村"服务管理和改造；传承发展提升农村优秀传统文化，划定乡村建设的历史文化保护线，保护好文物古迹、传统村落、民族村寨、传统建筑、农业遗迹、灌溉工程遗产，保护保留乡村风貌，开展田园建筑示范，等等。文件还提出实施农村人居环境整治三年行动计划，以农村垃圾、污水治理和村容村貌提升为主攻方向，稳步有序地推进农村人居环境突出问题的治理。首次提出逐步建立农村低收入群体安全住房保障机制等。2019～2021年，中央针对我国农村公共基础设施建设和公共服务供给滞后问题，连续出台一号文件，强调补齐农村公共基础设施建设和公共服务供给两块短板。在近五年实践的基础上，针对乡村建设中的突出问题或短板，2022 年 5 月，中共中央办公厅、国务院办公厅印发了《乡村建设行动实施方案》，提出了加强乡村规划建设管理、实施农村道路畅通工程、强化农村防汛抗旱和供水保障、实施乡村清洁能源建设工程、实施农产品仓储保鲜冷链物流设施建设工程、实施数字乡村建设发展工程、实施村级综合服务设施提升工程、实施农房质量安全提升工程、实施农村人居环境整治提升五年行动、实施农村基本公共服务提升行动、深入推进农村精神文明建设等十大重点任务。这是我国至今为止城乡聚落融合、一体化发展（尤其是乡村聚落现代化建设）领域最系统、全面、权威的制度设计。

由此可见，中国特色社会主义进入新时代十年来，我国城乡聚落融合、一体化已经初步形成了有中国特色的建设和发展思路：坚持城市群为主体形态，促进大中小城市、县域城镇和乡村聚落合理分工、功能互补、协同发展；坚持生产空间集约高效、生活空间宜居适度、生态空间山清水秀总体要求，促成生产、生活、生态空间结构治理有效；坚持人与生态环境、产业发展、历史文化协调统一，发展中心村、保护特色村、整治空心村，分阶段、分类型建设美丽乡村。

第四节　中西方比较及其启示

中国特色社会主义进入新时代，城乡聚落由分化向优化、融合和一体化方向发展，既是作为发展目标的城乡一体化及其城乡居民全面发展的客观要求，又是作为发展机制的城乡一体化的前提，是中心城市发展要素嵌入县域经济发展动力结构并有效赋能的条件。十年来，我国已经形成了城乡聚落一体化建设和发展的基本思路，如何将一体化愿景、思路、政策举措转变为现实，是下一步的重点任务。在这方面，社会主义国家和其他发展中国家没有可以借鉴的成功模式，但可以从西方发达资本主义国家的实践中得到一些重要启示。

正如前文所揭示的，西方发达资本主义城乡聚落现代化的过程，首先是通过资本借助市场机制强行开道，用工业改造农业、资本剥夺农民、城市改造乡村的激进方式，迫使农民失去土地，离开乡村聚落，成为城市无产者，在促进工业化、城市化高速发展的同时，又引发尖锐的城乡对立矛盾与冲突。为缓和或调和日益尖锐的城乡和社会矛盾，政府不得不采取政策支持，渐进式地推进乡村聚落现代化。很显然，中西方之间在基本经济制度、管理体制、人口总体规模及其结构、历史文化等方面的巨大差异，决定了我们不能套用西方模式。但是，西方的经验教训是可吸取或借鉴的。

首先，与西方乡村聚落激进式衰落再渐进式融合发展模式不同，中国城乡聚落一体化全过程只能是渐进式的。以人民利益为中心的社会主义公有制消灭了以资本为中心的资本主义城乡对立的制度基础，所以，不存在激进地用资本剥夺农民的制度基础。尽管高度集中的计划经济体制时期的工业化优先发展战略造成了城乡关系固化，改革开放以来市场取向改革又导致了城乡聚落的分化，由此也引发了城乡矛盾、工农矛盾，但这些矛盾主要是体制、发展阶段及其具体战略等因素引发的，是长远与近期、整体与局部的矛盾，而非城乡之间的根本性对立。同样，从城乡融合角度看，与中国渐进式经济体制改革相适应，我国城乡关系在分化的同时，又渐进式地创造着城乡融合的有利条件，即城市高速发展既创造出对农村劳动力的强烈需求，又通过产业向农村转移、收入回流、劳动力带着城市先进理念或技术回乡创业等途径促进乡村发展；政府放松管制使农村人口对劳动力具有自由支配权利，从而有可能向城市转移，大量农村剩余劳动力转移又推动了土地经营方式创新，促进了农村土地的规模经营、产业化经营和产业融合发展；市场经济下的比较利益使农村人口主观上更愿意到城市就业、创业，但城市人口集中到一定阶段会引致生产成本和生活成本不断提高，反过来又会促使城市企业生产基地向生产成本更低的农村转移，吸引城市居民到环境更为宜居的乡村旅游和生活。改革开放以来，中国城乡关系就是在这种分化与融合的交织中演进，并最终向城乡一体化方向发展的。改革开放40多年来，随着大量农业转移人口自愿离开土地、乡村，相当一部分乡村确实出现了渐进式衰落的现象，但这与西方国家起初由农民被迫离开土地、乡村而引致的激进式衰落有着本质性差别。当然，城乡聚落现代化、一体化发展，需要强有力的经济基础支撑，也只能随着经济发展水平的提高渐进式地推进。

其次，西方乡村聚落从衰落到现代化的嬗变告诉我们，新时代推进城乡聚落一体化建设一定要平衡好私有资本"伟大的文明作用"与"冷血性"的关系。马克思主义经典作家通过对资本主义城乡发展史的考证，揭示了私有资本在促进生产力方面的"伟大的文明作用"和在生产关系方面显现出来的对农民、对无产阶级的残酷性或"冷血性"。在资本主义下，私有资本进入农业、农村，对于解放农业生产力确实具有"伟大的文明作用"，但它也使几千年来的小农失去了生产经营及其由此维系的生存空间，被迫离开土地，流入城市贫民窟，成为无产阶级，传统乡村聚落走向凋敝、衰落，而兴起的庄园则成为大地主和农业资本家的乐园。因此，在我国城乡一体化进程中，必须发挥市场对资源配置的决定性作用，利用好资本从而发挥其"伟大的文明作用"。但是，必须清醒地认识到资本对农民、传统农村聚落的"冷血性"。为此，在城乡一体化和城乡聚落一体化建设中，必须要把握好资本利用的边界，保护农民尤其是纯农户的基本权益，防止乡村聚落的功能异化。对此，本研究在第四章中再专题研究。①

再次，政府作用是中西方城乡对立、分化走向融合、一体化的共同选择，但需要探索政府有效作用的边界。市场机制的作用主要是通过利益调节实现的，既有合理配置资源的功能，也具有两极分化效应。而私有资本更是私人利益至上。市场机制和资本的结合，既可以放大正效应，也可以放大负效应。资本主义城乡关系之所以走向尖锐的对立，就是两者结合的结果。而只有当矛盾激化到难以调和时，国家才进行政策干预。所以，资本主义下的城乡融合、一体化，从本质上看，是作为调节城乡社会矛盾的手段，而不是作为经济社会发展的目标而存在的。政府干预也只是作为市场失灵的补充而存在的，大多属于被动性作为。从表面上看，西方发达国家城乡一体化程度非常高，但"大市场、小政府"发挥作用需要经历很长的时期，且需要付出巨大的经济和社会代价，而且难以消除城乡对立的根源，矛盾容易复生。而从我国城乡关系演进看，传统体制下政府的作用边界是无限的，几乎一切都在政府掌控之中，推进工业化优先战略，实行人民公社体制，实施城乡分隔的户籍制度及其福利制度、公共服务制度等，

---

① 参见第四章第二节"资本嵌入"，重点是资本要素嵌入的边界或区间的相关研究。

起到了集中力量办大事和稳定社会秩序、保障国家安全、夯实工业化发展基础等方面的作用，但也固化了属于低水平均衡的城乡关系，抑制了经济发展的内在动力，暴露了"无限政府"的局限或缺陷。改革开放以来，与整体经济体制改革步伐相适应，我国城乡关系演进的主线基本上是逐步放松政府管制、扩大市场作用的范围和程度，从而极大地激活了城乡内生发展动力，尤其是微观经济主体的发展活力，但市场作用的双重性又导致了城乡分化，即城市集中生产要素的能力越来越强，而乡村聚集生产要素的能力显著下降，城乡居民收入都呈现增长态势但收入差距却越拉越大，以及城市聚落膨胀速度过快产生的"城市病"与乡村聚落日益"空心化"并存，等等。因此，在城乡聚落一体化进程中，为了发挥市场的积极作用，同时克服其分化、极化作用和市场失灵，确实需要政府主动作为、积极作为，但政府的作为不能是"无限"的，要积极探寻政府有效作用的边界及其条件。

最后，中国是一个发展中大国，面对人口基数（尤其是农村人口基数）庞大、区域自然条件差异、经济发展差距、民族历史文化差异巨大等国情，与西方发达国家不一样，城乡聚落融合、一体化发展之路必然是分阶段、分层次、多模式、多途径的。在实践中，在国家城乡融合发展总体目标和原则下，必须因地制宜，创新具有中国特色、区域特点的城乡聚落融合、一体化发展之路。

第三章 基础设施嵌入

基础设施建设在社会再生产中具有先导性和基础性。马克思主义经典作家强调，未来社会城乡融合、一体化发展必须以基础设施在全国均衡分布为条件。中国城乡二元结构，也反映在城乡基础设施建设差距上，短板在县域尤其是乡村。在城乡融合、一体化发展中，将中心城市相关基础设施有计划地向县域、乡村延伸、拓展或覆盖，对于城乡生产要素均衡配置、产业一体化、公共服务一体化具有重要意义，是县域经济发展动力结构完善和城乡二元结构现代化的前置条件。基础设施有广义与狭义之分。广义的基础设施包括物质工程设施、生态环境设施和社会发展基础设施，而狭义的基础设施主要是物质工程设施。随着新科技革命新经济的发展，基础设施的内涵和外延不断拓展，新型基础设施（简称"新基建"）应运而生。本章主要研究狭义的基础设施和新基建，有关生态环境设施和社会发展基础设施，后续再专题研究。

第一节 基础设施嵌入理论基础

基础设施既是社会生产和再生产的基础条件，又是满足人民美好生活需要的必备条件，具有生产资料和生活资料双重属性。中心城市基础设施嵌入县域、乡村，既会影响城乡技术关系变化，也会引致经济社会关系变化，需要协调处理好两种基本关系。

一、基础设施概述

基础设施是社会化生产的产物，一般是指为社会生产和居民生活提供公共服务的设施，是保障经济社会活动正常运行的公共服务系统，也是经济社会持续发展的一般物质条件。经济越发展，社会化程度越高，对基础设施的要求越高。所以，在国民经济运行中，基础设施建设具有先导性，必须优化发展。国与国、区际、城乡之间的经济发展速度、质量和水平等差距，在很大程度上由基础设施建设能力、水平和质量决定。中国在基建领域卓越的能力和水平，既是中国经济高速增长的奥秘之一，也是经济发展实力的重要体现。

基础设施有广义与狭义之分。广义的基础设施包括三大类：一是为社会生产和居民生活提供公共服务的物质工程设施，如包括交通、邮电、供水供电供气供暖等。二是为社会有序运行和丰富居民精神文化生活提供公共服务的社会发展基础设施，如行政管理、文化教育、医疗卫生事业、金融保险、社会福利等。三是为生产和生活提供自然环境保障的生态环境设施，如园林绿化、环境保护等。随着科技革命新经济的发展，基础设施融合发展成为趋势，产生了新型基础设施，即"新基建"。狭义的基础设施主要是指物质工程设施。本章主要研究狭义的基础设施和"新基建"。这些基础设施都具有生产资料和生活资料双重属性。我们主要研究其中具有生产资料属性的基础设施。当然，现实中有时两者很难进行区分，例如，交通工程、水利工程、供电工程、供气工程、网络工程，都兼有生产和生活服务双重功能。

与一般的物资资料生产和再生产相比较，基础设施具有以下特点：一是先导性。作为其他所有商品与服务生产的基础，基础设施在物资资料生产中处于优先地位，一旦其缺乏供给或停止生产，其他商品和服务的生产必将无法开展或停止。二是投资巨大且建设期长。许多基础设施具有整体不可分割性，需要一次性投资建成，有些基础设施还需要其他配套设施才能发挥作用，如公路、机场、港口、电信、水厂等建设，都需要一次性巨量投资，而且建设期较长，基础设施投资主体的可控财力或统筹社会资本的能力越大，其建设能力也就越强。三是自主性。尽管基本建设的技术和装备可以通过贸易进口，但多数基础设施所提供的服务很难通过贸易进口，而必须依靠自身力量进行建设和运转，需要注重规划、建设、运转和持续发挥作用的有机结合或相互配套。四是公共性。基础设施提供的服务总体上具有相对的非竞争性和非排他性特点，属于公共物品。在现实中，不同的基础设施存在着非竞争性和非排他性程度差异。在狭义的基础设施内部，不同的基础设施的非竞争性和非排他性程度不同，甚至同一类型不同形式的基础设施也会存在差异。例如，在交通建设中，高速铁路和高速公路的非竞争性和非排他性，就远远低于农村道路的建设，后者几乎是纯公共产品。五是维护成本高。基础设施持续作用，需要有不断地维护，不仅一次性投入大，而且后续维护成本高，如果"建得起"但"养不起"或"养不好"，也会影响基础设施的作用发挥。这就要求政府或基础设施建设主体在规划、建设过程中统筹考虑，降低不确定性，避免资源浪费。

基础设施的上述特征，使在不同社会制度下以及同一社会制度但不同体制下的国家或地区有不同的基础设施建设模式，并有可能产生不同的建设效率。同样，在中心城市和农村，由于中心城市可支配财力强，或者筹措建设资金能力强，基础设施非竞争性和非排他性程度相对较高，所以，基础设施建设能力和水平高。与中心城市相比较，农村经济相对薄弱，基础设施大多属于纯公共产品，因此，如果缺乏政府支持或其他外力推动，农村基础设施建设能力和水平就会相对较低，成为制约农村经济发展和农民致富的主要因素。

二、新型基础设施建设

随着经济社会发展，特别是以人工智能、互联网、大数据、云计算、区块链为代表的新一轮科技革命和新经济的高速发展，基础设施的外延和内涵不断拓展，新型基础设施建设应运而生。2018 年 12 月，中央经济工作会议重新定义了基础设施建设，首次把 5G、人工智能、工业互联网、物联网定义为"新型基础设施建设"。2019 年 7 月，中共中央政治局会议进一步提出"加快推进信息网络等新型基础设施建设"。2020 年 2 月，中央全面深化改革委员会第十二次会议提出"要以整体优化、协同融合为导向，统筹存量和增量、传统和新型基础设施发展，打造集约高效、经济适用、智能绿色、安全可靠的现代化基础设施体系"。2020 年 3 月，中共中央政治局常务委员会召开会议进一步强调，要加快 5G 网络、数据中心等新型基础设施建设的进度。

什么是新基建？学术界和实践部门还在积极探索。已经形成的基本共识是，新基建关键在于"新"。根据国家发改委①的解读，新基建涉及的领域主要包括三个方面。一是信息基础设施，即基于新一代信息技术演化生成的基础设施，例如，以 5G、物联网、工业互联网、卫星互联网为代表的通信网络基础设施，以人工智能、云计算、区块链等为代表的新技术基础设施，以数据中心、智能计算中心为代表的算力基础设施等。二是融合基础设施，即深度应用互联网、大数据、人工智能等技术，支撑传统基础设施转型升级，进而形成的融合基础设施，比如，智能交通基础设施、智慧能源基础设施等。三是创新基础设施，主要是指支撑科学研究、技术开发、产品研制的具有公益属性的基础设施，例如，重大科技基础设施、科教基础设施、产业技术创新基础设施等。因此，新基建所涉及领域的总体特征是以新科技为支撑，主体是科技基础设施。随着新科技革命新经济向纵深方向发展，新型基础设施的内涵和外延还会不断拓展。新基建涉及的领域将是动态的，而不是一成不变的。

与传统基础设施相比较，"新型基础设施建设的本质是科技基础设施，根本目的是结构调整、产业革新，而非刺激经济的逆周期政策"。② 新基建的这一本质特征决定了它既具有传统基建相同的先导性、投资巨大、回报期长、公共产品性等特点，同时又具有作为科技基础设施相联系的特点。一是新基建的核心生产要素由人才、知识、数据和技术构成，体现了高度技术化和专业化特征。因此，与传统基建相比较，新基建所需要的不只是资本或财力，更重要的是知识、技术和人才。无论是规划设计、开发建设、产业化应用，还是新基建自身维护、转型升级，都需要有专业化、专门化的人才队伍作支撑。二是新基建自主性关键技术的支撑保障作用更为突出。新基建中多数技术可以通过贸易获得，但关键技术要么因技术壁垒而无法获得，要么因成本过高而难以获得，要么因受制于人而增加投入运行后的风险性。因此，新基建中的关键技术，需要更加注重自主性，更加强调持续创新力。三是新基建更加强调系统性和整体配套性。与传统基础设施不同，新基建要发挥作用，需要新基建中各种生产要素配套，需要新基建硬件建设与软件建设配套，需要新基建与产业化应用配套，需要政府

---

① "新基建"包含哪些领域？国家发改委权威解读 [N]. 新京报，2020 – 04 – 20.
② 潘高远，李超. 新基建的实质与影响 [J]. 中国金融，2020（7）：74 – 76.

与产业界、金融界、高校科研院所之间协同。因此，新基建主体需要有更强的综合协调能力、强大的资本投入能力和持续的制度保障能力，不是一般的地方政府或单个企业可以为之。所以，学者们认为，新基建需要新的配套和制度变革；新基建除了硬的新基建，还包括软的新基建，包括加大知识产权保护力度、改善营商环境、大幅减税降费尤其社保缴费费率和企业所得税、落实竞争中性、发展多层次资本市场、建立新激励机制调动地方政府和企业家积极性等；新基建应该区分基础设施和商业应用，分别确定政府主导、市场主导、政府与市场共同作用的区间等（任泽平，2020；王喜文，2020）。这些都体现了新基建的新特点。

总之，新基建是一种致力于经济高质量和生活高品质的科技基础设施，具有鲜明的基础性、专业性、创新性、整体性、系统性、综合性、动态性特点，是新科技革命新经济背景下中国经济向生态化、数字化、智能化、新旧动能转换和经济结构优化方向发展，逐步建立现代化经济体系的基础。传统基础与新基建的着力点有所差异但又有互补性，如何结合区域、产业发展实际有机搭配使用，是有效发挥各自功能的关键。在实践中，中心城市在新基建领域具有比县域、乡村更加明显的优势，是新基建的主要推动力量，而县域、乡村依靠自身力量难以为之。但是，县域产业数字化转型、数字农业、数字乡村建设，又必须依托新基建。因此，需要在政府主导下，推动中心城市新基建嵌入县域，即根据县域、乡村对新基建的有效需求和新基建供给能力，推进中心城市新基建有计划、有组织地向县域、乡村拓展、延伸。

三、嵌入方式及其效应

城乡分工、空间布局差别及其居民生活方式的差异，决定了城乡对基础设施有不同的需求领域、规格、规模和层次。随着经济社会发展和城乡联系的加深，特别是农村产业化、数字化、农民市民化进程的加快和城乡居民对生活品质的不断提升，城乡基础设施需求的共性需求呈现上升的趋势。但是，受城乡经济发展水平、基础设施供给能力和水平、基础设施发挥作用条件和供给规模经济性等因素的影响，城乡基础设施供给事实上又是不充分、不平衡的。面对基础设施供需不平衡，创新平衡城乡基础设施供求方式成为城乡基础设施一体化中的重大课题。其中，根据县域、乡村对基础设施需求的轻重缓急和基础设施供给的特点，选择基础设施有效嵌入的方式非常关键。

在生产和生活性基础设施领域，在经济发展水平较低时（例如，在工业化起步阶段），我国县域尤其是农村生产和人口居住相对分散，而中心城市则呈现生产高度社会化和人口聚落高密度特征，因此，中心城市和县域在生产和生活性基础设施需求类型、规格等存在较大差异。县域基础设施建设的重点是农业生产性基础设施和农民生活性基础设施（包括农田水利建设、农村沼气、乡村道路等），而中心城市的生产和生活基础设施则相对体系化，主要包括交通运输系统（又可以分为航空、铁路、航运、长途汽车等对外交通设施和城市道路、桥梁、隧道、地铁、公共交通、出租汽车、停车场、轮渡等对内交通设施两类）、能源供应系统（包括电力、煤气、天然气、液化石油气和暖气等）、供水排水系统（包括自来水厂、供水管网、排水等基础设施）、邮电通信系统（包括邮政、电报、固定电话、移动电话、广播电视等）、防卫防灾安全系统（包括消防、防汛、防震、防台风、防风沙、防地面沉降、防空等基础设施）、基本生活保障系统（包括住宅区、公寓、酒店、商场、写字楼、办公楼等基础设施），等等。改革开放40多年来，我国县域工业化、城镇化、现代化水平不断提高，农民利用现代生产要素能力不断增强，土地规模化经营和农业产业化水平不断提升，乡村工业向园区集中、农村人口向社区或镇区集中的趋势日益明显，县域、乡村居民对美好生活追求的愿望不断强烈，因此，县域对生产和生活性基础设施的需求规模和层次也越来越高。在这一背景下，提升县域生产和生活现代化功能，需要积极引导中心城市生产和生活性基础设施嵌入县域，重点是将中心城市对外交通运输体系向县域延伸、覆盖或链接，使城市与县域之间互联互通。同时，需要引入中心城市基础设施建设理念、经验和资金、技术、人才等要素，整体规划、分步建设县域镇区、社区和园区的能源供应系统、供水排水系统、邮电通信系统、防卫防灾安全系统和基本生活保障系统等，促进传统生产和生活基础设施转型升级，形成符合县域现代化生产和现代生活功能需要的基础设施体系，提升县域城镇的城市功能。

在公共服务性基础设施领域，随着经济社会发展水平和城乡居民生活水平的提高，人们对公共服务性基础设施均等化要求越来越强烈。这一领域的城乡差距较大,部分原因是城乡功能分工不同。例如,城市一般是区域政治中心,因此,政府机构及其配套的基础设施通常集中在中心城市。除此以外,城乡之间在文化教育、医疗卫生、体育保健、社会福利等基础设施建设领域的差距,更多是因城乡之间区位条件、经济发展水平或政策等导致的。这些差距既有城乡物质投入数量、规模上的差距,又有人力投入数量和质量上的差距。这就造成了中心城市成为区域文化中心、教育中心、体育娱乐中心,而县域尤其是乡村公共服务供给严重不足。如何缩小城乡公共服务基础设施建设的差距,是我国城乡一体化进程中必须重点攻克的难题。相关问题将在第六章做专题研究。

在生态环境设施领域,人们的生态需求随着生活水平的提高逐步提升。当中国已经步入现代化强国建设阶段,城乡居民对绿色生产和绿色生活的期待越来越强烈。由此,生态环境设施建设越来越受到重视。中心城市、县域和乡村都处于一个自然生态系统,它们相互影响、相互作用,在很多领域具有不可分性,所以应该统筹、一体化推进中心城市、县域、乡村的生态环境建设,在这一基础上再根据各自特点进行内部生态治理。特别是在天然林资源保护、防护林体系、种苗工程建设,自然保护区生态保护和建设,湿地保护和建设,退耕还林等重大基础设施建设领域,需要优先一体化推进。即使是城市、县域内部的排污、绿化、垃圾收集与处理、污染治理、空气净化等环境设施建设,也需要整体规划、协同推进。相关问题将在第七章做专题研究。

在新基建领域,新科技革命新经济的起点通常在知识、技术密集型企业产生,新基建首先是为这些数字产业化企业服务,然后再为数字化应用提供服务,例如数字化运营、管理、推广、销售、财务、税务等,使企业产生更高的商业价值,使政府管理部门提供更有效的公共服务,使居民获得更加便捷、更高质量的生活服务。新基建的特征及其服务对象、方式的不同,以及中心城市、县域和乡村功能定位的差异性,决定了新基建必须统筹规划、分层建设。中心城市主要是数字化平台、数据生产与交换、数字产业化和产业数字化等相关设施的建设,县域、乡村的重点则是与产业数字化相关的基础设施建设,包括智慧农业、智能制造、智慧服务、智慧康养、智能出行和生活等数字化应用设施建设。为此,需要以中心城市为新基建的中心,有序推进新基建向县域、乡村延伸、拓展。

基础设施建设是物资资料再生产的重要组成部分，不仅是生产力的再生产，而且也是生产关系的再生产。中心城市基础设施嵌入县域、乡村不只是技术关系的变化，也会引起社会关系的变化，而且，不同的基础设施建设所产生的技术关系变化、社会关系变化、技术关系与社会关系的交织形式也会有所差异。多数情况下，基础设施嵌入在技术关系层面会产生乘数效应、质量变革效应和结构变革效应。生产和生活性基础设施嵌入在社会关系层面主要是政府与资本、政府内部不同层级之间的博弈，而新基建嵌入则会引起现代部门与传统部门、多元利益主体之间、中心城市与县域之间的利益博弈。这些社会关系的变化又会进一步对技术关系产生促进或抑制作用。生产力与生产关系的交互作用最终都会影响基础设施嵌入的进程和嵌入的效率。因此，理顺基础设施嵌入过程中的技术关系变化、社会关系变化及其交互作用，是必须处理好的重要课题。

第二节 乘 数 效 应

中心城市基础设施嵌入县域，会产生乘数效应，但这又是有条件的，需要兼顾嵌入中相关利益主体的诉求。其中，解决好地方政府的行为矛盾和把握社会资本参与基础设施建设的"等量法则"是关键。

一、乘数效应及红利分享

一般而言，在基础设施建设中，生产和生活性基础设施建设，属于物质工程性投入，需要大量资本和劳动力投入。这种基础设施投入会产生投资或公共支出的乘数效应。也就是说，初始的基础设施建设投入会产生一系列连锁反应，通过产业关联和区域关联，对关联产业或关联地区发生示范、组织、带动作用，通过循环和因果积累作用，导致国民收入以基础设施投入或支出的倍数递增，使社会经济总量成倍增加。正是由于基础建设具有乘数效应，所以常被用来作为宏观经济调节手段。美国在 1929～1933 年大危机后实施的"罗斯福新政"，其中的核心政策之一就是政府主导大规模基础设施建设。2008 年全球金融危机后，中国政府推出的四万亿经济刺激计划，其中近一半投向了交通基础设施和城乡电网建设，对于拉动经济增长和扩大就业、迅速走出金融危机功不可没。

基础设施建设的乘数效应，一方面，并不意味着建设规模越大越好，或者乘数会随着基建规模扩大而持续增长并发挥正向效应。事实上，即使为应对经济危机而必须实施经济刺激计划，但过度的刺激政策也会带来经济比例关系的失衡，导致基础设施相关领域的生产过剩、通货膨胀等副作用。例如，我国在后金融危机时代陆续出台的去产能、去库存政策，实际上就是对经济刺激计划产生副作用的校正。另一方面，除了经济危机等特殊时期，在常态化经济条件下，基础设施建设的乘数效应能够发挥到何种程度，也是由诸多条件制约的。在各种约束条件中，有两个因素非常关键。一个是基础设施投资资金的来源。中央政府可以通过财政赤字的途径解决，但地方政府的资金来源会受到自身可支配财力、发行地方债券的政策空间及其规模、吸引民间资本的能力及其规模等诸多条件的约束。将一部分投资转为基本建设投资，发挥了基础设施的投资乘数但有可能弱化社会整体的投资乘数。另一个是乘数效应的分享。基础设施建设是物质资料再生产与社会关系再生产的统一，两者相互影响、相互作用。基础设施建设的乘数效应，会产生投资红利。但是，这一红利如何分配，将影响相关利益主体在基础设施建设中的行动选择，并反过来影响基础设施建设进程及其效率。

在常态化经济条件下，如果将基础设施建设实施过程作为考察基点，那么基础设施建设的红利分配可以从前向关联、基点和后向关联三个维度来分析。

第一个维度，前向关联领域的红利分配。基础设施建设的具体实施，对于基建设施、钢铁水泥等基础原材料和基建服务产生了巨大的需求，从而带动这些前向关联甚至旁侧关联行业及其区域就业和经济增长。毫无疑问，与基建直接甚至间接相关的产品和服务供给商——企业或居民，是基建红利的分享者。对于基建所在地的政府来说，能否分享前向关联领域的红利，则需要根据具体情况而定。一般情况是，基建规范越大、所需原材料规模和规格要求越高，对基建所在地企业产品和服务的需求有可能越低，对当地经济的拉动性较弱。因为，符合大型基建要求的产品与服务，在生产或供给的空间分布上是不均衡的。例如，高铁、高速公路建设，从建设所在地购买基建原材料产品和服务的可能性很低，建设所需设备、钢材、水泥等都要经过要求非常严格、竞争非常激烈的国内甚至国际招标程序才能进入采购目录。相反，那些小型的基建工程，对所需设备、原材料和服务的规格、质量要求不是特别高，有可能就地取材，从而对本地经济会产生较强的拉动性。所以，在基建的前向关联环节，关联企业或居民是红利的直接分享者，而基建所在地能否分享或分享多少收益，则具有不确定性。

第二个维度，基点或基础设施建设实施领域的红利分配。基础设施实施过程，是物质资料直接生产过程，在社会主义市场经济下，这里的利益分配遵循按生产要素贡献分配的原则，而资本（金）与劳动力是其中最主要的要素，也是基建红利的直接分享者。同时，这些生产要素供给地也会因资本增值、就业扩大而带动经济增长。在基础设施建设实践中，劳动力就业及其由此引起的可支配收入提高、消费力提升效应是确定的，而资本（金）的利益分享及其行动却存在着变数，会直接影响基础设施建设推进。其中，基础设施建设中政府或国有企业投资会遵循经济效益与社会效益兼顾的原则，一旦基础设施建设项目立项，在资本（金）来源确定的条件下，国有资本（金）的投资行为基本上也是确定的。但在融资条件下，民间资本尤其是私人资本遵循等量资本获得等量利润的原则，考虑到基础设施建设周期长、回报慢的特点，加上时间成本，私人资本参与基础设施建设存在着不确定性。所以，在融资模式下，如何平衡好地方政府利益、居民利益和民间资本尤其是私人资本的利益非常重要。

第三个维度，后向关联效应领域的红利分配。基础设施建设完成后，改善了建设所在地的区位条件和营商环境，尤其是改善了投资环境，降低了投资成本，既有可能促进本地产品和服务走出去，又有可能引入外部发展要素。尤其是，对于次发达或欠发达地区来说，提升了利用资本集中手段发展本地经济的可能性。对于建设所在地居民来说，基础设施建设改善了其生活环境，提高了生活质量，促进了劳动力生产和再生产的高质量。因此，基础设施建成后的红利是由建设所在地、居民和企业共享的。这也是几乎所有地方政府存在基建偏好的主要原因。

由此可见，在基础设施建设中，基建要素供给所在地政府、基建所在地政府、基建要素供给商和居民所分享的红利是不一致的，或者说是不确定的。具体地说，基建要素供给商和基建所在地居民对基础设施建设的利益分享是确定的，他们一般都会对基础设施建设采取一致的支持行动，但地方政府和民间资本供给者在基础设施建设利益分享的环节、数量和时间上存在差异或不确定性。由此，他们在基础设施建设上会存在行动环节、作用方向、同一方向上施力大小等差异，并影响基础设施建设的进程和效率。在中心城市基础设施建设嵌入县域中，红利分配更加复杂，为此需要做更深入的研究。

二、地方政府的行动逻辑

我国地方政府存在基建偏好，主要源于竞争性地方政府的兴起。改革开放以来，中央政府与地方政府之间实施的财政包干、分税制，以及财权与事权挂钩机制，使得地方政府成为相对独立的经济利益主体和责任主体。同时，中央政府对地方政府、地方内部上一级政府对下一级政府的层层考核机制及其与此相联系的职务晋升机制，促成了地方政府的竞争性角色。县际、市际、省际都存在着竞争关系，在全国就形成了 3000 多个平等的竞争主体。张五常曾说，中国改革开放以来之所以能够创造经济奇迹，关键就在于创造了一套有用的经济制度，而这个制度的重点是地区间竞争或建立了竞争性地方政府体系。[①]

地方政府竞争的内容，从纵向上（即从行政管理序列）看，主要是对上级政府直至中央政府争取建设项目或有利的政策；从横向上（即从区际竞争中）看，主要是从本区域外部吸引更多、更优的生产要素。在地方经济刚刚起步的阶段，特别是那些资本（金）特别短缺的地方，区际之间争夺的重点是资本，即招商引资。在经济发展到较高水平，争夺的重点则逐步转为人才、技术等先进生产要素。为争夺这些生产要素，地方政府既要提供优惠政策或改善软环境，又要进行生产环境和生活环境的建设。其中，基础设施建设通常是地方政府决策的优先事项。究其原因，不能排除少数政府追求短期政绩或注重"形象工程"。更多数情况下，地方政府注重的是基础设施建设的乘数效应，即基础设施建设不仅本身拉动经济增长，而且硬环境改善能增加外来投资和其他外源性动力，助推本地经济增

---

① 张五常. 中国的经济制度 [M]. 北京：中信出版社，2009：17 – 18.

长。这是地方政府都非常注重基础设施建设的内在原因。

中心城市基础设施嵌入县域,属于区际经济活动。这里涉及中心城市与县域之间建设资金筹措或者成本分摊、组织协调、建设红利分享等诸多现实问题。因此,有别于地区内部基础设施建设,地方政府的基建偏好也会有所变化,甚至有可能出现既对基础设施有强烈需求但又存在搭便车、偷懒等机会主义倾向的矛盾。从建设城乡均衡基础设施网络体系出发,同时兼顾行政壁垒有可能引起的基础设施建设盲区、断点,可以从省际、省内(地)市际、(地)市域内部三个层面对中心城市基础设施嵌入县域过程中的政府行为展开分析。

第一,省际中心城市与县域层面,省际中心城市与县域之间没有直接的行政管辖关系,中心城市的基础设施嵌入县域能否有效地推进,主要由中心城市与县域之间的经济联系程度决定,更主要的是由中心城市的辐射带动能力决定。如果中心城市辐射带动能力强,与周边跨省县域的经济联系紧密,中心城市基础设施嵌入县域的过程可能会非常顺利,一般会通过县域所在(地)市甚至省级政府的主动对接而迅速完成,这些县域则利用区位优势、辐射效应而得以迅速发展。例如上海市与浙江嘉兴市、江苏省苏州市所辖县域,以及江苏南京市与安徽省马鞍山、滁州市所辖县域的情况就属于这种类型。但是,在欠发达甚至次发达地区,中心城市与邻省县域之间的基础设施建设则是另一种情况。例如,江苏省徐州市与安徽、河南、山东相邻县域之间的情况就是典型例证。2018年10月,国家发改委发布了《淮河生态经济带发展规划》,明确"淮海经济区"包括来自江苏、安徽、山东及河南四省边界的十座城市,包括徐州、连云港、宿迁、宿州、淮北、商丘、枣庄、济宁、临沂以及菏泽,并提出"着力提升徐州区域中心城市辐射带动能力"。尽管徐州热情高涨,在2020年徐州市政府工作报告中十次提及淮海经济区,但其他城市及其县域的反应淡薄,呈现"一头热"的尴尬。主要原因在于,淮海经济区作为四省边界,整体处于经济"洼地",而作为中心城市打造的徐州市自身仍处于人口流出状态,尚处于集聚要素阶段,还远远不能像上海那样对周边地区产生外溢带动效应。所以,近年来,尽管徐州与邻省市县之间签订了一系列合作框架、备忘录,也建立了若干对话机制,但总体而言,至今还没有形成制度性合作机制,缺乏执行力和约束力,中心城市基础设施嵌入邻省县域困难重重。这种情况不只是在淮海经济区存在，几乎是省际外围区域的普遍现象。而要解决这些问题，既需要中心城市提高自身的城市竞争力、吸引力和带动力，更需要国家层面加强宏观协调，制定统一的中长期规划和行动方案。

第二，省内（地）市际中心城市与县域层面，与第一个层面相比，由于中心城市和县域在行政上都在同一系统内，尽管存在层级差异，但其相互间的关系沟通和协调要容易、快捷得多。这一层面上中心城市基础设施嵌入县域的进程，主要受中心城市经济发展水平、空间拓展需求及其能力等因素影响。如果中心城市具有强烈的拓展首位度的需求，则处于中心城市毗邻地带的县域，即使不属于其行政管辖，基础设施的嵌入也会顺理成章。例如，江苏省南京市与镇江市句容市（县），在 2009 年 8 月南京市新修编《南京市城市总体规划》提出将句容市作为南京都市区同化城发展区域后，句容市积极配合，聘请南京相关部门参与修编了《句容市综合交通战略专题研究》和《句容市城市发展战略规划》，提出要与南京市在城市路网、基础设施配套等领域实现无缝对接。通过两年时间的努力，就实现了与南京 12 条道路的对接，10 年后基本形成了同城化的格局。从 2019 年开始，两地共同推进南沿江城际铁路、宁句城际轨道交通、南京东部综合交通枢纽等规划和建设，在创新驱动合作、产业协同发展、绿色生态环保、开放型国际化、智慧城市建设、幸福生活都市圈等领域的合作全面加深，促进了句容市全方位、多领域融入南京。但是，对于那些距离被辖中心城市较远、毗邻的中心城市既无管辖关系又缺乏较强经济带动性的县域来说，情况刚好相反，这些县域既是被辖中心城市的"神经末梢"或外围区域，又很难得到邻近中心城市的经济辐射带动，是城乡基础设施均衡化的主要盲区。

第三，市管县体制下中心城市与县域层面是城乡基础设施均衡化的重点。一般又分为两个层次：一是纳入国家、省（自治区、直辖市）发展规划、专项规划并由国家或省级政府直接组织实施并惠及（地）市、县的重大基础设施建设工程，如铁路、高速公路、民航运输机场、大型桥梁、国家电网、油气主干管网等项目，属于直接的嵌入形式。二是经省、（地）市政府部门批准或报备并主要由（地）市、县政府具体实施的基础设施建设项目，其性质大多属于区域范围内中心城市—县城、重点镇——一般集镇—乡村或农村社区的基础设施网络体系的完善和功能提升，这是我们讨论的重点。如果说第一、第二层面中心城市基础设施嵌入县域的成效主要取决于中心城市与县域之间的经济联系、中心城市的经济实力和经济辐射力，那么第三层面第二个层次中的嵌入效果则取决于多种因素。其中，中心城市的经济实力和辐射力是基础，（地）市、县级政府的行政能力是关键。在中国现行垂直管理体制下，政府在基础设施建设中具有决定性作用。从行政角度看，鉴于（地）市和县级财权、事权具有相对独立性，再加上（地）市级政府本身都具有重点打造中心城市以展示地区形象或政绩的偏好，所以，省级政府的政策、对（地）市和县级主要领导政策执行的监察机制及绩效考核机制，以及与此相联系的晋升机制非常重要，将直接影响中心城市基础设施嵌入中相关地方政府的行为选择。从（地）市内部来看，在上级政策和（地）市内部经济条件一定的前提下，每个县级政府都是独立的竞争主体，对中心城市基础设施拓展、延伸、覆盖到本县域都有着强烈的愿望，竞争异常激烈。在这种情况下，（地）市政府的城乡基础设施一体化发展理念、规划水平、资源整合能力尤其是融资能力、统筹协调能力，以及对县级政府绩效考核机制和晋升机制，都是影响基础设施嵌入进程和效果的重要变量。如何结合本地经济发展水平和发展潜力、县域经济社会发展现实需求和基础设施建设自身特点，如何选择科学的基础设施嵌入方式（如近邻延伸还是等级延伸等），是对地方政府能力的考验。

总之，在竞争性地方政府制度环境下，无论是处于行政管理序列中哪个层次的地方政府，都偏好区域内部的基础设施建设。站在县域的角度，中心城市基础设施嵌入县域，无论是省际、省内（地）市际，还是（地）市域内部，都属于区际基础设施建设。跨区域基础设施建设的进程和效率，在不存在管辖关系的中心城市与县域之间，主要取决于中心城市的竞争力及其与县域的经济联系或发展互补性；在存在管辖关系的中心城市与县域之间，主要取决于省、（地）市、县域政府在城乡一体化发展理念、建设规划设计、政策体系设计科学性及其建设过程中各级政府行动的一致性和有效性。

三、社会资本"等量法则"

基础设施建设的基本特点之一是投入大、回报期长。因此，如何有效保证资本（金）投入，是中心城市基础设施嵌入县域、乡村的关键问题。就投入来源看，主要包括国有资本（金）、外国资本和社会资本三个渠道。因外资准入基础设施的负面清单尚未定型，而且外资进入基础设施建设领域所遵循的行为准则与社会资本一致，所以，我们主要分析国有资本（金）和社会资本嵌入县域中的行动问题。

国有资本（金）主要由两部分构成，在基础设施嵌入中具有不同作用。其中，主体部分来源于（地）市政府独资或控股的基础设施投资公司，如交通投资公司、城市（乡）建设投资公司等，此类国有资本在基础设施嵌入中遵循社会效益与经济效益兼顾原则。当经济效益与社会效益发生矛盾时，通常遵循社会效益优先原则。另外有少部分来源于政府主管基础设施部门的奖励或补贴资金，这部分资金属于财政资金，体现政府意图，以社会效益为根本目标。对基础设施项目建设中民间资本投入、项目建设进程和建设质量等，发挥着引导和调节作用。其中，省级部门相关财政资金主要调控（地）市、县域重点项目建设，而（地）市财政资金则主要引导市域或县域范围内重点项目建设。因此，国有资本（金）在基础设施嵌入中具有不可替代的主导地位。

竞争性地方政府产生了庞大的基础设施投资需求，而国有资本（金）供给是有限的，需要创新投融资模式，吸引社会资本参与。当前，从国际引入并且受到政府力推的是 PPP 模式。这一模式有广义与狭义之分，根据世界银行的分类，广义的 PPP 模式是政府与社会资本合作的投融资模式，包括但不局限于狭义的 PPP 模式和 BOT 模式。狭义的 PPP 模式，一般是政府公共部门和私人部门共同出资成立特别目的公司、完成基础设施投资、建设并共同承担责任和融资风险的模式。通常情况下，由社会资本承担基础设施设计、建设、运营、维护等工作并通过"使用者付费"及必要的"政府付费"获得合理投资回报，而政府部门主要负责基础设施及公共服务价格和质量监管，保证公共利益最大化。BOT 融资模式，通常是由政府或所属机构对项目建设和经营提供一种特许权协议作为项目融资的基础，由参与项目建设和经营的企业作为项目投资者和经营者安排融资，承担风险，开发建设项目，在协议规定时间内经营项目获取商业利润，协议执行期结束后将该项目转让给相应的政府机构。在基础设施项目运作过程中，基础设施种类、投融资回报方式、项目财产权利形态各不相同，BOT 方式会有不同的变异模式，如 BOOT（建设—拥有—经营—转让）形式、BTO（建设—转让—经营）形式，BOO（建设—拥有—经营）形式、DBOT（设计—建设—融资—经营）形式、BLT（建设—租赁—移交）形式，等等。狭义的 PPP 模式更加强调双方的平等合作，风险共担、利益共享，而 BOT 融资模式中政府与企业是一种垂直关系、政府授权民营企业独立建设并运营。无论是何种模式，只要选择得当，都是政府解决基础设施投入不足的有效形式。

在中心城市基础设施嵌入县域、乡村的实践中，要吸引社会资本参与，使投融资模式有效运转，是有条件的。其中，最关键的条件之一是，项目建设是否符合社会资本的"等量法则"。与参与基础设施建设的国有资本（金）不同，逐利是社会资本的本性。根据马克思平均利润学说，追求利润最大化是单个资本的最高目标，而在个别资本相互竞争中，其基本目标及其行为则遵循"等量资本在相等时间内提供等量利润的规律"。[①] 这一规律包含三层含义。

第一，数量规定性，即等量资本获得等量利润。尽管个别资本都追求利润最大化，但在激烈的竞争中，其行为准则则是等量投入得到等量回报，而且也"只有不同部门的资本的竞争，才能形成那种使不同部门之间的利润率平均化的生产价格"。[②] 当然，竞争促成利润平均化的形成是有条件的，即马克思所说的"两个自由转移"：（1）资本有更大的活动性，也就是说，更容易从一部门和一个地点转移到另一个部门和另一个地点；（2）劳动力能够更迅速地从一个部门转移到另一个部门，从一个生产地点转移到另一个生产地点。[③] 其中，第一个条件又要以贸易自由并消除了自然垄断以外的一切垄断、信用制度发展到能够将大量的分散资本集中起来等为前提条件；第二个条件也要以废除妨碍劳动力自由转移的法律、一切

---

① 马克思恩格斯文集：第 7 卷［M］. 北京：人民出版社，2009：170.
② 马克思恩格斯文集：第 7 卷［M］. 北京：人民出版社，2009：201.
③ 马克思恩格斯文集：第 7 卷［M］. 北京：人民出版社，2009：218.

生产部门的劳动已经尽可能地变成简单劳动从而工人对自己劳动的内容并不关心且抛弃了职业偏见等为前提条件。

第二，时间规定性，即在相等的时间内，等量资本得到等量利润。在现实中，由于资本投入的部门、行业的资本有机构成不同，资本周转期长短不一，因此，投率回报率会存在差异。但是，无论如何，在相同投资期内等量资本得到等量回报是底线。否则，资本就会从利润率较低的部门、行业中流出，流入那些利润率高的部门、行业。资本的流出或流入改变了市场供求关系，原来利润率较低的部门、行业就会因资本流出、产品供不应求而提高利润率，而原来利润率较高的部门、行业则会因资本流入、产品供过于求而使利润率降低，于是引发新一轮资本流动，直到形成大致平均的利润率为止。

第三，规律作用的近似性。在等量资本相等时间内提供等量利润的规律中，"等量""相等"都不是人们事先精确地计算出来的，而是在个别资本不断竞争过程中以近似的、大致平均的方式实现的。正如马克思所说："一般规律作为一种占统治地位的趋势，始终只是以一种极其错综复杂和近似的方式，作为从不断波动中得出的、但永远不能确定的平均数发生作用。"[①]

"等量法则"是社会资本投资行为的基本准则，同样也是其参与基础设施投融资的基本遵循。因此，政府如何根据社会资本"等量法则"及其实现条件，结合基础设施项目和区域经济环境等特点，选择合适的投融资模式、政策扶持重点、国有资本（金）支持方向，直接影响基础设施建设进程和效率。在中心城市基础设施嵌入实践中，为保证实现公共利益目标，政府必须用市场思维、市场规则、市场方式来吸引社会资本介入基础设施建设，遵循"等量法则"，与社会资本建立合作关系或市场契约关系，进行相应的制度设计、过程监管和政策调控。一方面，从基础设施项目特点看，中心城市嵌入的基础设施项目，一般都是以县域生产和生活现代化功能为目标实现传统设施转型升级，具有建设周期长、回报率低、变现率差、资本流动性不足等特点，与城市基础设施建设项目相比，收费更低，回报期更长，不确定性更多。在多数情况下，如果没有政府足够的政策支

---

① 马克思恩格斯文集：第7卷［M］. 北京：人民出版社，2009：181.

持和财政支持，社会资本是很难介入的。因此，在这一领域更需要发挥国有资本（金）的引导作用，在融资模式下更需要充分考虑社会资本的"等量法则"，更加科学地确定 PPP 项目招标价格、BOT 模式下的特许经营期、政府补贴。另一方面，从嵌入区域的经济环境看，对于发达地区或中心城市的辐射区域，基础设施投入运营后的预期收益率高，所以，无论采取何种投融资模式，都容易获得社会资本的介入。例如，邻近上海市的江苏省、浙江省所辖县域，不仅（地）市、县域经济实力强，而且发展潜力大，基础设施建设中非常容易受到社会资本的青睐。邻近南京的句容市，尽管自身财力有限，但南京的辐射力较强，县域未来发展空间大，投资预期收益高，社会资本参与基础设施建设的热情很高。然而，对于次发达尤其是欠发达区域来说，中心城市、县域的发展实力和发展潜力都有限，再加上嵌入县、乡村的基础设施建设项目回报率较低，如果没有上级政府足够的政策支持尤其是财力支持，中心城市就会缺乏推进基础设施嵌入的主动性，而且社会资本参与积极性也不会高，基础设施建设就会停顿。所以，对于经济发展实力和发展潜力越强的中心城市和邻近县域，政策要充分利用和遵循"等量法则"，以广泛吸引社会资本参与基础设施建设；对于欠发达的区域，更需要政策扶助和财力支持，更加发挥国有资本（金）的作用。

第三节　嵌入的变革效应

中心城市基础设施嵌入县域、乡村，不仅产生乘数效应，而且通过县域、乡村空间、市场更加开放，产生质量变革效应：既包括传统生产要素结构和传统生产方式等技术关系变革及其效率变革，也包括城乡社会关系的变革。

一、嵌入的质量变革机理

中心城市基础设施嵌入县域、乡村所带来的经济效应不只是量变，也包括质的提升。在中国经济由高速增长阶段转向高质量发展的关口，现代经济体系正在按照"以供给侧结构性改革为主线，推动经济发展质量变革、效率变革、动力变革，提高全要素生产率"的思路有序推进。其中，"质量变革是主体，效率变革是主线，动力变革是基础，关键是切实、持续地提高全要素生产率"。① 同样，作为供给侧结构性改革的重要组成部分，推进中心城市基础设施嵌入县域、乡村，就是要通过县域、乡村的动力结构变革、效率变革，提高全要素生产率，推进县域、乡村经济高质量发展和城乡融合、一体化发展。这里所说的质量变革，是区域层面由基础设施嵌入所带来的对外联系地理空间贯通、市场联系畅通，从而引致区域生产要素供给结构变革、供给质量提升和全要素生产率提高。

当然，从基础设施嵌入城乡高质量发展、融合和一体化发展目标的达成，不是自然而然的，有其内在的生成逻辑。众所周知，在市场经济下，县域、乡村的物质资料再生产过程，就是用引进或自我积累的资本（G）购买生产要素（W），包括创造财富的原始要素——土地和劳动力（在承包制下可以是自我雇用，也可以市场购买），以及派生性生产要素——人才、技术、数据等，投入生产过程（P），生产出包含价值增值的产品或劳务（W'），通过售卖实现价值增值（G'），经过分配环节后，再开始下一次生产的循环往复过程（见图 3－1）。在完全封闭条件下，或者纯粹从县域内部市场角度分析，这一再生产过程供给侧的资本 G 及其所购买的劳动力、生产资料等各种生产要素 W 均来自县域内部，而在需求侧的产品或劳务 W' 全部在县域内部售卖，供县域内部经济主体消费。很显然，县域内部地理空间、人口数量及其由此决定的市场空间的有限性，决定了县域经济发展规模的有限性、局限性。这是一种典型的封闭、自给自足的经济发展模式，是我们研究问题的切入点。

发展壮大县域、乡村经济，必须突破封闭的经济发展模式，由基于县域内部市场的自给性生产转向基于国内市场和国际市场的经济发展。由此，从供给侧角度看，一方面，应该而且必须突破区域发展中资本（G）匮乏的瓶颈。与封闭条件下相比，对外开放条件下县域、乡村经济发展所需要的资本，不只是源于内部的自我积累，可以更多地利用资本集中手段，吸引中心城市或国内市场其他区域的资本，乃至吸引国际资本，从而

---

① 刘世锦. 推动经济发展质量变革、效率变革、动力变革［J］. 求是, 2017（21）: 5–6, 9.

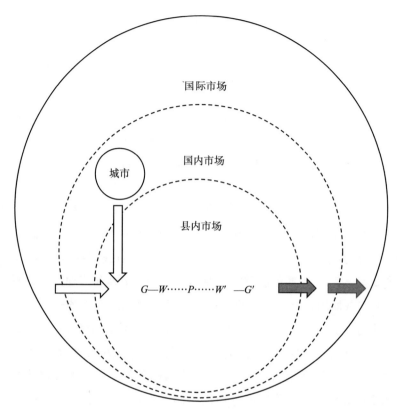

图 3 - 1　县域、乡村经济对外联通渠道

突破资本积累下原有财富规模和经济增长速度的限制。另一方面，突破空间有限性、资源有限性条件下生产要素（W）短缺及其错配等限制。在封闭条件下，由于县域空间有限性和资源有限性，其内部不可能提供其再生产所需要的全部生产要素，即使其内部富有劳动和土地两个原始要素，如果没有外源性要素嵌入，也有可能因缺乏合理配置而难以得到最有效率的使用。在对外开放条件下，不仅可以通过国内外市场交换突破县域、乡村自身生产要素的数量不足，而且通过分工、替代、置换等方式，引进人才、技术、数据等现代生产要素，解决生产要素结构固化、错配所引致的资源浪费。简单地说，开放条件下县域、乡村的发展在供给侧是通过突破封闭条件下资本及其生产要素的数量限制和结构固化实现的。与此同时，不可忽视的是，在开放条件下，从再生产需求侧看，国内市场和国际市场对产品或劳务（W'）需求的扩大，是县域、乡村再生产得以进行的条件，决定着扩大再生产的规模和效率。

理论上，县域、乡村实现由封闭到开放的"转向"，至少需要具备三个条件，即县域、乡村内部转向富有内在动力或外在压力、市场经济体制的建立和对外联系通道的畅通。其中，前两个条件属于对外开放的软环境，市场经济体制对于县域、乡村发展动力和压力的形成又具有决定性作用；第三个条件（即对外联系通道）主要是基础设施条件，包括传统基础设施，在新科技革命新经济下更包括新基建，是县域、乡村对外开放的物质条件或者硬环境，对于地理空间开放具有决定性作用。从我国县域、乡村现实看，前两个条件已经基本具备，而第三个条件，即基础设施建设则是县域、乡村经济发展的短板，一些欠发达和不发达县域尤其是乡村尚未从根本上改变人类社会第一次大分工产生以来形成的城乡对立格局，即"城市已经表明了人口、生产工具、资本、享受和需求的集中这个事实；而在乡村则是完全相反的情况：隔绝和分散"。[1] 这种隔绝和分散，在很大程度上是由硬环境建设严重滞后造成的，由此也制约着投资环境，是造成县域、乡村生产要素供给数量不足、供给结构单一和质量不高的主要原因，也是城乡对立关系产生的重要原因。在这种状态下，县域经济尤其是乡村经济有可能取得的一些进步，都"只表现为人类的地方性发展和对自然的崇拜"。在资本主义社会下，是通过"资本破坏这一切并使之不断革命化，摧毁一切阻碍发展生产力、扩大需要、使生产多样化、利用和交换自然力量和精神力量的限制"的途径克服这种发展状态的。正是在这个意义上，显示出了"资本的伟大的文明作用"。[2]

在我国，社会主义公有制本质规定性和发挥市场在资源配置中决定性作用的现实需要，决定了在县域、乡村经济发展中需要发挥资本的作用，但又要把握好资本利用的边界、条件。我们不可能套用西方国家资本强行介入的方式打开县域、乡村封闭的地理空间和市场空间，只能在政府主导下，鼓励和支持中心城市基础设施向县域延伸、拓展和覆盖，逐步消除县域尤其是乡村的隔绝和分散状态。一方面，通过硬环境改善和软环境建设促进县域、乡村技术关系的变革。在供给侧，吸引外部发展要素尤其是人

① 马克思恩格斯文集：第1卷［M］．北京：人民出版社，2009：556.
② 马克思恩格斯文集：第8卷［M］．北京：人民出版社，2009：90-91.

才、技术、数据等现代生产要素，倒逼传统生产要素升级和先进生产要素生长，促进县域、乡村生产要素结构变革，提高劳动生产率、土地生产率和全要素生产率。在需求侧，通过市场空间的扩大，发挥对县域、乡村经济发展的引擎功能。另一方面，通过城乡基础设施联通，促进城乡生产要素和产品与服务的双向流动、产业融合发展和城乡经济一体化发展，逐步实现城乡生产关系的变革，由隔绝、对立走向互联互鉴、和谐包容。

二、技术关系的变革

中心城市基础设施嵌入县域、乡村所引致的技术关系变革，可以从县域、乡村再生产过程中的供给侧和需求侧两个层面进行分析。

第一，供给侧层面的变革。众所周知，劳动和土地是创造财富的两个原始要素，"劳动 + 土地"是县域尤其是乡村最原始、存续时间最长的生产要素结构。在资本介入前，这是一种封闭的、稳定的甚至固化的结构。在高度集中的计划经济体制时期，尽管我国劳动、土地的性质、作用或利用方式发生了质变，但生产要素技术构成或结构没有太大的变化，劳动和土地仍然是财富创造的主导要素。改革开放尤其是中国特色社会主义进入新时代以来，为补齐县域特别是农村基础设施短板，在国家以城带乡政策导向下的中心城市基础设施嵌入县域、乡村，将发挥基础设施对经济发展的先导作用，促进县域、乡村空间更加开放，市场更加开放，各种发展要素流动更加通畅，由此带来县域生产要素结构、生产方式等技术关系变革，主要有三条途径。

一是基础设施嵌入引致地理空间开放及其生产要素结构变革。在高度集中的计划经济体制时期，我国县域、乡村地理空间相对封闭，县域经济以农业为主导，基础设施建设大多围绕县域内部农业生产展开，即使有一些非农产业，大多也是直接为农业生产和农民生活服务的。所以，县域的生产要素供求结构相对简单，即"劳动 + 土地"。改革开放以来，特别是1992 年后各级政府兴起工业开发区或产业园区建设，以城市交通与县域、开发区链接为主要标志的中心城市基础设施嵌入县域迎来了第一次高潮，是我国县域地理空间真正走向开放的起点。20 世纪 90 年代末期，为应对东南亚金融危机所实施的以推进高速路网建设为主要标志的刺激经济方案，以及为加速农村城镇化而实施撤乡并镇，共同促成了中心城市基础设施嵌入县域的第二次高潮，加速了县域地理空间的开放。2005 年党的十六届五中全会提出按照"生产发展、生活宽裕、乡风文明、村容整洁、管理民主"的要求推进社会主义新农村建设，以及 2008 年后为应对全球金融危机，我国实施的以高速铁路建设为主要标志的刺激经济方案，迎来了中心城市基础设施嵌入县域、乡村的第三次高潮，县域地理空间真正走向全面开放。

党的十八大后中国特色社会主义进入新时代以来，特别是 2017 年党的十九大提出乡村振兴战略后，补齐农村基础设施短板成为国家主要政策取向之一，城乡基础设施一体化建设成为趋势，加快了县域、乡村产品与服务走出去的步伐。更为重要的是，大大改善了县域区位条件和营商环境，降低了社会资本来县域、乡村投资的成本，县域、乡村劳动力成本优势、土地成本优势得以彰显，促进了中心城市产业向县域、乡村转移，或者产业资本向县域、乡村流动，并带动了中心城市技术、人才、管理、企业家才能等要素的嵌入。由此，直接改变着县域、乡村的生产方式和生产要素结构，加速了以手工劳动为主的生产向手工劳动与机器化生产结合，再向以机器化为主的生产的重大转变，推动了"劳动＋土地"要素结构向"劳动＋土地＋资本、技术或其他生产要素"结构的重大转变。不仅如此，外源性要素的嵌入也加速了县域、乡村内生性要素结构的升级。例如，城市企业落户后，将农村劳动力培训成为熟练工人甚至技术工人，内生了一批与外来企业配套的新企业，外来企业对本地企业形成示范效应，激励本地企业学习、模仿等，都会对县域、乡村内部"劳动＋土地"结构本身产生变革效应。

二是新基建嵌入加速生产方式变革及其生产要素结构变革。新科技革命新经济下新产业、新业态、新方式的不断涌现，深刻改变着经济增长和经济发展方式，改变着企业和市场的运行方式。如果说传统基建打开了县域、乡村的有形空间，则新基建打开了县域、乡村以网络空间为代表的无形空间。与我国城乡传统基建差距巨大不同，城乡在新基建领域几乎站在同一起跑线上。当然，新基建具有知识、技术、人才密集等特征，决定了城乡新基建在功能定位、发展领域和重点任务等方面存在差异。新基建的主要内容——以通信网络和算力为代表的信息基础设施、以智能交通和智慧能源等为代表的融合基础设施、以支撑科技研发为目的的创新基础设施

（或者说新基建中的基础平台、关键设施和数字产业化）主要布局在中心城市，而县域、乡村所需要的新基建则主要是以中心城市新基建为支撑并由此延伸到应用场景的相关设施，包括支撑县域生产方式和生活方式现代化的通信网络基础设施、支撑传统基础设施转型升级的融合基础设施，以及支撑县域、乡村产业数字化的基础设施等。

中心城市新基建向县域延伸、拓展，也就是信息、数据要素嵌入县域、乡村生产要素结构，进一步推动县域、乡村生产方式高级化的过程。一方面，新基础嵌入县域，为县域企业利用互联网、物联网、人工智能、大数据等新的生产要素，以及推动智能制造、智能物流、智能工厂和制造业服务化提供了可能性。面对新经济下日趋激烈的竞争，县域内部部分企业会率先变革生产方式、经营方式和管理方式，并由此倒逼其他企业跟进，推动县域内部生产方式和生产要素结构转型。另一方面，在农业生产领域，新基建的嵌入，将直接推动数据要素介入农业生产经营过程，实现传统的"劳动+土地"结构向"劳动+土地+数据"结构的转变，在农业数字化发展中促进农业生产、流通和消费的融合。在以分散的农户为单位组织农业生产经营的背景下，很难解决分散农户与大市场有效衔接的问题，而新基建有可能解决这一难题，即新型农民或新型农业生产组织基于互联网、大数据平台，将农民盲目的、自我指挥性质的劳动转化为有组织的、基于市场需求的劳动。这种方式有可能跨越资本介入，前提是政府积极引导、组织和支持，不断提高农民数据应用能力。

三是基础设施嵌入下县域、乡村内外源因素交互作用的变革效应。县域、乡村生产要素结构升级是一个渐进过程。封闭条件下依靠内源性要素推动升级是一个漫长的过程，而依靠外源性要素嵌入并使内外源要素相互作用、相互影响，则可以大大缩短这一进程，而后者又必须以基础设施的嵌入为前提条件的。一方面，从派生性要素尤其是资本、技术、人才、数据等现代要素供给的角度看，其流动、扩散或有效供给，都是以完善的基础设施为条件的。在新科技革命新经济背景下，更是依赖新基建的先行。中心城市基础设施嵌入县域、乡村，有可能将外源性要素直接输入，或者通过资本黏合技术、人才、数据等要素并嵌入县域、乡村要素结构。另一方面，从先进要素需求角度看，在社会主义市场经济下，中心城市基础设施嵌入县域打开了县域、乡村对外联系的空间，无论是追求价值增值的内在动机，还是外在竞争的压力，都会使微观经济主体在与外部联系中认识、学习、借鉴新的生产经营方式。例如，在农业领域，尽管土地承包经营制度下资本在农业领域不能自由活动，但基础设施的嵌入使农户利用机械化生产，利用电子商务对接市场成为可能，也诞生了农村物流、乡村旅游业等新产业、新业态，提高了分散农户的商品化和现代化意识和能力，激发了农民学习和利用先进生产要素提高收益的内在动力，从而既产生对先进生产要素的需求，又内生先进生产要素的供给。更为重要的是，在基础设施嵌入县域、乡村的同时，也加速了外部产品和服务的输入，从而引入了市场竞争机制。尽管我国的基本经济制度决定了农户或农民不会受到被资本驱逐的威胁，但有限的竞争也会倒逼其改变落后的生产方式，从分散劳动逐步走向联合劳动，从小块地经营自愿走向合作经营，从最大化利用土地自然力逐步走向依靠现代生产方式，从自给自足逐步走向商品化生产经营。

第二，需求侧层面的变革效应。地理空间的封闭不仅堵塞了县域、乡村与国内市场和国际市场在生产要素供给领域的联系通道，而且限制了产品和劳务的流动范围、速度和效率。即使在市场经济条件下，也会由于流通成本或者交易费用过高而变得不经济，形成了县域尤其是乡村封闭的、自给性生产为主的格局。这种自给性生产近似于简单再生产，无论是消费需求还是投资需求，其增长性都极为有限，不足以形成再生产的新动力。中心城市基础设施嵌入县域、乡村，无论其愿意还是不愿意、主动还是被动，外部市场的强大需求既会刺激一部分人主动根据市场需求而组织生产活动，而外部产品和劳务的大量输入则又倒逼着那些自给性生产者也不得不逐步转向商品化生产，封闭的、自给自足型经济逐步转向开放的、市场导向型经济。随着产品和劳务性质的转变，产出的规模、结构和效率也会产生重大变革，消费需求和投资需求的引擎功能逐步彰显。

中心城市基础设施的嵌入，引致县域、乡村再生产的供需两侧技术关系深度变革并叠加，推动着县域、乡村经济动能转换、规模扩张、结构升级和效率提升，是新时代我国县域、乡村经济高质量发展的应有之义。

三、城乡关系的变革

中心城市基础设施嵌入所产生的质量变革效应，在技术关系变革层面可以分为两种方式：（1）基础设施嵌入引致城乡生产要素双向流动的"基础设施嵌入——技术关系变革"直接途径（简称"直接途径"）；（2）通过基础设施嵌入带动资本和产业转移，也即"基础设施嵌入——资本或产业转移——技术关系变革"的间接途径（简称"间接途径"）。生产力决定生产关系，在不同技术关系变革途径下，对城乡关系演进具有不同影响。

在直接途径下，作为城乡生产要素加速流动的介质，中心城市基础设施的嵌入所引起的城乡关系调整是复杂的，其效应是双重的。首先，从县域内部来看，基础设施嵌入有可能直接作用于县域、乡村生产要素供给结构的优化，如通用性、公共性知识、技术、信息、数据在县域、乡村的传播或扩散，将会促进城乡融合发展、共享发展的效应。但是，市场化条件下基础设施嵌入流动最快的生产要素通常是市场化的，是生产要素所有者在市场利益比较下的行为选择。这种流动既有可能是中心城市生产要素嵌入县域、乡村，也有可能是县域、乡村内部的生产要素向中心城市流动。事实上，这两种流动方向具有不对称性、不平衡性，会引致县域、乡村相关经济主体的加速分化，既具有积极意义，也有可能带来负面影响。其中，最主要的是农民阶层的分化。毫无疑问，基础设施嵌入有可能吸引一批人才到农村创业，为那些善于利用新市场、互联网技术、新知识、数据等先进生产要素的农民提供发展机遇，从而具有扩大新型农民队伍、优化农民结构和提升传统农民素质、能力等积极的意义。同时，基础设施嵌入也加速了更多的农村劳动力特别是具有较高文化素质的青壮年劳动力自愿、主动向中心城市转移，加速了农业转移人口市民化进程，具有必然性。但是，在现行土地制度和城乡管理体制框架下，如果农业生产经营制度，特别是土地经营制度，以及城乡管理体制一体化等改革不到位，那么，随着大量高素质农民的流出，那些既离不开土地又缺乏利用新科技、新方法经营土地的农民将成为农村的主力，他们不仅不能支撑农业农村现代化的发展，反而有可能成为农村社会不稳定的因素。其次，从县际竞争角度分析，由于县域、乡村客观上存在着自然条件、经济发展基础、距离中心城市远近等方面的差异或差距，而中心城市基础设施嵌入县域、乡村也存在着经济效益、社会效益的比较，理论上应该社会效益优先，但是，在现行体制下，基础设施嵌入中的县际竞争十分激烈，如果处理不当，那么县际之间的过度竞争将会进一步加剧县际之间基础设施、生产要素配置不平衡的矛盾，不发达县域、乡村有可能成为基础设施建设的"盲区"。不仅城乡之间，而且县际之间、乡村之间的发展差距及其矛盾有可能越来越大。最后，从中心城市与县域关系角度看，中心城市基础设施嵌入县域并带动先进生产要素向县域的输入，是中心城市对县域辐射效应的体现，同时也放大了中心城市对县域、乡村的极化效应，有可能出现县域、乡村高素质劳动力、消费力和规模骨干企业总部加速向中心城市转移的倾向。如果嵌入的极化效应大于辐射效应，则会进一步扩大城乡发展差距，激化城乡矛盾。

在间接途径下，中心城市基础设施嵌入所带来的质量变革效应是通过资本流动、中心城市产业转移和市场竞争机制实现的，归根结底是通过发挥资本对人才、技术、信息、管理等先进生产要素的黏性来实现的。马克思主义经典作家们肯定了资本主义社会中资本在生产力领域的"伟大的文明"作用，但也揭示了在生产关系中的残酷性、对立性。中心城市基础设施嵌入县域、乡村，反应最灵敏、流动性最高、黏合力最强的生产要素是资本。在我国，与资本主义国家不同，已经从社会根本制度层面消除了资本对农民的残酷剥夺、驱逐的制度基础，社会资本流动是有边界的。在现行政策框架下，县域、乡村社会资本作用的边界主要是：鼓励其在公共产品与服务领域与政府合作，非农产业领域实施负面清单制度，而在农业领域则实施准入制度。[①] 但是，逐利是资本的本性，即使资本在规定的边界内活动，也有可能产生负面影响。特别是在县域、乡村经济发展还依赖资本撬动的情况下，需要重点解决好两个关键问题。一是中心城市嵌入县域下中心城市社会资本与县域社会资本之间的竞争。在这里，"竞争的激烈程度同互相竞争的资本的多少成正比，同互相竞争的资本的大小成反比"。[②] 与中心城市的社会资本相比较，通常情况下县域本土社会资本相对

---

① 根据 2017 年 6 月，财政部、农业部出台的《关于深入推进农业领域政府和社会资本合作的实施意见》，明确了引导和鼓励社会资本参与以下领域农业公共产品和服务供给：农业绿色发展，支持畜禽粪污资源化利用、农作物秸秆综合利用、废旧农膜回收、病死畜禽无害化处理，支持规模化大型沼气工程；高标准农田建设，支持集中连片、旱涝保收、稳产高产、生态友好的高标准农田建设，支持开展土地平整、土壤改良与培肥、灌溉与排水、田间道路、农田防护与生态环境保持、农田输配电等工程建设，支持耕地治理修复；现代农业产业园，支持以规模化种养基地为基础，通过"生产＋加工＋科技"，聚集现代生产要素、创新体制机制的现代农业产业园；田园综合体，支持有条件的乡村建设以农民合作社为主要载体、让农民充分参与和受益，集循环农业、创意农业、农事体验于一体的田园综合体；农产品物流与交易平台；"互联网＋"现代农业。

② 马克思恩格斯文集：第 5 卷 [M]. 北京：人民出版社，2009：722.

弱势。因此，竞争中被兼并成为大企业运行链中的一个环节也属于正常。问题在于，这些外源性资本及其依附于其中的生产要素能否内源化。在竞争性政府体制下，多数情况下为吸引这些外源性资本，县域政府都给予了一定时期内特别优惠的政策。如果优惠期结束后，这些外源性资本不能被内源化，将会产生严重的经济和社会问题，而出现这些问题的可能性又是与第二个问题联系在一起的。二是县际政府对社会资本的过度竞争。竞争性政府之所以存在基础设施嵌入偏好，甚至不惜代价进行基础设施投入，是因为这些投入本身能带动县域经济增长，而且通过环境改善有可能吸引更多的外源性资本流入，从而利用资本集中方式发展本地经济。然而，在一定时期内社会资本总量是一定的，参与争夺的县域政府越多，竞争也就越激烈。于是，县域政府之间的竞争又会转化为社会资本与政府之间的竞争，而且在竞争中，社会资本及其依附于其中的生产要素的短缺性又会使政府在竞争中处于不利的地位。为争取这些资本及其先进生产要素，政府不得不付出更高的代价，包括更低的投资门槛、更便宜的土地利用价格、更少的服务费用、更优惠的经济政策等。其结果既有可能招引大量的外源性资本，但同时又有可能产生巨额政府债务、扭曲生产要素价格、腐败等负面效应。特别是，面对县际过度竞争，社会资本的逐利性使得这种外源性资本及其生产要素内源化的可能性大大降低。在这种情况下，县域、乡村发展有可能出现经济失调、生态失衡和社会失和，与城乡融合、一体化发展相悖。

由此可见，中心城市基础设施嵌入县域、乡村引致质量变革和城乡一体化发展，不是一帆风顺的，需要统筹解决好嵌入所带来的复杂利益关系，加强农民转型引导及其相配套的制度创新，规范嵌入中社会资本的行为规则和县域政府的角色定位，促进县域外源性要素内源化。

第四节　制度创新的方向

新中国成立 70 多年以来，中国共产党将马克思主义经典作家关于未来社会城乡一体化必须以基本条件的全国均衡布局为前提的思想与中国国情紧密结合，不断摸索、改革与创新，逐步找到了一条具有中国特色的城乡基础设施建设一体化之路。

在我国社会主义革命和建设时期，我国基础设施建设在百废待兴的基础上逐步恢复、建设和快速发展，为社会主义现代化建设奠定了良好基础，但工业优先发展战略及其工业主要集中在中心城市的发展格局，客观上也造成了城乡基础设施建设的不平衡。

在改革开放和社会主义现代化建设新时期，以经济建设为中心推动了城市和县域生产性服务的公共基础设施步入快车道，同时，乡村基础设施建设问题逐步提上议事日程。例如，2008 年中央一号文件，即《中共中央　国务院关于切实加强农业基础建设进一步促进农业发展农民增收的若干意见》，提出"加强以农田水利为重点的农业基础设施建设"，其侧重点主要是促进农业生产。

中国特色社会主义进入新时代，尤其是 2017 年党的十九大提出乡村振兴战略以来，国家从城乡一体化及其城乡居民全面发展的高度，开启了全面、系统设计和推进城乡基础设施一体化的新阶段。2019 年，中央一号文件强调加快补齐农村人居环境和公共服务短板，提出了抓好农村人居环境整治三年行动、实施村庄基础设施建设工程、强化乡村规划引领的重点任务。同年 5 月发布的《中共中央　国务院关于建立健全城乡融合发展体制机制和政策体系的意见》，进一步强调把公共基础设施建设重点放在乡村，提出坚持先建机制、后建工程的原则和实现城乡基础设施统一规划、统一建设、统一管护的基本思路。2020 年，中央一号文件更进一步强调对标全面建成小康社会加快补上农村基础设施和公共服务短板，提出加大农村公共基础设施建设力度、提高农村供水保障水平和扎实搞好农村人居环境整治等重点任务。同年 5 月，国家发展改革委发布《加快开展县城城镇化补短板强弱项工作的通知》，要求各地区以县城为重点，瞄准市场不能有效配置资源、需要政府支持引导的公共领域，聚力推进公共服务设施、环境卫生设施、市政公用设施和产业培育设施四大领域的 17 项建设任务。同年 7 月，国家发展改革委办公厅下发《关于加快落实新型城镇化建设补短板强弱项工作有序推进县城智慧化改造的通知》，提出要针对县城基础设施、公共服务、社会治理、产业发展、数字生态等方面存在短板和薄弱环节，利用大数据、人工智能、5G 等数字技术，在具备一定基础的地区推进县城智慧化改造建设，着力补短板、强弱项、重实效。2021 年，中央一号文件提出大力实施乡村建设行动，重点推进加快推进村庄规划工作、加强乡村公共基础设施建设和实施农村人居环境整治提升五年行动等重大计划。2022 年 5 月，中共中央办公厅、国务院办公厅印发《关于推进以县城为重要载体的城镇化建设的意见》，强调"县城是我国城镇体系的重要组成部分，是城乡融合发展的关键支撑，对促进新型城镇化建设、构建新型工农城乡关系具有重要意义"，提出了"坚持以人为核心推进新型城镇化，尊重县城发展规律，统筹县城生产、生活、生态、安全需要，因地制宜补齐县城短板弱项，促进县城产业配套设施提质增效、市政公用设施提档升级、公共服务设施提标扩面、环境基础设施提级扩能，增强县城综合承载能力，提升县城发展质量，更好满足农民到县城就业安家需求和县城居民生产生活需要，为实施扩大内需战略、协同推进新型城镇化和乡村振兴提供有力支撑"的总体要求。与此同时，在中共中央办公厅、国务院办公厅印发的《乡村建设行动实施方案》中，强调要坚持县域规划建设一盘棋，发挥县域内城乡融合发展支撑作用，强化县城综合服务功能，推动服务重心下移、资源下沉。由此，从国家层面全力推进县城、乡村基础设施建设和城乡基础设施一体化建设的新格局基本形成，对于加速中心城市与县域、乡村的有效衔接，促进城乡生产要素双向流动、城乡产业融合发展和城乡居民全面发展的基础性支撑保障作用正在逐步显现。

70 多年来城乡基础设施建设的演进史表明，我国基础设施建设经历了由中心城市向县域、乡村的转变，在县域、乡村基础设施建设中正在经历由农业基础设施建设向农业农村基础设施建设协同推进、县城补短板强弱项与乡村建设行动协同推进的转变。基础设施建设方向的转变，并不意味着中心城市与县域、乡村之间是对立的。事实上，县域、乡村基础设施建设，有些是在县域、乡村直接建设的，但相当一部分是通过中心城市基础设施向县城、再向乡村拓展、延伸和覆盖的，如传统基建中交通、通信、水、电、气项目和绝大多数新基建项目。即使是在县域、乡村直接建设的项目，为有效发挥基础设施的公益性、共享性，有些项目也需要注重与中心城市基础设施之间的有机对接，如内部道路建设、环境设施建设等。从国家、省级政府层面看，需要加强中心城市基础设施嵌入县域、乡村的政策导向。从县域角度看，需要加强县域、乡村基础设施建设与中心城市的有机衔接。特别是，在我国大城市存在人口过密、功能过载引致交通拥堵、环境污染等"大城市病"，而多数县级小城市甚至县城发展总体滞后、综合承载能力和治理能力较弱，难以满足县域居民日益增长的生产需要、生活需要、生态需要和安全需要的背景下，加快推进县城"补短板强弱项"，使其既能有效承接中心城市非核心功能的疏解和发展要素的嵌入，又有带动县域内部小城镇、乡村发展的能力，为农民就近镇化、市民化提供空间选择，为农业农村现代化提供人才、科技、数据服务平台支撑。因此，以城乡一体化及其城乡居民全面发展为目标，以"中心城市—县域（县城、重点镇）—乡村"为主要路径，有序推进城乡基础设施一体化，是我国中心城市基础设施嵌入县域、乡村的基本方向，也是嵌入制度创新的基本取向。

基于新科技新经济下我国城乡经济社会发展新趋势和我国县域、乡村生产生活生态基础设施的新需求，为了充分发挥中心城市基础设施嵌入县域、乡村所带来的正向乘数效应和变革效应，必须围绕新时代我国城乡基础设施建设的重点方向，坚持社会效益优先兼顾经济效益、发展需求优先兼顾生活需求、政府主导兼顾发挥市场功能的基本思路。

一是以社会效益优先兼顾经济效益是基本准则。基础设施的公共产品性质和县域、乡村经济发展的相对弱势性，决定了中心城市基础设施嵌入需要更加突出公益性、共享性。即使是可以吸引社会资本的准公共产品设施，由于投资在县域、乡村基础设施领域的等量资本很难在同一时期内获取等量利润，为保证有效嵌入，需要在保证社会效益前提下遵循等量资本获取等量利润的法则进行制度设计，通过倾斜政策，激励更多社会资本投向县域、乡村基础设施建设领域。

二是以发展需求优先兼顾生活需求为建设主要内容。在发展为第一要务的背景下，需要根据基础设施对经济发展的乘数效应和正向的质量变革效应，长期效应，以及县域、乡村所处的经济发展阶段及其由此决定的基础设施需求，科学选择生产性基础设施、生产生活兼容性基础设施和生活性基础设施嵌入的次序，传统基建项目和新基础项目嵌入的次序，以及县城和重点镇、一般乡镇和乡村嵌入的次序。在竞争性县域政府背景下，坚持发展性基础设施建设优先，同时在制度设计中通过土地红线监控、地方债务监控、国家财政性投入流向监控和绩效评价等途径，防止将基础设施建设作为争夺外部资源的手段而忽视民生投入的倾向，避免城乡之间、县际、县域内部基础设施建设中更大的不平衡及其社会矛盾。

三是以政府为主导兼顾市场赋能是主要途径。基础设施的公共性和效益产出的长期性，我国中心城市与县域、乡村发展功能的差异性，决定了县域、乡村基础设施规划、财政支持、一体化建设等方面能力的有限性，必须发挥地市级、省级政府在城乡基础设施一体化规划、建设和管护等领域的主导作用。其中，建立城乡基础设施一体化规划是前提，即以市、县为整体统筹城乡基础建设规划，推动重要市政公用设施向县城和重点镇、规划村的延伸，推动城乡路网一体规划和建设；健全城乡基础设施一体化建设机制是关键，努力构建事权清晰、权责一致、中央支持、省级统筹、市县负责的城乡基础设施一体化建设机制，重点根据基础设施的公益性和经济性的强弱，统筹发挥好政府和市场"两只手"的作用，健全分级分类投入机制，在充分发挥财政资金主导或引导作用的前提下，选择好利用市场机制的范围、程度或强度，通过加强银企对接、融资支持等机制，吸引社会资本有序参与基础设施嵌入；建立城乡基础设施一体化管护机制是持续、有效赋能的保证，合理确定城乡基础设施统一管护运行模式，健全有利于基础设施长期发挥效益的体制机制。

基于我国县域、乡村发展巨大的不平衡性，基础设施供给的具体制度安排，需要将嵌入重点方向、制度创新基本取向与各地发展实际相结合，特别是与县域、乡村生产、生活和生态"三生融合"发展状况、趋势所决定的基础设施有效需求结合起来，以放大基础设施建设积极的乘数效应和变革效应。

第四章　生产要素嵌入

我国城乡经济二元结构，在生产要素结构上体现为现代结构与传统结构并存。总体而言，中心城市已经适应生产社会化、市场化和新科技革命发展需要，建立了以资本、技术、人才等为主体的现代生产要素结构，而县域、乡村基本上仍然是"劳动力＋土地"为主体的传统结构。在我国转向现代化强国建设阶段，促进中心城市现代生产要素嵌入县域、乡村并将其内源化，加速县域、乡村生产要素结构由传统向现代的转型，提高全要素生产率，是促进县域、乡村融合、一体化和现代化发展的必由之路。

第一节　生产要素及其结构

在物质资料生产中，生产要素可以分为基本生产要素和派生生产要素，它们不是独立地发挥作用的，而是多种生产要素组合发挥作用的。生产要素组合是由生产条件、生产形式在技术关系、社会关系层面形成的复杂关系，也即生产要素结构。不同的生产要素组合或结构有着不同的效率。我国中心城市与县域、乡村的发展差距，在很大程度上是由生产要素结构差距引起的。

一、基本生产要素与派生生产要素

随着人类社会物质资料生产能力和水平的提高，生产要素的数量、范围不断地拓展。对于参与物质资料生产的各种生产要素，不同学科基于不同立场和研究目的，有着不同的分类。在古典资产阶级政治经济学史上，人们大多按照生产要素的初始状态或作用形式划分为土地、劳动等。1830

年古典资产阶级政治经济学分化后，马克思主义政治经济学为揭示劳资对立关系，将物质资料生产过程中的生产要素抽象为劳动力、劳动对象和劳动资料，或者劳动力与生产资料。庸俗资产阶级经济学则分为劳动、土地、资本，现代经济学者熊彼特则将企业家才能纳入其中，有些学者还将这些要素抽象为人力资本、物质资本和货币资本。随着科技革命发展及其对经济发展贡献率的不断提升，中国经济学分析中还将人才、技术、知识、管理等纳入生产要素范畴。2019 年 10 月党的十九届四中全会通过的《关于坚持和完善中国特色社会主义制度推进国家治理体系和治理能力现代化若干重大问题的决定》，提出"健全劳动、资本、土地、知识、技术、管理、数据等生产要素由市场评价贡献、按贡献决定报酬的机制"，标志着数据正式成为生产要素之一。为了厘清这些生产要素之间的相互关系，有必要对这些生产要素进行科学分类。

根据马克思主义经典作家的思想，如果纯粹从物质财富创造角度分析，则劳动力（或通常意义上讲的"劳动"）和土地是创造财富的两个原始要素。"劳动并不是它所生产的使用价值即物质财富的唯一源泉。正如威廉·配第说：'劳动是财富之父，土地是财富之母'。"① 因为，人在生产中只能改变物质的形态，而且在这种改变形态的劳动中还是经常依靠自然力的帮助。如果没有自然界，没有感性的外部世界，工人就什么也不能创造。恩格斯也说：劳动和自然界一起才是一切财富的源泉，自然界为劳动提供材料，劳动把材料变为财富。② 所以，马克思在《资本论》第一卷中多次强调，财富是"自然物质和劳动这两种要素的组合""一切财富的源泉——土地和工人""形成财富的两个原始要素——劳动力和土地"，③ 其中，"经济学上所说的土地是指未经人的协助而自然存在的一切劳动对象"。④ 我们所说的基本生产要素，就是马克思所说的创造财富的两个原始要素——劳动力和土地。之所以说是用"基本"的，不只是因为这两个要素是一切物质财富形成最初的、原始的要素，而且是一切物质财富形成都不可缺少的要素。

---

① 马克思恩格斯文集：第 5 卷 [M]. 北京：人民出版社，2009：56 – 57.
② 马克思恩格斯文集：第 3 卷 [M]. 北京：人民出版社，2009：988.
③ 马克思恩格斯文集：第 5 卷 [M]. 北京：人民出版社，2009：56，580，697.
④ 马克思恩格斯文集：第 5 卷 [M]. 北京：人民出版社，2009：703.

在各种生产要素中，与两个基本生产要素相比，其他生产要素都是在一定经济社会条件，主要是随着生产社会化、市场化和科技革命发展，从基本生产要素或者原始要素中派生出来的，即属于派生性生产要素。随着经济社会条件的不断变化，这些生产要素有可能消亡，或者被新的生产要素所替代。一方面，土地要素的地位和作用会发生变化。马克思说："外界的自然条件在经济上可以分为两大类：生活资料的自然富源，例如土壤的肥力，鱼产丰富的水等等；劳动资料的自然富源，如奔腾的瀑布、可以航运的河流、森林金属、煤炭等等。在文化初期，第一类自然富源具有决定性意义；在较高的发展阶段，第二类自然富源具有决定性的意义。"① 另一方面，为提高劳动生产效率和土地生产率，会产生一系列新的生产要素。众所周知，协作"在历史上和逻辑上都是资本主义生产的起点"，② 而协作或多或少地需要指挥，于是，"管理、监督和调节的职能就成为资本的职能"，并在发展过程中"把直接和经常监督单个工人和工人小组的职能交给了特种的雇佣工人。……在劳动过程中以资本的名义进行指挥。监督工作固定为他们的专职。"③ 由此，管理逐步成为一种新生产要素。20世纪以来，熊彼特等进一步将企业家才能纳入生产要素范畴。与协作相联系的是，以分工为基础的工场手工业内部的协作，使工人既成为"结合总体工人"，也成为"局部工人"，局部劳动独立化为一个人的专门职能，局部劳动的方法日益完善，经常重复并将注意力集中在同一种有限的动作，而且总是有好几代工人同时在一起生活或在同一手工工场内共同劳动，所以，获得的技术上的诀窍就能巩固、积累并迅速地传下去，"实际上生产出局部工人的技艺"。④ 早期的技艺、技术发明，是工场手工业内部熟练工人创造的。随着生产高度社会化和社会分工的细化，技术、知识作为生产要素的功能逐步强化、独立化，即一些部门或一部分人专门承担技术、知识创新的职能，但无论如何，又都必须与生产过程相结合。与管理、技术、知识成为生产要素一样，资本之所以成为必不可少的生产要素，是商品经济发展到市场经济的产物。商品生产和商品交换中产生了货币，但只

① 马克思恩格斯文集：第5卷［M］．北京：人民出版社，2009：586．
② 马克思恩格斯文集：第5卷［M］．北京：人民出版社，2009：374．
③ 马克思恩格斯文集：第5卷［M］．北京：人民出版社，2009：384 - 385．
④ 马克思恩格斯文集：第5卷［M］．北京：人民出版社，2009：392 - 394．

有劳动力转化为商品，从而创造了货币得以增值的手段，货币才会转化为资本。当然，既然资本要素因商品经济而产生，也会随着商品货币关系的消亡而消亡。所以，资本也是一种派生性生产要素。当然，与其他派生性生产要素不同的是，资本一旦成为生产要素，就不是作为一种单独要素而存在，其具有强大的黏合其他生产要素的能力，具有一种无与伦比的扩张力。马克思说："资本一旦合并了形成财富的两个原始要素——劳动力和土地，它便获得了一种扩张的能力，这种能力使资本能把它的积累的要素扩展到超出似乎是由它本身的大小所确定的范围，即超出由体现资本存在的、已经生产的生产资料的价值和数量所确定的范围。"① "资本所合并的劳动力、科学和土地……，也会成为资本的有伸缩性的能力，这种能力在一定期限内使资本具有一个不依赖于它本身的量的作用范围。"②

在制度创新理论产生后，人们逐步认识到制度创新，或者一种好的制度安排对于经济社会发展的积极作用，所以，制度因素也逐步被纳入生产要素范畴。同样，在新科技革命新经济背景下，数字经济正在深刻改变着人们的生活方式和生产方式，由此，数据正式成为新的生产要素。制度和数据这两种要素，在性质上仍然属于派生性生产要素。与其他派生生产要素有所不同的是，这两个要素既是财富的两个基本生产要素——劳动力和土地，以及派生性生产要素——资本、技术、人才、知识、管理、企业家才能等相互作用过程中的产物，又为了更加合理地配置这些生产要素而在一定条件下才能发挥作用。其中，数据要素是新科技革命新经济下各种生产要素相互作用过程中产生的信号、信息的科学处理及其应用，而制度是生产社会化、市场化中人类认识、把握这些要素相互联系、运行规律和处理相互矛盾的能力达到一定高度的产物。在这个意义上，制度、数据属于再派生性生产要素。

区分基本生产要素、派生生产要素和再派生生产要素，是为了厘清物质资料生产中不同生产要素的基本属性及其相互关系。总体而言，基本生产要素是基础，具有不可或缺性，而派生生产要素和再派生生产要素都是为提高财富生产效率而产生的。在这个意义上，派生生产要素和再派生生

---

① 马克思恩格斯文集：第5卷［M］. 北京：人民出版社，2009：697.
② 马克思恩格斯文集：第5卷［M］. 北京：人民出版社，2009：703.

产要素在其产生时都具有先进性，属于先进生产要素。由于这些派生性和再派生性生产要素都是在资本主义工业革命和现代科技革命中产生的，因此，有时也被称为现代生产要素。这里的先进、现代都具有相对性，即一个时代先进的生产要素并不代表永远先进，一种要素既有先进性也有可能产生破坏性。尽可能发挥生产要素的先进性并遏止破坏性，正是经济学研究的任务。

二、生产要素组合及其内在结构

劳动力与土地，或者劳动力与基于土地的生产资料组合，是一切财富生产的基本生产要素组合。这一组合及其由这一组合延伸出的其他生产要素组合，不是劳动力、生产资料和其他生产要素的简单叠加，它们都反映了一定社会的生产条件和生产形式，具有独特的内在结构，反映不同的经济社会关系。

在生产条件层面，包括生产技术条件及其由此决定的生产社会条件两个方面。一方面，从生产的技术条件及其变化看，即生产过程作为创造财富或使用价值有目的的活动，作为人和自然之间物质变换的一般条件，包括一定时期内劳动熟练程度和生产技能的发展程度、生产资料的规模和效能、生产工艺水平和生产方法等，以及经济社会发展过程中劳动者素质提升状况和生产资料质量升级状况。一般而言，劳动者素质、生产资料质量都会随着经济社会技术的进步而得到不断提升。从单个劳动力层面说，人的劳动技能的提升有赖于形成劳动力所需要生存资料、发展资料数量的增加和质量的提升。从劳动力整体层面看，劳动力社会再生产规模扩大和质量提升，有赖于物质资料扩大再生产和生产技术、技能的不断积累、传承和发展。同样，生产资料，尤其是劳动资料的进步也是人们在实践中不断进行经验积累、创造的过程。马克思把劳动资料分为两类，即机械性劳动资料，被称为生产的骨骼系统和肌肉系统，以及充当劳动对象的容器，如罐、管、桶、篮，被称为生产的脉管系统。"劳动资料不仅是人类劳动力发展的测量器，而且是劳动借以进行的社会关系的指示器。""各种经济时代的区别，不在于生产什么，而在于怎样生产，用什么劳动资料生产。"其中，机械性的劳动资料比只是充当劳动对象的容器资料"更能显示一个社会生产时代的具有决定意义的特征。后者只是在化学工业上才起着重要作用"。① 水推磨产生的是封建社会，蒸汽机产生的是资本主义。恩格斯在《家族、私有制和国家的起源》中借鉴路·亨·摩尔根将人类社会划分为蒙昧时代、野蛮时代和文明时代的方法，从人与自然界关系的角度进行了重新归纳："蒙昧时代是以获取现成的天然产物为主的时期，人工产品主要是用作获取天然产物的辅助工具。野蛮时代是学会畜牧和农耕的时期，是学会靠人的活动来增加天然产物生产的方法的时期。文明时代是学会对天然产物进一步加工的时期，是真正的工业和艺术的时期。"② 另外，生产资料发挥作用过程中的可分割性，例如，农业中土地的可分割性与工业中机器设备的不可分割性，也是影响劳动者行为及其效率的重要技术因素。另一方面，从由生产技术条件决定的社会条件及其变化角度看，劳动力与生产资料的结合过程总是在一定的社会条件制约下进行的，生产的社会条件是人们在物质生产过程中形成的不以人的意志为转移的社会物质关系，是全部社会关系的基础。生产关系是社会生产的前提，只有生产关系才能把生产力中人和物的要素结合起来，使生产力由可能变为现实。在全部社会关系中，生产关系是构成社会生产活动的最基本、最重要的社会条件。这里的生产关系包括生产过程中的协作与分工的发展程度、生产组织的类型与结构、生产过程的管理方式等。单个劳动力或生产资料技术条件无论有多好多优，但如果不按照一定的生产组织方式结合在一起，各自是无法创造财富的。从动态角度看，随着生产社会化程度不断提高，劳动分工将会越来越精细，劳动的组织性将会越来越提高，劳动力利用生产资料的能力会不断得到提升。

在生产形式层面，包括劳动技术组合方式及其由此决定的劳动社会组合方式两个方面。一方面，从劳动技术组合方式及其变化角度看，包括生产中劳动力数量与生产资料数量配置关系或技术构成，在劳动手段上有手工的、机器的等生产方式，在劳动对象上有农业、工业和其他生产部门的生产方式，在劳动主体上有个体的、简单协作的、以分工为基础的复杂协作的生产方式。另一方面，从劳动社会组合方式及其变化角度看，在劳动的普遍形态上可分为自给式生产方式、商品生产方式和直接社会化生产方

① 马克思恩格斯文集：第5卷 [M]. 北京：人民出版社，2009：210-211.
② 马克思恩格斯文集：第4卷 [M]. 北京：人民出版社，2009：38.

式，在劳动的特殊形态上可分为原始公社型生产方式、封建生产方式、资本主义生产方式、作为共产主义低级阶段的社会主义生产方式和未来高级阶段的共产主义生产方式。其中，资本主义生产方式是资本家消费劳动的过程，其典型特征是工人在资本家或者其代理人统一指挥、监督下使用资本家的生产资料生产归属资本家的财富。在社会主义市场经济条件下，与公有制为主体的多种所有制结构相适应，生产方式也呈现多元化特征，包括：国有经济中劳动者在企业统一指挥下使用属于全民的生产资料创造全民共有的财富并按劳取酬的生产方式；农村集体经济中劳动者在自我或家庭指挥下使用集体所有、家庭承包的土地实现集体和家庭利益的生产方式；个体经济中劳动者在自我指挥下使用个人或家庭私有的生产资料实现个人或家庭利益的生产方式；在私营经济和外资经济中由资本或者代理人指挥使用资本所有的生产资料创造归属资本所有的财富的生产方式。

财富生产中劳动力与生产资料的各种组合关系可以参见图4-1。

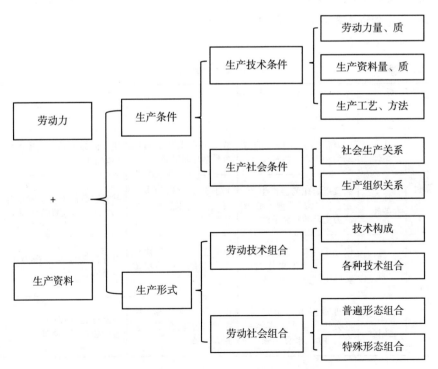

图4-1 财富生产中的劳动力与生产资料组合关系

在我国，中心城市与县域、乡村，工业领域与农业领域，生产条件的差异使得生产要素组合及其内在结构具有很大差异，由此产生不同的经济效率和社会效应，是引致城乡之间、工农之间发展差距的主要因素。

三、中心城市与县域要素组合比较

西方发达资本主义国家在经历 200 多年的城乡对立和冲突后，已经基本实现了城乡一体化。我国目前还存在着较为典型的城乡二元结构，即中心城市以现代部门为主体，而乡村则以传统部门为主体。进一步细分，实际上是中心城市以现代化部门为主体，县域城镇是现代化部门与传统部门并存，乡村以传统部门为主体。从生产要素配置角度看，这种"现代"与"传统"的差距，撇开两者由于生产的使用价值差异引起的生产方式上的自然差异，从可比性角度分析，不仅体现在生产条件层面技术条件上要素现代或先进程度、社会条件上要素组合组织化程度等方面的差距，而且还体现在生产形式中劳动技术组合上生产的协作程度、劳动社会组合上生产的商品化和资本黏合程度等方面的差距（见表 4-1）。

表 4-1　　　　　　　　中心城市与县域要素组合比较

		中心城市	县域	
			城镇	乡村
生产条件	技术条件	主要依靠更高质量的劳动力和生产资料投入	劳动力和生产资料的数量与质量并重	主要依靠劳动力、生产资料数量投入
	社会条件	高度组织化的协作生产，企业家及其管理、监督成为生产的社会条件	基于分工协作的小规模生产，以企业主管理为主	基于家庭内部分工和协作的生产，以家庭管理为主
生产形式	劳动技术组合	以分工为基础的复杂协作生产，产生集体力或特殊生产力	以分工为基础的协作生产，有一定的集体力	以分散的家庭生产为主，主要依靠个体生产力
	劳动社会组合	高度商品化、市场化、社会化大生产；资本黏合程度高、扩张力强	市场化程度较高，资本有一定黏合度和扩张力	商品化程度较低，资本黏合度和扩张力极低

在生产条件的技术条件层面，在当下中国社会，中心城市是区域政

治、经济、文化、信息的中心，是现代生产要素的聚集地，也是众多先进、高质量生产要素的发源地，在生产技术条件上典型的是以机器生产为主，而且正在向智能化、数字化方向发展。相对而言，县域尤其是乡村则是传统生产要素的聚集地，在生产技术条件上则以劳动力为主。单纯从劳动力条件来说，中心城市与县域尤其是乡村之间的劳动力质量差距呈现不断拉大的趋势，越来越成为制约我国县域经济、乡村经济社会发展的主要因素之一。在新中国成立以后，尤其是从高度集中的计划经济体制形成到1978年改革开放之初，城乡分割的户籍制度和城乡人口流动政策，使中心城市和县域生产要素的流动受到限制，生产要素在城乡系统内部保持内生性。改革开放以来，市场化程度不断提升和城市化发展，加速了中心城市以资本为代表的生产要素向县域城镇产业园区的转移，为其发展提供了新动力。但同时，随着城乡户籍制度和人口流动政策管制的放松，市场化和城市化极化效应相结合，使县域、乡村劳动力群体出现分化，加速了高素质劳动力向中心城市的流动。县域生产要素流入与流出对象的不对称性改变了其生产要素结构。但从总体看，没有改变城乡二元结构中传统一极的根本特征。从劳动力质量角度看，一定程度上还拉大了城乡之间劳动力质量差距。随着一大批青壮年劳动力流入中心城市，留守在欠发达和不发达地区乡村的基本上是老人、妇女和儿童。

在生产条件的社会条件层面，中心城市的生产活动是建立在分工和高度协作基础上的社会化大生产，是一种有完整组织结构和现代管理体系的生产。这种生产是一种团队劳动，是由企业家统一指挥、管理的劳动。与中心城市有所不同，尽管县域、城镇的工业生产已经具有与中心城市生产类似的特点，但社会化分工和协作程度较低、生产规模较小，多数企业所有者与经营管理的角色还没有分离，企业的现代化程度还不高。更为突出的是，在县域农业生产中，现行体制下以家庭分散经营为主，生产以家族内部成员的简单分工和协作为基础，农民或家庭的利益与自身的努力程度、劳动效率直接挂钩，管理职能还未与劳动职能分离，监督也没有成为生产的社会条件。"因为农民所有者（北方的）得到他的土地的全部产品，所以用不着其他的劳动刺激。在这里完全不需要监督。"①

---

① 马克思恩格斯文集：第5卷［M］．北京：人民出版社，2009：385.

在生产形式的劳动技术组合层面,中心城市与县域之间在劳动联系方式上大不一样。中心城市生产中的劳动是建立在复杂协作基础的劳动,是一种结合劳动,这种结合劳动产生了较高的集体力和特殊生产力。马克思说:"单个劳动者的力量的机械总和,与许多人手共同完成同一不可分割的操作(例如举重、转绞车、消除道路上的障碍物等)所发挥的社会力量有本质的差别……这里的问题不仅是通过协作提高了个人生产力,而且是创造了一种生产力,这种生产力本身必然是集体力。"① 协作会引起劳动者的竞争心和特有的精力振奋并由此提高个人工作效率,可以使每个人的劳动成为总劳动的一部分,可以把不同的操作分给不同的人,可以在紧急时期短时间内动用大量劳动,可以使劳动的作用范围扩大的同时缩小空间范围并由此集聚生产资料和节省非生产费用,因此,协作创造了一种特殊生产力,这种结合工作日的特殊生产力都是社会的劳动生产力或社会劳动的生产力。这种生产力是由协作本身产生的,劳动者在有计划地同别人共同工作中,摆脱了他的个人局限,并发挥出他的种属能力。② 在县域,城镇的生产活动具有了结合劳动的特点,尽管人们协作劳动的规模、程度都低于中心城市,但协作劳动创造了集体力或特殊生产力,提高了劳动生产效率。然而,在县域农业生产活动中,以分散的家庭或农户为基本生产单位的组织形式,尽管可以极大地激发劳动者个体的积极性、主动性和创造性,但这种组织形式缺少组织性,很难创造出集体力或特殊生产力。

在生产形式的劳动社会组合层面,中心城市与县域生产的差距主要体现在商品化程度和资本黏合程度上的差距。经过40多年的改革开放,我国中心城市生产在劳动社会组合上实现了由行政指令下的计划配置、联合劳动向商品化、市场化生产活动的转向。市场的决定性作用不仅体现在非公有制经济中,而且在国有经济中得到体现。即使是在国有独资企业,劳动力、生产资料配置及其两者的结合也都尽可能地引入市场机制,国有资产的资本化程度不断提高。尽管包括国有资本和集体资本在内的公有资本与社会资本在生产目的上存在差异,即公有资本注重经济效益与社会效益的

---

① 马克思恩格斯文集:第5卷 [M]. 北京:人民出版社,2009:378.
② 马克思恩格斯文集:第5卷 [M]. 北京:人民出版社,2009:382.

结合，而社会资本更多地追求经济利益最大化，但它们在黏合劳动力和生产资料方面所发挥的作用具有相似性，即都可以通过黏合其他生产要素而获得巨大的扩张力。资本规模越大，其扩张力越强。在县域，城镇的生产活动大多已经实现了市场化。与中心城市相比，这里的非公有制经济占比更高，劳动的社会组合绝大多数以市场为纽带，同时带有中国熟人社会的显著特征，即本地企业更多地使用本地人或老乡推荐老乡到本企业就业。但是，由于城镇民营资本规模较小，所以，其黏合力和扩张力一般弱于中心城市。在乡村农业生产活动中，土地承包制下的劳动社会组合以家庭内部成员的劳动联合为主体，专业合作社和村级组织纽带作用为补充。与传统体制时期相比，这种劳动社会组合的商品化、市场化程度有所提高，但由于社会资本进入农业生产领域有比较严格的准入限制，而且绝大多数专业合作社和村级组织的集体资本规模有限，因此，这里的劳动社会组合仍然保持着较为传统的劳动之间、劳动与土地之间机械性结合的特征。尽管社会资本、集体资本有所作用，但总体上还没有产生化合作用，资本的黏合力和扩张力极为有限。

我国县域、乡村与中心城市之间的发展差距，在很大程度上源于县域、乡村生产要素结构的固化。传统生产要素占主体，而且这些要素缺乏有效的组织、黏合，特别是，无论是与西方发达国家的农业相比较，还是与我国中心城市的现代工业相比，我国农业生产效率相对较低，其原因不只是技术条件层面的基本生产要素质量不高、派生生产要素数量不足和利用效率不高，还与生产形式层面缺乏协作生产的集体力、资本的黏合力和扩张力有关。因此，结合我国县域、乡村实际，需要通过中心城市派生性要素的嵌入及其内源化，才能有效赋能县域经济发展和城乡现代化。

第二节　资 本 嵌 入

在社会主义市场经济下，资本是各种生产要素中最活跃的要素，既能产生巨大的黏合力和扩张力，又有两极分化效应。县域经济发展尤其是农业农村发展，既需要利用资本，又不能完全依赖资本。因此，中心城市社会资本嵌入县域，既需要激励，又是有条件、有边界的。

一、资本生产力

对于县域尤其是农业农村领域引入资本要素，中国经济学界和实践部门的认识不一。有人将之作为天然的生产要素，也有人将其看作洪水猛兽。这种认识上的差距，既有各自所持立场的不同，更多的是看待问题的角度差异，即是从生产力发展角度还是从生产关系或利益矛盾角度看问题。毫无疑问，只是从某一角度看问题，会失之偏颇。

根据马克思的观点，如果从劳动过程一般来看，资本并不是必然的生产要素。只有从价值增值过程角度看，也就是说，只有在商品经济条件下，特别是商品经济发展到它的高级阶段——资本主义市场经济时，资本才成为不可或缺的生产要素。在市场经济下，生产要素属于不同的所有者，只有资本才能黏合各种生产要素并入生产过程。其中，用于购买生产资料的资本是不变资本，而用于购买劳动的资本是可变资本。"资本的这两个组成部分，从劳动过程的角度看，是作为客观因素和主观因素，作为生产资料和劳动力相区别的；从价值增值过程的角度看，则是作为不变资本和可变资本相区别的。"① 没有资本的黏合，劳动力、生产资料在各自的所有者那里是不可能生产出任何使用价值的，更不可能创造出价值并实现价值增值。

从生产力角度分析，资本的黏合不只是物理作用，而且会产生化合作用。在资本黏合前，各种生产要素都有不同的生产力，如劳动生产力、各种自然条件的生产力、各种生产工具的生产力等。在资本黏合后，不仅这些生产要素是资本的，而且这些生产要素的生产力也属于资本。其中，劳动生产力就转化为资本生产力，即在资本购买后，成为一种由资本统一指挥、在每个固定工作岗位协作开展专门化生产的活动，一种比个体劳动、分散劳动具有更高效率的劳动。劳动的一切力量都显现为资本的力量，② 同历史地发展起来的社会劳动生产力一样，受自然制约的劳动生产力也表现为合并劳动的资本的生产力。③ 同样，技术生产力也转化为资本的生产

---

① 马克思恩格斯文集：第 5 卷 [M]. 北京：人民出版社，2009：243.
② 马克思恩格斯文集：第 5 卷 [M]. 北京：人民出版社，2009：701.
③ 马克思恩格斯文集：第 5 卷 [M]. 北京：人民出版社，2009：589.

力，能使资本具有更高的生产力。"科学和技术使执行职能的资本具有一种不以它的一定量为转移的扩张能力。同时，这种扩张能力对原资本中已进入更新阶段的那一部分也发生反作用。资本以新的形式无代价地合并了在它的旧形式背后所实现的社会进步。"① 资本之所以具有这种扩张能力，主要是因为，不变资本中固定组成部分主要由机器等劳动手段构成，这部分固定资本物质更新时，旧机器就会被效率更高、价格更低的机器所取代；而不变资本中流动部分是由原材料构成的，技术进步不仅会使它们得到更有效、更充分的利用，而且还会使生产的废料得到综合利用，在不需要增加投资的情况下就能在物质方面将生产规模扩大。由此可见，资本所起的作用不只是将分散在所有者手中的生产要素黏合、合并投入生产过程，更关键的是使这些生产要素产生化学反应，从而创造出更高的生产力。也正是在这个意义上，马克思、恩格斯都一致认为，资本具有"伟大的文明作用"，资本主义社会与它之前的社会相比具有巨大的历史进步性。我们强调资本嵌入，正是要利用资本生产力，利用资本在社会进步中的文明作用。

但是，从生产关系角度分析，逐利是资本的本性。各种要素的生产力表现为资本生产力的最终成果属于资本，则是资本发挥黏合作用的前提。然而，资本的这一内在动力与竞争规律的外在压力相结合，在不断提升资本扩张力的同时，又会暴露其冷血性、残酷性，极易引发劳资矛盾与对立，导致社会两极分化。资本主义资本积累规律就体现为，财富积累越来越集中于少数人，而相对贫困甚至绝对贫困的队伍越来越庞大。所以，在社会主义市场经济下，我们既要利用好资本的文明作用，又要避免其消极后果，在实践中解决好这一两难选择问题。

二、资本功能差异

解决资本利用中的两难选择，首先需要讨论资本异质性问题。在经济学分析中，人们通常将资本看作是同质的，似乎资本之间只存在数量差别。事实上，无论是在资本主义经济中，还是在社会主义市场经济下，现实中不同类型的资本——社会资本和国有资本，其功能、行为方式存在很

---

① 马克思恩格斯文集：第5卷［M］. 北京：人民出版社，2009：699.

大差异。

学术界对社会资本的理解是复杂多样的，不同学科有不同的定义。首先，这里的社会资本不是社会学意义上的概念，即个体或团体之间的关联——社会网络、互惠性规范和由此产生的信任，或者人们在社会结构中所处的位置给他们带来的资源。其次，在经济学意义上，马克思对社会资本有两种解释：一是指相互联系、相互制约的所有各个个别资本的总和，又称社会总资本。这是一种纯粹的理论抽象、归纳。二是指与私人资本相对立的以社会化生产为基础且以生产要素社会集中为前提的资本。"那种本身建立在社会生产方式的基础上并以生产资料和劳动力的社会集中为前提的资本，在这里直接取得了社会资本（即那些直接联合起来的个人的资本）的形式，而与私人资本相对立，并且它的企业也表现为社会企业，而与私人企业相对立。"① 在这里，股份公司和国有企业的资本是典型的社会资本形式，是一种广义的社会资本。狭义上的社会资本是从广义社会资本中撤除国有资本，或者仅指股份公司资本。我们所说的社会资本正是狭义上的社会资本，与我国有关政策中的定义保持一致。2014 年财政部印发的《政府和社会资本合作模式操作指南（试行）的通知》第一章第二条指出："社会资本是指已建立现代企业制度的境内外企业法人，但不包括本级政府所属融资平台公司及其他控股国有企业。"

在社会主义市场经济下，狭义的社会资本，即股份公司资本或建立现代企业制度的境内外企业法人资本，主要以利润最大化为主要目标，在竞争性领域发挥作用。在经济利益驱动下，这种资本对其他生产要素具有强大的黏性，具有将其他生产要素生产力转化为自身生产力的功能，由此推进生产力发展。同样，这种资本在逐利过程中，也会引发不同利益主体之间的尖锐矛盾与冲突，引致贫富差距和两极分化。

国有资本则不同，其既具有国有资产保值增值的使命或"盈利性使命"，但又必须体现政府意志或政策意图，发挥引导、调节功能，以实现社会共同利益的使命或"公益性使命"。新中国成立 70 多年来，这两种使命是并存的，有时还是浑浊的，影响了国有企业市场活力的发挥。2015 年以来，为了有针对性地推进国有企业改革，根据《中共中央 国务院关于

---

① 马克思恩格斯：第 7 卷［M］. 北京：人民出版社，2009：494 – 495.

深化国有企业改革的指导意见》的有关要求，国务院国有资产监督管理委员会、财政部、国家发展和改革委员会联合印发了《关于国有企业功能界定与分类的指导意见》。这一意见立足国有资本的战略定位和发展目标，结合不同国有企业在经济社会发展中的作用、现状和需要，根据主营业务和核心业务范围，首次明确地将国有企业界定为商业类和公益类，并对不同类型的国有企业的行为目标进行了界定，其中指出，"商业类国有企业以增强国有经济活力、放大国有资本功能、实现国有资产保值增值为主要目标，按照市场化要求实行商业化运作，依法独立自主开展生产经营活动，实现优胜劣汰、有序进退。其中，主业处于关系国家安全、国民经济命脉的重要行业和关键领域、主要承担重大专项任务的商业类国有企业，要以保障国家安全和国民经济运行为目标，重点发展前瞻性战略性产业，实现经济效益、社会效益与安全效益的有机统一"；"公益类国有企业以保障民生、服务社会、提供公共产品和服务为主要目标，必要的产品或服务价格可以由政府调控；要积极引入市场机制，不断提高公共服务效率和能力。"由此，代表商业类国有企业发挥作用的资本和代表公益类国有企业发挥作用的资本，就有了不同的定位、目标和功能。前者以国有资产保值增值为主要目标并按市场化要求进行商业化运作，其中，在事关国家安全、国民经济命脉和承担国家重大专项领域的商业类国有资本则需要将经济效益、社会效益和安全效益结合起来；而公益类国有资本则以社会效益——保障民生、服务社会、提供公共产品和服务为主要目标。

根据不同资本的功能定位，狭义的社会资本、商业类国有资本和公益类国有资本大致的活动空间逐步清晰起来，分别为竞争性领域、具有战略性前瞻性的竞争性领域，以及提供公共产品与服务的领域。当然，这也并不意味着特定领域其他资本不能进入。对于资本介入特定领域的具体范围、程度，需要具体问题具体分析。

三、社会资本嵌入区间

在中心城市资本嵌入县域、乡村实践中，狭义的社会资本既包括境内社会资本，又包括外商投资资本或外资。尤其是外资，不仅具有一般资本所具有的极化效应，而且还涉及产业安全、文化安全和国家安全等。因此，需要针对不同类型资本的特点，通过清单制度，划定资本活动的区间或范围，从而在制度层面既促进资本在功能区间最大限度地发挥有效配置资源的作用，又弱化其有可能产生的负效应。从国际惯例看，大多数市场经济国家或地区实行的是负面清单管理，少数实施正面清单管理。选择正面清单还是负面清单管理，是由一个国家或地区的国情，特别是经济管理体制和特定行业或领域的发展实际决定的。

改革开放以来，随着我国非公有经济的发展和对外资开放程度的提高，社会资本规模越来越大，规范其准入行为越来越重要。从 1978 年到 2013 年中国（上海）自由贸易试验区推出负面清单管理以前，我国对社会资本的管理均以正面清单管理为主导，包括行政审批事项清单、政府核准的投资项目目录、产业结构调整指导目录、外商投资产业指导目录等具体形式。其中，对外资投资领域的管理，自改革开放之初就已经开始。1979年 7 月出台的《中外合资经营企业法》是我国第一部外资利用的法律文件，也是随后十多年外资利用实践的主要政策依据。1995 年 6 月国家计划委员会、国家经济贸易委员会、对外贸易经济合作部发布的《指导外商投资方向暂行规定》和《外商投资产业指导目录》，首次对外商投资的方向进行了具体规定。这份被称为"正面清单"的目录，规定了外商投资四大类，包括鼓励类、允许类、限制类和禁止类，是我国指导外商投资的主要文件。其中，鼓励类即鼓励外商投资，有政策优惠，目的是通过利用外资吸引技术和人才等先进生产要素；限制类主要限定合资合作领域、方式、期限等；禁止类即禁止外商投资，意在保护民族企业、本国经济或关系国计民生、国家经济命脉、敏感领域等。这份目录自发布以来，先后经过 7次修改。2002 年，根据我国加入 WTO 的实际和有关承诺，出台了新的《指导外商投资方向规定》，对《外商投资产业指导目录》进行了重大调整。但总体而言，1979～2002 年，我国在外资利用管理沿用了正面清单管理方式。此外，随着对外资准入管理经验的积累，为了科学引导各类资本投资方向，提高政府管理投资项目科学化水平，精准制定和实施财税、信贷、土地、进出口等政策，我国 2005 年出台了《国务院关于发布实施〈促进产业结构调整暂行规定〉的决定》，颁布了首个《产业结构调整指导目录（2005 年本）》，成为各类资本准入的重要依据。这一目录与 1995 年出台的《外商投资产业指导目录》相类似，由鼓励、限制和淘汰三类组成，不属于以上三类且符合国家有关法律、法规和政策规定的为允许类，不列入目录。从《产业结构调整指导目录（2005 年本）》到《产业结构调整指导目录（2019 年本）》，在 2011 年和 2013 年，对目录进行了两次重大修订和修正。但整体看，没有改变正面清单管理的性质。

2013 年中国（上海）自由贸易试验区的负面清单管理实践，为国家推行负面清单管理积累了经验。经过近两年的试点和经验总结，国务院于 2015 年 10 月发布了《国务院关于实行市场准入负面清单制度的意见》（以下简称《意见》）。这是全国首部有关负面清单的法规性文件，由此开启了我国各类资本投资管理进入负面清单管理为主导的新时期。根据这一文件精神，我国的负面清单主要包括市场准入负面清单和外商投资负面清单。

市场准入负面清单，是国务院以清单方式明确列出在中华人民共和国境内禁止和限制投资经营的行业、领域、业务等，各级政府依法采取相应管理措施的一系列制度安排，在负面清单以外的行业、领域、业务等，各类市场主体皆可依法平等进入。市场准入负面清单是适用于境内外投资者的一致性管理措施，是对各类市场主体市场准入管理的统一要求。在《意见》发布的同时，还出台了《关于开展市场准入负面清单制度改革试点的工作方案》。2016 年，国家发改委、商务部印发《市场准入负面清单草案（试点版）》并在天津、上海、福建、广东等地开展试点工作，2017 年则将试点范围扩大到 15 个省市。在认真总结试点经验的基础上，形成了《市场准入负面清单（2018 年版）》，成为第一部在全国层面实施的市场准入负面清单。这一清单充分考虑到了与正面清单管理时期相关法规、政策的衔接，主体包括"禁止准入类"和"许可准入类"两大类。其中，禁止准入类 4 项、许可准入类 147 项，共计 581 条具体管理措施。禁止准入类 4 个事项，即法律法规明确设立的与市场准入相关的禁止性规定，《产业结构调整指导目录》中禁止投资和禁止新建的项目，禁止违规开展金融相关经营活动，禁止违规开展互联网相关经营活动，并明确以上事项，市场主体不得进入，行政机关不予审批；许可准入类事项共 147 项，包括国民经济行业 128 个事项，《政府核准的投资项目目录》10 个事项，《互联网市场准入禁止许可目录》6 个事项，信用惩戒等其他 3 个事项，并明确此类事项，由市场主体提出申请，行政机关依法依规作出是否予以准入的决定，或由市场主体依照政府规定的准入条件和准入方式合规进入。市场准入负面清单制度，对于发挥市场在资源配置中的决定性作用，激发市场主体活力，加强政府事中事后监管，推动相关审批体制、投资体制、监管机制、社会信用体系和激励惩戒机制的改革，推进国家治理体系和治理能力现代化，产生了重大而深刻的影响。

外商投资负面清单，是国家规定在特定领域对外商投资实施的准入特别管理措施，适用于境外投资者在华投资经营行为，国家对负面清单之外的外商投资给予国民待遇。在《意见》发布后，2016年9月修订了《中华人民共和国外资企业法》，将不涉及国家规定实施准入特别管理措施的外商投资企业和台胞投资企业的设立和变更，由审批改为备案管理。同一年，《外商投资产业指导目录》进行了第6次修订，目录的结构设置发生了重大变化，将过去鼓励类项目中有股比要求的一些条目，以及限制类和禁止类这三类，统一整合成了外商投资的准入特别管理措施，外商投资准入的负面清单初见雏形。在2017年《外商投资产业指导目录》中，正式提出了外商投资准入负面清单。2018年，外商投资准入负面清单从过去的《外商投资产业指导目录》中独立出来，正式出台了《外商投资准入特别管理措施（负面清单）（2018年版）》。2019年，两部门进一步将原来的《外商投资产业指导目录》细分为两个部分，即《鼓励外商投资产业目录（2019年版）》和《外商投资准入特别管理措施（负面清单）(2019年版)》。由此，我国外资管理正式由正面清单转向负面清单管理。

目前，中心城市社会资本嵌入县域，无论是境内社会资本还是外资，总体上都逐步转向负面清单管理轨道。理论上，负面清单规定了社会资本禁止、限制进入的范围，在负面清单外社会资本都可以进入，但允许社会资本进入并不等于自由进入，必须以遵循相关行业、领域、业务的法律、法规为前提。比较而言，社会资本进入县域非农领域，其活动空间相对较宽、自由流动性更强，而进入农业农村领域则约束性较大。一方面，农业与其他非农产业最大的不同是，土地是第一生产要素，具有不可替代性，而在现行土地法律制度下，社会资本自由进入的空间较窄。根据2009年修订的《中华人民共和国农村土地承包法》，农村土地承包后，土地的所有权性质不变，承包地不得买卖。尽管农户在取得土地权后可以依法采取转包、出租、互换、转让或者其他方式流转，但在同等条件下，本集体经济组织成员享有优先权。如果发包方将农村土地发包给本集体经济组织以外的单位或者个人承包，应当事先经本集体经济组织成员的村民会议三分之二以上成员或者三分之二以上村民代表的同意，并报乡（镇）人民政府批准。这些制度规定使得社会资本进入农业领域，交易费用很大。另一方面，我国农业领域发展基础相对薄弱，农业生产效率和发展水平不高，而农业又属于基础性、战略性产业，既事关农民基本生活的保障，更涉及社会稳定和国家安全，在开放过程中还需要特别保护。确实，如果纯粹从技术角度看问题，依靠资本和技术等生产要素来发展中国农业，也许能够创造出比现有生产条件更高的生产效率，农业规模化、产业化的进程会更快。但问题是，即使我国的城镇化率达到了 70%，农村仍然有 4 亿～5 亿农民，如果任由资本在农业农村发挥作用，则必然会排斥大量非自愿离开土地的农民，尤其是那些缺乏从事非农生产经营能力的农民，以及逐步丧失劳动能力但依靠土地尚能维持基本生活的农民，而中心城市又无法吸纳全部失地农民，地方财政也难以完全承担失地农民的社会保障，这就必然会产生大量的无业游民，引发社会不稳定甚至动荡。这正是西方资本主义国家用工业化（实质上是借助资本力量）改造传统农业的深刻教训。因此，基于中国国情，在坚持土地承包经营制度保持不变前提下向社会资本开放农业农村领域的活动空间，是中国式农业农村现代化的内在要求。

　　进入 21 世纪以来，我国农业农村领域社会资本利用政策充分体现了渐进式的特征。2001 年 12 月中央 18 号文件《关于做好农户承包地使用权流转工作的通知》中提出："工商企业投资开发农业，应当主要从事产前、产后服务和'四荒'资源开发，采取公司加农户和订单农业的方式，带动农户发展产业化经营。""中央不提倡工商企业长时间、大面积租赁和经营农户承包地，地方也不要动员和组织城镇居民到农村租赁农户承包地。"2003 年以后，中共中央、国务院连续出台支持"三农"发展的中央一号文件和相关政策意见，政府加大了对农业的财政投入，同时放宽了社会资本准入农业领域的范围。2004 年中央一号文件提出"鼓励和引导各种社会资本投向农业和农村"。2005 年中央一号文件提出"鼓励社会资本积极投资开发农业和建设农村基础设施"。2006 年中央一号文件提出"鼓励在县域内设立多种所有制的社区金融机构，允许私有资本、外资等参股"。2007

年中央一号文件提出"不断开辟新的农业投入渠道,逐步形成农民积极筹资投劳、政府持续加大投入、社会力量广泛参与的多元化投入机制"。2008 年中央一号文件提出"引导和鼓励社会力量投入农村文化建设"。2010 年 5 月出台的《国务院关于鼓励和引导民间投资健康发展的若干意见》,强调要"吸引民间资本投资建设农田水利、跨流域调水、水资源综合利用、水土保持等水利项目""积极引导民间资本通过招标投标形式参与土地整理、复垦等工程建设"。2011 年中央一号文件提出"广泛吸引社会资金投资水利"。2012 年中央一号文件指出"加大村级公益事业建设一事一议财政奖补力度,积极引导农民和社会资金投入'三农'",2013 年中央一号文件指出:"支持社会资本参与建立新型农村金融机构",2014 年中央一号文件进一步强调"充分发挥财政资金引导作用,通过贴息、奖励、风险补偿、税费减免等措施,带动金融和社会资金更多投入农业农村"。2017 年 6 月由财政部、农业部出台的《关于深入推进农业领域政府和社会资本合作的实施意见》,从深化农业供给侧结构性改革,引导社会资本积极参与农业领域政府和社会资本合作(PPP)项目投资、建设、运营,改善农业农村公共服务供给的目标出发,在农业绿色发展、高标准农田建设、现代农业产业园、田园综合体、农产品物流与交易平台,以及"互联网 +"现代农业等六个领域,明确了引导和鼓励社会资本参与农业领域投资的主要范围。2020 年 4 月,为引导社会资本有序投入农业农村,加快形成乡村振兴多元投入格局,推动补上"三农"领域短板,助力农业农村经济转型升级,农业农村部出台了《社会资本投资农业农村指引》,从现代种养业、现代种业、乡土特色产业、农产品加工流通业、乡村新型服务业、生态循环农业、农业科技创新、农业农村人才培养、农业农村基础设施建设、数字乡村建设、农村创新创业和农村人居环境整治 12 个方面,界定了社会资本准入的具体领域,是目前社会资本准入农业农村领域最全面、系统和权威的清单,是中心城市社会资本嵌入农业农村领域的行动指南。

四、资本有效赋能的制度

在社会主义市场经济下,中心城市社会资本嵌入县域经济发展动力结构,尤其是嵌入农业农村发展动力结构,面临着不能依赖资本但又离不开资本的两难选择。一方面，中国社会主义公有制度、农村人口规模巨大等国情和资本主义改造传统农业中剥夺农民和摧毁农村的教训，都决定了我们不能依赖资本来解决农业农村问题。另一方面，社会主义市场经济下发挥市场在资源配置中的决定性作用，又决定了我国农业农村现代化又不能离开资本，尤其是不能排斥资本在提高生产力中独特的黏合和扩张作用。40 多年的改革开放实践证明，为社会资本设定活动边界是解决"不能依赖"问题的可行选择，即在社会资本投资进入负面清单管理的背景下，利用负面清单设定禁止准入区间、限制准入区间或许可准入区间，利用法律制度规定社会资本允许准入区间的条件和程序，能够最大限度地避免其逐利性所引致的劳资矛盾和社会矛盾。

促进县域经济发展并推进城乡融合、一体化发展，社会资本准入和解决农业农村对社会资本的"不能依赖"只是问题的一个方面，而市场化背景下另一个更为关键的问题是，在社会资本允许准入的产业、领域和业务领域，如何吸引更多的社会资本并充分发挥其积极功能？也就是解决县域经济发展中"离不开"资本的问题。40 多年改革开放，全社会总体上经历了社会资本严重短缺到逐步宽余的过程，但社会资本在地区、产业、领域间的分布是不平衡的。其中，县域经济尤其是农业农村领域还存在着社会资本需求巨大而县域内部供给不足、县域外部资本进入欲望不强的矛盾。县域内部供给不足主要是由自身发展基础相对薄弱、城乡分割且城市优先、工业优先体制等导致的积累不足引起的，县域外部资本进入欲望不强则大多与县域基础设施条件相对落后、距离市场较远、规模经济性不够、农业农村投资回收期较长等有关。尽管县域也有劳动力、土地等要素成本相对较低的优势，但很多情况下还不足以弥补其劣势。所以，如何有效激励县域外部社会资本的投入，是一个非常棘手的问题。

从我国现行的政策体系看，激励社会资本嵌入的政策主要包括三类。

第一类，在转向负面清单管理背景下，投入所有区域（包括县域）都起作用的鼓励政策。在《产业结构调整指导目录》和《外商投资产业指导目录》作为正面清单发挥作用的时期，就设置了鼓励类项目，属于国家引导的产业、领域、业务且享受国家相关政策优惠。在《市场准入负面清单（2018 年版）》和《外商投资准入特别管理措施（负面清单）（2018 年版）》发布后，国家在 2019 年后继续发布《产业结构调整指导目录（2019

年本)》并新发布了《鼓励外商投资产业目录》。这两个目录的性质已经发生了变化，不再具有正面清单性质，主要通过提供优惠政策支持，指导或引导各类资本适应高质量发展的要求，调整产品、产业结构，推进技术创新或技术替代，实施创新驱动和绿色发展。第一类政策产业指向性非常明确，但除了农村领域外，区域指向性不一定是县域。

第二类，主要指向县域特定领域的政策，涉及鼓励社会资本投入农业农村领域的政策。其中，最具有代表性的是2020年4月农业农村部出台的《社会资本投资农业农村指引》。

第三类，县域出台的吸引社会资本政策，即招商引资政策，主要涉及县域可支配或具有决定权的税费、土地等政策优惠，以及其他优质公共服务。在分税制背景下，县域招商引资政策的重点主要在非农领域。

这三类激励政策都是非常重要的，但对县域来说大多还是局部的，没有形成完整的激励体系。特别是，由于县域本身可支配的财力有限，加上国家对土地、县级政府发行债券等权限的严控，县域激励社会资本投入的政策空间非常有限。因此，需要从省级甚至国家层面建设、完善中心城市带动县域、支持农业农村发展的激励机制体系。

激励社会资本需要把握其本性——逐利性，遵循等量资本等量期限获取等量利润规律。与中心城市的投资相比，县域吸引社会资本的优势是劳动力、土地成本较低，而劣势则是基础设施条件相对薄弱、距离市场较远、区位条件不佳等。这些优劣势比较，影响着社会资本投资的空间选择。从县域的劣势看，最主要的是基础设施条件，其中的交通基础设施又改变着空间距离，改变着区位条件。因此，从根本上看，激励社会资本投向县域，有赖于城乡一体化基础设施规划与建设，尤其是交通设施条件建设。在新科技革命新经济背景下，促进新基建向县域的延伸、覆盖，是防止城乡基础设施建设差距进一步拉大和引导社会资本向县域转移的重要举措。

激励社会资本嵌入县域必须重点突破。在现行条件下，县域经济发展和现代化国家建设的薄弱环节主要在农业农村领域。在负面清单管理背景下，激励社会资本投向鼓励类、允许类农业农村项目，是今后相当长一段时间内政策的主要指向。

一是要打造社会资本投资农业农村的合作平台，为社会资本嵌入农业农村提供规划、项目信息、融资、保险、土地、建设运营等一揽子、全方位投资服务，指导项目实施机构依法通过公开、公平、竞争性方式，择优选择具备项目所需经营能力和履约能力的社会资本开展合作，消除本地保护主义和各类隐形门槛，真正营造有利于社会资本嵌入的优良环境。

二是要保障社会资本合理回报。要积极探索农业农村领域有稳定收益的公益性项目，筛选并培育适于采取 PPP 模式的乡村振兴项目，优先支持农业农村基础设施建设等有一定收益的公益性项目，根据项目特点构建合理的项目回报机制，推进农业农村公共服务领域价格改革，合理确定农业公共服务价格水平和补偿机制，建立健全价格动态调整和上下游联动机制，使社会资本投资可预期、有回报、能持续。

三是根据农业农村各投资项目的特点，科学确定投资项目合作期限。投资期限过短，社会资本就会面临投资收益缺乏保证甚至投资成本无法收回的风险，极易产生投资短期化行为或者政策红利消失后的资本"逃逸"行为。

四是科学选择社会资本投资合作方式。除了鼓励社会资本与政府合作建设农业农村公共基础平台外，需要进一步探索农村集体组织或农民合作组织与社会资本在农业产业链上的合作、农民各种专业组织与社会资本在生产环节上的合作等，努力将外源性动力内源化。

五是结合县域发展实际，推动设立政府资金引导、金融机构大力支持、社会资本广泛参与、市场化运作的乡村振兴基金。鼓励有实力的社会资本结合地方农业产业发展和投资情况规范有序设立产业投资基金。发挥引导资金撬动作用，推动农业产业整合和转型升级，加快推进乡村产业振兴。

六是需要积极探索风险分担机制。鼓励社会资本探索通过资产证券化、股权转让等方式，盘活项目存量资产，丰富资本进入退出渠道。引导和鼓励保险机构从全产业链为农业对外合作创新产品、优化服务，提升农业企业应对各种风险的能力。

第三节　技　术　嵌　入

技术要素是驱动经济高质量发展最重要的支撑，是第一生产力。技术生产力的发挥，又是以创新链的有效运行为前提的。中心城市技术要素嵌入县域经济发展动力结构，既有利于完善创新链和提升技术生产力，又是生产要素社会组合方式的变革，需要科学的制度设计。

一、创新链空间衔接

技术是财富生产的原始要素作用过程中的派生要素，通常以新的（或更先进的）劳动资料（或工具设备）和劳动对象（或原材料）、新产品、新工艺、新标准、新规范、新指标、新的计量方法等形式呈现。技术作为第一生产力，在企业层面上，主要体现为生产的个别劳动时间低于社会必要劳动时间，或者成本一定下收益最大；在社会或区域层面上，则体现为投入既定条件下社会财富、社会效益和生态效益更多、更优。根据马克思在《资本论》中所揭示的技术进步内在机理，微观层面企业的技术创新是在利润最大化内生动力机制和竞争规律外在压力机制共同驱动下实现的，社会技术进步则是资本之间相互竞争、资本自由流动驱动的。个别资本为获得超额利润而率先创新技术，竞争规律倒逼其他资本采取新技术，资本自由流动会使原先的创新技术在全社会推广，而个别资本所获得的超额利润被平均化，从而激发个别资本进行新一轮技术创新……如此循环往复，推动着全社会技术再创新和不断进步。

在社会层面，技术进步不仅需要技术研发、技术孵化、产业化并获得超额利润、部门内部竞争、资本自由转移和技术普及、技术再创新等环节在时间上继起，而且有赖于技术创新链在空间上相互衔接。技术创新链是科技成果从创意产生到产业化过程的链状结构，包含创新要素整合、研发创造、产业化、社会普及化四个环节。其中，创新要素整合环节，主要是培养、调动和整合人员、资金、设备、信息和知识储备等各种创新要素，建设科研创新平台，形成配套的科研创新体系；研发创造环节，在整合创新要素基础上，科研力量开展科学研究，发现新知识，形成新技术或其他科研成果；产业化环节，将研发创造环节的科研成果孵化，与新的劳动力、资金、设备、工艺、管理等要素结合，形成新兴产业或者应用于生产过程，生产出商品或服务，满足市场需求，产生经济效益；社会普及化环节，将产业化后成熟的技术成果，通过技术转让或通过政府科技普及等市场化或非市场化方式，应用于社会生产生活等领域。在以上四个环节中，创新要素整合环节是技术创新的基础，研发创造环节是技术创新成果的直接来源，产业化环节是对技术创新成果科学性、先进性、实用性和经济性的检验，而社会普及化环节是技术创新成果社会效应的实现。因此，推动全社会或区域技术进步，提高技术生产力，需要技术创新链诸环节协同。

技术创新链协同，需要空间上有机衔接。在技术进步实践中，由于技术创新链的四个环节所依赖的技术创新条件、产业化条件不一样，所以，多数情况下，技术创新链诸环节在空间上是分离的。通常情况下，技术创新越重要，技术创新要素整合环节和研发创造环节越向中心城市集中。因为，中心城市是教育中心、文化中心和信息中心，是创新要素聚集地，也是大中型企业总部的聚集地。在我国，这种地域聚集特征也十分明显。重点高校、重要科研院所、重大科技研发平台、大中型企业总部和科技创新型企业大多集中在中心城市。不仅如此，在技术创新链上，除了农业技术成果产业化环节集中在试验田、农场外，重要的非农技术产业化环节，包括技术市场、技术转移中心、科技成果孵化器等，也主要分布在中心城市。比较而言，县域尤其是乡村大多处于技术创新链的中下游——技术产业化和社会普及化。其中，县域非农领域技术进步的重点环节是技术成果应用与普及，少数涉及技术成果的孵化和产业化，而县域涉农技术进步更是集中在社会普及化环节。县域非农领域和涉农领域都处在技术进步的中下游，但非农领域技术进步主要依靠市场来推进，企业在利润规律和竞争规律共同作用下具有技术产业化的内在动力和外在压力，能够成为技术进步的推动主体之一，关键是技术成果具有适用性和产业化所带来的经济性；在涉农领域，在现行体制下，面对小规模、高度分散且市场意识相对薄弱、信息相对封闭的农户，技术创新成果的社会化普及则面临着与创新链其他环节脱钩的风险。

中心城市与县域、乡村在技术进步中所处的不同地位，决定了县域、乡村技术进步和技术生产力提升有赖于中心城市。而且，中心城市技术要素嵌入县域，需要根据县域非农领域和涉农领域在技术产业化、技术社会化普及环节的特点，通过提供有效的政府服务和政策激励，克服"堵点"，畅通技术创新链。

二、技术嵌入效应

中心城市技术要素嵌入县域经济发展动力结构，将会引致生产要素结构的复杂变化。技术要素介入劳动力、土地要素组合，既会引起劳动生产率、土地生产效率变化，也会引致县域内部社会关系调整。这些变化或调整，既有可能是正向的，也有可能是负面的。如果技术要素在资本黏合下嵌入劳动力、土地要素组合，就有可能进一步放大积极效应，同时也有可能放大极化效应。

将中心城市创新技术嵌入县域传统要素组合——"劳动 + 土地"，就是要通过技术力量，提高劳动生产率和土地生产率，实现使用价值形态的财富增长和价值形态下的收入增长，主要有两个途径。一个是间接途径，也就是通过政府或社会的科技普及和互联网、融媒体、新基建等基础设施建设，使大众更快、更多地掌握新知识、新技术、新方法，带动劳动生产效率的提高。这对全社会都是适用的，不是我们研究的重点。另一个是直接途径，即创新技术直接与县域劳动或土地结合，作用于产出效率的提高。这一途径在非农领域有可能是新的生产设备、工艺、方法和管理技术、手段的应用，也有可能是新的原材料、辅助材料的应用，或者是新的技术产品或劳务的开发应用；在农业领域，有可能是生产工具革新改造、生产方法改进和农业管理技术革新，也有可能是土地利用技术的应用，如遥感技术在农业中的应用、土地规划和整理技术，以及兴建梯田、顺坡耕种、土壤风蚀和沙漠化防治技术。技术作用于农业领域所创造的生产力，有些体现为劳动生产率的提高，有些则体现为土地利用效率的提高；有些在短期内就能见效，而有些则需要较长时间才能体现。

当然，并不是任何技术的嵌入都一定会促进生产力提高，或者短期生产力提高也并不意味着生产力的可持续提高。事实上，人类许多科学技术的应用在生产力提高的同时又破坏着劳动生产力、自然生产力。在县域非农领域。技术嵌入对自然生产力的破坏集中体现在环境污染、资源过度开发等方面。在这一领域，政府一般可以通过市场准入负面清单加以控制。在农业领域，技术对生产力产生双重影响主要体现在化肥、农药技术应用等领域。无机肥料的使用在短期内提高了产量，但随着土壤中腐殖质含量越来越少，土地生产力越来越低；农药的过度使用，确实提高了短期内土地的产出率，但对土壤生物群落和土壤环境有很大的负面影响，降低了农产品质量，会降低土地长期的自然生产力；捕捞技术大大提升了劳动效率，但过度捕捞会导致许多鱼类岌岌可危，等等。随着生活水平由追求产品数量向追求产品质量、品质、安全的转型，人们对嵌入技术的要求越来越高。在现行农业生产体制下，面对极其分散的农户，从技术需求方进行有效控制的困难较大或成本过高。因此，加强制度创新，从技术供给方的产品准入和市场监管等方面加强引导，是发挥技术正向效应的重点方向。

技术嵌入也会影响县域、乡村社会关系变革。技术创新尤其是生产方法的创新，将会使劳动者突破旧的社会分工，从繁重的体力劳动中解放出来，尤其是让农民从土地的束缚中解放出来，使劳动者有更多的自由支配时间，从而为人的全面发展创造条件。因为，在马克思主义经典作家看来，自由支配劳动时间是人的全面发展的前提条件。事实上，改革开放以来，农民经历了两次大的分化。第一次分化主要是由农业生产经营管理体制改革而使农民从土地的束缚中全部或部分解放出来，出现空间位移式和职业分化，即分化为离土又离乡的农民工、离土不离乡的兼业农民和纯农民。技术嵌入将会使农民出现再次分化，除了加剧农民空间位移式的职业分化外，同时加剧了就地农民内部的职业分化，出现了职业化农民工人、农机专业合作社技术员工、农产品网络营销员等新型农民。尽管从体制上看，他们仍然是农民，但已经不是传统意义上直接从事农业生产的农民，其物质生活和精神世界都向现代生活方式迈进了一大步。

技术嵌入对县域社会关系的影响还体现在劳动力挤出与吸引所引致的生产关系调整。[①] 在县域非农领域，技术嵌入对劳动力具有双重效应。一方面，技术嵌入对劳动力的挤出效应。在这里，依据马克思在《资本论》

---

① 本部分的具体研究参见笔者发表的成果：《资本论》中技术进步与就业关系的理论阐释 [J]. 当代经济研究，2008（8）：11-14.

中基于技术进步对劳动生产率、资本积累和资本有机构成提高的影响所揭示的"可变资本相对量递减规律",如果撇开资本主义性质,对市场经济下的我国县域也是同样适用的。在马克思看来,技术进步加速了资本有机构成提高,"一方面,在积累进程中形成的追加资本,同它自己的量比较起来,会越来越少地吸引工人。另一方面,周期地按新的构成再生产出来的旧资本,会越来越多地排斥它以前所雇用的工人"。[1] 这包含三层含义,即技术进步所引起的劳动生产力提高,表现为同量的资本可变部分所推动的生产资料越来越多,或同等资本所需要的资本的可变部分相对减少;劳动生产力提高加速了资本的积聚和集中,同时进一步引起可变资本的相对减少;固定资本的更新,也会引起可变资本的相对减少。因此,技术进步会使劳动力需求相对甚至绝对减少。另一方面,技术进步也具有就业创造效应。在马克思的时代,机器大生产是技术进步最重要的标志。他指出:"虽然机器在应用它的劳动部门必然排挤工人,但是它能引起其他劳动部门就业的增加。"[2] 这主要有以下途径:一是部门之间的互相影响。"如果机器占领了某一劳动对象在取得最终形式前所必须经过的初期阶段或中间阶段,那么,在这种机器制品进入的那些仍保持手工业或工场手工业生产方式的部门中,对劳动的需求就随着劳动材料的增加而增长。"[3] 二是"机器生产用相对少的工人人数所提供的原料、半成品、劳动工具等的数量不断增加,与此相适应,对这些原料和半成品的加工也就分成无数的部门,因而社会生产部门的多样性也就增加。机器生产同工场手工业相比使社会分工获得无比广阔的发展,因为它使它所占领的行业的生产力得到无比巨大的增加。"[4] 三是因剩余产品增加和世界市场而引起的经济结构变化。"采取机器的直接结果是,增加了剩余价值,同时也增加了体现这些剩余价值的产品量,从而,在增加供资本家阶级及其仆从消费的物质时,也增加了这些社会阶层本身。这些社会阶层的财富的增加和生产必要生活资料所需要的工人人数的不断相对减少,一方面产生出新的奢侈需求,另一方面又产生出满足这些要求的新手段。……大工业造成的新的世界市场关系

---

① 资本论:第 1 卷 [M]. 北京:人民出版社,2004:724.
② 资本论:第 1 卷 [M]. 北京:人民出版社,2004:509.
③ 资本论:第 1 卷 [M]. 北京:人民出版社,2004:511.
④ 资本论:第 1 卷 [M]. 北京:人民出版社,2004:512.

也引起产品的精致和多样化。不仅有更多的外国消费品同本国的产品相交换，而且还有更多的外国原料、材料、半成品等作为生产资料进入本国工业。随着这种世界市场关系的发展，运输业对劳动的需求增加了，而且运输业又分成许多新的下属部门。"① 四是新兴产业部门的兴起。"在工人人数相对减少的情况下生产资料和生活资料的增加，使那些生产在较远的将来才能收效的产品（如运河、船坞、隧道、桥梁等）的工业部门中的劳动扩大了。一些全新的生产部门，从而一些新的劳动领域，或者直接在机器体系的基础上，或者在与机器体系相适应的一般工业变革的基础上形成起来。"② 五是工人被用于非生产劳动和"仆从阶级"的增加。"大工业领域内生产力的极度提高，以及随之而来的所有其他生产部门对劳动力的剥削在内涵和外延两方面的加强，使工人阶级中越来越大的部分有可能被用于非生产劳动，特别是使旧式家庭奴隶在'仆役阶级'（如仆人、使女、侍从等）的名称下越来越大规模地被再生产出来。"③

在县域农业领域，"可变资本相对量递减规律"对农业领域劳动力同样具有挤出效应和就业创造效应。与非农领域相比，土地有限性和城市化、工业化高速发展等因素综合作用，技术进步对农业农村领域劳动力的挤出效应会更大。这种更大的挤出效应既具有积极性，如加速农民市民化进程、加快现有土地规模化经营等，但是，由于农民长期束缚在土地上，适应城镇（市）能力弱，从事非农岗位能力不足，被技术挤出农业生产领域后，如果缺乏足够的政府服务和政策支持，就会出现劳动力转移难问题，由此诱发复杂、尖锐的社会矛盾。

无论是农业领域还是非农领域，技术嵌入对劳动力的挤出效应与创造效应，都会进一步引发社会关系的调整。当技术进步的挤出效应大于创造效应，就会引发失业导致的诸多社会矛盾。即使创造效应大于挤出效应，也会引起社会劳动分工的变化，引起城乡关系、工农关系、脑力劳动与体力劳动之间错综复杂的矛盾。面对这些矛盾，从短期来看，需要在技术进步与保障就业、保持社会稳定之间找到一个平衡点。从长期来看，根据

① 资本论：第1卷［M］．北京：人民出版社，2004：512.
② 资本论：第1卷［M］．北京：人民出版社，2004：512－513.
③ 资本论：第1卷［M］．北京：人民出版社，2004：513.

马克思主义经典作家的设想，应该在人口的科学安排上寻找解决问题的出路。马克思说，未来社会"人口数量增多到必须为其增长规定一个限度的这种抽象可能性当然是存在的。但是，如果说共产主义社会在将来某个时候不得不像已经对新的生产进行调整那样，同时也对人的生产进行调整，那么正是那个社会，而且只有那个社会才能毫无困难地做到这一点"。① 因为，在共产主义社会，有计划地分配社会劳动时间成为社会首要经济规律。"正像单个人必须正确分配自己的时间，才能以适当的比例获得知识或满足对他的活动所提出的各种要求。社会必须合理地分配自己的时间，才能实现符合社会全部需要的生产。因此，时间的节约，以及劳动时间在不同的生产部门之间有计划的分配，在共同生产的基础上仍然是首要的规律。"②

在技术要素嵌入县域"劳动 + 土地"组合中，如果技术要素是在资本黏合下嵌入的，即由资本购买技术或资本指挥下研发的新技术，并且将技术嵌入县域经济发展动力结构，那么，将会进一步放大技术对生产力和生产关系的正负效应。一方面，在生产力上，正如马克思所说："科学和技术使执行职能的资本具有一种不以它的一定量为转移的扩张能力。同时，这种扩张能力对原资本中已进入更新阶段的那一部分也发生反作用。资本以新的形式无代价地合并了在它的旧形式背后所实现的社会进步。"③ 这是因为，不变资本中固定组成部分是由机器等劳动手段构成的，当这些资本进行物质更新时，如果劳动生产率提高了，旧机器就会被效率更高、价格更便宜的机器所取代；不变资本中流动的部分是由原材料构成的，技术进步会使它们得到更有效、更充分的利用，还会使生产的废料得到综合利用。因此，在不需要增加投资的情况下就能在物质方面将生产规模扩大。技术使资本具有惊人的扩张力也体现在农业领域，使得最陈旧和最不合理的经营被科学在工艺上的自觉应用代替了。与此同时，反过来，资本也会对技术的作用产生影响，资本指挥下的技术会使技术带上逐利的烙印，有可能加速对土地生产力的破坏。"资本主义农业的任何进步，都不仅是掠

---

① 资本论：第 1 卷 ［M］. 北京：人民出版社，2004：509.
② 马克思恩格斯全集：第 46 卷上册 ［M］. 北京：人民出版社，1974：120.
③ 资本论：第 1 卷 ［M］. 北京：人民出版社，2004：699.

夺劳动者的技术进步，而且是掠夺土地的技巧的进步。在一定时期内提高土地肥力的任何进步，同时也是破坏土地肥力持久源泉的进步。"① 另一方面，从生产关系角度来看，资本黏合下的技术进一步扯断了农民维系原始家庭的纽带，这既会产生积极的意义（为一种新的更高级的综合——即农业和工业在它们对立发展的形式基础上的联合，创造了物质前提②）也会加速农村人口向城市的集中（在城市聚集社会发展历史动力的同时，也使人以衣食形式消费掉的土地的组成部分不能回到土地，从而破坏土地持久肥力的永恒的自然条件），这样，"它同时就破坏城市工人的身体健康和农村工人的精神生活"。③

　　因此，对于中心城市技术要素嵌入县域尤其是农业农村，无论是在生产力层面还是在生产关系层面，都需要辩证地看问题。要最大限度地发挥技术要素嵌入的正向效应并有效克服负面效应，需要结合国情和区域发展实际，特别是农业农村生产力发展实际，进行合理、科学的制度设计。

三、技术有效赋能的制度

　　科学的制度安排是微观主体技术创新和全社会技术进步的保证，是中心城市技术要素有效嵌入县域的条件。在多数情况下，技术链上游环节——创新要素整合和研发创造，通常是在中心城市内部完成的。因此，技术嵌入制度安排的重点在技术链中下游环节——产业化和社会普及化环节，即从技术选择或准入、技术产业化、普及化和技术嵌入中的风险管控等方面完善制度体系。

　　技术选择或准入的选择，是从源头上控制技术风险和发挥嵌入技术正向效应的关键。在现行管理体制下，科学评估技术的潜在风险，制订并有效执行市场准入负面清单制度非常关键。通过设置"禁止类项目"和"准入许可类项目"，禁止、限制或淘汰落后技术、有巨大社会风险或生态风险的技术。以技术嵌入农业领域为例，《市场准入负面清单（2019年版）》中的"禁止类项目"，包括《产业结构调整指导目录（2019年本）》中的

---

① 资本论：第1卷［M］. 北京：人民出版社，2004：579 – 580.
②③ 资本论：第1卷［M］. 北京：人民出版社，2004：579.

"淘汰类"项目，即湿法纤维板生产工艺、滴水法松香生产工艺、农村传统老式炉灶炕、以木材、伐根为主要原料的土法活性炭生产、超过生态承载力的旅游活动和药材等林产品采集、严重缺水地区建设灌溉型造纸原料林基地、种植前溴甲烷土壤熏蒸工艺；"准入许可类"项目，主要有未获得许可，不得从事农林转基因生物的研究、生产、加工和进口等。由于人们对于技术的认识具有不完全性，因此，负面清单也必须根据技术产生的实际效果进行调整，属于淘汰的技术必须禁止准入；被证明具有不确定性且有较大风险的技术，纳入准入许可类项目。

技术产业化制度安排，涉及国家"允许类"尤其是"鼓励类"技术由中心城市向县域、乡村的转移、孵化、产品化和规模化，或者先进生产工艺技术的应用等。众所周知，从中心城市的技术成果嵌入县域并形成现实生产力，有一个相当长的距离。其中，具有不确定性的是，县域内部市场主体是否存在强烈的技术需求、嵌入技术是否符合市场需求、嵌入技术实现产业化和规模化的可能性、嵌入技术的成本与收益比较，等等。在这方面，县域非农领域和农业领域有较大差异。在非农领域，市场化程度较高，在利润激励和竞争约束下，企业既是自主创新的行动主体，也是积极引进技术的主体。因此，技术嵌入制度安排的重点是提供技术转移平台、孵化平台、激励政策和其他相应服务。在农业领域，尽管嵌入技术大多相对成熟，孵化程序相对简单，激励政策也较为完善。但是，在土地承包经营体制下，农户生产经营活动分散，生产规模较小，农产品商品化率低，技术创新意识薄弱，承担技术转移成本的能力偏低，单个农户难以独立担当有效的技术需求主体的角色。所以，技术嵌入县域农业领域制度安排的重点不在农业技术本身，而在于如何培育新型农业经营主体，解决农业技术需求主体的缺位问题。一方面，要积极培育专业大户、家庭农场、农民合作社、农业产业化龙头企业和现代农业园区等新型农业经营主体，鼓励和支持这些新型经营主体与农业科技创新型企业的联系与对接，使其成为农业科技产、学、研、用深度融合平台体系中的重要组成部分，成为农业技术落地生根的主体力量。另一方面，发挥新型农业经营主体的作用，带动农业技术向单个农户扩散。例如，建立以龙头企业为主体的"企业＋基地＋农户"模式，即龙头企业通过向生产基地内的农户提供信息、技术等多种服务，解决农户生产技术问题；建立以合作社为主体的"合作社＋会员"模式，即对加入合作社的农户或会员，根据产业和技术特点，统一新品种新技术引进、统一技术规程，统一技术培训、统一防治病虫害与疫病等，将分散的农户纳入技术进步的轨道；等等。

在技术普及化阶段，对于市场化程度较高的非农领域，由于企业是技术需求中最积极、能动的主体，对技术供需和技术发展趋势具有高度的敏锐性，因此，制度安排的重点是如何促进市场公平竞争，促进资本自由进出，从而保证平均利润机制有效发挥作用，同时加强知识产权的保护。在农业领域，由于农业技术需求主体正在培育过程中，而农业技术产业化最终要落脚到分散的农户，缺少类似于非农领域中平均利润机制的作用，所以，需要创新面向农户、农民的农业技术传播、普及平台；加强新型农业经营主体建设，尤其是发挥现代农业园区、农业科技示范园区、基地和示范户对分散农户的示范和引导作用；加大农民组织、教育和培训力度，促进传统农民向新型农民转变，壮大新型农民队伍。

我国人口规模巨大的国情，要求我国必须走中国式县域城乡融合、农业农村现代化道路，在技术嵌入县域、乡村过程中统筹兼顾技术进步与就业之间的关系，科学解决劳动力挤出效应及其引致的社会矛盾。特别是，在当今中国已经步入老龄化社会，新科技革命新经济和经济高质量发展对就业者技能要求越来越高，而农业人口在经历"离土又离乡"的分化后，离土不离乡、不离土的农民规模仍然巨大，且对土地依赖性很强，市场适应性偏弱，非农劳动技能不高。在这样的现实背景下，制度安排既要考虑非农领域的就业创造，更要考虑为面广量大的农村劳动力向非农领域转移提供政策支撑，包括改革和完善土地流转、社会保障等制度，使农民自愿"离得开"土地；逐步消除城乡分割政策和农村居民市民化的政策支持，使农民"进得去"城市（镇）；完善城乡空间布局、产业布局和人口布局，为农民创造更多非农就业岗位或机会，使农民在城镇"留得住"；完善覆盖城乡的教育培训、健康保障、医疗保障、养老保障等公共服务体系建设，提升农民从事非农职业的能力，使农民在市民化进程中有可能"富起来"。由此可见，技术嵌入及其社会关系协调，是一项系统工程，需要加强顶层设计和制度配套。

第四节　数据嵌入①

数据要素是一种再派生要素，是以互联网、人工智能、云计算、区块链技术为代表的新科技革命高速发展的产物。数据要素、数字经济正在改变着传统的生产方式和生活方式，同样也改变着城乡关系。在新科技革命新经济背景下，有序推进中心城市数据要素嵌入县域、乡村，提升数据共享能力和水平，促进县域、乡村产业数字化、智慧社会管理和智慧民生，同时克服由数据垄断、数据贫困引致的社会矛盾，越来越成为城乡关系领域的新课题。

一、大数据时代的特殊劳动产品

人类在改造客观世界的过程中，将反映客观事物某种运动状态的、未被加工、解释的各种信号，以文本、数字、事实和图像等形式记录下来。这些通过感觉器官或观测仪器感知，被大脑感知的最初印象或最原始的记录，就是今天人们所说的数据。

在人类社会发展早期，都是自给自足的小生产活动，生产范围极其有限，生产力水平非常低下，所以，数据非常简单，不需要复杂的计算和分析，这些数据在人们的生产和生活中也只是发挥辅助性作用。即使人类发展到商品经济阶段，随着商品交换规模和范围的不断扩大，数据的数量、种类不断增多，数据的重要性也不断提升。这一时期，尽管商品生产经营者可以精确记录、计量自己的经济活动数据，但对整个社会来说，这些数据都是孤立的、分散的、零乱的，其价值很低。在单个生产经营者面对整体市场时，既面临着数据不完全的制约，又面临着经济活动主体之间数据不对称的约束。他们为了获得这些数据，需要付出巨大的搜寻成本。为了科学决策，统计分析成为赢得市场的专门业务活动。人们不断收集、加工和整理数据，从中提取有价值的信息并形成对业务有帮助的结论。但是，

① 本节的主要研究成果，已经以笔者和笔者指导的博士生的名义正式发表：数据要素的双重属性及其交互效应［J］. 教学与研究，2021（8）：69－75.

统计分析主要围绕能否通过少量的抽样数据来推测真实世界，用平均数来判断总体，用数学模型来预测未来而展开。即使统计手段和统计方法再先进，人们仍然无法从根本上解决数据不完全、数据信息不对称、数据失真、数据传递不及时等问题。这一时期，数据分析成为科学决策的重要手段，数据的地位得到极大提升，但数据仍然只是统计分析的来源或对象，而不是独立的生产要素。

人类发展到大数据时代，数据真正成为独立的生产要素。这一时期，人类可以利用互联网、人工智能、云计算、区域链等现代技术采集和处理海量的数据。所谓大数据，一般是指数据规模达到海量级、以极快的速度流转、数据类型和来源多种多样、价值密度低而且能够反映事物真实性的数据。从传统数据到大数据，是现代信息通信技术发展的结果，其间至少经历了三个阶段。第一阶段是数据库在生产、销售、诊疗等运营系统中的广泛使用，数据在运营活动中产生并被记录在数据库中，数据的产生是被动的。第二阶段源于互联网的诞生，尤其是以博客、微博和微信为代表的新型社交网络和以智能手机、平板电脑为代表的新型移动设备的出现，让数据呈现飞跃式增长，并具有主动式产生的特点。第三阶段是感知式系统的广泛使用使数据量呈现爆炸式增长并最终导致了大数据的产生，数据的产生进入自动化阶段。大数据的产生是数据成为独立生产要素一个方面的原因，即大数据为数据成为生产要素提供了丰富的原始材料，这些海量的、不同来源、不同形式、包含不同信息的数据有可能被整合、分析，从而有可能发现传统数据很难发现的新知识，创造新的价值。更为重要的是，现代科技创新为大数据的采集、加工、挖掘、处理并成为有用的信息、经验、知识，以及发现规律创造了条件。其中，信息感知和采集终端提供了采集海量数据的手段，云计算技术提供了大数据分析的手段，区块链技术提供了整合各类数据和信息的手段。与传统数据分析相比，大数据分析可以完成许多传统数据分析在可承受的时间范围内无法完成的任务。特别是，大数据分析能够借助现代工具，对各种类型的全量数据进行捕捉、管理和加工处理，从而使数据之间建立相互联系，形成数字、事实和图像等形式的信息，揭示事实中所隐含的某种因果关系，回答诸如谁、什么、哪里、何时等问题。不同于传统数据，经过特殊处理加工的大数据具有更强的决策力、洞察发现力和流程优化能力，从而成为新科技革命新经济下不可或缺的生产要素。

数据成为生产要素的演进，揭示了数据要素是一个历史范畴，其本质上是一种特殊的劳动产品。一方面，数据要素不同于传统数据，是一种劳动产品，是人们利用运用现代化技术和工具对大数据进行采集、加工、挖掘、处理的产物。与普通的劳动产品一样，它是具体劳动的结果，具有使用价值。在市场经济下，用于交换的数据要素又是商品，具有价值。另一方面，数据要素不是一般的劳动产品、商品，具有特殊性。这种特殊性不仅体现在产品形成过程及其存在形式上的特殊性，也不是价值上的特殊性，而是这种产品或商品使用价值的特殊性。在生产要素体系中，劳动、土地是财富生产的原始要素或基础要素，技术、资本等要素属于派生性要素，而数据要素是社会化生产发展到大数据时代在劳动、土地等原始要素和技术、资本等派生性要素共同作用中再派生出来的，属于再派生性要素。这种再派生性，决定了它既不可能离开其他生产要素的作用而独立存在，更不可能离开其他生产要素独立地发挥作用。数据要素只有在与其他生产要素的广泛而深入的结合中才能充分发挥其使用价值，并证明其价值。

数据要素可以从多重角度划分。一是从技术角度划分，可以分为结构化数据、半结构化数据和非结构化数据。二是从数据来源划分，主要有传统企业数据，如包括客户关系管理系统产生的消费者数据、企业资源计划数据、库存数据以及账目数据等；基于智能设备所产生的数据，主要包括机器和传感器数据，如智能电表、智能温度控制器、智能仪表等工业设备传感器或设备日志，以及连接互联网的家用电器等自动向中央服务器传输的数据；个人行为数据，如利用智能手机和平板等移动设备上的 App、博客、维基等社交媒体所产生的各类数据，包括个人交易数据、个人信息资料或状态报告事件等；交易数据，包括 POS 或电子商务购物等数据。三是从数据要素利用的价值取向上划分，可以分为商业数据和公共数据。其中，商业数据是以盈利为主要取向，由各类市场主体开发数据平台并进行采集、挖掘、加工和利用的数据，具有私人产品性质；公共数据主要是由国家或政府等非营利组织开发数据平台并进行采集和利用的数据，具有公共产品性质。自然科学相关学科重点关注的是第一、第二两个角度，政治经济学则更加注重第二、第三两个角度。

二、技术性借助社会性实现倍增效应

数据要素作为一个历史范畴、一种特殊的劳动产品，具有两重性。它既具有自然属性或技术属性，即有用性（简称"技术性"或"有用性"），又具有社会属性（简称"社会性"），即包含错综复杂的利益关系，其中最主要的是经济利益关系。这两重属性密不可分，共存于数据要素机体内。对于数据要素的两重性，自然科学关注的主要是数据要素的技术性，政治经济学更关注数据要素的社会性，这是由学科属性和任务所决定的。无论是自然科学还是社会科学领域，强调数据要素技术性的研究偏多，对数据要素的社会性，或者联系社会性来分析技术性的研究明显偏少。从科学利用数据要素的角度出发，马克思主义政治经济学必须鲜明地表达自己的观点。

毫无疑问，数据要素首先是一种技术要素，具有技术性。这种技术性是数据成为生产要素过程中内生的，不因大数据时代任何社会制度和体制背景的差异而改变。众所周知，自从新一代信息通信技术形成了移动互联网、物联网、社交网络、数字家庭、电子商务等新型应用形态后，这些应用就不断地产出海量的数据碎片，其计量单位已从 Byte、KB、MB、GB、TB，发展到 PB、EB、ZB、YB，正在向 BB、NB、DB 衡量转变。但是，这些大数据还不是现成的生产要素，其使用价值或价值利用密度很低，而运用传统的人工处理办法，甚至用单台的计算机也很难采集或加工这些数据，更谈不上找到其内在规律。唯有借助以信源管理、数据采集、数据传输、数据存储、数据处理、数据展现和系统监控为基本架构的大数据平台，采用分布式计算架构，依托云计算的分布式处理、分布式数据库、云存储和虚拟化技术等云技术和区块链技术，数据碎片才能成为有用的信息。这些有用的信息再通过交换或推广反馈到各种应用业态中去，真正发挥作为生产要素的作用。这表明，数据要素的技术性至少具有以下特征：数据不是天然的生产要素，但一旦成为生产要素后就必然具有有用性；数据成为要素，依赖于大数据的采取、加工、挖掘、处理的技术和方法，这些技术和方法既决定了数据要素使用价值的数量，又决定了数据利用价值的高低；数据要素本身是海量的、动态的、极速变化的数据集合，其天生是复数，不是单数。

作为一种特殊的劳动产品，数据要素的自然属性不可能独立存在，必然与其社会性并存且相互作用、相互影响。一方面，在数据成为生产要素过程中，也即数据采集、加工和处理等环节，人们追求经济利益或社会利益最大化的内在动机，是数据成为生产要素的最主要动力。其中，在数据采集环节，大数据平台如何构建和数据采集的具体技术、方法等，主要涉及数据要素的技术性。但是，建设数据平台的目的是什么、谁来建设并为谁服务、平台建成后谁有权采集数据和有权采集哪些数据等，则是复杂的社会问题，体现了数据要素的社会性，决定着数据平台及其数据要素技术性的实现、性质和利用方向。公共数据平台及其数据要素追求社会利益最大化，体现公益性、共享性，而商业数据平台及其数据要素追求利润最大化，体现私人性、有偿性。在不同的利益关系驱动下，数据采集的对象、重点、范围等也会呈现技术性差异。在数据加工、挖掘和处理环节，数据分析、挖掘的技术和方法属于技术问题，但数据如何处理并展示，也交织着价值取向问题。其中，算法就是一个很好的例证。算法本身是一个技术问题，但在实践中却体现着复杂社会关系。在大数据时代，数据平台公司能够对用户的每一次刷卡、网页搜索、定位、点赞等行为进行实时追踪，掌握用户的情绪脉搏及其行为，并通过进一步分析，可以有针对性地为每一个用户定制并持续推送只适合该用户的商品、服务、阅读内容等。不仅可以影响用户的经济决策，还能够影响其价值判断、政治选择倾向。这里不仅涉及用户的隐私保护，还涉及相关利益主体之间的关系协调甚至各种安全问题。

另一方面，在数据成为生产要素后的交换和利用环节，其技术性和社会性交互作用，技术性借助社会性得以实现。其中，在数据要素交换环节，数据要素交换也是一种利益交换，需要遵循市场交换的基本法则——等价交换，是数据要素供需双方平等的权利交换。只有交换成功，数据要素的有用性才能真正体现。否则，这些数据要素与数据碎片并无差异。而成功的交换，既需要数据要素供给与需求的有效对接，更需要有体系完善、规则健全的数据要素市场，需要数据确权，包括数据进入市场前明晰产权归属和数据交换后的产权保护。与其他生产要素或工业产品相比，数据要素存在可复制性强的弱点。如果数据产权不清和保护不力，不能根据数据产品的属性、特点、数量、质量、格式、重要性、敏感程度等因素进行分类分级管理，就会产生极大的利益纷争，从而对数据要素的开发产生巨大的抑制性。在现实中，很多数据之所以不能被集成、处理和共享，主要是复杂的地区、部门、企业或个人利益关系的障碍，而非技术手段不能为之。如果不能理顺数据要素内在的社会利益关系，其技术性或有用性也就无法实现。

在数据利用环节，数据要素的社会性——人们利用数据要素追求经济或社会利益最大化的内在动力与外在的竞争压力共同作用，不仅使数据要素的技术性得以实现，而且还会产生放大效应（主要体现在数据要素对其他生产要素配置效率的倍增效应）。放大效应主要通过两条途径实现。一条是从数据要素中直接衍生的途径——数字产业化，即一旦数据要素的有用性得到社会认可，在强大的利益刺激下，将会催生出面向数据市场的新技术、新产品、新服务、新业态。例如，在硬件与集成设备领域，数据要素将促进芯片、存储产业发展，催生出一体化数据存储处理服务器、内存计算等市场。在软件与服务领域，数据要素将引发数据快速处理分析技术、数据挖掘技术和软件产品的发展。另一条是间接途径——产业数字化，即传统生产要素所有者基于数据要素利用对经济利益或社会效益最大化目标实现的潜能，将数据要素与传统生产要素黏合起来，推动产业或事业发展的智能化、智慧化，从而使传统生产要素配置效率倍增。例如，在农业、制造业领域，数据要素与传统生产要素结合，促进传统农业向数字农业、传统工厂向智慧工厂方向转变，促进农户、企业更加有效地对接市场，根据大数据决策生产什么、生产多少、如何生产，根据市场动态选择或调整生产经营方式。在商业服务领域，数据要素与传统要素结合，为精准发现目标市场、客户偏好和选择适宜的流通服务方式、市场营销策略提供决策支持。在公共服务领域，数据要素与传统要素结合，推动城市交通管理、治安管理、社区管理向智慧化方向的转型，推动了智慧城市交通、智慧老年服务、智慧社会管理、智慧医疗产业或事业的兴起。正是在这个意义上，数据要素已经成为我国高质量发展的新动能。

由此可见，数据要素的技术性是不可能脱离社会性而孤立存在的。在大数据时代，突出数据要素对高质量发展的新动能作用是必要的，但这并不等于只注重数据要素的技术性而忽视其社会性。理论上，没有数据要素的社会性，也就没有数据要素的技术性。在实践中，只有解决好数据要素形成和利用过程中的社会利益矛盾或冲突，充分发挥好利益激励、竞争约束和政府调节功能，才能使数据要素的潜在有用性成为现实有用性并真正发挥倍增效应。

三、社会性以技术性为介质催生正负外部性

数据要素的社会性是技术性实现过程中生产、交换、分配的具体方式、规则、秩序等关系的反映，是依附于技术性或以技术性为介质而催生的各种社会关系。在这个意义上，数据要素的社会性是由技术性决定的，离开了技术性也就谈不上社会性。与其他生产要素相比，由于数据要素的技术性具有特殊性，即只能在其他生产要素相互作用过程中产生，又必须与其他生产要素相黏合才能体现其有用性，特别是发挥对其他生产要素配置效率的倍增效应，所以，这种特殊性就催生出数据要素社会性的新特征。

生产要素的黏合有两种形式。第一种形式是一种生产要素主动黏合另一种或几种生产要素并投入生产过程，在市场经济下，根据生产要素黏合其他要素的动力和能力，资本要素是所有要素中黏合力与黏性最强的，几乎可以而且能够黏合其他一切生产要素。在资本黏合前，各种生产要素都有自身的生产力，如劳动生产力、自然资源生产力、技术生产力等。但是，在资本黏合后，这些生产要素是成为资本的，其生产力也变成资本的生产力。在这里，资本所起的作用不只是将分散在所有者手中的生产要素黏合、合并投入生产过程，更关键的是使这些生产要素产生化学反应并创造出更高的生产力。也正是在这个意义上，马克思、恩格斯一致认为，资本具有"伟大的文明作用"，体现出资本主义社会的历史进步性。第二种形式是一种生产要素被另一种或几种生产要素所黏合。在新科技革命新经济产生以前的相当一段时期，除了劳动、土地这两个原始生产要素外，技术要素是被其他生产要素黏合最多的要素。在大数据时代，数据要素将替代技术，成为其他生产要素最值得黏合的生产要素。它可以被劳动要素黏合，提高劳动生产率；被土地所有者、承包者或经营者与土地黏合，促进土地集约化、精细化、科学化利用，提高土地生产力；被资本、技术等要素所有者与资本、技术等黏合，提高资本生产力和技术生产力；被企业家才能要素所黏合，提高企业管理效率和制度创新效率，等等。数据要素对

其他生产要素配置效率的倍增效应，正是通过它被其他生产要素所黏合，从而使这些生产要素配置效率大大提高来实现的。而且，与资本黏合其他生产要素不同的是，数据要素被其他生产要素黏合所创造的新增生产力，不会改变这些生产要素及其生产力的性质。在这个意义上，资本是其他生产要素的化学黏合剂，而数据则是其他生产要素的物理黏合剂。前者是资本通过购买属于不同产权主体的其他生产要素并使其相互作用，所创造的生产力表现为资本生产力的形式，而后者是属于不同产权主体的生产要素所有者，通过数据共享、自我学习、购买等多种途径，将数据要素与所属生产要素有效结合且新增生产力的性质保持不变的形式。

在数据要素不被资本黏合的情形下，数据要素的物理黏合剂这一技术性特征将会催生出一系列新型社会关系。在微观层面，数据要素促进了劳动、技术、知识与数据要素的直接结合，促进了社会自主创业创新活动，以及网络营销、网络直播、网络技术服务等新型就业形态的产生，从而为市场经济下人们凭借知识、技能直接实现自身利益提供了可能性，跳出了要么拥有资本、要么出卖自身劳动力这一非此即彼的个人利益实现范式，是一种新型的劳动与知识、劳动与技术、劳动者之间的关系。在宏观层面，公共数据资源是大数据时代国家的基础性战略资源，是国民经济和社会有效调节的指示器。数据资源的广泛应用能够最大限度地克服宏观决策中的信息不准确、不及时、不完全问题，既为国民经济运行中更加自觉地利用按比例发展规律提高了可能性，也为政府更全面、更准确、更及时地观察、分析和把握社会矛盾产生、发展和演化趋势提供了可能性，从而有可能形成新型的计划与市场关系、政府与企业关系。

在数据要素被资本黏合的条件下，数据作为最具有被其他生产要素黏合需求的要素，而资本作为最具有黏合其他生产要素能力的要素，两者的结合将会使数据要素及其生产力性质发生根本性改变，即数据归资本所有，数据生产力转化为资本生产力。在这一情境下，由数据要素的技术性决定的社会性也会呈现出新变化。一方面，在利润最大化和竞争优势推动下，资本就会引入更加先进的技术及其设施、更高水平的专业技术人才，建设更高层次的数据平台，不断提升数据采集、加工、挖掘和处理能力，促进数据要素规模化、专业化、集成化和服务精准化。由此，数据要素的技术性、有用性，特别是被黏合性和对其他生产要素配置效率的倍增效应将会不断放大。另一方面，在被资本黏合后，数据要素的性质也会发生变化，即数据要素逐步转化为数字资本、网络资本，数据要素的扩张力也将毫无疑问地转化为数字资本或网络资本的扩张力。生产力决定生产关系，两者结合在生产力领域的扩张力，必然引起社会关系的调整。这种调整既有可能是正外部性，也有可能具有负外部性。

从数据要素的供给端看，数据与资本相结合在生产力领域所产生的扩张效应和利益刺激，将会吸引越来越多的资本向数据领域转移，从而促进开发与利用呈现几何级数式增长，加速经济主体行为数据化、市场运行透明化、政府管理智慧化的进程，进一步助推新型劳动关系、政府与市场关系等新型社会关系的成长。但是，在社会主义市场经济条件下，资本的逐利性并不会自然而然地改变。如果不能有效管控，资本与数据要素结合的负外部性不可低估。其中最典型的是由数据垄断引致的利益冲突和安全隐患。众所周知，大型商业数据平台具有知识密集、技术密集、人才密集和资本密集的特点，一般由规模较大的网络资本或者与其他产业资本联合建设，随着其掌控的数据规模的不断扩大，其竞争优势越来越明显，会产生数据垄断。一方面，在经济领域，数据平台公司为获得超额利润，有可能采取垄断协议的方式，即借助于算法或数据的反馈机制，共同做出使彼此都能获益的经营决策，排除偏离协议的其他经营者，也有可能滥用市场支配地位，如基于消费数据分析的价格歧视、通过不公正协议条件获取用户隐私、"二选一"、封锁屏蔽行为等，以及经营者集中方式（即以增加数据拥有量和强化数据控制力为目标的数据驱动型经营者集中），放大互联网领域赢者通吃的竞争效应。这些垄断行为，具有破坏市场竞争秩序、损害消费者、用户的合法权益，以及抑制中小企业创新能力、弱化经济社会发展动能和降低全社会福利等负外部效应。另一方面，资本主导下的数据垄断还会影响社会舆情、政治选择，诱导人们做出符合资本意向的价值判断。例如，纪录片《隐私大盗》，讲述了2016年美国大选中特朗普团队是如何通过大数据和人工智能来操控摇摆州的选民并最终击败希拉里的。① 在大选中，特朗普团队借助剑桥分析公司，从 Facebook 购买了约5000万份个人信息并进行数据分析，筛选出了一批立场摇摆的选民，

---

① 穆琳. "剑桥分析"事件"算法黑箱"问题浅析［J］. 中国信息安全, 2018（4）：92 - 94.

接着定制了个性化并带有某种偏向内容的博文、视频、广告等，对他们狂轰滥炸，以引导他们投票选择特朗普。在 2020 年美国大选中，民主党以其治人之道反治其身，依靠偏向民主党的谷歌、Twitter 和 Facebook 等公司，用算法反复给人们推送偏向拜登的内容，在一定程度上影响了美国大选的结果。①

从数据要素需求端看，将数据要素的潜在需求转变为现实的有效需求，并且能够产生倍增效应和优化效应，都是有条件的。如果条件不具备，不仅不能产生有效需求，而且还会产生负外部性。在个体或某些特定群体层面，数据要素正在深刻改变着人们的就业方式、工作方式和生活方式，但是，个体或群体之间数据应用能力存在差异。在大数据时代，那些缺乏数据利用相关知识、技能，或者虽然有知识或技能但缺乏数据应用能力，特别是缺乏基本的物质条件的个体或群体，就会面临数据贫困，由此影响其职业选择、收入来源及其水平，出现严重的现代生活不适症，甚至会出现物质与精神的双重贫困。如果这种效应与市场作用相叠加，就会进一步放大对这些社会阶层的极化效应，加剧职业分化、收入分化、生活方式分化，影响和谐社会建设。在区域层面，数据的广泛利用必须以具备与此相配套的基础设施条件和一定的人才储备为前提条件，而条件差距会放大区际发展差距。其中，城乡之间数据应用条件的差距——新基础设施建设滞后、中心城市对乡村人才的极化、农村人口购买能力相对有限和应用数据要素能力相对偏弱等，将会成为放大城乡发展差距的新诱因。如果数据要素由资本垄断，农民在市场中的弱势地位则更加凸显。长期以来，农民丰产不丰收的主要原因之一是农民不能分享流通环节的收益。传统模式下，这一环节的多数收益为农产品中介商所控制，而在大数据时代，则有可能为平台企业所瓜分。

所以，对于数据要素，纯粹从技术层面考虑问题是不够的。要最大限度地挖掘数据要素的正外部性并有效防控其负外部性，既需要技术层面的科学探索，也需要从社会关系方面加强协调。一方面，从发挥数据要素正外部性角度看，对公共数据和商业数据要分类治理。其中，在公共数据领域，要坚持优先推进公共数据共享的理念，制定出台公共数据共享责任清

---

① 谷歌操纵 20 年大选！［EB/OL］. www.163.com，2022-09-26.

单，建设公共数据共享平台，运用5G、物联网、人工智能等信息技术，创新农业、工业、交通、教育、安防、城市管理、公共资源交易等领域的数据开发利用场景，实现公共数据全面采集、全程、全景覆盖，推动地区间、部门间数据共享交换，促进政务数据进一步融入要素市场，通过配套、差异化安全控制措施，保障政务数据在共享开放过程中的可监测、可追溯。在商业数据领域，从提升数据开发与利用价值出发，支持构建多领域数据开放利用场景、分类分层建设数据要素市场，建立健全集数据开发、数据确权、数据交易、贡献评价与定价、报酬分配、数据安全保护于一体的资源配置机制体系和治理规则体系，鼓励企业参与数字领域国际规则和标准制定。另一方面，从防控数据要素外部性角度看，从数据要素采集到利用诸环节，需要制订数据分类分级标准和安全管理规则，大力推进数据法治化建设，重点明确数据开发主体的所有权和自主使用、共享、开放和交易等权利，规范数据交易主体的资质、权责清单和交易规则，抑制数据垄断行为，确保数据及交易过程可追溯、可审计，加强数据控制者对公民或企业数据的收集、使用、加工、传输等行为监督和安全审查制度，保护个人隐私、企业商业秘密和国家安全。在数据贫困治理方面，加强对落后地区、农村地区在新基础设施建设、教育培训等领域的政府投入和社会支持，加强数据要素应用的科学普及、技术推广和志愿服务，使数据要素不会成为脱贫地区和群体返贫的新因素，而是成为走向共同富裕和现代化的新动能。

四、数据有效赋能的制度

数据要素本身没有城乡印记，数据占有与利用却有城乡之别。除了公共数据外，商业数据要素的生成、开发、应用都具有知识、技术依赖性和特征，使得作为知识和技术密集区、人才聚集地，同时也是数据爆发中心、数据采集和加工中心、数据流动或交换中心的中心城市成为数据要素的集中地，而县域、乡村则主要是在数据要素应用领域发挥作用。如果不进行政策引导和调节，在新经济下，城乡数据要素的占有与利用差别，将成为进一步扩大城乡发展差距的推手。因此，在我国城乡一体化进程中，在城乡合理分工的基础上，促进中心城市数据要素嵌入县域、乡村，重点是畅通公共数据共享和商业数据向县域、乡村高效流动的渠道，提升其应用数据要素的能力,带动县域、乡村全要素生产率提高,应当成为城乡生产要素配置一体化的重要内容。

基于数据要素及其应用的特点和县域、乡村实际,中心城市数据要素嵌入县域、乡村并有效作用,既需要相应的技术条件支撑(包括新基础设施建设、数据应用平台、数据应用设备、数据应用人才、数据应用知识与能力等),又需要适宜的社会条件(包括生产组织形态、经营方式、管理模式等方面的变革与创新,以及数据要素嵌入过程中新的社会关系的协调)。因此,数据要素的嵌入不只是技术问题,也是社会问题,需要作为系统工程进行制度设计。在此,前文有关新基础设施嵌入和技术嵌入的相关制度安排都具有适用性,需要我们重点研究的是,如何针对数据要素嵌入及县域、乡村生产力和生产关系的特殊变化,进行科学的制度安排。

数据要素嵌入以促进县域、乡村生产力发展层面,主要应围绕发挥数据要素作为产业催化剂和生产要素黏合剂的作用,鼓励和支持5G通信、人工智能在第一、第二、第三产业的场景应用,充分利用现代信息技术手段,打通线上和线下、消费端和生产端的阻碍,加速物联网的落地生根,促进县域产业创新、融合和转型升级。一是促进新产业、新业态和新商业模式的生成。充分发挥数据要素产业催化剂的作用,引导第一、第二、第三产业链延长、放大、分化、耦合关联与嫁接、再造,重构新的生产组织形态或服务组织形态。促进县域、乡村智能物流业、智慧养老服务产业、设施农业、观光农业、体验农业、创意农业、田园综合体、农村电商、农村快递、乡村旅游、乡村养老产业的成长。二是促进县域、乡村产业融合发展。结合中心城市与县、乡、村在产业发展中的分工及其优势,重点要发挥数据要素作为其他生产要素黏合剂的作用,鼓励和支持中心城市与县域非农经营主体共同推动研发、生产或加工、销售等环节的重组,与农业经营主体共同推动农业内部种植、养殖等环节的整合或产业重组型融合;鼓励和支持中心城市在数字化条件下实现研发总部与生产车间的分离并将生产车间向县域、乡村转移,推动龙头农业企业等经营主体实现产供销一条龙的农业产业链延伸型融合;鼓励和支持利用数字化平台,推介农村土特产品、生态、文化旅游资源,吸引中心城市人口,促进农业与第三产业的交叉型融合。三是促进传统产业的升级改造。鼓励和支持互联网、大数据、云计算、人工智能等高新技术与传统产业在边界处有机结合,将新技术、新工艺、新方法渗透到传统产业的生产、物流、销售和内部管理等环节，在渗透型产业融合过程中实现传统工厂向智慧工厂、传统农业向数字农业、现代农业方向发展。其中，传统工厂向智慧工厂的转变需要更加重视发挥市场的决定性作用，而传统农业向数字农业、现代农业的转变则需要更好地发挥政府调节作用。

在我国土地家庭承包经营体制下，我国传统农业向数字农业、现代农业的转变将是渐进式的。数字农业，是将数据作为农业生产要素，依托遥感、地理信息系统、全球定位系统、计算机技术、通信和网络技术、自动化技术等高新技术，通过对土壤、农业对象的生长、发育状况、病虫害、水肥状况和相应环境进行全过程实时监测、信息获取、可视化表达、数字化设计等信息化管理，达到合理利用农业资源，降低生产成本，改善生态环境，提高农业生产质量和效益的目的。我国传统农业向数字农业转型的瓶颈，与其说是技术问题，还不如说是农业生产经营体制机制问题。事实上，近年来，我国数字农业技术发展速度很快，突破了一批数字农业关键技术，开发了一批实用数字农业技术产品、网络化数字农业技术平台、数字信息标准体系、农业信息采集技术、大比例尺农业空间信息资源数据库、农业问题远程诊断、农业专家系统与决策支持系统、嵌入式手持农业信息技术产品、温室环境智能控制系统和数字化农业宏观监测系统等。但是，与西方发达国家相比，我国传统农业向数字农业转型的步伐还比较慢，主要原因是，传统农民的知识、技能与数字技术应用的要求不相适应，以农户为主体的分散化、小规模生产经营模式与数字农业技术体系、应用体系和运行管理体系不相匹配，从而导致农业生产领域数据要素有效需求相对不足。因此，传统农业向数字农业转型的制度安排，既需要注重数字农业技术供给端数字技术的研发、数据采集、分析、转移、共享等领域的制度创新，还需要加强数字农业需求端的制度体系配套建设，重点是培育农业龙头企业、农场、农业专业合作社、新型农民联合体和新型职业农民等数据要素需求主体；因地制宜推进农业专业化、规模化、产业化经营，创造数据要素应用适宜场景；支持建设数字农业技术、农业问题远程诊断和农产品电子商务等数字化平台，加强数字化科普、专门化教育培训和带头人示范，不断提高现有农户应用数据要素的能力；增加政策投入、降低数字化应用成本或门槛、提供优质政府服务，营造更加宽松的数字化应用环境。

在数据要素嵌入以促进县域、乡村生产关系和谐协调方面，一方面，为逐步打破由知识、技术和信息隔离引致的城乡发展差距，需要着力推进公共数据在城乡之间的自由流动和均等分享，促使知识、技术向县域、乡村传播速度更快，覆盖面更宽，从而，县域经济主体尤其是农户与市场对接的成本更低，劳动者利用数据要素致富的可能性越大。另一方面，数据要素嵌入并发挥积极作用是有条件的，而城乡之间、社会各阶层之间在经济发展水平、利用数据要素能力等方面客观上存在着差距，再加上数据要素作用本身有可能引发职业分化、社会阶层分化、利益分化并产生新矛盾、新问题，各种因素叠加，使得传统的城乡关系、工农关系、脑力劳动与体力劳动关系的演化并不一定沿着和谐、协调方向发展，有时可能朝反方向发展，需要借助制度的力量加以校正。

一是在城乡关系领域。数据嵌入并赋能城乡一体化，是以城乡数据均等共享为前提条件的。但是，数据要素城乡布局具有非均衡性，即中心城市是数据要素采集、加工、转移中心，居于支配地位，而县域、乡村则是处于数据要素运行链的末端——应用领域，也处于数据价值链的低端。在公共数据要素领域，城乡可以均等分享，但在商业数据的开发与应用领域，与中心城市相比，县域、乡村经济主体的知识技能、经济支撑能力和数据应用能力都相对偏弱。在这种条件下，嵌入县域、乡村的数据要素越商业化，城乡发展差距将会越大。因此，数据嵌入制度安排的重点既要围绕公共数据要素在城乡之间的自由流动和均等共享展开，还要通过清单制度规范面向"三农"的商业数据的范围，加大"三农"领域应用数据要素的政策扶持。

二是在工农关系领域，数据要素嵌入，推动着工业与农业、工人与农民之间在生产方式、生活方式、社会关系等领域的转型、融合和现代化发展。但是，无论是在生产力层面还是生产关系层面，工农之间由市场化程度、组织化程度、经济主体知识技能水平等因素引致的数据要素应用能力差异，决定了工农之间的发展差距不一定必然缩小，而且有可能出现适应数字社会能力强者恒强，而不适应者则有可能被淘汰或边缘化的格局。这既有进步性，但被边缘化的社会阶层将会成为社会矛盾和风险的高发群体。因此，数据嵌入县域、乡村的制度安排，必须将提高"三农"生产领域的专业化、组织化、规模化，提升农村居民应用数据要素能力和水平作为的重要内容，统筹数字经济时代工农之间前进的步伐。

三是在脑力劳动与体力劳动关系领域，数据要素的开发与应用，本质上是劳动向更加高级的脑力劳动、复杂劳动转型的体现，是社会进步的标志。数据要素嵌入县域、乡村，将会促使县域内部脑力劳动与体力劳动之间、体力劳动者内部的分化趋势进一步加剧。这既有引导社会更加重视人力资本投资，促进全社会劳动力整体素质提高的正向效应，也有可能引发乡村高素质劳动力加速向中心城市的转移，加剧"三农"领域劳动力过剩与人才短缺并存的结构性矛盾，那些以体力劳动为主的群体尤其是纯粹以种田为生的农民，有可能沦为社会最弱势群体。因此，协调县域、乡村数据要素配置与劳动力要素配置关系，切实保障弱势群体特别是脱贫群体因数据贫困返贫，是制度变革和创新中不可忽视的。

第五节　人才嵌入

当前和今后相当长一段时期，我国城乡关系的现代化既面临着解决县域尤其是乡村劳动力总量过剩，又要克服人才短缺的结构性矛盾。其中，新科技革命新经济下的人才短缺问题更为突出。中西方社会经济制度、管理体制和人口基数、空间地理、区域发展等差异，决定了我们不可能完全套用西方市场化的解决方式，而需要通过科学的制度创新，将中心城市人才资源嵌入县域、乡村并逐步使其内源化。

一、人力资本专用性－流动性

在学术界，有关人才的定义很多，多数情况下，是指具有一定专业知识或专门技能并能够进行创造性劳动、对社会能作出积极贡献的人，是人力资源中具有较高素质和能力的劳动者。借用人力资本理论，人才的人力资本较高或具有特质。从研究需要出发，我们根据人力资本的特质或专用性和流动性，构建专用性－流动性分析框架，对人才进行分类，在分析不同类型人才流动特征的基础上探寻中心城市嵌入县域的目标对象。

按照人力资本理论，无论何种人力资源，都是人力资本不断投入的结果。威廉姆森提出了资产专用性概念，即资产用于特定用途后被锁定很难再移作他用，若改作他用则价值会降低，甚至可能毫无价值。由此，可以将资产专用性划分为地理区位专用性、人力资产专用性、物理资产专用性、完全为特定协约服务的资产、名牌商标资产专用性五种类型。在现代经济学中，与人力资产（本）专用性相对应的概念是资产的通用性。不过，学者们的表达方式有所差异。贝克尔将人力资本区分为"特定人力资本"和"更一般价值的人力资本"。① 杨瑞龙则将人力资本区分为"一般或非专用性人力资本"和"特质或专用性人力资本"。② 也就是说，根据人力资本的专用性，一般可以将人力资本分为专用或特殊人力资本和通用或一般人力资本两大类。其中，专用或特质人力资本是指必须经过专门化和专业化教育培训、实践、流动等途径才具有的特殊知识技能和文化技术水平，包括专门化培养形成的高层次专业技术研究才能、干中学形成的特殊专业技能、与生俱来或特殊培养形成的企业家冒险精神等。通用人力资本是指通过普通教育培训等途径就能具有的一般知识和能力。在这里，一方面，"特殊""普通"或"一般"是历史的、动态的范畴。随着经济社会发展，人们所需要的必要生活资料范围不断扩大，接受教育年限越来越长，"特殊"和"普通"或"一般"的要求也不断提高。过去的"特殊"目前则属于"普通"或"一般"，同样，目前的"特殊"在未来则有可能成为"普通"或"一般"。正如马克思所说，在劳动力形成过程中，"所谓必不可少的需要的范围，如满足这些需要的方式一样，本身是历史的产物……。因此，和其他商品不同，劳动力的价值规定包含着一个历史的和道德的要素，但是，在一定的国家，在一定的时期，必要的生活资料的平均范围是一定的。"③ 另一方面，人才具有相对性。如果从人力资源发展层次上看，一般而言，人才是指具有专用或特殊人力资本的人力资源，而具有通用或一般人力资本的则属于普通人力资源。但由于"特殊"与"一般"具有动态性，所以，从经济社会发展变迁角度看，过去的人才现在则有可能成为普通人力资源，现在的人才在未来也许只是普通人力资源。但

① 贝克尔. 人力资本 ［M］. 北京：北京大学出版社，1986：15–21.
② 杨瑞龙. 企业共同治理的经济学分析 ［M］. 北京：经济科学出版社，2001：103.
③ 马克思恩格斯文集：第 5 卷 ［M］. 北京：人民出版社，2009：199.

无论如何，在特定社会的一定时期内，人才或专用性人力资源始终是稀缺要素，而普遍人力资源则不同。在劳动要素主导经济发展的时期，人力资源是稀缺资源。当经济发展逐步走向资本主导、技术主导和新经济主导的时代，资本、技术、数据等生产要素对人力资源具有极强的替代性，对人力资源的需求逐步由数量追逐向质量追求演进，人才作为第一生产力的作用和地位越来越凸显。当然，如果从特定社会的某一发展时期看，区域之间、行业之间的发展差距，使得社会总体层面的通用人力资本者在一定条件下有可能成为发展相对滞后区域或行业的人才。例如，在我国农村农业领域，具有通用人力资本且有一定技能、懂经营会管理者，也是人才队伍的重要组成部分。因此，我们所说的人才，包括具有专用性人力资本者和具有特殊才能的通用人力资本者两大类型。

在市场经济条件下，人力资本具有流动性，包括国际或国内流动、区际或区域内部流动、产业或行业之间流动、产业或行业内部流动等，但不同类型的人力资本的流动性不尽相同。基于城乡关系研究的需要，我们从中心城市与县域、乡村相互关系层面，将人力资本流动性分为三种类型，即高流动性，是指可以在中心城市与县域、乡村之间自由流动，还包括在中心城市之间、县域之间的流动；中等流动性，通常情况下是指在中心城市内部或县域内部流动，但在一定条件下可以在中心城市与县域之间流动；低流动性，一般包括两种情况，既包括由于人力资本专用性极高而难以流动的情况（若流动则人力资本价值将大幅贬值），也包括人力资本极低导致劳动力只能固定在某些甚至特定工作岗位上，强制流动则意味着失业。

将人力资本专用性和流动性结合，可以得到人力资本专用性－流动性分析框架，用于对专用性人力资本流动性和通用性人力资本流动性进行分析。

我国城乡关系层面专用性人力资本的流动性实质上也就是人才的流动性，可以分为三种类型。（1）低流动性专用人力资本或人才。这些人才在某些工作岗位上的使用价值基本上被锁定，如果离开这些相似性质或环境的岗位就很难发挥同等作用，如高层次的基础研究人才、技术研发人才、专业技术人才等。这些人才一般集中在中心城市，即使流动，也是在工作性质相近和工作环境相仿的区域之间流动，很难向县域、乡村流动。一些具有区域、行业特色的手工技艺人才，也具有类似的特征。（2）中等流动性专用人力资本或人才。这些人才主要包括企业中的专用性较高的应用技术研究人才、专业化程度较高的管理人才，以及事业单位中的专业技术人才，如学校、医疗卫生系统的专业人才。这一类人才有一定的流动性，而且一般遵循同层次人才在相近等级区域流动的原则。但是，在激励制度作用下，一些人才也有可能实现有条件的梯度流动，即从中心城市向县域城镇、乡村流动，主要是中心城市教育、医疗领域的专业技术人才到县域、乡村挂职、任职或对口支持，高校科研院所中的"三农"人才到县域、乡村建立研究基地、科技推广和成果转化。这些人才是中心城市嵌入县域、乡村的重要对象。在新科技革命背景下，互联网、大数据、人工智能为中等流动性人才嵌入县域、乡村，即实施远程教育、远程医疗、远程技术指导提供了技术支撑。（3）高流动性专用人力资本或人才。这些人力资本具有专用性，但专用程度呈现梯级分布，而且其职业特点使其具有很高的流动性，主要包括企业家、经理人、市场营销等人才。其中，属于特质人力资本的企业家，主要随着市场环境和营商环境的变化而流动。而人力资本具有一定专用性的经理人、市场营销等人才，则随着创业环境的变化而流动。这部分人才也是中心城市嵌入县域、乡村的重点对象。

与专用性人力资本相比，通用性人力资本一般具有更高的流动性，但由于受到人力资本所有者及其家庭经济状况、个人技能、冒险精神、心理承受力、社会交往与适应能力，以及本地和他地创业、生活环境等因素的影响，通用性人力资本的流动性也存在差异，大致可以分为三种类型。（1）低流动性人力资本。低流动性通用人力资本的主体，主要是那些因观念、技能、健康等因素影响而难以流动的居民，包括城市（镇）中在旧的社会分工下长期固定在某些工作岗位上的职工和农村中的纯农户。（2）中等流动性人力资本。中等流动性通用人力资本的主体，通常是那些在城市（镇）内部同一行业不同企业之间，部分也有可能在不同行业之间流动的非农劳动者，以及"离土不离乡（县）"的农村居民。后者通常是兼业农民，他们随着农业的季节性变换而选择务农还是务工或经商，大多以家庭为圆心，以早出晚归的空间距离为半径选择流动的空间范围。（3）高流动性通用人力资本。这一类主体主要是那些"离土又离乡（县）"的农村居民。他们大多身强力壮，敢闯敢为，富有开放思想，长期在外地务工，事实上已经脱离了农业生产活动，只有节假日才偶尔回到出生地。在县域，这一类主体的流动方向大多是从县域流向中心城市，从而成为农民工。在流入中心城市后，"离土又离乡（县）"的农民工还会进一步分化，分成高级农民工和普通农民工。其中，高级农民工是那些在中心城市打拼多年后有一定技术、经验、财富等积累的农民工，他们既有可能为追求更多的发展机会而在中心城市之间或中心城市内部流动，也有可能在政策激励下反向流动，即由中心城市回到其出生地县、乡再创业。总体来看，这三种人力资本都属于一般人力资源范畴。但是，在现阶段，对于县域尤其是乡村来说，其中的高流动性通用人力资本（尤其是高级农民工）则属于人才范畴。从我国欠发达县域、乡村的实际情况看，改革开放尤其是进入 21 世纪以来，高流动性通用人力资本大量流出引致县域、乡村发展动能不足的问题，早就引起了学术界的高度关注。曹利平（2009）对河南省固始县的研究表明，外出务工人员主要是青壮年劳动力，集中在 25~45 岁年龄段，而且初高中以上文化程度占总外出人数的 64.1%。蒲艳萍、李霞（2011）对四川省的数据研究表明，四川省农村外出劳动力的主力军是 31~50 岁具有初、高中和中专学历的已婚男性，他们是农村劳动力中的"精华"，而留守劳动力主要是年龄较大，文化程度较低的已婚女性。我国正式步入老龄化社会，全社会青壮年劳动力短缺的矛盾日益凸显，而县域尤其是乡村出现了由劳动力过剩引致"无地可种"到当下"无人种地"的形势反转，更出现了"人才荒"。我国人才的比重分布主要与城市等级密切相关，直辖市、省会城市、计划单列市等行政区吸引了大量人才，即使是普通地级城市，其人才比重也相对较低（武荣伟，王若宇，刘晔，古恒宇，2020），县域城镇和乡村就更低了。

因此，从我国县域、乡村实际出发，中心城市人才嵌入县域、乡村，既包括吸引高流动性专用人才资和中等流动性专用人才，也包括引导高流动性通用人力资本，尤其是其中的高级农民工返乡创业。在中央政策文件中，乡村急需的人才主要包括新型职业农民、农村专业人才、农业科技人才和外来社会人才。当然，由于这些人才在人力资本专用程度、价值取向、发挥作用的条件等方面差异较大，所以，嵌入方式必须因人而异、因地制宜。

二、中西方人才嵌入比较

西方发达国家农业农村发展中并不存在突出的人才匮乏问题，那些邻近繁华中心城市的郊区、城镇，甚至还是人才的聚集地，德国就是一个典型例证。尽管德国的城市化率超过了90%，但100万人口以上的城市只有四个，40%以上的城市人口生活在介于中心城市与乡村之间的城镇，而且其中的很多城镇还是世界知名企业的总部所在地，云集了众多高层次人才。不仅德国，很多发达国家都具有类似的特征，即普通劳动者挤向中心城市，而高层次人才、富人则流向中心城市周边的城镇。这与我国现行人口、人才流动方向刚好相反，需要我们做深层次的分析。

西方发达国家城乡人才配置一体化情况是与资本的作用分不开的（这里所展示的仅是资本黏合作用的文明、进步的一面）。工业革命后，西方国家普遍采取了市场化，实质上是资本化、工业化手段改造传统农业的途径。这一途径在生产力方面的最大作用是"消灭旧社会的堡垒——'农民'，并代之以雇佣工人……。最墨守成规和最不合理的经营，被科学在工艺上的自觉应用代替了。农业和工场手工业的原始的家庭纽带，也就是把二者的幼年未发展的形态联结在一起的那种纽带，被资本主义生产方式撕断了"。[①] 其中，"科学在工艺上的自觉应用"并不是人才、知识、技术在农业领域自发、自觉地发挥作用，而是农业资本在追求高额利润的内在动力和激烈市场竞争的外在压力共同作用下，自觉地黏合人才、知识、技术等先进生产要素并嵌入农业领域。对于资本来说，人才、知识、技术都只是其实现利润的手段。至于这些要素是配置在城市还是农村、配置在工业还是商业或农业，都不是最重要的，关键是能否实现资本最大化的增值。当资本发现农业领域有利可图时，它就会毫不犹豫地黏合人才、知识、技术要素投向农业。这就是资本主义农业中解决人才、知识、技术难题的奥秘。这种方式的结果是，为一种新的更高级的综合，即农业和工业在它们对立发展的形态的基础上的联合，创造了物质前提。[②] 由此促进了传统农业生产方式的重大变革和生产效率的极大提高。

但是，不能忽视的是，在资本发挥文明作用的另一面，即资本在占领

---

①② 马克思恩格斯文集：第5卷［M］. 北京：人民出版社，2009：578－579.

农业领域后，按照其占有农业的程度，无情地排斥农业人口，农村人口由于租地集中、耕地转化为牧场、采用机器等原因而不断地"变得过剩"，农村人口因小屋拆除而不断地被驱逐，而且"对人口的这种排斥不像在非农业的产业中那样，会由于更大规模的吸引而得到补偿。因此，一部分农村人口经常准备着转入城市无产阶级或制造业无产阶级的队伍"。① 在资本主义农业生产中，劳动资料表现为奴役工人的手段、剥削工人的手段和使工人贫穷的手段，劳动过程的社会结合同时表现为对工人个人的活力、自由和独立的有组织的压制，而农业工人的分散性又破坏了他们的反抗力量。此外，资本主义的农业进步不仅是掠夺劳动者的技巧的进步，在一定时期内提高土地肥力的任何进步，也是破坏土地肥力持久源泉的进步。所以，马克思说："在农业中，像在工场手工业中一样，生产过程的资本主义转化同时表现为生产者的殉难史。"②

社会主义公有制尤其是农村土地集体所有制及其本质规定性，决定了我国社会整体层面不可能依靠资本化手段解决包括农业农村人才匮乏在内的"三农"问题。同时，中国作为农业人口十分庞大、区域自然条件、发展水平差异巨大等现实，也决定了我们不能照抄照搬西方发达国家的模式。当然，这并不意味着西方模式或经验一无是处，其中至少有两个方面值得有条件借鉴。一是发挥资本的黏性功能。尽管资本具有残酷性，但又具有黏合生产要素并促进生产力的作用。因此，在社会主义市场经济下，必须善于利用资本积极的一面。一味地排斥资本的作用与盲目地套用西方模式一样，是极端化的、有害的，都是不可取的。二是完善人才嵌入的基础条件。西方发达国家城郊、城镇或乡村之所以能够吸引人才或人群，重要原因之一是城乡基础设施和公共服务并没有多大差别，而且乡村生活空间大，自然环境好，也是吸引偏好生活幽静的人才落户乡村的重要因素。人才的落户又潜移默化地改变着乡村的人文、社会和经济结构，促进了城乡融合。我国正处于建设社会主义现代化强国的历史时期，城乡基础设施和公共服务一体化势在必行，是县域吸引人才并最终解决城乡人才失衡问题的必由之路。在这方面，应该借鉴西方发达国家的有用经验，在条件成

① 马克思恩格斯文集：第5卷 [M]．北京：人民出版社，2009：740.
② 马克思恩格斯文集：第5卷 [M]．北京：人民出版社，2009：579.

熟的地区先行先试，通过实践探索为其他地区提供更加可行的本土经验。

三、人才有效赋能的制度

人才是促进城乡融合、一体化发展的主要推动力，中心城市对县域、乡村的人才支持势在必行。在社会主义市场经济条件下，基于我国县域、乡村发展实际，人才嵌入总体上需要将发挥政府主导作用和善于利用市场、社会等各方力量有机结合起来。

中心城市人才嵌入县域、乡村，需要从以下两个矛盾中找到突破点。第一个矛盾是，人才的嵌入不能依赖资本但又不能离开资本。西方国家资本改造农业、农村的残酷性决定了我们不能完全依赖资本来黏合人才要素，但社会主义市场经济体制下我们又不能脱离资本，而且要善于发挥资本的积极作用。因此，解决矛盾的基本方向只能是结合县域、乡村及其产业的具体实际，根据资本的类型和功能，探寻资本有效配置人才资源的活动区间。第二个矛盾是，人才嵌入既要发挥市场作用但又不能完全依靠市场。社会主义市场经济下，市场机制对资源配置起决定性作用，人才配置必须发挥市场的作用。但是，人才作为一种能动性生产要素，与物态形式存在的生产要素相比具有特殊性，受人才的主观意志和发挥作用的客观环境等多重因素影响。在县域尤其是乡村，新中国成立以来实施的工业优化、城市优化战略，奠定了中国经济社会发展的基础，较快地扭转了一穷二白的局面，但这一定程度上又延缓了县域、乡村基础条件建设的进程和水平。改革开放以来的市场化改革，既促进了县域、乡村的发展，但城乡二元结构格局并没有发生根本性变化，中心城市对县域、乡村本土人才的极化效应总体上大于扩散效应。在这一背景下，如果任由市场机制作用，则不仅不能解决县域、乡村的人才需求问题，而且还会进一步拉大需求缺口。因此，唯有更好地发挥政府作用才能转变这一局面。

在市场主导区间，制度供给的关键是激活资本黏合人才的功能。在社会主义市场经济下，市场在资源配置中起决定性作用，理应充分发挥社会资本的作用。当然，在不同区域、产业、行业或领域，需要区别对待。在县域，公共基础设施建设、公共服务供给、矿产性资源和农业等领域，主要由政府或国有资本主导。在这些领域以外，主要由市场起决定性作用，或者说由市场主导，需要进一步完善负面清单制度，清晰界定社会资本的活动边界。根据区域和产业发展实际，适时缩小负面清单范围，逐步拓展社会资本活动空间。在负面清单外，创造公平、宽松的营商环境，鼓励社会资本有序向县域、乡村流动，特别是引导社会资本向鼓励类产业或领域流动，充分发挥资本黏合人才的功能，既促进外源性人才嵌入并内源化，又通过吸纳县域、乡村本地劳动力，使"干中学"中不断提升人力资本，成为本地发展所需的实用性人才，带动县域、乡村劳动力整体素质的提升。

在市场与政府双轮驱动区间，制度供给的关键是要发挥人才嵌入的示范作用，带动本地人才成长。在县域，根据社会资本黏合人才并促进乡村人才成长的可能性，可将双轮驱动区间分为两类。一类是资本具有黏合人才功能但难以内源化的区间，主要是县域公共基础设施建设领域，如交通、通信、水、电、气和新基础设施建设等。尽管这些领域国家倡导政府或国有资本与社会资本合作，各类资本也具有黏合人才功能，但这些资本黏合的人才具有来源固定性、使用专用性和作用阶段性特点。一旦建设工程结束，这些资本黏合的人才随之撤离，一般很难内源化。另一类是资本具有黏合人才功能且具有可嵌入性、带动性的区间，主要是农业领域政府和社会资本的合作。根据财政部、农业部联合发布的《关于深入推进农业领域政府和社会资本合作的实施意见》，政府重点引导和鼓励社会资本参与的领域包括农业绿色发展、高标准农田建设、现代农业产业园、田园综合体、农产品物流与交易平台和"互联网＋"现代农业。在这些领域，无论是政府财政资金还是社会资本，不仅具有黏合人才的功能，而且由于这些项目直接落地农村农业，社会资本及其人才的嵌入会带动本地农民的直接参与，项目本身对农户、农民思想解放、生产方式升级、劳动技能提升和生产效率提高具有直接推动作用。所以，一方面，需要致力于发挥财政资金引导、撬动作用，通过开展农业 PPP 示范区创建、拓宽金融支持渠道、完善定价调价机制和加强项目用地保障等途径，推动金融和社会资本更多投向农业农村，提高投资有效性和公共资金使用效益。另一方面，在农业领域政府和社会资本合作区间，引导和支持农民积极参与、有组织参与，使他们在政府和社会资本合作中提升劳动技能水平。在国家层面，要鼓励和支持社会资本与高等职业院校、政府合作，培养新型职业农民、农业科技人才和农业农村管理人才。

在政府主导区间，需要建立健全城乡人才均衡配置的支持体系。我国城乡发展差距不仅体现在收入差距上，也体现在公共服务供给数量和质量上的差距。而公共服务领域的差距不仅体现在财政性资源的投入上，也与人才资源布局不平衡密切相关。在中国式城乡关系现代化进程中，要巩固脱贫攻坚的成果，消除贫困的代际传递和因病返贫的根源，需要着力推进城乡公共服务的一体化，特别是城乡公共服务领域人才的均衡配置。为此，政府作为教育、文化、卫生、医疗等公共服务的主导者或主要供给者，需要大力推进医疗、教育办学体制机制改革创新，鼓励和支持中心城市重点医疗、教育机构等公共服务机构与县域合作，建立医联体、教育联合体等新型公共服务合作单位，将人才、技术等优质服务资源通过合作方式延伸、拓展到县域；逐步打破医生、基础教育教师资源单位或部门所有体制，鼓励和支持中心城市人才到县域、乡村挂职锻炼、定期交流、对口支持、兼职和离岗创新创业；利用互联网、大数据、人工智能、区块链等技术，建设公共服务智慧平台，推进城乡远程教育、智慧教育、远程医疗和智慧医疗；鼓励地方政府与高等院校订单式培养、委托培养、定向培养乡村医生、教师等农村专业人才，联合培养"懂农业、爱农村、爱农民"的"三农"工作后备军；完善大学生就业制度和激励政策体系，引导、鼓励和支持优秀大学毕业生积极参与"高校毕业生基层成长计划"，到乡村就业，为乡村振兴提供人才支撑。

中心城市人才嵌入县域、乡村，还要充分发挥社会力量的作用。一方面，要鼓励和支持专家学者、教师、医生和具有规划师、建筑师、律师等资格的社会各界力量志愿服务乡村人才振兴、文化振兴、美丽乡村和健康乡村建设，培养培训乡村教师、乡村医生、乡村工匠、乡村传统建筑名匠、文化能人、非遗传承人等，挖掘、整理、传承和发展优秀农村传统文化，开展乡村健康、科普、法治等活动，进行以"三农"题材的文学、艺术创作生产，助推农村精神文明建设。另一方面，要充分发挥新乡贤的作用。乡贤是社会群体中的先进分子，他们中相当一部分是商界精英、名医名师、科技型人才、能工巧匠或非遗传承人，是县域经济社会发展和乡村振兴的重要资源，要充分调动乡贤情牵故土、反哺桑梓的积极性，鼓励和支持他们回乡创新创业、技能传授、文化传播、引资引技引才；充分激发他们的仁爱情怀，服务民生改善；充分激发乡贤的道德力量，推动乡贤辅治，提升乡村治理水平。

第五章 产业嵌入

产业发展是城乡融合、一体化发展的物质支撑。经过40多年改革开放，我国县域、乡村产业发展的内在性得到极大提高，但仍离不开中心城市的支持，而且，必须适应中心城市产业嵌入县域、乡村场景的变化而科学选择支持的方式。在着力形成以国内大循环为主体、国内国际双循环相互促进的新发展格局和以城市群为依托的新型城镇化战略格局下，产业嵌入既不能走城市发展工业、农村发展农业的老路，也不能重复中心城市将制造环节转移到县域、乡村的旧路，而要走以基于功能分工的中心城市支持县域乡村，县城在城乡融合中发挥关键支撑作用、城乡产业融合发展的新路。

第一节 产业嵌入场景

21世纪的前20年，我国经济发展总体水平、发展阶段及其内外部发展环境，都发生了深刻变化。我国城乡之间的产业分工及其中心城市对县域、乡村的产业支持，不能仅局限于中心城市与县域、乡村之间关系去考虑，需要从更广更宽的发展场景去思考并进行制度设计。

一、新发展格局

面对百年未有之大变局，我国提出构建以国内大循环为主体、国内国际双循环相互促进的新发展格局，这是国家中长期发展的重大战略部署。城乡之间的产业发展和中心城市产业嵌入县域，需要明确中心城市与县域、乡村在新发展格局中的基本定位。

众所周知，根据马克思主义政治经济学原理，物质资料生产过程包括生产、分配、交换、消费四个相互联系的环节。从一次生产过程看，生产是起点，居于支配地位，决定了交换、分配和消费以及相互之间的关系，而消费是终点，是生产的最终目的。从社会再生产角度看，物资资料生产分别经过四个环节只是完成了其中的一次循环。只有这种循环连续不断、重复进行下去，才真正形成社会再生产过程。在社会再生产中，生产仍然起决定性作用，而消费不仅对生产有促进或抑制等反作用，而且在一定条件下还有创造生产的作用。

国民经济循环是一个国家或地区社会再生产各个环节有机联系、循环往复、周期性运动的过程，既是物质资料再生产的总和，也是生产关系再生产的总和。国民经济循环包含国内经济循环和国际经济循环两个方面。只有在不考虑国际市场或纯粹封闭的条件下，国民经济循环才与国内经济循环是同义语。在市场化、全球化条件下，一个国家或地区为解决资源和市场的有限性，同时为了满足国民需求的多样化，社会再生产各环节的触角必然会延伸到国外。因此，国民经济循环既涉及国内经济循环，也涉及国际经济循环。

理论上，国内经济循环是一个国家或地区依靠内部资源和市场维系社会再生产各环节相互衔接、周期性运动的状态，国际经济循环则是全球范围内社会再生产各环节相互联系、持续运动的状态，是国与国之间经济相互联系，既相互促进又相互制约的关系总和。对于一个市场化国家或地区来说，为建立有效的国民经济循环，畅通国内经济循环是主要支撑，而积极参与到国际经济循环中去并为我所用是重要的策略选择。在全球化深度发展的背景下，国内国际双循环不是独立运行的，通常交织在一起。新发展格局，实质上就是要使生产、分配、流通、消费更多地依托国内市场，在这一基础上进一步深度融入、利用国际分工体系，利用好国内国际两个市场和两种资源，在加强国内经济大循环基础上更高水平地与国际经济大循环相对接，以融入国际大循环并促进国内大循环，在挖掘国内大市场潜能的基础上使其成为吸引国际商品和各种先进要素资源的强大磁场，真正形成畅通、有序、持续、高效的国民经济循环新局面。

国民经济循环的实质是比例关系问题。根据马克思主义政治经济学理论，畅通国民经济循环的关键是遵循按比例生产规律。马克思在《资本论》第二卷揭示社会再生产理论时，① 将社会再生产的总成果——社会总产品，根据其最终用途划分为生产资料和消费资料两种形态，并由此将社会再生产划分为第一部类，即生产生产资料的部类（Ⅰ），以及第二部类，即生产消费资料的部类（Ⅱ）；在价值形态上，将社会总产值划分为包含在产品中的生产资料的转移价值（c）、凝结在产品中的由工人必要劳动创造的价值（v）和凝结在产品中的由工人剩余劳动创造的剩余价值（m）。由此，创造性地提出了两大部类按比例生产的思想。也就是，社会再生产要顺利运行，生产资料、消费资料两大部类的总供给与总需求，以及两大部类内部都必须遵循按比例生产规律。用公式来表示就是：

$$Ⅰ(v + \Delta v + m/x) = Ⅱ(c + \Delta c) \qquad (5-1)$$

根据马克思的分析，Δc、Δv 分别是两大部类工人剩余劳动创造的价值——m 中转化为资本积累并用于扩大再生产追加购买生产资料、劳动力的价值，而 m/x 则是资本家消费的部分，即 $m = \Delta c + \Delta v + m/x$。在公式（5-1）中，$Ⅰ(v + \Delta v + m/x)$ 在实物形态上是生产资料，而需要的是工人、追加工人和资本家的消费资料；$Ⅱ(c + \Delta c)$ 在实物形态上是消费资料，而需要的是已经消费掉的生产资料和扩大再生产需要追加的生产资料。因此，两大部类之间需要交换且彼此的价值量相等，社会再生产才能进行。

$$Ⅰ(c + v + m) = Ⅰ(c + \Delta c) + Ⅱ(c + \Delta c) \qquad (5-2)$$

公式（5-2）表明：第一部类所生产的生产资料，必须补偿两大部类对已经消费掉的生产资料的需求，同时要满足扩大再生产对追加生产资料的需求。

$$Ⅱ(c + v + m) = Ⅰ(v + \Delta v + m/x) + Ⅱ(v + \Delta v + m/x) \qquad (5-3)$$

公式（5-3）表明：第二部类所生产的消费资料，必须满足两大部类工人、追加工人和资本家对消费资料的需求。

以上三个公式中包含了社会再生产顺利运行所需要的三大交换，即 $Ⅰ(c + \Delta c)$ 在第一部类内部通过交换在价值上得到实现、实物上得到补偿；二是 $Ⅱ(v + \Delta v + m/x)$ 在第二部类内部通过交换在价值上得到实现、实物上得到补偿；三是 $Ⅰ(v + \Delta v + m/x)$ 和 $Ⅱ(c + \Delta c)$ 需要两大部类之间进行等价交换，才能各自在价值上实现并进行实物补偿。

---

① 资本论：第2卷 [M]. 北京：人民出版社，2004：550-590.

社会再生产按比例规律，是我们分析国民经济循环的理论基础。但是，如果将马克思的资本主义下社会总资本再生产理论一般化，并运用到国民经济循环的分析中，需要对马克思理论中内含的相关假设作必要的放松，将马克思理论的相关范畴进行一般化处理，或与实践相结合进行必要的拓展。

（1）马克思在分析社会再生产时，只有生产性劳动才能创造价值和剩余价值，没有包括非生产性服务，两大部类也不包括非生产性服务部门。但在现实中，非生产性服务也是重要的经济活动。尽管人们对这种活动是否创造新价值存在争议，但对这种经济活动存在的必要性没有疑义。随着人民生活水平的提高，人们对非生产性服务的需求呈现递增趋势。因此，在国民经济循环分析中，可以将马克思的两大部类进一步拓展，也即将全社会所有部门生产的产品和提供的服务按最终用途分为两大部类：第一部类是指生产生产资料和提供生产性服务的部类（Ⅰ），这一部类创造价值和价值增值；第二部类是指生产消费资料和提供非生产性服务的部类（Ⅱ），这一部类中生产消费资料的活动属于生产性活动，而非生产性服务无论是否创造价值和价值增值，但只要提供非生产性服务供给，就必然存在生产资料或劳动资料和消费资料的需求，从而对两大部门之间的比例关系产生实质性的影响。

（2）马克思主要揭示的是资本主义下社会总资本再生产和流通，因此，相关范畴具有资本主义社会的属性，其中最主要的是剩余价值范畴。在国民经济循环分析中，需要而且可以将剩余价值范畴一般化。实际上，在社会化和市场化生产条件下，工人的劳动时间划分为必要劳动和剩余劳动，工人在必要劳动时间内创造的价值相当于劳动力价值部分，即 v，而工人剩余劳动创造的价值，属于价值增值，即 m。只有在资本主义私有制条件下，价值增值部分取得了剩余价值的形式并为资本家所占有。在社会主义社会，剩余劳动仍然是必要的，既是扩大再生产的内在要求，也是满足公共需要和保证非生产部门有效运转的需要。

（3）马克思的作为社会再生产实现条件的公式（5-1）、公式（5-2）和公式（5-3），都是假定 m 转化为资本积累并追加购买生产资料（Δc）和劳动力或者劳动力所需要的消费资料（Δv）时，资本的有机构成是不变的。但是，在实践中，随着经济发展和科技进步步伐不断加快，资本有机构成呈现不断提升的趋势。所以，客观上要求用于追加购买生产资料的投入更多一些。因此，保持生产资料一定程度的优化增长，是保证社会资本再生产顺利进行的条件。

（4）马克思的按比例生产理论，没有考虑国际贸易因素。在国民经济循环分析中，则必须考虑国际贸易及其对两大部类供给和需求数量、比例和结构的影响。从一个特定的国家或地区的角度来分析国际贸易对国民经济循环的影响，一方面，对于进口，无论是进口生产资料和服务（用"I_i"表示），还是进口消费资料和服务（用"II_i"表示），其生产过程都是在输出国或第三国进行的，对输入国的影响主要是增加两大部类的总供给，输入国面临的主要是价值实现问题，而实物补偿是在输出国或第三国完成的。另一方面，对于出口，无论是出口生产资料和服务（用"I_e"表示），还是出口消费资料和服务（用"II_e"表示），都构成输出国两大部类供给的重要组成部分，而需求则是在国际市场。更为关键的是，出口品和服务的价值实现在国际市场，而社会再生产过程中耗费掉的生产资料和追加生产资料的实物补偿、消费资料和追加消费资料的实物补偿，都是在国内市场完成的。由此，两大部类的供给，包含国内的生产资料、消费资料及其服务的供给［即 $I(c+v+m)$ 和 $II(c+v+m)$］，以及进口所增加的供给（即 I_i 和 II_i），必须既满足国内市场对生产资料、消费资料、服务及其追加部分的需求［即 $I(c+\Delta c)$、$II(c+\Delta c)$ 与 $I(v+\Delta v+m/x)$、$II(v+\Delta v+m/x)$］，又满足出口及其增长的相应需求［即 $I_e(c+\Delta c)$、$II_e(c+\Delta c)$ 与 $I_e(v+\Delta v+m/x)$、$II_e(v+\Delta v+m/x)$］。

由此，可以得到促进国民经济顺利循环的以下实现条件：

$$I(c+v+m) + I_i = [I(c+\Delta c) + II(c+\Delta c)]$$
$$+ [I_e(c+\Delta c) + II_e(c+\Delta c)] \qquad (5-4)$$

公式（5-4）表明：国内生产资料和服务供给与国外进口增加的生产资料和服务供给，必须满足国内市场需求和出口需求所构成的总需求。其中，国内市场需求或［$I(c+\Delta c)$、$II(c+\Delta c)$］，是指以国内市场为指向进行扩大再生产过程中所需要的生产资料和服务及其追加部分；出口需求或［$I_e(c+\Delta c) + II_e(c+\Delta c)$］，是以出口为指向进行扩大再生产过程中所需要的生产资料和服务及其追加部分。

$$II(c+v+m) + II_i = [I(v+\Delta v+m/x) + II(v+\Delta v+m/x)]$$

$$+ \left[\text{I}_e(v + \Delta v + m/x) + \text{II}_e(v + \Delta v + m/x) \right] \quad (5-5)$$

公式（5-5）表明：国内消费资料和服务供给与国外进口增加的消费资料和服务供给，必须满足国内市场需求和出口需求所构成的总需求。其中，国内市场需求或 $\left[\text{I}(v + \Delta v + m/x) + \text{II}(v + \Delta v + m/x) \right]$，是指以国内市场为指向进行扩大再生产所需要的消费资料和服务及其追加部分；出口需求或 $\left[\text{I}_e(v + \Delta v + m/x) + \text{II}_e(v + \Delta v + m/x) \right]$，是以出口为指向进行扩大再生产过程中所需要的消费资料和服务及其追加部分。

在国民经济循环中，国内循环与国际循环是相互交织的。在国内国际双循环的背景下，国民经济循环的顺利进行不仅取决于公式（5-2）和公式（5-5）所揭示的总量平衡关系能否满足，还取决于三个交换关系能否有效实现。一是 $\text{I}(c + \Delta c)$ 和 $\text{I}_e(c + \Delta c)$ 能否在第一部类内部通过交换实现价值并补偿实物。二是 $\text{II}(v + \Delta v + m/x)$ 和 $\text{II}_e(v + \Delta v + m/x)$ 能否在第二部类内部通过交换实现价值并补偿实物。三是两大部类之间的交换，即第一部类的 $\text{II}(c + \Delta c)$ 和 $\text{II}_e(c + \Delta c)$，在实物形态上是消费资料和服务，但需要补偿的却是生产资料和服务。同样，$\text{I}(v + \Delta v + m/x)$ 和 $\text{I}_e(v + \Delta v + m/x)$，在实物形态上是生产资料和服务，但需要补偿的却是消费资料和服务，因此，第一部类的 $\text{I}(v + \Delta v + m/x)$ 和 $\text{I}_e(v + \Delta v + m/x)$，必须和第二部类的 $\text{II}(c + \Delta c)$ 和 $\text{II}_e(c + \Delta c)$ 进行等价交换，即公式（5-6）：

$$\text{I}(v + \Delta v + m/x) + \text{I}_e(v + \Delta v + m/x) = \text{II}(c + \Delta c) + \text{II}_e(c + \Delta c)$$
$$(5-6)$$

我们可以进一步将国际循环区分为国际大循环和小循环。所谓国际大循环，它与全球或世界经济循环是同一概念，是全球或世界经济范围内社会再生产各环节既相互联系又相互制约并形成的持续、不断往复的经济关系。在国际大循环中，每个国家或地区内部的经济循环都只是其中的组成部分之一，并在大循环的某个或几个节点上发挥作用。所谓国际小循环，是针对某个特定国家或地区而言的，是这些国家或地区在与其他国家或地区产生的循环往复的国际经济联系，国（地区）与国（地区）之间一定时期内保持进口（$\text{I}_i + \text{II}_i$）与出口（$\text{I}_e + \text{II}_e$）在总量和结构上的大致平衡，是国际小循环有效运行的基本条件。研究外部发展环境，必须联系国际大循环，而研究国民经济循环中的比例关系，则主要以国际小循环为对象。

在国际循环介入国民经济循环分析框架下，从实现条件的分析中还可以发现，一个国家或地区经济发展规模和市场空间越小，对国际循环的依赖性越大，而要形成以国内大循环为主体、国内国际双循环相互促进的新发展格局，需要满足诸多条件。除了上述从静态角度分析得出的三种交换条件能否满足，也就是两大部类内部、两大部类之间的总量、结构和比例关系能否得到遵循外，从动态角度分析，还取决于能否消除国际循环介入国民经济循环后对国内循环产生的负外部性或风险。一是总量失衡的风险，也即公式（5-4）、公式（5-5）中（$I_i + II_i$）与（$I_e + II_e$）的比较，或者进出口中过大的贸易差额所引发的贸易摩擦及其风险，在民粹主义、逆全球化和保护主义抬头的时期，这一风险就会变成现实。二是结构失衡的风险，主要是公式（5-4）中的 I_i。尽管生产资料和服务的进口能够弥补国内供给数量短缺、产品质量或技术等方面的不足，以及发挥技术学习和技术扩散效应，但客观上会对国内生产资料供给 I（$c + v + m$）产生挤出效应，更为重要的是，国内需求者有可能产生对 I_i 的依赖性，在关键技术、关键零部件和关键生产工艺领域有可能产生受制于人的现象，严重时会产生因供应链的断裂而引发系统性风险。三是面对贸易摩擦风险，出口的生产资料和服务 I_e 转化为国内两大部类 I、II 对（$c + \Delta c$）需求的可能性和能力，以及出口的消费资料和服务 II_e 转化为国内两大部类 I、II 对（$v + \Delta v + m/x$）需求的可能性和能力，实际上也就是国内市场应对国际市场替代性和应对国际市场风险的韧性。

我国提出构建以国内大循环为主体、国内国际双循环相互促进的新发展格局，既有世界百年未有之大变局引致国际循环面临巨大不确定性的影响，也有中国作为大国和化解国内结构性矛盾的考量，是当下谋划城乡产业一体化的宏观场景。一般而言，中心城市是一个地区的政治、经济、科技、教育、文化中心，是先进制造业和服务业的中心，而县域尤其是乡村则是农业生产和劳动密集型、自然资源型产业的基地。因此，在国民经济循环中，中心城市一般在第一部类发挥主体作用，而县域尤其是乡村的作用空间主要在第二部类。在我国，中心城市与县域、乡村在两大部类中的地位和在国民经济循环中的具体定位，经历了较大的变化。从新中国成立到1978年改革开放前夕，国内是高度集中的计划经济体制所形成的国民经济循环单一结构——国内经济循环或内循环。在工业优先发展战略下，中心城市重点发展工业和服务业，而县域、乡村则主要发展农业及其与农业、农民相关的生产加工业和服务业，城乡分工与工农产业分工基本一致。改革开放以来，我国逐步建立了国内国际双循环结构。其中，又经历了三个发展阶段。

第一阶段，1978~2001 年，国民经济双循环结构形成期。这一阶段国内循环的重点是，为实现人民由温饱到基本小康社会的目标，围绕扩大市场在资源配置中的作用而展开。从改革之初的高度集中的计划经济体制，到 1984 年提出公有制基础上的社会主义商品经济，到 1992 年提出建立社会主义市场经济体制，再到 2000 年初步建立社会主义市场经济体制框架，国内循环发展规模不断扩大，初步形成了以市场为主体的运行结构。与市场化改革步伐相适应，传统体制下城市主要发展工业、农村主要发展农业的旧分工格局出现了巨大调整。受中心城市土地、劳动力资源数量、成本约束等因素的影响，工业内部城乡分工加速推进，县域、乡镇劳动密集型、资源密集型产业得以高速发展，尤其是乡镇企业的发展，开启了具有中国特色农村工业化发展道路。由此，中心城市在生产资料部类中的主导地位进一步巩固，而县域、乡村在消费资料部类领域得到极大拓展。县域不仅成为农副产品主要供给者，而且逐步成为日用工业制成品的主要来源地，从而对中国特色国民经济双循环结构的形成产生了重大影响。在这一阶段，国际循环的形成是从对外经济贸易和利用外资起步的，逐步成为国民经济循环的新动能。从 1978 年到 1984 年，我国进出口总额从 355 亿元人民币增长到 1201.2 亿元，增长了 3.38 倍，总体规模不大，而且县域、乡村在其中扮演了重要角色。例如，在 1984 年的出口份额中，农产品、食品、轻纺织产品和矿产品等初级产品占 45.6%。① 从 1984 年开启对外开放大幕到 2001 年，国际循环规模持续扩大，2001 年我国进出口额达到 5093 亿美元，在 1985 年的基础上又增长了 7.3 倍，而且国际循环结构发生了深刻变化。主要体现在：1990 年开始逆转 1984 年以来出现的贸易逆差，正式开启了长期顺差的对外贸易格局；1996 年，我国机电产品出口占出口额的 31.9%，成为出口中第一大类商品，到 2001 年，这一份额进一步上升到 44.6%，高新技术产品所占份额占 17.5%；形成了以中心城市为主体、

---

① 数据来源：《中华人民共和国 1984 年国民经济和社会发展统计公报》。本节以下部分中未注明出处的数据，均来自当年度的国民经济和社会发展统计公报。

县域和乡村为补充的国际循环基本架构。

第二阶段，2001 年中国加入世界贸易组织到 2012 年，国内国际双循环双轮驱动且国际循环潜能充分发挥的时期。2001 年，我国正式加入 WTO，同时美国开始专注在全世界范围内反恐，客观上为我国创造了宽松的对外贸易环境，我国迎来了分享全球化红利的战略机遇期，出口成为刺激国民经济增长的强大引擎。在 2001～2011 年十年间，我国进出口额达到 36421 亿美元，比 2001 年增长了 7.2 倍。更为关键的是，出口份额中机电产品从 2001 年的 44.6% 上升到 57.2%，高新技术产品则从 17.5% 上升到 28.9%。以上成就既反映了我国改革开放的不断深入和工业化水平的不断提高，也表明中心城市在国民经济循环中成为绝对的主体，开始发挥主导作用，决定着我国参与国际循环的基本方向。

第三阶段，2012 年党的十八大开启中国特色社会主义新时代以来，我国国民经济循环进入向新发展格局转型的时期。一方面，2008 年由美国次贷危机引发的全球金融危机和欧洲主权债务危机，极大地刺激了西方世界民粹主义、贸易保护主义抬头，中国的迅速崛起也使以美国为首的西方发达国家的忌惮日益加重。在世界大变局中，遏制中国发展的思潮强烈反弹。由此，我国的国际经济贸易环境发生了巨大变化，国际循环阻力加大、摩擦不断。另一方面，为应对全球金融危机，我国自 2008 年以来实施的一系列经济刺激计划的后遗症逐步暴露，经济发展中的结构性矛盾频发，国内循环不畅问题也日益突出。2012～2019 年，我国在逆境中仍然保持了对外经济贸易的较快增长，2019 年进出口额达到 315504 亿元，比 2011 年增长了 1.3 倍。其中，出口的机电产品份额从 2001 年的 57.2% 提高到 58.4%，高新技术产品所占份额从 28.9% 提高到 29.3%。尽管国际循环增速明显放缓，标志工业化发展水平和出口质量的相关指标只是微幅增长，但国民经济双循环结构和基本态势并没有发生根本性变化。但是，2020 年暴发的全球新冠疫情，再次将世界变局和全球经济发展的不确定性推向高潮。中国发挥制度优势取得了疫情防控阶段性胜利，在 2020 年世界主体经济体中成为唯一保持正增长的大国，既巩固和提升了我国在国际大循环中的地位，但又增加了西方世界的不安情绪。2019～2021 年，以美国为首的西方国家对华贸易、科技、金融、意识形态等领域肆无忌惮地制造摩擦或抹黑，并在涉台、涉港、涉疆、涉藏问题上连续打出"组合拳"，我国必须立足我国超大规模市场优势，紧抓扩大内需战略基点，加快构建以国内大循环为主体、国内国际双循环相互促进的新发展格局。

新发展格局的实质是要抓住扩大内需的战略基点，解决好供需不平衡不匹配问题，提升供给体系与国内需求适配性，以需求牵引供给，以供给创造需求，建立更高水平的供需动态平衡。为此，需要中心城市和县域、乡村，在国内国际双循环、社会再生产过程、第一部类与第二部类之间及其内部、供给与需求之间等领域，既加强分工又加强协作。在新发展格局形成过程中，中心城市产业嵌入县域，不只是传统产业之间的分工，更主要的是，为积极应对内外部环境的变化、畅通国内大循环和国际循环，在再生产诸环节、产业内部，甚至产品生产关键环节和领域，实现优势互补、短板加长、相互促进和共同提升。

二、新型城镇化战略布局

城乡产业融合、一体化发展，与国家中心城市、县域（县城、重点镇）的空间布局密切相关。2013 年中央城镇化工作会议，我国开启了新型城镇化建设的新步伐。根据中共中央和国务院印发的《国家新型城镇化规划（2014－2020 年）》精神，发展集聚效率高、辐射作用大、城镇体系优、功能互补强的城市群，使之成为支撑全国经济增长、促进区域协调发展、参与国际竞争合作的重要平台，成为我国城镇化发展的战略取向。同时，提出了"构建以陆桥通道、沿长江通道为两条横轴，以沿海、京哈京广、包昆通道为三条纵轴，以轴线上城市群和节点城市为依托、其他城镇化地区为重要组成部分，大中小城市和小城镇协调发展的'两横三纵'城镇化战略格局"[①] 的战略构架。

中心城市支持县域、乡村产业发展，首先需要明晰城市群中核心城市与外围城市、大中小城市之间的功能定位。在理论上，城市群内部的城市之间，或者存在高度联系的城市之间的产业分工主要有三种形式。第一种形式为初级形式的城市间工业水平分工。这一分工通常是在生产力发展水平较低时产生的以生产制造业为主体的工业内部分工。在这种分工下，各城市处于轻工业和重化工业内部的不同领域，存在工业行业间分工和工业

---

① 国家新型城镇化规划（2014－2020 年）[M]. 北京：人民出版社，2014.

产品差异，但技术含量和迂回生产程度都较低，存在一定程度的同质化竞争，对服务业尤其是生产性服务的需求也不大。第二种形式是城市间工业垂直分工。城市群中或少数非城市群中那些具有区位、交通、技术、人才等比较优势的城市，人口规模、经济规模和综合实力大幅增长而发展成为核心城市或大城市，同时迫于劳动力、土地资源等成本上涨压力而将附加值较低的制造业向外围城市或周边城市转移，重点发展高附加值的高新技术制造业和生产性服务业，从而形成以下分工形态：城市群中核心城市与非城市群中少数大城市，重点发展高新技术制造业和生产性服务业；外围城市或其他中小城市主要从事低技术制造业。第三种形式是城市功能分工，是城市群中核心城市或非城市群中少数大城市在垂直分工的基础上进一步高度发展的结果。在垂直分工发展过程中，核心城市或少数大城市的高技术制造业企业和大企业生产部门难以承受要素成本不断上涨压力，同时外围城市或周边中小城市对生产性服务业的需求越来越强烈，于是出现了核心城市或大城市以生产性服务业为主体、次核心城市重点发展高技术制造业为主体、外围城市以发展一般制造业为主体的功能分工格局。

一方面，三种分工形式可以是不同时期特定城市群内部，或者非城市群中存在高度联系的大中小城市之间的产业分工，也即由起初的工业水平分工为主，演进到以城市间工业垂直分工为主，再发展到以城市功能分工为主。长江三角洲城市群内部城市间的产业分工就是一个典型例证。20 世纪 80 年代，上海、江苏苏锡常和浙江杭嘉湖地区城市大多兼有轻工业和重化工业，而且工业技术水平大致相当，城市间以工业水平分工为主。发展到 20 世纪 90 年代，上海作为长江三角洲城市群的核心城市，其重化工业逐渐向城市群内部的沿江、沿海地区转移，发展重点转向高科技产业、汽车产业，而城市群内部其他城市则重点发展轻工业和与上海主导产业相配套的制造业，垂直分工体系逐步形成。进入 21 世纪以来，城市群内部各城市之间产业分工进一步调整，上海作为核心城市的地位进一步巩固，制造业进一步向周边城市扩散，生产服务业逐步成为主导产业，到 2020 年上半年，上海市生产性服务业增加值占 GDP 比重已经达到 45%。① 与此同时，

————————

① 上海生产性服务业重点领域企业上半年实现营收同比增长 4.5%［N］. 经济日报，2020 - 07 - 08.

城市群内杭州市、南京市逐步发展成为次核心城市，其高科技制造业和生产性服务业专业化功能明显增强，而其他外围城市的制造业专业化功能则明显强化，城市群内部各城市之间产业发展的功能分工格局基本形成。

另一方面，三种形式的分工也可以并存在同一时期的不同城市群之间，以及非城市群中存在高度联系的大中小城市之间。《国家新型城镇化规划（2014－2020年）》从两个层面对我国不同区域和不同规模城市（镇）的产业分工提出了明确的指导性意见。第一个层面，关于城市群产业分工，提出东部地区的京津冀、长江三角洲和珠江三角洲城市群，以建设世界级城市群为目标，继续在制度创新、科技进步、产业升级、绿色发展等方面走在全国前列，加快形成国际竞争新优势，在更高层次参与国际合作和竞争，发挥其对全国经济社会发展的重要支撑和引领作用；引导人口和产业由特大城市主城区向周边和其他城镇疏散转移。[1] 东部地区其他城市群，重点壮大先进装备制造业、战略性新兴产业和现代服务业，推进海洋经济发展；充分发挥区位优势，全面提高开放水平，集聚创新要素，增强创新能力，提升国际竞争力。[2] 中西部地区，加快培育成渝、中原、长江中游、哈长等城市群，使之成为推动国土空间均衡开发、引领区域经济发展的重要增长极；在产业发展上加大对内对外开放力度，有序承接国际及沿海地区产业转移，依托优势资源发展特色产业，加快新型工业化进程，壮大现代产业体系；强化城市分工合作，提升中心城市辐射带动能力，形成经济充满活力、生活品质优良、生态环境优美的新型城市群；依托陆桥通道上的城市群和节点城市，构建丝绸之路经济带，推动形成与中亚乃至整个欧亚大陆的区域大合作。[3] 第二个层面，关于不同规模或层次城市（镇）的产业分工，沿海中心城市要加快产业转型升级，提高参与全球产业分工的层次，延伸面向腹地的产业和服务链，加快提升国际化程度和国际竞争力；内陆中心城市要加大开发开放力度，健全以先进制造业、战略性新兴产业、现代服务业为主的产业体系，提升要素集聚、科技创新、高端服务能力，发挥规模效应和带动效应；区域重要节点城市要完善城市功能，壮大经济实力，加强协作对接，实现集约发展、联动发展、互补发展；特大城市要适当疏散经济功能和其他功能，推进劳动密集型加工

---

[1][2][3]　国家新型城镇化规划（2014－2020年）[M]. 北京：人民出版社，2014.

业向外转移。① 对中小城市，加强产业和公共服务资源布局引导，提升质量，增加数量，鼓励引导产业项目在资源环境承载力强、发展潜力大的中小城市和县城布局，依托优势资源发展特色产业，夯实产业基础。对于小城镇，要推动小城镇发展与疏解大城市中心城区功能相结合、与特色产业发展相结合、与服务"三农"相结合。② 由此可见，我国东中西城市群之间、大中小城市与小城镇之间既存在产业水平分工和垂直分工，也存在功能分工，总体来看，不同区域城市之间的水平分工和垂直分工越来越明显，而城市群内部各城市之间、非城市群中有高度联系的大中小城市之间越来越趋向功能分工。

中心城市产业嵌入，支持县域、乡村产业发展，既要结合中心城市区位、发展水平及其在城市群内部或城市之间产业分工中的地位、功能，又要根据县域县城、重点镇和乡村产业发展需求，因地制宜、因时制宜选择产业嵌入方式。

三、新场景下产业嵌入需求

科学把握新场景下中心城市在双循环中的功能分工和产业发展定位，促进中心城市与县域之间产业功能分工，是中心城市产业有效嵌入县域、乡村的前提。在县域层面，根据新场景准确定位产业嵌入需求，则是产业有效嵌入的关键。这一需求既包括适合所有县域的一般需求，也包括特定县域的特殊需求。在此主要研究县域的一般需求。

县域对中心城市的产业嵌入需求可以分别从两个层面分析。

第一层面，产业嵌入更加有利于新发展格局形成和共同富裕目标的实现。

一方面，产业嵌入更加有助于国民经济双循环格局形成及其有效、安全运行。在双循环中，县域是 $I(c+v+m)$ 中初级产品或基础原材料的主要供给者，而在 $II(c+v+m)$ 中则是粮食、农副产品和普通工业消费品的主要供给者。改革开放以来，尽管县域在 GDP、生产资料和服务出口或 I_e、消费资料和服务出口或 II_e 中所占的份额呈现下降趋势，但县域产业尤其是农业具有基础性、战略性，关系到粮食安全、产业安全、社会安全

①② 国家新型城镇化规划（2014 – 2020 年）［M］. 北京：人民出版社，2014.

甚至国家安全。县域经济在国民经济中具有"共和国的基石""统筹城乡发展的枢纽和联结点""建设社会主义新农村的平台和主战场"（陈剑波，2002；陈栋生，2004；张晓山，2007；孟宪江，2009）等功能。但是，我国县域产业尤其是农业在市场化、国际化中具有脆弱性。面对国际循环中进口所增加的供给（即生产资料和服务的进口 I_i、消费资料和服务的进口或 II_i），尽管有平衡国内需求和保证国内大循环连续运行的作用，但也会对 $I(c+v+m)$、$II(c+v+m)$ 供给中处于竞争劣势的县域产业及其产品和服务供给产生更大的挤出效应。一旦爆发重大公共事件，这种脆弱性有可能迅速演化为市场动荡、社会不稳定甚至重大危机。2018 年以后不断升温并加剧的中美贸易战，以及 2020 年以来的全球新冠疫情，证明了在中国这样一个大国构建国内大循环为主体发展格局的重要性，也证明了饭碗端在自己手中的必要性。对于我国来说，如果说中心城市承担着畅通双循环发展格局中关键核心技术堵点的话，那么，县域承担着夯实双循环格局基石的作用。因此，中心城市的产业嵌入必须有助于克服县域产业尤其是农业的脆弱性，提高县域产业尤其是农业在双循环中供给力、竞争力和抵御自然风险、国际市场风险的能力，增强产业发展韧性。

　　另一方面，产业嵌入更加有助于促进县域居民尤其是农民共同富裕，促进县域居民消费需求持续增长。共同富裕既是形成新发展格局的根本目的，同时，基于共享发展的共同富裕也是形成新发展格局的手段。因为，新发展格局形成的战略基点是具有巨大潜力的国内需求及由此形成的超大规模国内市场，而国内需求的持续释放关键还取决于居民收入水平的不断提高和共享发展程度。当前及今后相当长一段时期，这一战略基点的瓶颈或薄弱环节主要在县域，尤其是农村及其农民。即使我国城市化率达到70％，仍然有 4 亿~5 亿农民，这决定了县域产业发展必须与劳动力就业、居民收入增长和消费力激活有机结合起来。改革开放以来，我国经济高速发展的一条重要经验就是在农村改革的基础上推进工业化、城镇化，大力发展现代服务业。[①] 在形成双循环新发展格局过程中，中心城市产业嵌入既需要遵循产业发展内在需要，更需要结合县域实际及其需求，优先发展能使县域居民有效参与并分享发展成果的富民产业、富民经济，不断提升

---

① 林毅夫．中国发展带来的几点启示［N］．人民日报，2019 - 08 - 13.

城乡居民全面发展水平。

第二层面，产业嵌入更加有利于新型城镇化战略布局的实现。在新型城镇化战略布局中，不同类型的中心城市具有不同的功能定位，在支持县域产业发展中也就有不同的供给。而从县域尤其是县域城镇角度看，处于不同条件、发展水平或发展阶段的城镇对产业嵌入需求会有所不同。一般而言，县域城镇的产业嵌入需求主要包括两个方面。

一方面，从整体看，产业嵌入更加有助于县域城镇成为新型城镇化战略布局中不可或缺的经济节点。在新型城镇化战略布局中，县域城镇都是一个个空间节点，但这些空间节点能否成为重要的经济节点，不仅取决于城镇自身的空间布局，而且与人口布局、产业布局密不可分。其中，城镇产业发展及其布局是县域城镇成为经济节点的物质基础。县域城镇在空间上是中心城市与乡村的桥梁或枢纽，在产业发展上既参与新型城镇化体系内部的产业分工，又肩负着支持农村产业发展并引领县域内部城乡产业一体化发展的双重功能，县域内部县城、①重点镇、一般镇与乡村之间的产业发展也存在着功能分工。因此，中心城市产业嵌入县域，不能只考虑由中心城市主导的产业链、供应链和价值链进行产业嵌入，也要从县域城镇连接城乡、主导县域内部城乡产业功能分工和一体化发展的视角谋划产业嵌入。通过中心城市的产业嵌入，促成县城作为县域内部城乡融合关键支撑功能的提升，促进农村重点城镇经济节点功能的不断加强，既是中心城市功能疏解尤其是产业发展功能疏解地，又成为服务"三农"的产业和区域特色产业的聚集地。

另一方面，从县域内部看，产业嵌入更加有助于促进县域内部新型工业化、信息化、城镇化、农业现代化的融合发展（简称"四化融合"发展），提升县域内部城乡融合、一体化发展水平。经过40多年改革开放，我国县域经济发展已经跨越了低水平均衡发展阶段，目前中心城市与县域、县域内部城镇与乡村之间存在的发展非均衡，是向现代化或高水平均衡过渡中的必然现象。在新科技革命新经济背景下，为加速非均衡向高水

---

① 2022年5月，中共中央办公厅、国务院办公厅印发了《关于推进以县城为重要载体的城镇化建设的意见》和《乡村建设行动实施方案》等文件，突出强调"县城是城乡融合发展的关键支撑"，强调通过县域城乡融合赋能乡村振兴。

平均衡过渡，我国选择了"四化融合"、互动发展之路。其中，新型城镇化的核心是"人的城镇化"。在县域内部，农业现代化是将农业劳动力从土地的束缚中解放出来的根本途径，也是县域城镇化的动力——新市民的主要来源；而县域城镇通过工业化为农业转移劳动力提供新的就业岗位，通过信息化不断促进产业融合发展并创造新产业和新的就业机会，通过网络化、数字化、智能化不断提升县域城镇的现代服务功能，则是吸引农业转移劳动力就地城镇化而非大规模向中心城市聚集的关键。因此，中心城市的产业嵌入只有符合县域内部"四化融合"和产业融合发展的需要，才有可能真正实现新型城镇化战略布局中产、城（镇）与人的良性互动和有机统一，才能推动中心城市、县域城镇、乡村之间产业功能分工、协同发展和一体化发展。

综上所述，新的发展场景下，中心城乡产业嵌入县域、乡村，基于农业在国民经济中的命脉及其在双循环中的脆弱性，产业嵌入必须有助于增强农业发展韧性，夯实国内大循环的基础；基于新的发展场景和新科技革命新经济发展趋势，产业嵌入必须有助于县域产业之间融合发展，形成产业改造、升级和创新相互促进新局面；基于县域城镇在新型城镇化战略布局中的功能定位，产业嵌入必须有助于促进新型城镇化体系内部产业功能分工、县域内部"四化融合"与产业聚集，形成产、城（镇）与人协同发展、一体化发展的重要经济节点；基于以人民为中心的新发展理念，产业嵌入必须有助于促进县域富民产业、富民经济的发展，形成县域居民尤其是农民共同参与并共享发展成果的新格局。

第二节　农业产业韧性

在国内大循环中，目前我国农业主要有两种生产体制，即面广量大的基于农村土地集体所有制并采取家庭联产承包责任制的农户生产体制，以及数量较少但生产高度组织化、企业化、现代化的国有（集体）农场体制。我们所说的农业的脆弱性或韧性，是就前一种生产体制而言的。在我国现阶段双循环格局形成过程中，与非农产业相比，农业脆弱性更强；而与国有（集体）农场体制相比，农户生产体制的脆弱性更强。提升农业产业韧性，需要通过产业嵌入变革农户生产体制下脆弱性生成的内外部环境。

一、农户体制下的农业脆弱性

韧性，以及与此相对应的脆（弱）性，都是从物理学中引入的范畴，其本义是说明材料在断裂前吸收能量和进行塑性变形的能力，一般以冲击强度的大小、晶状断面率来衡量。在材料断裂前，如果其吸收能量和进行塑性变形的能力越强，则表明其韧性越好，出现脆弱性断裂的可能性也就越小；反之，则说明韧性差，或者脆弱性强。经济学引入韧性，主要是用来说明面对内外部各种环境变化，国民（地区）经济、产业或行业、企业抵御风险，防止经济大起大落甚至硬着陆、产业链断裂或企业破产的能力，特别是指面对危机的经济恢复能力。

农业产业脆弱性的生成可以沿着数量和质量两个方向来分析。

第一个是数量方向，即国内粮食供给无法满足粮食需求所引起的粮食安全问题。对于中国这样一个占世界人口 1/5 的发展中大国，确保粮食安全是畅通国内大循环的底线，也是保证有效参与国际循环的底气。但是，要守住这个底线并不容易。这里既有我国属于自然灾害频发、耕地占比较低且高产耕地占比不高等自然因素，也有工业化、城镇化高速发展对耕地占用需求越来越大的经济社会因素，还有粮种技术支撑不足的因素。例如，我国水稻、小麦已能够采用自主选育品种且产量不低，但玉米、大豆等国产种子的单产水平还只有世界先进水平的 60% 左右。[①] 面对农业产业的脆弱性，进入 21 世纪以来，国家十分重视如何守住底线问题。从 2004 年以来连续出台 18 个鼓励和支持"三农"发展的中央一号文件，2013 年 12 月中央农村工作会议提出了"四个最、一确保、一坚守"方针，[②] 2021 年中央一号文件对粮食生产提出了坚决守住 18 亿亩[③]耕地红线、粮食产量达到 1.3 万亿斤[④]以上、加强制种基地和良种繁育体系建设等具体的目标任务。克服农业脆弱性或增强农业产业韧性，重点是国家层面如何加强顶

---

① 给粮食生产加把劲［N］. 人民日报（海外版），2021-03-25（7）.
② 即用最严谨的标准、最严格的监管、最严厉的处罚、最严肃的问责，确保广大人民群众"舌尖上的安全"，坚守 18 亿亩耕地红线。
③④ 此处的单位均保留原文说法，未做改动。

层设计、法律政策管控、科技投入等，而县域层面则是保证国家政策落地生根。

第二个是质量方向，即由于生产技术支撑不足、要素生产率不高、产品质量不优、经济效益不佳、农民激励不够引起的农业产业脆弱性，是县域层面所面临的主要难题。农业不仅事关能否守住"舌尖上的安全"的底线，保证中国人的饭碗始终端在自己的手里，在社会主义市场经济下，而且还关系到农民的"腰包"问题，即通过农业生产经营，促进农民收入增长和生活富裕。这里不仅涉及粮食生产数量问题，而且涉及生产质量、效率和效益等问题。在我国现行农户生产体制下，农业产业在质量方向层面脆弱性的外在表现形式是：就农户整体而言，产量不增收入肯定不增长，也即"歉产必定歉收"；即使丰产收入也未必增长，即"丰产未必丰收"。隐藏在这一外在表现形式背后的实质，不是数量矛盾而是质量矛盾，即农户作为生产者自身的质量及其生产效率、效益问题，归根结底是农户自身的脆弱性。从农户生产环节先后次序来看，农户的脆弱性主要体现在三个方面。第一，在农业生产资料市场上，农户作为高度分散的、缺乏谈判能力的生产资料需求者，面对高度市场化的生产资料供给者所体现出来的弱势性，即无论是农业生产种子、生产工具，还是农药、化学肥料等，单个农户都只是市场价格的被动接受者，尽管国家提供农业生产资料补贴，但农业生产成本仍然居高不下。第二，在农业直接生产环节，农户在自我指挥下从事小规模生产，面对国内外专业化、规模化程度较高的农业工业化生产具有明显的弱势性，包括技术效率、劳动效率、土地效率和产品质量不优等。第三，在农产品市场上，分散的单个农户所提供的农产品和服务在市场上微不足道，在与大市场对接尤其是与农业企业竞争中处于明显的劣势地位。

从农业产业脆弱性的生成逻辑中可以发现，克服农业产业的脆弱性，单纯依靠县域力量尤其是依靠农户自身难以解决问题，必须借助外部特别是中心城市、政府的力量。其中，农户生产组织形式升级和生产服务业嵌入是主要方向。

二、农户生产组织形式升级

在现阶段，土地家庭承包式的农户生产体制符合中国基本国情，在一定时期内必须坚持，但这并不等于这一体制十全十美。与高度集中的计划经济体制下的大集体生产相比，农户生产体制的最大优点是更加直接的利益刺激，即自身或家庭收益（成）最大化而激发了农民个体及其家庭成员强大的内生动力。但是，这一体制也有明显的缺陷，即在高度社会化生产条件下放弃了协作、联合劳动或结合劳动所创造的集体力或"特殊生产力"，"劳动者在有计划地同别人共同工作中，摆脱了他的个人局限，并发挥出他的种属能力"。[①]

进入 21 世纪以来，为克服农户生产体制的缺陷，在坚持土地承包经营制度的前提下，农村内部的农户生产组织形式出现了两大变化。一种变化主要是劳动数量或规模性变化，即以种粮大户、专业大户和初级的家庭农场为主要形式的农户生产方式创新。20 世纪 90 年代以来，在家庭承包的基础上，随着市场化改革推进和农村劳动力大规模转移，出现了种粮大户和各种形式的专业大户。与分散农户相比，劳动的数量、规模得到扩大。进入 21 世纪以来，开始出现家庭农场的形式。2008 年党的十七届三中全会有关《中共中央关于推进农村改革发展若干重大问题的决定》，首次确认家庭农场是一种重要的农业规模经营主体，农业部于 2014 年 2 月出台了《农业部关于促进家庭农场发展的指导意见》。根据《新型农业经营主体和服务主体高质量发展规划（2020—2022 年）》，到 2018 年底，我国家庭农场达到近 60 万家，其中县级以上示范家庭农场达 8.3 万家。[②] 但是，我国的家庭农场与西方有所不同，是一种建立在土地集体所有制性质不变、土地家庭承包经营制度不变前提下的以家庭成员为主要劳动力，从事农业规模化、集约化、商品化生产经营，以农业收入为家庭主要收入来源的新型农业生产经营形式，具有"家庭经营、规模适度、一业为主、集约生产"的特征。[③] 它实质上是种养大户、专业大户的升级形式，既可以获得一定的规模经济性，又在一定程度上获得协作带来的好处，还避免了更大规模农业生产带来的劳动力监督、复杂治理体系下成本过大的问题。

另一种变化是劳动性质的部分质变，即由分散劳动转向新型合作劳

① 马克思恩格斯文集：第 5 卷 [M]. 北京：人民出版社，2009：382.
② 中华人民共和国农业农村部官网（http://www.moa.gov.cn/），2020 - 04 - 23.
③ 李江一，秦范. 如何破解农地流转的需求困境？——以发展新型农业经营主体为例 [J]. 管理世界，2022（2）：6，84 - 99.

动，其主要形式是在农村广泛兴起的各种类型的农业专业合作社。根据2019年农业农村部的推介，其主要形式有党支部领办扶贫类、粮食规模经营类、农产品加工销售类、三产融合类、农机服务类、品牌果蔬经营类、生产供销信用"三位一体"类、"资源变资产、资金变股金、农民变股东"等"三变"改革类、农民合作社联合社类九类24种典型形式。根据《新型农业经营主体和服务主体高质量发展规划（2020—2022年）》，2018年底，全国依法登记的农民合作社达到217.3万家，辐射带动了全国近一半的农户，发挥了组织服务农户重要载体、激活农村资源要素重要平台和维护农民权益重要力量的功能。从农民合作社性质看，它是基于农村家庭承包经营，农产品生产经营者、农业生产经营服务提供者、利用者等自愿联合、民主管理的互助性经济组织。与分散的农户相比较，其劳动的性质发生了一定程度的质变，主要是其中的部分农业专业合作社已经由个体或家庭分散的、自我指挥式的劳动，转向有一定分工、协作和组织指挥的劳动，劳动效率得到了较大提高。

与分散的农户生产相比较，农村内部农户生产组织形式，无论是数量变化，还是部分性的质变，都是适应生产力发展要求的促进机制。但是，在新的经济发展场景下，这些农户生产组织形式的调整还难以完全适应新场景变化的要求。因为，这种调整主要还是在农村内部展开的，仍然属于挖掘内源性动力的范围，难以有效吸引外源性动力，与市场化要求存在着矛盾，很难有效解决由相对封闭引致的"为谁生产"困惑，以及由内部资源在数量、质量上的短缺所引致的配置效率瓶颈。所以，农户生产组织形式仍然需要根据生产力发展要求适时变革、创新和升级，其基本方向是建立开放格局，促进农村外部尤其是中心城市外源性动力的嵌入，基本形式是在"农户＋农民合作社"基础上构建以"农户＋农民合作社＋X"为主导的新型生产组织方式。其中，"X"既可以是县域内部但属农村外部的外源性动力，也可以是源于中心城市的外源性动力。在中国现阶段及今后相当长一段时期，这种外源性动力的主体是有组织的企业或公司，也包括政府和社会力量。在"X"为公司的情形下，其中，吸引中心城市公司的嵌入又是促成农户生产组织升级的重要途径。

基于中国国情尤其是农业生产的脆弱性，在社会主义市场经济体制下，农业生产领域面临着不能依赖资本但又离不开资本的矛盾。为此，我国现阶段对社会资本进入农业领域实施了比较严格的准入清单制度。准入清单的范围不是固定不变的，通常会适时调整，而且总体呈现准入范围扩大的趋势。在这一背景下，一方面，农户生产组织形式的升级，必须坚持以"农户+农民合作社+X"为主导，也即必须充分发挥农民合作社在农户与公司之间的组织、引导、桥梁纽带和利益保护作用，这是20世纪80年代中后期实施"农户+公司"形式得到的重要启示。在"农户+公司"下，龙头企业在带动农民学习生产技术、规避市场风险和规模经营增收等方面确实能起到积极作用，但这一模式下农户与公司之间实力悬殊、组织性不一、话语权或谈判能力差异等，往往会引致契约精神失守和农户利益受损。因此，在弱势农户与强势公司或资本中间，必须有农民合作社这一农民联合体或平台，以平衡不对等甚至完全失衡的市场力量，维护处于劣势方的农户基本权益。另一方面，在准入清单制度下，"X"的选择，特别是社会资本类公司或商业性公司嵌入，需要考虑等量资本获取等量利润的原则。但无论是商业类公司还是公益类公司的嵌入，也无论是市场力量还是政府力量或社会力量的引进，都必须坚持以改善农户生产的脆弱性（饱受为谁生产或有效衔接市场的困扰、资源配置效率低、生产成本高或附加值低、农户获得感差等）为前提条件。这是"农户+农民合作社"升级为"农户+农民合作社+X"的基本准则，也是增强农户生产体制下农业产业韧性的关键。

当"X"为公司的条件下，面对资本准入清单制度，农户生产组织形式的升级或农户生产体制下农业产业韧性的增强，可以吸引中心城市两种类型公司的嵌入。一类是嵌入解决农产品市场去向的公司。在市场经济条件下，农户的商品生产必须以市场需求为导向，科学决策农产品生产种类、规模、方法。根据农产品的市场去向，一般通过中介营销渠道间接进入消费环节，或者通过与终端消费企业签订协议直接进入消费环节，或者对农产品进行就地深加工。结合我国乡村实际，中心城市嵌入的公司主要包括农产品营销企业和数字平台企业，重点鼓励和支持面向广大市场消费者的国有粮食企业和公益性平台公司与农民合作社合作，促进农户与市场有效对接；农产品终端消费类大中型企业（中心城市中央厨房型企业；对农产品需求具有规模性、集中性和持续性的大中型企事业单位等）通过定向定点生产，降低市场不确定性风险；农产品深度加工企业，特别是对那些经常性滞销的农产品、季节性特别强的农产品进行深加工，是规避风险和提高农产品附加值的重要途径。另一类是嵌入有助于农业产业融合发展的公司或产业。在新科技革命新经济背景下，农业产业融合发展是提高农业资源配置效率和农户收益的主要途径之一。但是，农户自身缺乏融合其他产业要素的能力，而农民合作社也不完全具备促进农业融合发展的资本、人才和技术条件，因此，在资本准入清单框架下，促进中心城市占优势的商贸、文化娱乐、旅游产业有序嵌入乡村，促进农产品生产资料供给、生产、销售环节的融合，促进生态农业、旅游农业、休闲观光农业和乡村文化产业的发展，具有必然性。

"X"，也可以而且应该包括中心城市的政府力量。在城乡二元结构条件下，发挥好中心城市政府的作用，对于提升农户生产体制下农业韧性意义重大。根据《中国共产党农村工作条例》，我国现行农村工作领导体制为中央统筹、省负总责、市县乡抓落实，在行政上多数地区实行市管县的管理体制，具有发挥政府作用的体制优势。从县域内部看，县域直接面对农户、农民，中央也明确要求县委书记应当把主要精力放在"三农"工作上，其有解决"三农"问题的现实压力；县域具有独立的规划、财政、土地等决定或支配权，因而县域政府具有推动农户生产组织升级的能力。在农村工作"五级"领导体制中，市级政府起着承"上"（中央、省）启"下"（县、乡）的作用。从促进"农户 + 农民合作社"升级和保证农户利益角度看，中心城市政府承"上"启"下"功能有效发挥的关键是，保证上级党委的意志特别是政府的各项扶农、惠农政策有效落地。这些政策主要包括：构建中心城市—县域城镇（县城、重点镇)—乡村一体化发展的空间布局规划、城乡聚落规划、公共基础设施建设规划、农业基础设施建设规划和产业发展规划；统筹生态、农业、城镇等功能空间布局，遏制耕地"非农化"，防止"非粮化"，守住耕地红线、底线；加大投入力度，以财政资金投入杠杆，撬动社会资本改造中低产田，建设旱涝保收、高产稳产高标准农田，推进农业基础设施现代化改造，提升现代农业科技和物质装备支撑；以构建现代乡村产业体系为目标，以"菜篮子"市长负责制为保证，以中心城市为主要目标市场，依托乡村特色优势资源，打造农业全产业链，立足特色农产品产地初加工、精加工或深加工，建设现代农业产业园、农村三次产业融合发展示范园和科技示范园区、农业现代化示范区、现代林业产业示范区，开展"万企兴万村"行动，推进公益性农产品市场和农产品流通骨干网络建设；以推进现代农业经营体系建设为重点，鼓励和支持中心城市相关市场主体投资建设区域性农业全产业链综合服务中心，与县域、乡村合作，发展壮大农业专业化、社会化服务组织，将先进适用品种、投入品、技术、装备嵌入农户、农民合作社。

"X"还应该包括中心城市的社会力量。"农户＋农民合作社"的升级，农户生产组织性和韧性的增强，需要唤醒分散农户合作生产、社会化生产和现代生产的意识，需要现代知识、农业科技的普及，需要掌握现代生产基本手段和方法。这些除了政府组织、教育、培训等正式制度安排外，还要善于搭建社会参与的平台，发挥中心城市的高校、科研院所，以及工会、共青团、妇联、科协、残联等群团组织的作用，吸引离退休专家、乡贤等社会力量，通过提供智力服务、志愿服务等，完善农户生产社会化服务体系。

三、生产服务业嵌入

农户生产体制下的农业脆弱性还与小农户与大市场的对接困难有关。中国延续几千年的传统农业社会，农民都是自给自足的小生产者，农业生产商品化率极低，农民市场意识淡薄。在新中国成立后的高度集中的计划经济体制时期，农产品统购统销使得中国农民再次游离于市场之外。1978年中国进入改革开放后，农民才真正开始接受市场的洗礼。经过40多年市场化改革，逐步提高了农民的商品生产意识和参与市场的能力，但农民生产的组织形式——家庭（或农户）的微小、分散，决定了其市场地位的弱势性。研究农户生产体制下的农业韧性，既要考虑国家层面的粮食安全，又要保证农户层面的收益不断提高，让农民成为体面职业。从整体、长远层面来看，农民成为体面职业，不只取决于农户收益或农民收入水平的提高，还取决于农民与其他职业者共享公共产品与服务的机会平等和共享水平日趋提高、农户不断分化中生产经营规模经济性不断提高等条件。如果仅从农户收益角度讨论问题，那么，提高生产经营收益则既取决于生产经营收入增加，又取决于生产经营成本降低。其中，农民生产经营收入主要取决于农产品与服务的数量和价格，在土地规模从而农业生产经营产出数量相对一定的条件下，价格是关键因素，而这又由市场决定，由于农户只是市场价格的接受者，依靠农产品与服务价格来提高生产经营收益的空间并不大，因此，降低生产经营成本，是农户生产体制下提高农户收益和增强农业韧性的关键。

实施土地承包经营体制 40 多年来，我国农户生产经营成本的下降主要依靠农业税的减免直到取消，以及粮种、农机具等各种生产资料补贴。国家的农业支持政策是必要的，应当继续坚持和完善，但这些政策尚不能从根本上解决农业生产成本居高不下的问题。我国传统体制下形成的城乡分割体制在农业产业链、价值链的布局上体现为：县域、乡村主要从事农业直接生产活动，而与农业生产经营直接相关的农业生产资料的研发与供给、农业农村金融保险和农产品物流等生产性服务，以及农产品营销等环节则主要集中在中心城市。这种情况不仅影响农业产业链的有效衔接，而且农户始终只能处于农业价值链的低端，难以分享流通等环节的利润，而且需要支付诸多交易成本。因此，在新科技革命、新经济、新业态不断涌现的背景下，结合县域、乡村发展实际，必须直面乡村产业体系、农业经营体系现代化中的短板（即农产品与服务流通体系的不健全、不完善，尤其是县域、乡村生产服务业发展不平衡、不充分），从根本上找到降低农业生产经营成本之道。其中，通过产业政策引导和财政、货币政策支持，鼓励中心城市生产性服务体系向县域、乡村嵌入、延伸、覆盖是关键。

在生产服务业嵌入中，除了前文已经涉及的以交通运输业为中心的基础设施建设、以数据或信息服务业为核心的新基建嵌入外，在农户直接生产经营层面，重点需要解决农户生产经营过程中制约收益提高的两大难题——交易费用贵、融资难问题。一方面，加强农产品物流体系建设，解决农产品流通过程中市场交易费用贵的难题。与工业化产品流通环节标准化、规模化、程序化不同，农产品流通环节非常复杂，包括产地收购、运输、储存、加工、包装、配送、分销，最后送达消费者等众多细节，而且，有些农产品有很高的时效、保鲜要求，需要有适应的流通模式、快捷的物流体系和冷链物流技术等支撑。近年来，人民生活水平提高，消费水平、消费品质和消费方式不断升级，同时随着 2017 年国家"城乡高效配送专项行动计划"的实施，我国农产品物流业总体上呈现出规模不断扩大和农产品冷链物流发展不断提速之势，而农产品流通市场也呈现出农产品批发市场集团化、农产品营销规模化和品牌化、农产品电子商务化、生鲜连锁超市规模化和果蔬零售企业连锁化等发展态势，从而促进了农产品生产与消费的对接。但是，这一对接的"有效"性还有待进一步提高。由于农户参与度不够，在这里起主导性作用并分割了流通环节绝大部分利润的，是商业类流通企业和加工企业，而农户获得的收益极其有限。要改变这一现状，一是要进一步壮大农业合作社并发挥其组织功能，克服农户分散和市场谈判能力低等缺陷，促使农户有组织地参与市场，二是中心城市大力推进公益性农产品市场建设，大力推进联通农产品供需两端的骨干交通网络、信息网络建设，全力支持市场主体建设直接服务乡村、服务农户的区域性农业全产业链综合服务中心，全力支持农业产业化龙头企业做强做大做长，全力支持和深化供销合作社推进生产、供销、信用"三位一体"的综合合作改革试点，全力支持农业合作社参与到农产品物流园区、农业流通枢纽港的建设和运行之中。

另一方面，加强农村金融（保险）服务体系建设，解决农产品生产经营过程中融资难。与工业品生产经营不同，农产品生产经营的自然风险较大、季节性强，在农户生产体制下又具有生产经营主体资产规模小、抵御风险能力低和信贷风险高，以及单个农户产出规模小、分散等特征。所以，在金融市场上，如果没有政府背书，农户通常很难受到金融资本支持。党的十八大以来，在中央强力推动下，我国初步建立了由上及下五个层次构成的金融支农组织体系，即大型商业银行（普惠金融事业部）、中国农业银行和中国邮政储蓄银行（"三农"金融事业部）、中小型银行、农村信用社、村镇银行。其中，农村信用合作社和村镇银行属于县域、乡村的内源性金融机构，而其他三个层次的金融机构总部或区域总部主要集中在中心城市，但网点大多已经延伸到县域甚至乡村。从金融支持农户的实践看，农村信用合作社和村镇银行的作用功不可没，但面对不断扩大且富有"三农"特点的金融需求，这些内源性金融机构资本规模小、覆盖面窄、抵御风险能力弱等缺陷暴露无遗，必须有国有大型商业银行专业化金融服务支持。

在现行体制下，国有大型商业银行支农的关键，是要畅通普惠金融支农的"最后一公里"，从普惠金融供给端、需求端和供需联通机制三个维度协同作用。一是在普惠金融供给端，提供普惠型涉农贷款供给数量和增速的制度保证。在国家层面，进一步优化设立普惠金融事业部的大中型商业银行和设立"三农"事业部的银行在专业化服务乡村振兴中金融服务的定位和功能，保证各银行业金融机构同口径涉农贷款余额持续增长，保证普惠型涉农贷款增速总体高于各项贷款平均增速。由于普惠涉农贷款包括非农户个人农林牧渔贷款、农户贷款、农村企业及各类组织贷款、城市企业及各类组织涉农贷款等多种类别（其中，与农户生产经营直接相关的是农户贷款，即发放给农户用于满足其生产经营、消费等需要的所有贷款），因此，普惠型涉农贷款要真正惠及农户，各级银保监会在监管相关商业银行制度设计中，不仅要关注普惠型涉农贷款供给数量和增速，而且要重视普惠型涉农贷款结构的优化，保证农户贷款供给的数量和增速。二是在普惠金融需求端，创新有效需求识别机制。基于农户的金融需求特征，普惠金融要惠及农户，重点需要解决农户有效需求及其风险识别难问题。为此，需要通过机制创新改变普惠金融需求主体小而散的格局，积极探索政府引导下普惠金融与农业专业合作组织联系的贷款模式，将各类农业专业合作组织、农户、政府相关部门等利益攸关者相互联结，形成共担风险、收益共享的共同体；发挥农业产业链中核心企业或骨干企业的作用，创新普惠金融产品，建立企业承担实质性风险责任的产业链金融模式；推进数字普惠金融，利用大数据、移动互联网技术和金融科技，优化风险评估方式，提高普惠金融客户群有效需求及其风险的可识别度，扩大普惠金融的覆盖范围，提高普惠金融支农的精准度，不断满足多样化需求。三是在供需双方联系环节，创新供需联通机制。重点是要围绕解决普惠金融运作成本高的难题，通过金融科技创新和优化产品服务流程，如发展电子银行、引入自助服务终端、拓展"一卡通"、推广云闪付等，既为农户提供全天候、高智能、无障碍的金融服务，又不断降低服务成本。

在畅通普惠金融支农"最后一公里"过程中，还需要加强银行与保险业的融合，推动基础金融支持和服务农户生产经营的扩面提质，在服务渠道等方面发挥合力，将"融资"与"避险"有机结合，支持农户等各类农业主体、返乡农民工等农村新兴群体创新创业。

第三节 产业融合发展

在新发展场景和新科技革命新经济背景下，结合现阶段县域、乡村产业发展实际，中心城市产业嵌入，不只是中心城市劳动密集型产业的区际转移，更不是落后产业、限制性产业的空间转移，而是基于收益共享，对县域、乡村符合产业发展需求的供应链和价值链的补缺、整合和融合发展，促成县域产业改造、升级和创新相互促进的新格局。

一、县域产业融合及其收益共享

产业融合，是不同产业或者同一产业内部的不同行业、不同领域之间相互渗透、相互交叉、相互包含并逐步融合为新产业、新业态的过程，是新科技新经济背景下产业升级的重要形式，也是新发展格局下促进城乡融合、区域融合的物质基础、纽带与催化剂。从现阶段产业融合方式看，最先进的是高科技产业和传统产业在边界处实现渗透型融合，并形成高新技术新产业、新业态，如数字农业、互联网金融、生物芯片、三网融合、电子商务，以及传统产业的高科技化。最普遍的融合方式有两种。一是产业间功能互补和延伸所形成的交叉型融合，从而赋予原有产业新的附加功能，其中最典型的是服务业向第一产业或第二产业延伸和渗透，如第二产业发展中生产性服务业，以及农业与文化、旅游业的融合发展。二是基于新科技，促成具有紧密联系的产业之间或者同一产业内部不同行业之间的重组型融合，由此产生新型产品或服务，如基于生物技术，对农业内部种植、养殖、畜牧等子产业之间生物链重新整合，形成生态农业等新产业、新业态；以数字技术为纽带整合产业链中的上下游产业，形成数字化、智能化和网络化新产业、新产品，如模糊智能洗衣机、绿色家电等。

从县域发展实际看，交叉型融合是产业融合发展的普遍形式，重组型融合是主要发展方向。无论是何种融合方式，在社会主义市场经济下，在微观层面，追求利润最大化的内在动机和竞争的外在压力，产业融合会引起市场主体生产组织形式、经营方式、竞争策略、管理机制等重大调整，由此会引起农户、企业等微观层面的动力变革、质量变革和效率变革。从中观和宏观层面分析，产业融合一方面对新发展格局构建具有正效应，即打破传统的企业边界、产业或行业边界和区域边界，加强国内统一市场和国内大循环的形成，以及产业融合创造出新产品、新服务和新需求，由此拉动经济增长和经济发展。但另一方面，无论是市场主体还是相关区域，产业融合中的转型升级能力、水平和步伐并不一致，分享产业融合发展成果方面也存在差异性。特别是，如果产业融合完全是由资本推动或市场作用，则在放大产业融合正效应的同时，也会进一步放大其负效应，尤其是放大对弱势区域、弱势市场主体的极化效应。其中，与中心城市及其相关经济主体相比，县域、乡村及其农户、农民就处于产业融合进程中相对弱势的一方。

从构建新发展格局角度看，在县域、乡村层面上推进的产业融合，需要尽可能避免完全市场化推进机制下的极化效应，通过产业融合为消除城乡二元结构、实现城乡融合和一体化发展奠定经济基础。为此，中心城市产业嵌入县域，必须充分考虑县域经济发展的特点，在产业融合中找到与县域居民尤其是农民利益联结的渠道及其实现机制，努力使县域居民尤其是农民成为产业融合中利益共享的主体。客观地说，在县域非农产业领域，经过40多年改革开放的洗礼，县域非农经济主体对市场化产业融合已经具有较强的适应性，但在农业领域，农户、农民的适应性较弱。如果不能在农业龙头企业与农户之间建立有效的利益联系机制和实现保障机制，而是任由资本进入农业领域并推进产业融合，则不仅不能带动农户增收和农民致富，而且还有可能使农户或农民在产业融合中被边缘化。因此，与县域非农产业领域的产业融合不同，更与中心城市的产业融合不同，县域农业领域的产业融合，政府必须十分注重构建业态融合中的利益联结机制，引导农业龙头企业与农民专业合作社、家庭农场、小农户等相关利益主体，基于平等自愿、互利互惠、风险共担，通过产业融合实现利益共享。在深化农村土地"三权分置"改革，特别是农村集体建设用地、承包地和集体资产确权基础上，以土地等资源要素入股、股份合作等方式实现相关主体之间的利益联结，探索"相互持股"合作开发、"农民入股+保底收益+按股分红""订单收购+分红""土地流转+优先雇用+社会保障"等机制，在产业融合过程中将企业获利与农户增收有机结合起来。

经过 40 多年市场化改革和经济发展，我国中心城市产业嵌入县域，正在由过去的传统、落后产业的整体转移向城乡之间产业功能分工与合作阶段转型。因此，中心城市产业嵌入县域，在政策支持上要进一步引导中心城市的产业发展平台、产业发展急需人才、适用技术、产业链中相关环节嵌入县域、乡村，促进县域、乡村产业功能提升及其相关利益主体合作共赢。

二、产业嵌入赋能农业产业融合

县域农业产业融合，是基于我国农户生产体制和农民共同富裕发展目标，通过产业之间和农业产业内部各环节、业态的重组、交叉或渗透等途径，促使传统农业在融合发展中实现生产经营方式不断革新，新型农业业态、产品和服务不断涌现，农业生产体系、产业体系、经营体系不断完善，从而农户生产经营效益和农民收益不断提高。与城市经济中市场机制起决定性作用程度较高、产业融合和功能升级主要由资本或企业家推动不同，县域农业产业融合及其功能升级既需要发挥市场机制作用，但在今后相当长一段时期，更需要政府扶持和中心城市的支持。这种支持主要体现在将嵌入县域、乡村的基础设施、要素资源和生产服务业等农业发展要素内源化，转化为农业产业融合发展内力，也是农业产业结构优化和价值链攀升的推力。

在现行生产条件下，鉴于我国城乡产业分工及其中心城市产业嵌入的可能性、农户生产体制下农业生产经营能力和农业专业合作组织发展水平，县域农业产业融合及其功能升级，主要通过两条途径实现。

第一条途径是交叉型融合。主要包括两条线路：一条线路属于农业产业链延伸性交叉型融合，即第二、第三产业向农业领域延伸，形成从农业种源等相关农业生产资料的有效供给、农产品生产、加工、储运、销售和农产品消费及其服务等环节构成的相对完善的农业产业链，农户或者农民合作组织能够有效参与交叉融合过程并成为重要推动主体和利益分享主体。这一线路实际上是农村面向城市，或者农民、农民专业合作社沿着农业产业链向城市挺进的线路。改革开放以来，农户生产体制极大地调动了农民的生产积极性，但是，这一体制也增加了分散的农户开展专业化分工和合作的难度与组织成本，使绝大多数农民被束缚在小块承包地上，束缚在农业生产环节中,参与农产品加工、销售环节并分享其中增值收益的可能性大大降低,妨碍了小农户与大市场、现代工业及其服务业与农业、中心城市与乡村之间有效联系的通道。农业产业交叉融合为克服农户生产体制缺陷提供了契机,关键是如何激励或推动分散的农户有效地参与到产业融合进程中去,成为农业产业融合的主体之一,而不是被边缘化。这里既有前文所述的有效组织农民和有效构建业态融合的利益联结机制问题,又有外部尤其是中心城市如何有效支持农业融合的问题。就后者而言,在农业产业链延伸性、交叉型融合方式下,延伸的主体部分在农业产业链上的非生产环节。过去,消费市场主要在中心城市,所以这些非生产性功能主要是由中心城市相关经济主体而且多数是由企业承担的,在融合发展背景下则要求由农民或农业合作组织参与其中并逐步提高作用强度和深度。这一转变过程涉及城乡居民利益调整,在现阶段不可能完全依靠政府指令或完全依靠市场来实现。为此,既需要县域内部政府的组织、培训和政策支持,以提升农民及其农民专业合作组织承担农业产业链中非生产功能的能力,更需要中心城市的支持,包括建设和开放各类涉农市场载体,创造涉农公共服务平台,营造农民进城交易宽松环境,降低进城的交易成本,从而使农民和农民专业合作组织自由、便捷、低成本地进入农业产业链的非生产环节。另一条线路是嵌入型交叉型融合,即以吸引中心城市居民的消费力为导向,将中心城市现代化理念、生产方式与乡村特有的生态、乡土文化有机结合起来,嵌入乡村农业产业领域,创新农业新业态——旅游农业、休闲农业等,拓展农业新功能——社会功能、文化功能等,形成农业与旅游产业、健康养生养老产业、教育文化体育产业深度融合的格局。与延伸性交叉型融合下农业产业链由乡村向中心城市的运动方向相反,嵌入型交叉型融合更多的是促成中心城市发展要素向农村、农业流动、渗透、融合。在嵌入型交叉型融合方式下,为了避免一哄而上,搞低层次的农家乐、乡村游偏向,需要发挥好县域政府组织、协调和引导功能,以城乡产业融合发展规划为前提,以更好地满足中心城市居民需求为取向,以各类农业专业合作组织的培育和壮大为支撑,紧密结合乡村实际,整合、盘活各类农村资源资产,创造各具特色的农业融合发展模式。

第二条途径是重组型融合。如果说农业交叉型融合是以农业生产环节为基点,向上、下游环节拓展、延伸,或者农业产业向第二、第三产业,以及农业产业功能向社会功能、文化功能的渗透、融合，那么，农业重组型融合的本质，是新科技革命新经济下技术、数据等现代生产要素嵌入农业生产要素组合，或者向农业内部各行业或领域渗透并使之发生变化、重组，对农业生产方式、农产品质量和农业生产效率产生革命性影响的融合方式。例如，生态农业、循环农业、数字农业或智慧农业等新产业、新业态的兴起，就是目前重组型融合中最典型的形式。很显然，这些新型农业业态需要有适用的农业技术、数据要素及其服务为前提，有集聚人才、技术、数据、资金、项目的平台作为支撑，有足够数量从而达到规模经济性的农户参与为保证。从我国的发展态势看，农业新业态所需要的技术、数据等生产要素主要集中在中心城市，而使这些要素发挥作用的平台则建在县域，具体实施则在乡村、田间。这表明，农业重组型融合或者农业新业态的产生，有赖于中心城市相关主体、县域政府、农户及其专业合作组织等各方的协同作用。其中，中心城市相关主体是涉农技术、数据要素的供给主体，县域政府是现代农业产业园、农业科技园区等载体和数据应用、农民培训等平台建设的主体，农户及其专业合作组织是农业新业态的实施主体。只有三者统筹协调，重组型融合才有可能成功。

从现实角度分析，我国农业重组型融合的难题主要不在载体和平台建设，真正的难题是，如何在农户生产体制下，吸引中心城市的技术、数据等先进要素嵌入乡村、园区和农业领域，为多数农户所接受、掌握和有效利用，从而促成"劳动＋土地"要素组合的变革、新产业新业态的生成和农户收益的提升。重点要解决好三个相互关联的问题。第一，农业新产业、新业态核心要素的嵌入问题。我国农业技术、大数据等要素大多分布在中心城市，在社会资本不能成为推动农业重组融合的制度背景下，应当从国家、省、市、县级层面，建立相互配套、相互补充的政策支持体系，鼓励先进生产要素尤其是公益性技术、数据及其相关人才向农村、农业流动，鼓励和支持非政府组织、公益性机构及其个人志愿服务农业现代化和乡村振兴。第二，农业新产业、新业态核心要素内源化问题。也就是，涉农技术、数据等先进要素能够被农民所了解、接受、掌握和有效利用，从而有可能将这些外源性动力内源化。农民作为风险厌恶者和回避者的特质，再加上文化教育程度和水平相对较低，对农业新产业、新业态的接受具有滞后性。对此，县域政府及农民专业合作组织需要发挥主导作用。既要组织农民学习、培训，提高农民对新技术、新要素及其应用价值的认识，更要从农民的切身利益出发，从政策上降低农民参与重组型融合的成本和风险，从培育示范户着手，为农民提供学习样本。特别是，要通过促进政府公共服务供给，推动农民专业合作形式创新和合作内容创新等途径，化解新产业、新业态下农民生产经营难题。第三，农民参与重组型融合的收益分配问题。保证农户收益或农民收入水平逐步提高，既是吸引农民参与重组型融合的动力，也是农业产业融合升级的根本目的。在这里，政府既要建立和完善相应的政策性保险、保障机制，也要引导农民专业合作组织建立合理的收入分配机制，使农民共享重组型融合的收益。

三、产业嵌入赋能非农产业升级

我国是典型的农业大国，新中国成立初期，工业基础十分薄弱，县域非农产业尤其是工业更是微乎其微，县域主要有一些小作坊或小企业，如土煤矿、油坊、豆腐坊、糕坊、糖坊、粉坊、砻坊等。从1953年开始，特别是社会主义改造完成以后，我国实施了工业优先发展战略，而且确立了城市重点发展工业、县域尤其是乡村重点发展农业的城乡产业分工政策取向。在1956年农业合作化运动下，按照"社带组，老社带新社，行业带行业，组织带个体"的要求，县域的个体或手工业作坊大多加入了手工业合作社（组），仅保留了铁匠、铜匠、白铁匠、木材加工、竹器加工等少部分手工业作坊，同时，县域商业、粮食、城建、交通、教育等政府部门结合行业实际兴办了一批国营企业。1958年后，在"大跃进"推动下，农村开始实行农业社、供销社、手工业社（组）和信用社"四社合一"运动。由此，县域集体企业转为国营企业，以及个体或手工业者升为集体企业蔚然成风，个体作坊几乎被取缔。"人民公社化"运动和1966年"文化大革命"运动，则将县域"一大二公"推向顶点。在第四个五年计划（1970～1975年）期间，国家政策有所调整，小煤矿、小钢铁厂、小化肥厂、小水泥厂和小机械厂等"五小"工业有所发展。所以，从新中国成立到改革开放初期，非农经济在县域经济中都处于从属地位。

1978年改革开放以来，我国县域非农产业发展迎来了机遇期和高速发展期。其中，1978～1984年属于乡镇企业（或社队企业）恢复期。1979年出台的《关于发展社队企业若干问题的规定（试行草案）》肯定了社队企业对农村经济发展的促进作用。1984 年中共中央、国务院转发的《关于开创社队企业新局面的报告》第一次提出了"乡镇企业"范畴并鼓励其发展。1984～1988 年乡镇企业迎来了第一个发展高潮期，1984 年中央一号和四号文件将乡镇企业看作"国民经济的一支重要力量"。在随后的五年中，乡镇企业总产值以年平均 44.9% 的速度递增，占农村社会总产值的比重首次超过农业达到 58.1%。1989～1991 年，乡镇企业开始了三年的"调整、整顿、改造、提高"期。1992～1995 年，随着社会主义市场经济体制目标的确立，乡镇企业再次进入第二个发展高潮期，乡镇企业总产值年均增速达到 56.5%。1996～2001 年，乡镇企业进入转制发展期，多数乡镇企业通过改制重组，向投资主体和产权主体多元化、混合化、民营化方向发展。从 2001 年开始，随着我国加入世界贸易组织、党的十五大提出"壮大县域经济"命题，以及县域政府逐步成为竞争性政府，各地开始大规模推进招商引商、工业兴县，县域非农产业发展进入跨越式发展新阶段，其在国民经济中的"半壁江山"地位和在县域经济中的主体地位正式确立。

与中心城市产业相比，县域非农产业具有特殊性。一方面，与中心城市产业具有互补性。现代经济越来越呈现聚集性特征，尤其是技术、数据及其人才等密集的产业，由于这些生产要素发挥作用需要有更加完善的基础设施、更加宽松的创新环境和更加配套的生活条件，所以，向中心城市聚集的特征更加明显，县域发展相关产业的难度较大。接受中心城市辐射发展配套产业，同时发挥县域劳动和土地等自然资源优势，成为县域发展非农产业的必然选择。另一方面，县域非农经济具有鲜明的服务农民、农业和农村的特点。从我国县域非农产业发展轨迹看，改革开放前，县域非农经济的主要功能是直接服务农业生产和农民生活；改革开放后，农村土地经营制度改革释放出大量农村剩余劳动力，因此，发挥本地资源优势，发展适合农村劳动力就业的农副产品加工、日用工业品制造、纺织服装、建筑、采矿、农机具制造与修理等劳动密集型产业成为最佳选择。世纪之交，随着县域非农产业尤其是乡镇企业民营化改制的基本完成，以及 2004 年起中央连续以一号文件的形式将"三农"发展提升为国家重大战略，发展县域非农产业被赋予了农民脱贫、致富和实现全面小康的功能，同时也是农村基层组织增加集体可支配收入以应对不断增加的基层公共事务的内在需要。由此，在县域和乡镇政府的直接推动下，利用本地劳动、土地资源优势，吸引外地尤其是中心城市制造业落户的招商引资模式成为县域发展非农产业的主要途径。

经过 40 多年的发展，我国县域非农产业的基本功能虽然没有发生本质性改变（即仍然以服务"三农"为主），但随着我国社会老龄化程度的提高，县域非农产业承担转移农村剩余劳动力的功能大大弱化，另一些功能则得到强化。在社会主义现代化强国建设阶段，县域非农产业要为农业全面升级、农村全面进步、农民全面发展提供强大的经济基础。毫无疑问，县域非农产业要发挥好基本功能，同时承担起新功能，从而实现功能升级，必须根据变化了的内外部环境，优化发展思路，创新发展业态，升级发展方式，不断提升自身的发展能力和发展水平。其中，重要的一个方面是，必须充分发挥市场在县域非农产业领域资源配置中的决定性作用，积极引导中心城市产业或者产业资本嵌入县域非农产业升级领域。重点方向有三个。

第一，县域非农产业发展方式的信息化、智能化、融合化领域，引导县域重点企业智慧化改造和数字化转型。随着我国人口老龄化引致劳动力结构性短缺矛盾的加剧，以及国家守住 18 亿亩土地红线的政策刚性越来越强，县域依靠廉价劳动力和丰富的土地资源发展非农产业的时代将一去不复返，由劳动密集型、资源耗费型产业逐步向劳动－资本－技术融合型产业转型成为必然趋势。通过政策激励引导中心城市产业或产业资本嵌入县域，发挥示范、引导、辐射和合作基础上的竞争效应，加速推进县域非农产业动能变革、质量变革和效率变革，是可行且有效的路径选择。

第二，县域非农产业的绿色发展领域，引导县域非农产业生产方式转型。中国已经庄严承诺 2035 年碳达峰和 2060 年碳中和目标，但压力巨大，难点主要在县域、乡村。这是因为，我国资源耗费型产业大多分布在县域，无论是生产技术、污染控制手段与能力、环境监管力度，都与中心城市有较大差距。所以，鼓励和支持中心城市产业嵌入，特别是绿色技术创新和产业化项目、绿色生产方式项目、传统产业绿色化改造项目、落后或者过剩产能替代项目、生态环境保护和修复项目，以及促成绿色消费项目的引进及其内源化，是加速县域非农产业绿色发展的必由之路。

第三，县域居民尤其是农民共同富裕领域，引导充分就业型产业发展。中国式现代化建设的主要特征之一需要充分考虑我国人口基数巨大，从而就业压力、共同致富压力、社会稳定压力叠加等现实。在县域，这一问题更加突出。所以，中心城市产业嵌入赋能县域非农产业升级，不仅要考虑技术问题，而且要考虑社会问题，需要将产业嵌入与创造农业转移人口就业机会、增加农民非农收入和促进共同富裕有机结合起来，鼓励和支持有利于发挥县域优势资源、扩大居民就业的特色产业嵌入，有利于促进县域小城镇发展与疏解大城市中心城区功能相结合的产业嵌入，有利于更好促进"三农"发展的产业嵌入。

在新发展格局中，双循环的建立和有效运行，以及县域内部农业融合升级和非农产业功能升级，单纯依靠中心城市、县域政府的协调还不够，需要加强省级政府乃至国家层面的顶层设计，推动中心城市与县域合理分工及其合作基础上竞争，推进区域之间、区域内部城乡之间的协同发展。

第四节　经济节点塑造

在新发展格局下，中心城市产业嵌入县域的空间选择，既需要遵循市场化的一般规律，即产业空间集聚化特征，又必须紧密结合中国实际，坚持走中国式现代化道路，在"并联式"发展中不断塑造和壮大以县城、重点镇为重点的县域经济节点，促进县域产业、城镇与人的协同发展、一体化发展。

一、"并联式"发展中的经济节点

从区域经济学角度看，在现代经济中，随着技术、人才、数据等先进生产要素在经济发展中贡献份额的提升及其生产要素空间集聚化趋势的加快，现代产业发展空间指向性及其由此引起的产业集聚、集群化趋势越来越明显。对于特定区域来说，产业布局合理与否，不仅影响特定产业发展，而且影响区域经济社会整体发展。从县域角度分析，在新形势下，塑造新型工业化、信息化、城镇化、农业现代化融合发展的新型经济节点是关键。

西方发达国家的"四化"大致是按照工业化、城镇化、农业现代化和信息化的次序依次推进并完成的。从 18 世纪 60 年代的第一次工业革命开始，历经第二次、第三次、第四次科技革命，西方资本主义国家工业化发展至今已历经 260 多年。其间，工业化推进城镇化发展，英国用了 200 年时间，美国则用了 100 年时间。农业现代化较为特殊，这一过程实际上是农业资本主义化的过程，它以英国大规模地进行圈地运动为标志，是与工业化交织在一起的。事实上，英国的圈地运动早在中世纪就开始了，15 世纪末以后新航路的开辟、16 世纪、17 世纪英国工场手工业发展和城市的兴起，特别是 1688 年以后英国政府立法公开支持圈地，推动了圈地运动的高涨，一方面为资本主义兴起提供了充足、廉价的劳动力，加快了资本积累速度和积聚规模，扩大了市场，另一方面又为资本主义进入农村和改造传统农业提供了方便之门。但是，由于土地的分散性和土地所有权的阻拦，农业现代化进程相对滞后于工业化和城镇化进程。信息化的推进是从 20 世纪 40 ~ 50 年代西方国家率先进行以计算机及信息技术革命（即第三次科技革命）开始的，工业化时代由此进入信息化时代，并开启了经济全球化的新时代。由此可见，西方发达国家的"四化"是"串联式"的，也即按照一定顺序依次推进的。

西方"串联式"式推进"四化"并达到当前高度发达的水平，用了 200 多年的时间。毫无疑问，其中有许多可借鉴的经验，可以缩短我们摸索的时间。但是，中国的社会主义制度和发展中大国的国情，特别是集中力量办大事的制度优势，新中国成立至今基本完成工业化、城镇化的经济基础，以及新科技革命新经济下我国与西方发达国家基本上处于同一起跑线上等客观实际，决定了我们不能也没有必要重复西方"串联式"的现代化发展之路。所以，2012 年党的十八大首次提出了"四化同步发展"的思想，即"坚持走中国特色新型工业化、信息化、城镇化、农业现代化道路，推动信息化和工业化深度融合、工业化和城镇化良性互动、城镇化和农业现代化相互协调，促进工业化、信息化、城镇化、农业现代化同步发展。"[1] 习近平总书记在十八届中央政治局第九次集体学习时强调：我们要后来居上，把"失去的二百年"找回来，决定了我国发展必然是一个"并

---

① 坚定不移沿着中国特色社会主义道路前进　为全面建成小康社会而奋斗［M］. 北京：人民出版社，2012.

联式"的过程，工业化、信息化、城镇化、农业现代化是叠加发展的。①

在县域，"四化同步发展"的落地生根，关键需要着力打造与中心城市相互联通、内部可以相互支撑的经济节点。这些经济节点通过发达的交通网络连接，构成县域经济发展轴，众多经济节点、发展轴相互作用，共同推动县域经济的整体发展。从我国新型城镇化布局看，县域内部的城镇，尤其是县城、重点镇，是塑造经济节点的最佳选择。根据生产要素空间整合理论和聚集经济理论，依托县城、重点镇，建设产业集中区和新产业区，引导产业空间集聚发展，既可以克服生产要素分散布局所带来的浪费，实现规模经济、外部经济，又可以发挥产业集聚所带来的产业再创新效应，特别是促进县城、重点镇生产性服务业和生活服务业的发展；结合本地实际科学建设居民集中居住区，引导农村居民向镇区、社区集中，既是改善农村居民生活环境和条件的必要，又有利于土地等自然资源节约和集约利用，提高农业公共设施利用效率，为农业规模化、产业化和现代化创造条件；依托城镇加强生产性和生活性公共基础设施集中投入，可以为县域内部信息化与产业融合发展、产业发展与城镇发展互动、城镇发展与农业现代化协调提供更好的平台或保障。因此，按照城镇发展、产业发展和人的发展相互协调的原则，依据县域内部城镇化体系中城镇的发展能力及其潜力，整体规划、依次推进城镇经济节点建设，是驱动县域层面"四化融合发展"的关键之举。辜胜阻等曾经强调：进入21世纪以来，我国要以农村城镇化为支撑，依托县城发展一批中小城市，增强县城城镇功能，培育县域经济发展的增长极。②

在县域经济节点塑造及其"并联式""四化融合发展"中，需要充分借力中心城市，尤其是产业嵌入的赋能。一方面，县域经济节点塑造不能完全依靠市场机制，还需要发挥政府的作用，尤其是需要中心城市及其以上政府的推动。西方国家工业化和城镇化实践表明，在工业化过程中借助市场机制确实可以促进城镇化，但需要经历相当长的时间，其间有可能付出沉重的经济代价和生态代价。江苏的工业化和城镇化实践也证明，市场化机制并不一定促进两者同步发展。1978～1999年，江苏的工业化水平始

---

① 习近平在十八届中央政治局第九次集体学习时的讲话 [N]. 人民日报, 2013-10-02.
② 辜胜阻，李华，易善策. 推动县域经济发展的几点新思路 [J]. 经济纵横, 2010 (2).

终处于全国前列，但城镇化水平却低于全国平均水平。其中，1978~1989年，工业化水平为 45.38%，高出全国平均水平 7.22 个百分点，但城镇化水平却只有 20.90%，低于全国平均水平 5.31 个百分点；1990~1998 年，工业化水平为 43.86%，高出全国平均水平 3.55 个百分点，但城镇化率为31.50%，仍然低于全国平均水平 1.85 个百分点。[①] 面对工业化与城镇化发展的不协调，江苏从 1999 年开始进入政府引导农村城镇化的阶段。1999年江苏省委、省政府出台了《关于进一步加快小城镇建设的意见》，提出重点建设 222 个重点中心镇，开始大规模撤乡并镇。2000 年，江苏省委在全省第三次城市工作会议上，将小城镇发展战略调整为"大力推进特大城市和大城市建设，积极合理发展中小城市，择优培育重点中心镇，全面提高城镇发展质量"，确立了"自下而上"和"自上而下"相结合的城镇化发展道路。由此，江苏城镇化水平迅速追平全国平均水平并不断超越，而且呈现工业化与城镇化同步发展、相互促进的新格局。经过十年的政府引导，2008 年江苏的工业化率、城镇化率分别达到 49.71% 和 54.30%，分别高于全国平均水平的 6.77 个百分点和 8.62 个百分点。[②] 这表明，政府在培育、塑造县域经济节点——城镇化过程中具有市场无法替代的作用。另一方面，培育、塑造县域经济节点需要充分发挥政府在引导中心城市产业嵌入中的积极功能。江苏的经验表明，在当前及今后相当长一段时期，政府促成县域与中心城市产业在分工基础上的合作，吸引中心城市产业嵌入并内源化，是培育、塑造经济节点及发挥"四化融合发展"功能的重要保证。

二、经济节点的融合发展功能

县域经济节点培育和塑造，关键是县域城镇，尤其是县城和重点镇功能的科学定位与打造。长期以来，我国城镇化建设主要是由工业化驱动的。各类开发区、工业园区或产业园区的建设推动着城镇规模的不断扩张，呈现出土地城镇化大于人口城镇化的总体格局。在县域，由于产业布局的分散性，这一格局又体现为县域城镇人口空心化，也即有"有城（镇）无市（人口）"。2013 年中央城镇化工作化会议，确立了以人的城镇

①② 数据来源于 1985~2009 年的《江苏统计年鉴》和《中国统计年鉴》。

化为核心、以农村转移劳动力市民化为重点的新型城镇化思路。同时，随着国家18亿亩土地红线的划定，土地城镇化大于人口城镇化的状况才开始扭转。问题是，2013年以后，随着中国老龄化程度的不断加剧，多数二线、三线中心城市由人才争夺转向人口争夺，为吸引人口聚集，纷纷降低落户条件。由此，对县域人口城镇化提出了严峻挑战。如何在中心城市竞争的夹缝中找准县域城镇的功能定位并吸引人口聚集，仍然是一个未解的课题。

在新发展格局和新型城镇化背景下，县域经济节点的塑造尤其是县域城镇化的建设，必须从城镇单一扩张的思维定式中跳出来，走城镇、产业、人口三位一体，城镇化与信息化、工业化和农业现代化融合发展之路。不能单纯强调城镇规模扩张，要更注重内涵建设和功能提升，其中，最重要的是要加强县域城镇的城市功能建设。城市功能是其在各种结构性因素影响下在一定区域范围内政治、经济、文化和社会活动中所具有的能力和所发挥作用的总和，包括基本功能和特殊功能，其中，基本功能是区分城市与乡村的界限，而特殊功能则是区分不同类型城市的标志。我们强调县域城镇的城市功能，就是要通过对县域城镇的建设，使其既保持县域城镇的特殊功能——直接为农业生产和农民生活服务，又能够承担城市的基本功能——人口集聚和产业集聚，具有整体性、结构性、层次性和开放性等基本特征，从而使县域城镇既具有与中心城市进行生产要素、产品及其服务、信息交换的能力，又能够赋能周边农业、农村发展，通过县域城镇的组合产生能量聚集效应和放大效应，从而使这些动能在农村、农业发展中更有效率、更高质量地释放。

县域城镇成为经济节点，至少必须具有三大功能。

第一，人口集聚功能。县域城镇的繁荣必须以一定规模人口的集聚为前提，这也是县域城镇具有城市功能的基础。但是，毕竟县域城镇与中心城市在发展规模、功能定位、基础条件和产业结构等方面存在巨大差异。因此，与中心城市主要依靠市场力量吸引青壮年、有一定的非农劳动能力和冒险精神的农村剩余劳动力异地市民化不同，县域城镇则主要是依靠政府与市场机制的共同作用，吸引离土不离乡的农村剩余劳动力就地市民化，引导有条件的农村居民由分散居住向县域城镇集中。这是一项系统工程，需要一系列科学的制度安排。进入21世纪以来尤其是2013年中央城镇化工作会议以来，随着户籍制度、城乡医疗、教育、就业、社会保障制度改革的深入，农村剩余劳动力"进得了"城镇的问题已经基本解决，目前的难题有两个。一是要解决农村剩余劳动力"愿意进城（镇）"的问题。一部分农村剩余劳动力之所以离土不离乡，除了现代城市生产方式适应性和生活成本承受能力等因素外，更主要的是对农村生活环境、方式或乡愁的依恋。因此，县域城镇的人居环境建设如何既符合城镇化一般要求又符合就地市民化对象的特殊需求，既考虑推动县域城镇经济发展又符合就地市民化对象的经济承受能力，是解决"愿意进城（镇）"的关键。江苏苏南发达县域在 1999 年后撤乡并镇过程中推出的"宅基地换住房，承包地换社保"制度，是解决"愿意进（镇）"问题的有益探索，后来逐步成为多数发达县域吸引农民进入农村城镇集中居住的引导性政策。二是必须解决农村剩余劳动力在农村城镇"留得住"问题。除了要考虑以农业生产为主的农民，更需要考虑为进入城镇的农村剩余劳动力从事非农劳动创造新的就业机会，要让他们在县域城镇"留得住"。当然，这又与县域城镇产业发展基础和未来的产业集聚能力有关。

第二，产业集聚功能。作为经济节点的城镇，与中心城市产业集聚功能不同，既肩负着区域生产要素集聚并与中心城市进行动能交换的任务，又承担着汇聚周边区域农业、农村发展要素整合，从而赋能农业全面升级和农村全面进步的功能。因此，在新发展格局下，"四化融合发展"在县域层面主要就是通过培育、塑造县域城镇经济节点或平台，在信息化与产业化融合、产业化与城镇化互动、城镇化与农业现代化协调过程中实现的。为此，一方面，需要加强县域城镇产业发展服务平台建设。县域城镇要与中心城市错位、互补，重点围绕县域层面"四化融合发展"和城镇周边区域农民生活需要，加强科技示范园、特色产业园区、农业科技园、现代农业产业园、农业产业园等专业性服务平台或综合性服务平台建设，为非农经济转型升级和"三农"发展提供数字化智能化应用服务、科技成果转化服务、农业技术推广服务、金融保险会计及法律等专业化服务和农村综合服务等。另一方面，加速推进特色产业发展和区域内部产业、企业向园区集聚。县域城镇非农产业发展不仅需要有一定规模，而且在空间上需要有一定集聚度，不能遍地开花。这既是节约、集约利用土地资源的需要，也是发挥空间集聚产生产业再创造效应的需要。这种集聚集来自两个方向。其中,一个方向源自镇域外部主要是基于毗邻中心城市的产业优势及其与镇域的经济联系,发挥自身资源优势、区位优势或其他优势,突出"一镇一业",在畅通与中心城市产业发展动能交换渠道过程中吸引中心城市相关产业的功能转移,形成产业集聚和规模经济,培育、壮大特色产业集群。另一个方向源自镇域内部,即县域城镇通过加强各类产业园区基础设施建设和提供优质公共服务,吸引布局分散的现有各类企业向园区集聚,在集聚过程中加速企业之间专业化分工和合作,创造出新企业或新产业。产业空间集聚必将促进人口集聚,从而推进人口城镇化,产生工业化与城镇化互动效应。

第三,服务"三农"发展的功能。事实上,服务功能是城市的基本功能之一。与中心城市不一样,县域城镇除了为城镇居民、企业提供生产和生活服务外,还具有服务农业、农村和农民发展的特殊功能。一方面,在生产服务领域,围绕农业农村现代化发展,提供两个方向的服务。一是提供外源性动力内源化方向的服务,主要是促进镇域外部基础设施的延伸,吸引人才、技术、信息或数据等先进生产要素的嵌入并将其内源化,或者为外源性动力与镇域内源性动力相结合提供相关服务。二是为县域内部特别是镇域内部农产品及其劳务向外输出提供有效服务,重点是对接中心城市市场的信息服务、农产品线上线下市场建设、农产品加工、运输、仓储、快递等物流体系建设与服务。另一方面,在生活服务领域,县域城镇是农村居民日常物质生活消费中心,以及特色乡村文化生产和消费中心。作为经济节点,县域城镇既有满足农村居民基本生活需求的功能,还具有引导、拉动农村居民消费的功能。为此,需要根据农村居民物质和文化生活需求偏好、消费能力和农村城镇自身特点,与中心城市错位发展,建设具有乡村特色的物质和文化生活消费设施,激发农村居民消费潜能,引导农村居民生活方式转型升级。

三、产业嵌入塑造经济节点

县域城镇,一般都是镇域范围内的行政中心、文化教育中心和经济中心,但这个经济中心并不一定是符合新发展场景下的经济节点。新场景下作为经济节点的城镇,特别是县城和重点镇,通常以城镇为中心,以存在紧密联系的经济区域为范围,其影响力或辐射力通常涵盖周边多个行政（乡）镇域。如何将县域城镇培育、塑造成为经济节点城镇？在理论上，一个镇域甚至一个县域的经济腹地或市场过于狭窄，如果城镇仅仅发展服务本地居民、农户的产业，是难以成为经济节点的，必须发展向镇域、县域外部输出商品和劳务的产业。但是，县域城镇产业发展的基础条件与中心城市相比具有绝对弱势性，而且镇际之间产业竞争又十分激烈。在这一背景下，县域城镇能否发展成为经济节点城镇，关键取决于能否吸引中心城市产业嵌入并形成具有支撑城镇发展的特色产业。江苏等沿海地区发达县域城镇发展成为经济节点城镇的经验表明，除了那些主要依靠特殊区位优势或自然资源优势形成经济节点城镇外，大多数城镇都是通过立足本镇产业基础及其比较优势，打通与中心城市之间经济动能交换通道，吸引中心城市相关产业嵌入，逐步培育特色、规模、集群而形成的。

产业嵌入与产业转移是一个问题的两个方面。在中心城市层面上的产业转移，对县域城镇或其他产业转入区域来说则是产业嵌入。当然，中心城市的产业转移可以是同质区域之间的水平转移，也可以是存在梯度的异质区域之间的垂直转移，还可以是城乡分工过程中的功能性转移。目前，我国中心城市产业转移或嵌入县域城镇，大多数属于产业垂直转移或嵌入，或者配套性转移或嵌入，但也已经出现了功能性转移或嵌入的趋向。对于塑造经济节点的县域城镇来说，吸引中心城市产业嵌入，需要兼顾自身需求与中心城市产业发展取向。一方面，从总体上，基于我国在全球产业链中处于由中低端向中高端攀升的阶段，除了科技、人才等创新资源高度聚集的少数中心城市具备向先进装备制造业、战略性新兴产业、现代服务业等高端产业发起冲击的条件和潜力，承担着发展我国自主可控高新科技产业的重任，其他中心城市产业发展的重心仍然在促进产业转型升级、做强做大中端制造业上。这一现实决定了县域城镇的产业嵌入需求必须与中心城市的供给之间找到结合点。另一方面，在我国新型城镇化体系中，东中西部中心城市在发展规模、城际及城乡联系程度、城市功能分工、产业发展基础及其发展定位等方面存在较大的差异，由此决定了不同区域县域城镇吸引中心城市产业嵌入的内容、途径和具体方式上的差异，也决定了县域城镇成为经济节点城镇应该选择不同的模式。

第一，产业疏散性或功能性嵌入。中心城市产业疏散性或功能性转移或嵌入县域城镇，一般都出现在城市群内部大中小城市、城镇内部，以及经济发展水平较高的大城市及其周边区域，在产业垂直分工的基础上，城市群中的核心城市和部分大城市肩负国家科技创新、产业创新、制度创新和形成国际竞争新优势的重大任务，地处这些中心城市中的制造业企业也越来越难以承受生产要素成本上升的压力，而周边区域又对生产性服务业的需求日益增加。由此，这些中心城市推进功能调整，重点转向发展生产性服务业，同时将高技术制造业、一般制造业整体或者将生产环节转移、嵌入次核心城市、外围城市和周边城镇。例如，目前我国东部地区京津冀、长江三角洲和珠江三角洲城市群中的核心城市，以及中西部少数大城市就处于这样的功能转换中。对于这些城市周边区域的县域城镇来说，吸引中心城市功能转换中的产业转移、嵌入，成为塑造经济节点城镇的最佳选择。当然，这种途径经济节点的塑造，主要取决于县域城镇的区位及其所能分享的中心城市辐射效应，通常遵循距离衰退规律，即距离越远辐射力越低。事实上，如果县域城镇与中心城市在行政上属于同一区域，其空间规划及其产业发展规划一般也都已纳入中心城市规划。在这个意义上，功能性嵌入途径对其他区域的县域城镇并不完全具有可复制性或可推广性。

第二，产业延伸或垂直性嵌入。对于我国目前绝大多数城市群中的非核心城市、外围城市和一般中小城市来说，城市经济发展的重点任务依然是完善城市的现代服务功能，集聚创新要素，提升创新能力，构建和完善以中高端制造业和现代服务业为主体的现代产业体系，成为区域经济发展的重要增长极，不断提升自身的辐射带动能力。换言之，这些中心城市面对激烈的国际竞争、区际竞争和城际竞争，做大做强工业尤其是制造业，优化产业结构和提高运行质量，仍然是主要任务。与产业疏散性或功能性转移的中心城市不同，这些中心城市对周边农村城镇既有经济辐射效应，也有很强的极化效应。因此，对于毗邻这些中心城市的县域城镇来说，无论是否存在行政隶属关系，都面临着产业嵌入的路径选择，核心是在加强与中心城市经济联系中尽可能多地分享辐射效应而弱化极化效应。其中，中心城市企业迫于政策性因素、外部竞争或内部调整压力而围绕成本节约目的而实施的产业整体性或生产环节迁移，是农村城镇吸引产业嵌入的主要方向。实质上，这是城乡产业垂直分工的具体实现形式，主要包括三种类型。一是中心城市产（企）业整体转移或嵌入。这既有可能是由于中心城市功能调整，导致与城市功能定位尤其是产业发展规划冲突的产业整体外移，也有可能是由于中心城市土地成本、劳动成本越来越昂贵，导致土地成本高、劳动用工成本在产品成本中所占比重大而产品附加值偏低的企业，不得不从中心城市整体撤离。毗邻中心城市的县域城镇能否吸引产业嵌入，既取决于嵌入的产业是否在农村城镇所在区域产业负面清单之内，更取决于农村城镇所在区域的投资环境及其由此决定的投资收益是否满足等量资本获得等量利润的要求。对于单个资本来说，投资环境及其由此决定的投资收益永远是其进行区位选择的根本尺度。二是中心城市企业生产环节转移或嵌入，是第一种产业转移方式的缩小版。这种方式下，迫于中心城市土地、劳动力成本的压力或政策限制，企业一般将企业总部——指挥中心、研发中心、营销中心等核心环节或价值链高端留在中心城市，将企业的生产环节转移到成本较低的区域。这种区域要么靠近原材料地，要么靠近市场，要么具有劳动力或土地成本优势。多数情况下，这种转移是跨地区的，如从我国东部沿海地区直接转移到中西部地区，有时甚至可能是跨国界的，如从我国沿海地区转移到东南亚国家或地区。所以，毗邻中心城市的农村城镇并不一定具有优势，其能够吸引的，主要是在本区域占有较大市场份额或具有特别成本优势的产业。三是中心城市企业产品生产环节中一般零部件加工、产品组装、包装、物流等劳动密集的车间、工段或生产性服务环节的转移。这种产业转移既有可能是企业出于专业化、精细化生产目的，也有可能是迫于降低生产成本的压力。无论是出于何种目的或原因，这一类产业转移属于梯度转移，通常是就近转移，所以，理应成为农村城镇吸引产业嵌入的重点方向。在以上三种产业垂直分工实现形式中，第二、第三种均属于产业延伸性嵌入，即企业总部在中心城市、企业生产环节全部或部分向周边县域城镇或区域延伸，这两种是绝大多数县域城镇塑造经济节点的主要途径。

第三，产业发展要素嵌入县域城镇。无论中心城市的规模大小还是发展层次的高低，它们对县域城镇的辐射强度都是有限度的，而且一般都随距离由近及远逐步降低。那么，偏离中心城市的县域城镇如何塑造成为经济节点城镇？在我国交通体系初步形成高速路网县县通、等级公路镇镇通、硬质化道路村村通的格局下，积极引进中心城市资本、技术、文化、旅游消费等产业发展要素，发挥本地自然资源、生态环境或特色人文优势，培植面向市场尤其是面向城市居民生活需求的重点产业或特色产业，构建中心城市产业发展要素"请进来"和本地产品或服务"走出去"的开放型发展格局，是偏远农村城镇成为经济节点城镇的主要选择。当然，发达地区和欠发达地区的偏远农村城镇的发展模式也会有所不同。发达地区中心城市人口规模大、消费能力强，偏远城镇有可能通过发展生态旅游吸引中心城市的消费力。对于不发达地区农村城镇来说，则必须进行差异化竞争，通过发展特色消费品生产、特种原材料加工等产业和推进电子商务等途径，塑造区域比较优势。

县域城镇经济节点塑造是促进城乡融合发展、均衡发展、一体化发展的重要支撑，是解决"三农"问题的重要抓手。这是一项系统工程，要吸引中心城市的产业嵌入，既需要政府对县域城镇基础设施投入的支持，也需要县域城镇将外源性要素与内源性要素有机整合，还需要县域城镇将产业发展与城镇发展、农民全面发展有机结合起来。

第五节　富民制度取向

让县域居民特别是农民共享中心城市产业嵌入的成果，走上共同富裕道路，是共享发展理念的客观要求。共同富裕、共享发展目标的实现不是自发的，需要通过制度创新解决产业嵌入中"共同"之难题，通过"先富"帮助"后富"最终实现"共富"。

一、产业嵌入赋能共同富裕的瓶颈

城乡居民共同富裕和全面发展，是城乡融合发展、一体化发展的根本目标。共同富裕包括两个层面含义，其中"富裕"是生产力范畴，由生产力发展水平决定，反映物质和文化生活的丰裕程度，与"贫穷"相对应；"共同"是"富裕"的范围、覆盖面，属于生产关系范畴，是社会成员占有公有生产资料及其经济利益实现的范围和程度，一般与私有制及其利益关系相对应。共同富裕与两极分化、贫穷相对立，要求全社会成员的普遍富裕。

新中国成立以来，我党不断探索全体人民实现共同富裕的路子。毛泽东提出了"共同富裕"的概念，在一穷二白的底子上奠定了国民经济长远发展的经济社会基础。邓小平指出共同富裕是社会主义本质特征，提出了"先富"带动和帮助"后富"并最终达到"共富"路径的伟大设想。江泽民提出要兼顾效率与公平，并在社会主义现代化建设每一个阶段都必须让广大人民群众共享改革发展成果的思想。胡锦涛根据中国经济发展的新形势新变化，提出以人为本、科学发展，需要更加注重社会公平的思想。习近平提出共享发展新理念，强调我们追求的发展是造福人民的发展，我们追求的富裕是全体人民共同富裕，也就是人人参与，人人尽力，人人享有，让更多人参与到中国的现代化进程，分享中国改革发展现代化的成果。① 同时强调，共同富裕是在发展基础上社会成员有差别的、分阶段的、由部分到整体的富裕过程。

新中国成立后，经过 70 多年尤其是改革开放 40 多年的高速发展，我国从总体上已经进入"先富"带动和帮助"后富"、最终实现共同富裕的历史阶段。所以，在党的十九大报告中明确提出了分阶段目标：到 2035 年，人民生活更为宽裕，中等收入群体比例明显提高，城乡区域发展差距和居民生活水平差距显著缩小，公共服务均等化基本实现，全体人民共同富裕迈出坚实步伐；到 2050 年，全体人民共同富裕基本实现，我国人民将享有更加幸福安康的生活。②

从城乡产业融合发展角度看，如何保证中心城市产业嵌入过程中城乡居民共同富裕目标的实现？毫无疑问，中心城市产业嵌入县域，无论是增强农业韧性，还是产业融合发展和县域城镇经济节点塑造，都是促进县域、乡村经济发展的重要选择。但是，县域经济发展与县域居民富裕、共同富裕，有可能存在不完全一致性。也就是说，县域经济发展并不一定必然带来县域居民的共同富裕。这里的关键问题是，县域在农业韧性增强、产业融合发展和城镇经济节点塑造过程中，到底由谁来主导？这取决于县域居民参与县域经济发展的程度和方式。如果完全由社会资本主导，确实，一部分县域居民可以通过劳动力市场参与发展过程，凭借自己提供的劳动力数量或质量获得工资报酬而增加收入。但是，既然由资本主导，则资本利益处于主动地位，劳动者处于从属的、被选择的地位。在市场竞争下，资本对劳动力是有选择性的，只有符合资本要求的劳动力才有可能参与经济发展过程，也只有为资本创造高增加值的劳动力才有可能获得高报酬。因此，社会资本主导下有可能使一部分人富起来，但不可能人人参与，更不可能实现共同富裕。而且，资本主导下的劳动致富是有上限的，即工资平均增长速度不超过资本增值速度。由此，中心城市产业嵌入中如何让县域居民尤其是农民更加广泛地参与并分享发展成果，就成为突出问题。

在社会主义市场经济下，中心城市的产业嵌入中将"富裕"与"共同"有机联系、合二为一，需要解决诸多矛盾或瓶颈。一是市场化吸引产业嵌入与共同富裕的矛盾。上级政府对县政府严格的绩效考核及与此相挂钩的官员晋升激励，以及县域政府事权与财权相联系的体制，使得县域政府成为竞争性政府，按照市场原则招商引资，吸引中心城市产业嵌入成为发展县域经济的普遍手段。然后，逐利是资本的本性，如果等量资本不能获得等量利润，中心城市的产业资本就不会嵌入县域。但是，如果完全按照资本要求运作，又必然会引致两极分化，与共同富裕的目标相悖。二是产业发展不平衡性与共同富裕的矛盾。县域内部农业与非农产业发展是不平衡的。非农产业市场化、现代化水平较高，而农业市场化、规模化、产业化和现代化水平都相对较低。在非农领域，劳动者收入水平相对较高，共同富裕所面临的问题主要是，劳动者在通过劳动力市场参与经济活动条件下的权益保障，以及在自主创业条件下的合法收入保护等。产业发展不平衡性制约共同富裕的突出矛盾主要集中在农业领域，即农户生产体制下农业生产面临着既不能依赖资本但又离不开资本的两难选择，如果任由资本或市场机制作用，那么不仅会进一步拉大城乡、产业之间劳动者收入差距，而且将会使农户之间、农民之间的收入差距进一步扩大，甚至出现两极分化，与共同富裕目标背道而驰。三是居民发展不平衡性与共同富裕的矛盾。在县域居民中，城乡之间、城乡内部居民不同群体之间、劳动者群体内部不同个体之间，都会存在脑力、体力、能力等方面的差异。因此，这些群体或个体的收入增长、富裕不可能是同步的、同一水平的，但共享发展理念又决定了不能让弱势劳动者群体在致富路上掉队。因此，中心城市产业嵌入有效赋能经济发展及其共同富裕，必须重点解决好赋能中由发展不平衡性引致的利益矛盾。

二、基于共同富裕的制度取向

产业嵌入县域促成共同富裕，需要基于我国国情、县情，尤其是共同富裕的难点主要集中在农村、农民等特点，以分类发展、分类指导为前提，探寻市场机制与政府作用、利用社会资本与发挥农民主体作用的平衡点和结合点，探寻县域居民尤其是农民共同参与、共同分享的有效机制。

首先，科学界定社会资本、国有资本活动区间，是县域居民尤其是农民共同参与和共同分享的前提条件。关于社会资本的活动区间，一方面，在县域非农经济领域，无论资本来自中心城市还是县域内部，也无论来自国内还是国际，其活动区间是非常清晰的。根据我国现行社会资本活动范围的制度体制，《产业结构调整指导目录（2019 年本）》和《市场准入负面清单（2018 年版）》规定了国内社会资本活动的基本边界，《鼓励外商投资产业目录（2019 年版）》和《外商投资准入特别管理措施（负面清单）（2019 年版）》界定了外资活动的基本范围。这些制度体系所界定的社会资本活动区间，也是中心城市产业资本在县域经济尤其是非农经济活动的基本范围。总体而言，由于实施负责清单管理，社会资本在县域非农经济领域的活动空间较大。因此，制度创新的重点主要在于根据县域非农经济发展要求进一步优化运行机制。另一方面，在县域农业经济领域，由于我国农业市场化、现代化水平还不高，农户生产体制下农业还具有脆弱性，因此，对社会资本的进入主要实施准入清单管理。2017 年国家出台的《关于深入推进农业领域政府和社会资本合作的实施意见》明确了社会资本参与农业领域投资的主要范围，2020 年出台的《社会资本投资农业农村指引》又进一步界定了社会资本准入的具体领域，从而为包括中心城市在内的社会资本进入划定了明确的范围。在这里，制度创新的关键是，进一步结合我国地区之间农业发展水平差异、农产品结构差异、人均土地规模差异等实际，由国家给予一定的政策空间，授予省级人民政府，根据本地农业农村发展实际，因地制宜地调整、优化和创新社会资本进入的范围、强度和方式。关于国有资本的活动区间，国家没有具体的制度界定，但2015 年国家出台的《关于国有企业功能界定与分类的指导意见》中，对商业类国有企业和公益类国有企业的目标定位和活动界区有所规定。商业类国有企业以增强国有经济活力、放大国有资本功能、实现国有资产保值增值为主要目标，公益类国有企业则以保障民生、服务社会、提供公共产品和服务为主要目标，国有资本的活动区间主要集中在国家安全、国民经济命脉、国家重大专项任务和重要民生领域。因此，制度创新的重点是根据县域产业发展实际，鼓励和支持中心城市符合功能定位的国有资本尤其是公益类国有资本进入县域，特别是农业农村领域。

其次，提供更宽松的创业环境、更充分的就业机会和更有效的帮扶机制，是县域居民尤其是农民共同参与的关键。从劳动者参与角度分析，县域劳动者大致可以分为两大类。第一类是市场参与能力强者，其中，创业者（包括从中心城市返乡创业者）和农业专业大户、家庭农场主、农民合作社骨干等新型职业农民的市场参与能力最强，城镇劳动者和离土又离乡（向中心城市转移）的农民的市场参与能力次之。第二类是市场参与能力弱者，其中，离土不离乡的农民或兼业农民属于亦工亦农、忙时务农闲时务工者，其市场参与能力相对较弱；那些缺乏非农劳动技能而只能纯粹从事农业生产活动者，则是市场参与能力最弱者。对于市场参与能力强者，制度创新的关键在于，为创业者提供更加宽松的市场准入、创造平台、税收、信贷和综合服务等创业环境，为新型职业农民队伍的壮大构建更加完善的培训培养、农业准入、生产经营服务、专业技能服务和社会服务政策支持体系，为从事非农劳动者提供更好的就业教育培训平台、就业信息平台。对于市场参与能力弱者，制度创新的重点在于提供更加有效的帮扶机制，尤其是对纯农民，需要发挥农村基层组织和农民专业合作社的作用，建立定向定点帮扶机制，基于自愿，将他们吸收到农业专业合作社中来，借助合作机制，既克服市场参与能力不足的弱项，又发挥其在生产环节上的强项。

最后，创新基于共同参与基础上的共同分享机制，是县域居民尤其是农民实现共同富裕的根本保证。在暂时不考虑公共服务供给的前提下，共同富裕的关键是，在初次分配领域，在制度上保证劳动者共同参与基础上的共同分享、公平分享及其收入的不断增长。为此，需要加强分层设计。第一个层面，按资本分配与按生产要素贡献分配相结合的领域，主要对象是各类创业者和新型职业农民，要遵循市场规律，鼓励和支持各类创新者和新型职业农民进行资本投入、技术投入和人力资本投入，确保通过合法经营和诚实劳动依法获得要素报酬。第二个层面，在按劳动力价值分配的领域，非农经济中要在促进企业发展与保障劳动者合法权益之间找到有效的平衡点，既要利用产业、税收、信贷等政策工具调节资本利益诉求，又要利用法律、经济和必要的行政手段，确保劳动者权益，包括签订劳动合同权、足额并及时地获得劳动报酬权和社会保险福利权，以及提请劳动争议处理等权益。在农业经济中，根据劳动用工季节性、临时性、非正规性强的特点，规范农业资本主导领域、农业资本与农户合作领域劳动用工办法，保护劳动者合法权益。第三个层面，在按劳分配及其与其他分配方式相结合的领域，需要通过优化或创新支农政策，提高政策的针对性，降低农业生产成本。对于需要帮扶的纯农户来说，尽可能将其吸收到农业专业合作社中来，通过创新农民专业合作社内部分配机制和帮扶机制，让他们在共同参与中共享合作成果，在共同富裕路上不掉队。

第六章　公共服务嵌入

公共服务一体化，是城乡一体化核心内容之一，是实现人的全面发展尤其是农民全面发展的重要支撑。在我国公共服务供给水平和质量不充分、不均衡，主要公共服务资源集中在中心城市的背景下，促进中心城市公共服务嵌入县域、乡村，补短板、强弱项，成为城乡融合发展、一体化发展的战略选择。

第一节　城乡公共服务平衡性

一、公共服务赋能人的全面发展

公共服务有广义与狭义之分。广义的公共服务是指国家公共部门、机构、组织使用公共权力与公共资源提供所有满足公民及其组织公共利益需要的产品与服务。公共产品与服务是使用公共权力与公共资源提供的，与营利性组织使用私人资源提供的私人服务，以及非营利社会组织使用社会资源提供的社会服务，具有本质性差别。广义的公共服务包括两种类型。一是直接满足公民及其组织生存与发展需要的公共服务。二是间接满足公民需要的公共服务，如政府履行的行政管理行为、维护市场秩序和社会秩序等监管行为、宏观经济调节行为等。狭义的公共服务，仅仅包括国家提供的直接满足公民及其组织需要的公共服务，又可以分为四类，即为公民及其组织生产、生活、发展所提供的基础性公共服务，如交通、通信、邮电、水、电、气等基础设施建设与服务；为公民和企业开展经济活动所提供的经济公共服务，如科技推广、咨询服务、政府奖补性支持政策等；为公民及其组织提供的公共安全服务，如军队、警察和消防等；为满足公民生存和发展所提供的社会公共服务，包括就业、教育、医疗卫生、社会保障，文化娱乐，以及环境保护等。鉴于基础性公共服务、经济公共服务在其他章节已有专门研究，以及公共安全服务与本研究主题的关联性不大。同时，基于环境保护在城乡一体化中的地位日益凸显，需要进行专题研究。因此，本章所研究的公共服务，主要是指狭义公共服务中的社会公共服务，主要包括直接满足公民基本生存需要的就业保障、养老保障、生活保障等服务；直接满足公民基本发展需要的教育和文化等服务；直接满足公民基本健康需要的医疗卫生等三方面的内容。

共享发展，即通过人人参与、人人分享并实现人人发展，是中国特色社会主义的内在要求，而共享公共服务则是共享发展的主要内容之一。共享发展与经济社会发展、人的全面发展相辅相成。一方面，共建共享是社会主义经济发展的根本目的，是增强全体人民获得感的重要体现，是人的全面发展的重要条件。人类社会发展的经验表明，公共服务不仅在促进充分就业、提高社会人力资本存量等领域具有积极功能，也是社会的"减震器"和"安全网"，而且对社会成员个人发展水平和发展潜力具有重大影响。其中，教育直接决定社会成员参与经济社会发展活动的起点、平等机会的把握、能力和水平；健康状况作为衡量人力资本高低的重要指标，决定着社会成员未来发展的空间和程度；社会保障水平决定着社会成员在收入水平一定下的生活质量、未来预期和幸福感。所以，推进共建共享，提高公共服务水平和质量，就是促进人的全面发展。习近平总书记在党的十九大报告中强调：我们一定要坚持在发展中保障和改善民生，"在幼有所育、学有所教、劳有所得、病有所医、老有所养、住有所居、弱有所扶上不断取得新进展，深入开展脱贫攻坚，保证全体人民在共建共享发展中有更多获得感，不断促进人的全面发展、全体人民共同富裕。"①

另一方面，提高公共服务水平和质量，促进人的全面发展，也是赋能经济社会高质量发展的重要手段。社会再生产不仅是物质资料再生产，

---

① 决胜全面建成小康社会 夺取新时代中国特色社会主义伟大胜利［M］. 北京：人民出版社，2017.

也是人口再生产、劳动力再生产。在新科技革命新经济高速发展与我国社会老龄化程度不断加剧的背景下，我国在未来相当长一段时期，经济社会高质量发展都将面临由劳动力数量过剩到高素质劳动力和高层次人才结构性短缺的阶段。尽管我国已经从"二孩政策"转向放开"三孩政策"，但是，要使这一政策能够产生积极的效果，不仅需要加强对适婚青年婚恋观、生育观教育，更需要发挥公共服务供给的支撑保障作用，通过提高优生优育服务水平、发展普惠托育服务体育、推进教育公平和优质教育资源供给、加强生育保险制度和妇女就业合法权益保护、优化社会化养老体系和完善医疗保障体系等综合措施，消除适婚青年的后顾之忧，才有可能改善和优化我国的人口结构，继续保持和发挥我国人力资源禀赋优势。

二、城乡公共服务资源配置不平衡性

公共权力和公共资源，是公共产品与服务供给的保证。其中，公共权力是法律赋予各级政府、机构、组织等各种公共部门处理社会公共事务的权力；公共资源是各级政府、机构、组织等各种公共部门，在生产、提供和管理公共服务过程中所产生、获取、利用、传播、保存或负责处置的各种资源的总称。严格意义上说，公共权力也是一种资源。因此，广义的公共资源包括公共权力。本研究的公共资源是狭义的公共资源。

在社会公共服务领域，我国城乡居民最关切的是公共教育、公共医疗卫生健康和社会保障。政府在这三大领域投入的公共资源大致可以分为两种形式。一种是以物质资源或者以财政资金投入形成的公共资源，主要包括：教育事业财政投入，即各级政府财政支出中教育投入的总量、比例、增量和增速，特别是财政性教育经费占 GDP 比例、一般公共预算支出中教育支出增长率、各级政府教育财政拨款增长与财政经常性收入增长的比较、按在校学生人数平均的教育费用增长率、教师工资和学生平均公用经费增长率，以及教育投资占全社会固定资产投资的比例和增长率等；卫生事业投入，即各级政府财政支出中医疗卫生健康总投入及其占国内生产总值的比例、增量和增速；社会保障支出，即国家为居民提供的最低生活水准保障性支出，有社会保险、社会救助、社会福利和社会优抚等形式。其中，社会保险又包括老年保险、失业保险、医疗保险、疾病保险、生育保险、工伤保险、伤残保险等项目。另一种是以人力资源形式存在的公共资源，主要涉及人员编制由国家标准或地方规定约束的人力资源投入，主要包括教师、医护工作人员的数量和质量。公共服务领域人力资源的配置，既与政府财政投入及其由此决定的工作环境、生活环境和待遇有关，也与人力资源或人才管理制度直接相关。由此，我们将政府在社会公共服务领域的资源配置，分为政府的人力资源性资源投入和财政性资源配置两个方面。

众所周知，新时代我国面临着人民日益增长的美好生活需要与不平衡不充分的发展之间的矛盾，这一矛盾在公共服务领域，既有供给水平和质量上的不充分问题，又有城乡、区域和社会阶层之间的不平衡问题。在此，我们主要研究由管理体制或分配制度设计引起的城乡公共服务不平衡性问题。

新中国成立以来，为了保障人民基本公共服务，国家从宪法到政策层面都进行了相应的制度规定。但是，在我国不同经济体制和经济发展阶段，城乡公共服务资源配置方式都不尽相同，城乡公共服务平衡性也有不同的特点。大致可以分为1949～1978年城乡之间不平等但城乡内部平均、1978～2002年在效率优先下城乡公共服务不平衡性扩大、2002～2012年改善民生导向下向城乡公共服务均等化转型，以及2012年共享发展理念下城乡公共服务一体化等四个发展阶段。

第一阶段，1949～1978年，城乡之间不平等但城乡内部平均阶段。为了体现社会主义制度优越性，1949年9月通过的《中国人民政治协商会议共同纲领》，就涉及我国公民享有公共服务。经过近五年的实践探索，1954年通过的《中华人民共和国宪法》，明确规定中华人民共和国公民和劳动者享有接受基础教育、医疗卫生、社会保险、社会救济医疗和社会保障等方面的权利，而政府则具有提供基本公共服务的义务。这是人民真正站起来的重要标志之一，具有重大历史意义。但是，面对一穷二白的家底，在实践中公共资源如何配置才能使人民更好地享受公共服务，则经历了一系列探索。这一阶段公共资源配置和公共服务供给具有典型的"城乡分灶、内部平均"的特征。一方面，加强城乡人口二元化管理，为"城乡分灶"提供公共服务奠定基础。1951年和1955年，《城市户口管理暂行条例》和《关于建立经常户口登记制度的指示》先后出台，将城镇人口、农村人口分别纳入户口登记管理。1958 年 1 月颁布《中华人民共和国户口管理条例》，全面规范我国城乡居民户口管理，开始设立城乡不同的户口管辖区。1959～1961 年的全国性粮食和副食品短缺危机，即"三年困难时期"，户口机制进一步发挥作用，即持有不同户口的居民按计划享受不同的粮食和副食品供给，随后逐步扩大到一些重要的生活必需品和公共服务供给领域。另一方面，无论是城市单位、企业或农村集体中，公共服务均实施"内部平均"分配原则。由于公共服务资源十分短缺，因此借鉴当时苏联的公共服务供给模式，依据城乡二元户口管理制度，建立了城乡二元基本公共服务供给体系。其基本特点是，城市居民，主要通过"企业或单位办社会"的方式提供公共服务，包括退休职工在内的所有职工以"单位人"身份，相对平均地免费享受退休保障、医疗、教育、住房等福利，以减轻国家财政支出责任。在农村，1958 年出台的《中共中央关于在农村建立人民公社问题的决议》，明确了人民公社实行政社合一体制，还明确了村集体经济是农民公共服务的主要供给来源，依靠集体经济为集体范围内的农民提供相对平均的小学教育、集体养老和合作医疗等公共服务。由于城市企业或单位办社会的资金具有相对稳定性，而农村集体经济受自然因素和政策变动因素影响较大，所以，尽管城乡内部公共服务供给是相对平等甚至平均的，但城乡之间的差距仍然存在。

第二阶段，1978～2002 年，效率优先下城乡公共服务不平衡性持续扩大阶段。1978 年 12 月党的十一届三中全会，开启了我国改革开放的序幕。全党工作的重心转向经济建设，效率优先、兼顾公平原则成为这一时期经济社会建设的基本准则。在公共服务领域，典型特征是沿袭传统体制下"城乡分灶"的供给模式，但公共服务资源供给体制发生了重大变化。一方面，从改革开放初期，开始了以分权为核心、最终形成"分税制"的财政体制改革，中央与地方重新划定了财权，使得地方政府日益成为相对独立的经济主体，由此极大地调动了其参与经济建设的积极性，但事权未能随之重新划分，造成了财权与事权的不对称。在"地方负责，分级管理"总体思路下，公共服务责任事实上是已经下移，地方政府面临着巨大的公共服务财力投入压力。为缓解政府在公共服务上投入不足的矛盾，缩小公共服务供给范围、降低公共服务投入力度、拖欠中小学教师工资，以及预算外支出与乱收费等现象频发。而且，面对公共服务投入不足，优先确保城市是这一阶段地方政府的主要选择，进一步拉大了城乡公共服务供给差距。同时，由于城市内部仍然主要实施"企业或单位办社会"的供给模式，所以，不同单位经济效益的好坏也对公共服务供给产生了直接影响，城市内部公共服务供给尤其是社会福利差距出现分化。另一方面，市场化机制介入公共服务，使我国城乡公共服务差距，尤其是对农村公共服务供给的弱化效应达到顶峰。从1978年农村推行家庭联产承包责任制开始，农村集体经济出现了弱化现象，乡镇财力薄弱、公共投入不足和公共服务供给能力严重不足的矛盾日益突出。与此同时，随着市场化改革的推进，公共服务供给领域开始向多元化、社会化、市场化方向发展，部分公共服务由免费转向部分付费。从实际效果看，虽然一定程度上提升了公共服务供给水平和质量，但也增加了农民的经济负担。在公共教育领域，从1986年的《中华人民共和国义务教育法》到1999年的《关于深化教育改革全面推进素质教育的决定》，虽然都确立了"分级办学"和教育经费"三个增长"等规定，但由于地方政府财政乏力，农村基础教育经费中一部分转嫁到了农民身上。在公共卫生领域，投入不足导致农村卫生医疗机构只能通过医疗服务收费和提供有偿服务填补不足。1981年卫生部的《医院经济管理暂行办法》和《关于加强卫生机构经济管理的意见》，提出"经济管理是医院管理的组成部分""医疗卫生单位开展增收节支，讲求经济效益"，1985年《关于卫生工作改革若干政策问题的报告的通知》明确了原来属于公共服务领域的项目，包括计划免疫注射、妇幼保健服务等，可以适当收取劳务费，甚至卫生防疫、卫生监督监测药品审批和检验都可以收取劳务费和成本费。在养老公共服务方面，1991年国务院提出农村养老保险改革由民政部负责，1992年民政部正式出台并实施《农村社会养老保险基本方案》，但由于财政投入不足，农民参保积极性较低，所以，推进过程困难重重。总体而言，公共财政体制尤其是公共服务领域的市场化机制，既促进了公共服务供给水平和质量提升，但又扩大了城乡公共服务差距。

第三阶段，2002~2012年，改善民生导向下向城乡公共服务均等化转型阶段。世纪之交，我国处于城乡发展差距日益扩大、城乡矛盾非常突出的时期。新中国成立到改革开放初期，城乡居民收入差距保持在 2.5∶1 左右，① 1983 年的最低点为 1.82∶1，但到 2002 年，又扩大到了 2.67∶1。② 为缓解矛盾，2002 年党的十六大提出了"统筹城乡经济社会发展"，将"三农"问题上升为国家战略。2003 年，十六届三中全会提出包括"统筹城乡发展"在内的五个统筹思想。从 2004 年开始，中央围绕"三农"问题连续出台一号文件，其中，促进农民增收、缩小城乡收入差距是主基调。2006 年，国家"十一五"规划和十六届六中全会通过的《中共中央关于构建社会主义和谐社会若干重大问题的决定》，开始将"基本公共服务均等化"纳入政府工作日程。2007 年，党的十七大报告提出"加快推进以改善民生为重点的社会建设"的新命题。2008 年，党的十七届三中全会有关《中共中央关于推进农村改革发展若干重大问题的决定》，提出了城乡一体化发展构想，初步形成了以改善民生为导向促进城乡公共服务均等化的改革思路。改革实践主要在两个层面展开。一方面，强化了政府在城乡公共服务供给中的主导地位，调整中央政府与地方政府的公共服务供给责任，加强事权与财权的划分。同时，特别强调了政府在加强农村公共服务投入中的责任。2003 年召开的国务院全国农村教育工作会议，提出了教育资源投入向农村倾斜、新增教育经费主要用于农村，以加快普及农村义务教育等重大决策。2005 年开始，实施由中央负担主要部分、中央和地方分项目、按比例分担农村义务教育经费的保障机制。2006 年颁布的《义务教育法（修订案）》，强化了各级政府在义务教育方面的责任，明确了将义务教育经费纳入公共财政保障范围，规定义务教育阶段免收学杂费。为了在管理体制上更加理顺、有效，在国家"十一五"规划中提出"有条件的地方可实行省管县的体制"。在试点的基础上，2009 年中央一号文件明确提出全面推进省管县体制改革，其中的重要内容之一是，改革省管县财政体制，调整公共财政支出结构，探索建立公共服务财政投入增长机制。另一方面，强化政府公共服务供给主导地位，推动公共服务供给市场化与社会化运作，创新多元主体协同供给的基本公共服务供给机制。在义务教育

---

① 谢志强，姜典航. 城乡关系演变：历史轨迹及其基本特点 [J]. 中共中央党校学报，2011（4）.

② 刘天勇. 中国城乡居民收入差距扩大的程度、原因与政策调整 [J]. 农业经济问题，2004（3）：56－58.

领域，到 2008 年，农村义务教育与城市一样，基本实现全免费。在医疗保障领域，2003 年开始试点的"新型农村合作医疗"制度于 2008 年在全国农村基本建立，2009 年国务院出台《关于深化医药卫生体制改革的意见》，明确了实现人人享有基本医疗卫生服务的目标、改革方向和措施。在最低生活保障和养老保障领域，2007 年中央一号文件提出建立农村最低生活保障制度，2008 年中央一号文件提出了建立新型农村社会养老保险制度，并于 2009 年 9 月正式试点，以基础养老金方式解决年满 60 周岁农村居民的养老问题，新型农村社会养老保险资金由个人缴费、集体补助、政府补贴三方筹集。由此，在改善民生导向下日益形成了城乡公共服务均等化的政策取向。

第四阶段，2012 年以来，进入共享发展理念下城乡公共服务一体化阶段。在 2013 年 11 月党的十八届三中全会通过的《中共中央关于全面深化改革若干重大问题的决定》中，将城乡二元结构作为制约城乡发展一体化的主要障碍，纳入深化改革的重点对象，提出"健全体制机制，形成以工促农、以城带乡、工农互惠、城乡一体的新型工农城乡关系，让广大农民平等参与现代化进程、共同分享现代化成果""推进城乡要素平等交换和公共资源均衡配置""统筹城乡基础设施建设和社区建设，推进城乡基本公共服务均等化""稳步推进城镇基本公共服务常住人口全覆盖"[1] 等主要政策取向。2014 年 3 月公布并实施的《国家新型城镇化规划（2014—2020年)》，明确提出围绕人的城镇化，在推进新型城镇化中，把促进农业转移人口就业、完善社会保障、提高基本公共服务水平摆在更加突出的位置，保障农民工在子女教育、就业机会、居住环境、收入增长和权益保护等多方面享受同等的公共服务。[2] 2017 年党的十九大提出了"坚持以人民为中心""坚持新发展理念"和"坚持在发展中保障和改善民生"等方略，标志着我国共享发展理念下城乡公共服务一体化发展方向正式确立，而且形成了以"坚持人人尽责、人人享有，坚守底线、突出重点、完善制度、引导预期，完善公共服务体系，保障群众基本生活，不断满足人民日益增长的美好生活需要，不断促进社会公平正义，形成有效的社会治理、

---

① 中共中央关于全面深化改革若干重大问题的决定 [M]. 北京：人民出版社，2013.
② 国家新型城镇化规划（2014—2020 年）[M]. 北京：人民出版社，2014.

良好的社会秩序，使人民获得感、幸福感、安全感更加充实、更有保障、更可持续"的民生建设思路，提出了"推动城乡义务教育一体化发展""全面建成覆盖全民、城乡统筹、权责清晰、保障适度、可持续的多层次社会保障体系""实施健康中国战略""全面建立中国特色基本医疗卫生制度、医疗保障制度和优质高效的医疗卫生服务体系"，以及"坚决打赢脱贫攻坚战"等公共服务一体化建设、改革和发展的重点领域及其重大政策举措。① 为贯彻落实党的十九大精神，2018 年的中央一号文件进一步明确了到 2020 年城乡基本公共服务均等化水平进一步提高、城乡融合发展体制机制初步建立的行动目标；2035 年城乡基本公共服务均等化基本实现，城乡融合发展体制机制更加完善。2019 年中央一号文件对"补齐农村人居环境和公共服务短板"进行了专门部署，2020 年中央一号文件则对"补上农村基础设施和公共服务短板"做进一步政策支持的强化。由此可见，我国城乡公共服务一体化，已经从理念、思路，正式进入政策和实践层面。

　　新中国成立 70 多年来，我国城乡公共服务从低水平平均配置，到效率优先下差距扩大、民生主导下均等化配置，再到共享发展理念下一体化配置的变迁，带有经济社会发展不同阶段和经济体制变革的深深烙印。从现实角度看，现阶段我国发展最大的不平衡仍然是城乡之间不平衡，而"城乡之间不平衡最突出的表现就在于基本公共服务发展水平的不平衡，这种不平衡表现在资源布局、能力提供和服务质量上"。② 对于城乡公共服务的实际差距，有学者测算得出结论：2015 年，全国城乡综合均等化差异的平均值为 0.486。其中，基本公共教育的城乡差异平均值为 0.453，我国医疗卫生的城乡差异平均值为 0.457，我国基础设施的城乡差异平均值为 0.569。③ 尽管这一评价指标的全面性有待进一步完善，但大致反映了我国

---

　　① 决胜全面建成小康社会 夺取新时代中国特色社会主义伟大胜利 ［M］. 北京：人民出版社，2017.

　　② 周南. 发改委就城乡融合发展回应社会关切 ［EB/OL］. 中国日报网，2019 - 05 - 07.

　　③ 孔凡文，张小飞，刘娇. 我国城乡基本公共服务均等化水平评价分析 ［J］. 调研世界，2015（7）. 本文构建了由基本公共教育（含大专、高中、初中、小学文化人口及以上人口占比和未上过学人口占比等 5 个二级指标）、医疗卫生（含每千人卫生技术人员数、每千人执业医师数、每千人医疗卫生机构床位数等 3 个二级指标），以及基础设施（含供水普及率、人均道路面积、燃气普及率等 3 个二级指标）等 3 个一级指标和 11 个具体指标构成的全国各地区城乡基本公共服务均等化水平评价指标体系，并采用 TOPSIS 法进行了测算。

城乡公共服务资源配置、供给水平和供给质量差距较大的现实。

在中国城乡融合、一体化发展中，需要解决的关键问题之一是，如何有效补齐乡村公共服务供给不足的短板。这里既涉及国家财政性公共资源供给中如何增加农村、农民的投入帮助其共同富裕，也涉及人力性公共资源在中心城市、县城、小城镇和乡村之间优化配置的问题。本章所说的中心城市公共服务嵌入县域、乡村，主要是指财政性公共资源的和人力性公共资源配置对县域居民尤其是农村居民的支持或倾斜，加快补齐"短板"进程，加快农村居民共同富裕步伐，不断提升农村居民把握共享发展机会的能力。

第二节　财政性公共资源嵌入

财政性公共资源嵌入，是指在国民收入再分配中，合理中心城市与县域、乡村之间财政投入数量和结构，增加直接满足县域城乡居民生存和发展需要的财政转移支付，加大县域、乡村社会公共服务领域基础性资源投入，优化居民尤其是农民居民收入—支出结构，以补齐共享发展"短板"，促进共同富裕。

一、嵌入的共同致富倍加效应

影响居民富裕、共同富裕的因素，既涉及居民之间的收入数量差异及其内在结构，也涉及居民的支出数量及其内在结构，归根结底涉及国民收入初次分配、再分配和第三次分配之间的相互协调。其中，财政性资源嵌入在农村居民共同富裕中具有支撑保障作用。

理论上，共同富裕包括居民物质生活和精神生活两个方面的富裕。在社会主义市场经济下，无论是物质生活满足还是精神生活享受，大多数必须以居民具有货币支付能力为前提。假如用货币支付能力来衡量，居民必须有持续的支付能力，若以年为单位，则居民可支配收入在扣除支出后必须有结余或剩余，不仅短期有余而且一定时期内都能达到有余的水平，不仅少部分人有余而且绝大多数人都能达到有余的水平。这就是说，居民在一定时期内（一年或由若干年构成的期限内）可支配收入＞实际支出，是居民富裕和共同富裕的最低标准。一般而言，居民可支配收入剩余越大，表明其越富裕，反之则越低。如果入不敷出，就谈不上富裕，更谈不上共同富裕。在以上前提下，可以得到以下公式：

$$M = NI - P + N \qquad\qquad (6-1)$$

其中，M 为居民年可支配收入剩余，NI 为居民年可支配收入，P 为居民年消费支出，N 为社会互助性净收入。其中，NI 和 P 两个部分已经有比较明确的边界和分类，N 的内涵和外延还需要进一步探索并规范。

（1）居民年可支配收入（NI），按照我国现行统计指标解释，是居民可用于最终消费支出和储蓄的总和，是居民可用于自由支配的收入，包括现金收入和实物收入。按照收入来源，又可分为四个部分。①工资性收入（NI_1），即就业者受雇于单位或个人、从事各种自由职业、兼职和零星劳动得到的全部劳动报酬和各种福利。②经营净收入（NI_2），即住户（包括农户，下同）或住户成员从事生产经营活动所获得的净收入，是全部经营收入扣除经营费用、生产性固定资产折旧和生产税之后的余额。③财产净收入（NI_3），即住户或住户成员将其所拥有的金融资产、住房等非金融资产和自然资源交由其他机构单位、住户或个人支配而获得的回报并扣除相关的费用之后得到的净收入。④转移净收入（NI_4），即转移性收入扣除转移性支出后的余额。其中，转移性收入指国家、单位、社会团体对住户的各种经常性转移支付和住户之间的经常性收入转移，包括养老金或退休金、社会救济和补助、政策性生产补贴、政策性生活补贴、救灾款、经常性捐赠和赔偿、报销医疗费、住户之间的赡养收入，本住户非常住成员寄回带回的收入等；转移性支出是指调查户对国家、单位、住户或个人的经常性或义务性转移支付，包括缴纳的税款、各项社会保障支出、赡养支出、经常性捐赠和赔偿支出和其他经常转移支出等。

（2）居民消费支出（P），按照我国现行统计指标解释，主要是指居民消费支出，即居民用于满足家庭日常生活消费需要的全部支出，包括现金消费支出和实物消费支出，具体又分为八大类消费。我们将这八大类消费支出归纳为两个部分：一是基本生活消费支出（P_1），主要包括食品烟酒、衣着、居住、生活用品及服务、交通通信和其他用品及服务等六类支出；二是发展性消费支出（P_2），包括教育文化娱乐和医疗保健两类支出。

（3）社会互助性净收入（N），一般是指通过社会救助、民间捐赠、慈善事业、志愿者行动等途径所获得的社会互助性收入扣除社会互助性支出后的余额。由此，可以得到公式（6-2）：

$$M = (NI_1 + NI_2 + NI_3 + NI_4) - (P_1 + P_2) + N \qquad (6-2)$$

将公式（6-2）进行调整，可以得到公式（6-3）：

$$M = (NI_1 + NI_2 + NI_3 - P_1) + (NI_4 - P_2) + N \qquad (6-3)$$

在社会主义市场经济下，公式（6-3）中的三个部分，源于三种不同分配渠道，由三种不同资源配置机制决定，对居民年收入支配剩余的数量、结构及其变化趋势，从而对居民共同富裕的实现有不同的影响。其中，第一部分，即（$NI_1 + NI_2 + NI_3 - P_1$）中，（$NI_1 + NI_2 + NI_3$）属于国民收入初次分配中居民收入所得，与居民基本生活消费支出 P_1 一样，主要由市场机制决定。无论是从居民的收入来源还是居民支出结构看，这一部分是主体部分，因而也是决定居民收入剩余和富裕程度的主要因素。由于这一部分主要由市场机制决定，政府主要是在引导市场、创造就业创业环境、扶持相对弱势产业和保护弱势群体利益等方面更好地发挥作用，相关内容已在上第五章进行了较多阐释，所以，在此当作不变因素看待。第二部分，即（$NI_4 - P_2$）中，NI_4 在性质上属于国家在初次分配后通过财政转移支付、税收等途径所进行的再分配，主要由政府调控机制起作用；作为居民用于教育、医疗等发展性支出的 P_2 部分，其数量多少直接与政府的财政性资源投入有关，也是由政府作用决定的。这是需要进一步研究的重点。第三部分，即 N，其性质上属于第三次分配，也就是动员社会中介力量，以社会救助、捐赠、慈善等互助机制重新分配收入的形式，是对国民收入初次分配和再分配的补充形式。随着经济发展水平、和谐社会建设水平和人的思想觉悟的不断提高，第三次分配在消除两极分化尤其是促进弱势群体共同富裕中地位和作用将会不断提高。基于本章所讨论的主题，所以，暂时也将其作为不变因素。

在公式（6-3）中，（$NI_4 - P_2$）部分——财政性公共资源嵌入，或者居民受嵌入直接影响的消费支出，不仅对于居民年收入支配剩余具有决定性作用，而且对居民共同富裕具有倍加效应。这种"倍加"主要通过三个层面的交互作用实现。

一是 NI_4 与 P_2 之间的此消彼长或替代效应，公共投入 NI_4 的增加，将会减轻居民在教育、医疗等发展性消费领域的支出负担，即使 P_2 不减少，也会直接增加居民收入及其居民可支配收入剩余，提高居民对可支配收入的自由支配程度。

二是（$NI_4 - P_2$）对（$NI_1 + NI_2 + NI_3 - P_1$）的撬动效应。NI_4的增加或P_2支出的减少，不仅会增加居民在基本生活消费领域的支出选择，而且直接改变居民收入分配中市场调节、政府调节和社会调节的结构，尤其是改善低收入群体的收入来源结构，提升收入分配均等化程度。NI_4在NI中所占的比例越高，居民间收入均等化程度越高，越能消除市场机制所产生的极化效应。

三是（$NI_4 - P_2$）对劳动力再生产质量提升和阻止代际贫困具有可持续效应。财政性公共资源投入社会服务领域，不仅对居民尤其是低收入群体具有兜底功能，从动态角度看，具有可持续效应。因为，这既让低收入群体有可能获得更多的培训、医疗服务等机会，从而有可能增加职业、岗位选择性，获得更高的收入报酬，也有可能防止因病致贫、因病返贫现象，巩固脱贫攻坚成果。更为关键的是，财政性公共资源的嵌入，可能使低收入群体子女能够获得更好的教育资源、教育服务和发展机会，不断提高劳动力生产和再生产质量，有可能阻止贫困代际传递。

所以，在居民可支配收入和可支配收入剩余的分析中，对于转移性净收入与NI_1、NI_2、NI_3的关系，不能简单地进行数量或占比上的比较。因为，这一收入在共同致富中的倍加效应，是其他收入所不具有的。

二、共同富裕短板的生成机理

依据财政性公共资源嵌入的共同致富倍加效应分析框架，以我国2020年城乡居民的收入数量与结构、支出数量及其结构、可支配收入剩余及其决定因素，以及2013～2020年相关指标的动态变化数据为指标，研究我国农村居民成为共同致富"短板"的成因，有可能得出比单一用城乡居民收入及其差距指标更为全面和深刻的结论。

首先，在静态角度上，可以通过对2020年我国城乡居民可支配收入剩余及其结构（见表6-1）的分析，得出诸多有价值的结论。

表 6 – 1 　　　　　　　　2020 年我国城乡居民可支配收入剩余及结构

居民	收入结构						支出结构			调节方式及可支配收入剩余		可支配收入剩余 M
										市场为主	政府为主	
	NI_1	NI_2	NI_3	NI_4	$NI_1 + NI_2 + NI_3$	NI	P_1	P_2	P	$NI_1 + NI_2 + NI_3 - P_1$	$NI_4 - P_2$	$NI - P$
城镇居民 A (元)	26 381	4 711	4 627	8 166	35 668	43 834	21 243	5 764	27 007	14 425	2 402	16 827
农村居民 B (元)	6 974	6 077	419	3 661	13 470	17 131	10 986	2 727	13 713	2 484	934	3 418
A∶B	—	—	—	2.23	2.65	2.56	1.93	2.11	1.97	5.81	2.40	4.92

数据来源:《中华人民共和国 2020 年国民经济和社会发展统计公报》和《中国统计年鉴 (2020)》。

（1）在收入数量及其结构上，2020 年我国城镇居民和农村居民可支配收入分别为 43 834 元和 17 131 元，城乡居民收入差距为 2.56∶1。与 2002 年中央意识到城乡差距太大并将“三农”问题上升为国家战略时的 2.67∶1 稍微低一些，城乡居民差距仍然处于高位。其中，城乡居民收入来源中主要由市场调节的，即 $NI_1 + NI_2 + NI_3$ 部分分别为 35 668 元和 13 470 元，分别占可支配收入的 81.37%、78.63%，城乡居民市场化收入比为 2.65∶1；而城乡居民收入中来源主要由政府调节的，即转移净收入 NI_4 部分分别为 8 166 元和 3 661 元，分别占可支配收入的 18.63%、21.37%，城乡居民政府调节性收入比为 2.23∶1。这说明，在城乡居民收入差距、可支配收入剩余和共同富裕的影响中，市场化收入差距比总体收入差距更大，因而是主要影响因素；政府调节性收入的差距比总体收入差距稍小。说明尽管城乡居民收入差距仍然不小，但城乡公共服务均等化有所提高，对缩小总体收入差距和促进共同富裕开始产生积极作用。

（2）在支出数量和结构上，2020 年，我国城乡居民消费支出分别为
27 007 元和 13 713 元，消费支出差距为 1.97∶1。其中，城乡居民消费中主
要由市场化机制决定的基本生活消费支出 P_1 分别为 21 243 元和 10 986 元，
分别占消费支出的 78.66%、80.11%，P_1 差距比为 1.93∶1，低于总体消费
支出差距比；而城乡居民消费支出中受政府调节影响较大的发展性消费支
出 P_2 分别为 21 243 元和 10 986 元，分别占消费支出的 21.34%、19.89%，
P_2 差距比为 2.11∶1，高于总体消费支出差距比。这说明，目前我国城乡居
民消费中，消费水平差距是客观存在的，但消费支出差距总体低于收入差
距，如果将农村居民基本生活消费中自给自足部分考虑在内，消费水平实
际差距可以还要小一些。然而，在城乡居民消费支出内部，发展性消费支
出差距大于基本生活消费支出差距和总体消费支出差距，表明我国农村居
民在发展性消费支出领域存在较重的负担。

（3）在可支配收入剩余上，2020 年，我国城乡居民年可支配收入剩余
M 分别为 1 6827 元和 3 418 元，M 的差距为 4.92∶1。其中，由市场调节决
定的收入剩余（$NI_1 + NI_2 + NI_3 - P_1$）分别为 14 425 元和 2 484 元，分别占
M 的 85.73%、72.67%，两者的差距为 5.81∶1；由政府调节的收入剩余
（$NI_4 - P_2$）分别为 2 402 元和 934 元，分别占 M 的 14.27%、27.34%，两
者的差距为 2.40∶1。这表明，我国城乡居民年可支配收入剩余的差距远
远高于可支配收入差距。其中，由市场决定的部分在居民可支配收入剩
余中起主导作用，是导致居民成为共同致富"短板"的主因；而政府调
节也影响着居民可支配收入剩余，对农村居民可支配收入剩余影响更大，
在缩小城乡居民可支配收入剩余和促进共同富裕中，具有重要的平衡器
作用。

其次，在动态角度上，从 2013～2020 年我国城乡居民收入结构和支出
结构变迁中，可以对静态角度分析所得出的结论作进一步的阐释。一方
面，从城乡居民收入结构变迁看，2013～2020 年，我国城镇居民主要由市
场决定所获得的收入（$NI_1 + NI_2 + NI_3$）在可支配收入总额（NI）中所占
的比重由 83.67%[1]下降为 81.37%，其中 NI_1 由 62.79% 下降为 60.18% 是
主要原因，而主要由政府调节所获得的转移净收入（NI_4）在可支配收入

---

① 数据根据 2013～2020 年《中国统计年鉴》整理，下同。

总额（NI）中的比重则由 16.33% 上升为 18.63%；农村居民主要由市场决定所获得的收入（$NI_1 + NI_2 + NI_3$）占可支配收入总额（NI）的比重由 82.53% 下降为 78.63%，其中经营收入（NI_2）由 41.73% 下降为 35.47% 是主要原因，而主要由政府调节所获得的转移净收入（NI_4）占可支配收入总额（NI）的比重则由 17.47% 上升为 21.37%。由此可见，2013 年以来，无论是城镇居民还是农村居民，主要通过市场化手段获得收入在可支配收入中的比重都呈现下降趋势，而转移性净收入占比则呈现不断增长的趋势，其中对农民可支配性收入的增长效应更为明显。另一方面，从城乡居民消费支出结构变迁看，2013~2020 年，我国城镇居民消费支出中主要由市场机制决定的基本生活消费支出由 83.10% 下降到 78.66%，而主要受政府调节影响的发展性消费支出则由 16.90% 上升到 21.34%；农民居民消费支出中主要由市场决定的基本消费支出由 80.99% 下降到 80.11%，而主要受政府调节影响的发展性消费支出则由 19.01% 上升到 19.89%。这表明，城乡居民消费支出中，基本生活支出都呈现出下降而发展性支出呈现上升的趋势。其中，城镇居民发展性消费支出增长最快，上升了 4.44%，而农村居民的发展性消费支出增长较慢，仅仅上升了 0.88%。这既有可能是国家对农村社会公共服务投入的结果，也有可能因为城市居民个人或家庭更加重视教育、医疗等方面的投入，有必要做进一步分析。

最后，在政策层面上，从 2002 年党的十六大正式将"三农"问题上升为国家战略以来，中共中央从 2004 年开始连续出台一号文件。在 2012 年以前，政策目标主要围绕"缩小城乡差距"或"农民增收"展开，政策重点主要是提高粮食最低价收购（2005 年，2009 年），保障农民土地权益（2008 年），增加各种农业补贴（2004 年，2005 年，2009 年），降低农业税负（2004 年，2005 年），直至 2006 年全面取消农业税等。2012 年党的十八大以来，政策目标主要围绕"农民持续增收""脱贫攻坚""农民全面发展"而展开，政策重点除了加快现代农业发展和农业供给侧结构性改革（2013 年，2015 年，2016 年，2017 年）、加强农村改革和实施乡村振兴（2014 年，2018 年）和决战脱贫攻坚（2019~2020 年）外，特别强调了要大力推进城乡基本公共服务均等化（2014 年），提出到 2035 年基本实现城乡基本公共服务均等化目标（2018 年），要加快补齐农村人居环境和公共服务短板（2019 年），以及对标全面建成小康社会加快补齐农村基础设施和公共服务短板（2020 年）等，从而与 2012 年以前已经推进的农村最低生活保障制度（2007 年）和新型农村社会养老保险制度（2008 年）等重大公共服务政策一起，初步构建了以促进农民全面发展为核心的公共服务政策支持体系，为补齐农民致富短板奠定了制度基础。

从以上三个维度，可以对我国农村居民之所以成为共同致富的"短板"得出以下基本结论：市场机制是城乡居民收入极化的主要原因，政府财政转移支付在收入差距和共同富裕中正在发挥越来越重要的平衡器作用，但作用的广度和强度有待进一步提升。

三、补齐短板的制度

补齐共同富裕短板，关键是补齐农民公共服务供给不足的短板。理论上，公共服务在农民共同富裕进程中具有平衡器功能，这一功能主要通过以下途径实现，即不断增加农村居民转移净收入数量及其在可支配收入中的比重，在其他收入不变的条件下增加农民年可支配收入剩余 M；增加社会公共服务投入，减少农民发展性消费家庭支出及其在消费支出中所占比例，同样可以增加农民年可支配收入剩余 M；增加农民可支配收入剩余中主要由政府调节的可支配收入剩余及其在农民可支配收入剩余中的比重，逐步缩小城乡居民之间过大的、由市场决定的可支配收入剩余差距。因此，发挥公共服务调节功能，对于促进农民共同富裕意义重大。

从我国农民共同富裕实践看，从 2013～2020 年，我国农村居民由市场决定所获得的收入（$NI_1 + NI_2 + NI_3$）占可支配收入总额（NI）的比重不断下降，尤其是劳动工资性收入增长乏力（NI_1）而经营收入（NI_2）下降明显（-6.26%）。主要是因为，我国农村居民生产规模经济性不高，劳动生产效率不高，农户户均耕地规模仅为 0.5 公顷，相当于欧盟的 1/40，美国的 1/400。[①] 同时，连续十多年惠农政策的实施，农业生产面临着农产品价格的"天花板"和农业生产成本"地板"的双重挤压，[②] 农民经营收

---

① 入世十年与中国农业发展 [EB/OL]. http：//www. moa. gov. cn/ztzl/nygzh/gzdtnew/2011 12/t20111226_2443081. htm，2011 - 12 - 26.

② 韩俊. 中国农业：红灯和黄线双重约束，天花板和地板双重挤压 [EB/OL]. http：cptc. webtex. cn，2015 - 01 - 13.

入正面临着"增长极限"的挑战。对于绝大多数纯农户来说，也是可支配收入增长的"极限"。

农民要摆脱可支配收入增长的"极限"，需要在农业生产经营领域挖潜和增加非农收入方面努力，但加大对农村财政性公共资源的嵌入必不可少。增加转移性净收入（NI_4），既具有直接增加农村居民可支配收入效应，又具有降低农村居民发展性消费支出（P_2）从而间接增加农村居民可支配收入效应，从而对农民共同致富会产生倍增效应。近十年来，尽管我国各级政府对农村居民财政性公共资源的嵌入规模呈现不断增长之势，调查研究表明，嵌入政策还有很大的优化空间。本书课题组从财政、农业和审计三个部门相关指标完全一致的角度，对扬州市邗江区 2018 年度财政惠农富农政策情况进行了专题调研。调查表明，2018 年，各类财政惠农富农政策资金投入共计 25 159.81 万元。资金投入大致可以分为三大类：第一大类，农村生产、生活和公益类基础设施性投入，包括高标准农田建设 206 万元、农田水利建设 1 906 万元、农村危房与内部道路修缮等基础设施建设 9.06 万元、农村人居环境整治 1 485.08 万元、村级公益事业"一事一议"财政奖补 1 111.68 万元共 5 项，共计投入 4 718.43 万元，占总投入的 18.75%。第二大类，生产性补贴或补助，包括农民合作社发展补助 15 万元、家庭农场补助 252 万元、稻谷补贴 626.86 万元、耕地地力保护补贴 2 108.95 万元、农机具购置补贴 247.06 万元、秸秆机械化还田补贴 167.86 万元、政策性农保 647.42 万元、轮式拖拉机安全补贴 7.95 万元共 8 项，共计投入 4 073.1 万元，占总投入的 16.19%。第三大类，生活性或农民发展性补贴，包括城乡居民养老保险 10 812 万元、医疗救助 721.53 万元、城乡居民医疗保险 33.43 万元、残疾人两项补贴 2 211.28 万元、困难群众物价补贴 19.67 万元、农村最低生活保障 919.48 万元、农村五保补助 1 570.39 万元、新型职业农民培训 51.5 万元、贫困学生助学金 29 万元共 9 项，共计投入 16 368.28 万元，占总投入的 65.06%。

从上述数据可有以下发现。（1）在现行的财政国家惠农富农政策中，以社会公共服务为主体的第三大类支出是财政支持的重点，达到财政转移总支出的 65.06%，其次是农村生产、生活和公益类基础设施性投入，占 18.75%，而农业生产补贴占 16.19%，体现了财政转移支付重点开始向公共服务和基础设施转移的特征。所以，在 2019 年、2020 中央一号文件进一步强调加快补齐农村人居环境、农村基础设施和公共服务短板的背景下，地方在贯彻落实国家财政支持政策的基本方向是正确的。（2）在第三大类支出中，政策支持的重点是普惠领域和保底领域。其中，普惠性政策支持重点主要是城乡居民养老保险，总投入占第三类总支出的 62.21%，占财政总支出的 42.97%；保底性支持对象主要是残疾人、困难群众、农村最低生活保障者和农村五保户等，总投入占第三类总支出的 28.84%，占财政总支出的 18.76%。（3）直接与城乡居民尤其是农民发展相关的医疗、教育等转移支付明显不足。城乡居民医疗救助、医疗保险两项支出754.98 万元，按照常住人口计算人均不足 107 元，而教育培训等财政转移支出仅为 70.5 万元，农村居民人均不足 12 元。进一步的拓展性调查研究还表明，在保普惠、保底线压力下，地方财政在医疗救助与保险、教育培训领域财政转移支付不足的问题带有普遍性。从影响农村居民共同致富的影响因素来看，与养老负担一样，医疗负担和教育负担是农民共同富裕需要跨越的另外两座"大山"。农民有病不医、因病致贫、因病返贫的现象时有发生。同样，义务教育阶段免费不彻底和非义务教育阶段的教育支出负担重，都对农村居民共同富裕构成了很大的制约。

因此，财政性公共资源嵌入的政策取向，应该点面结合，托底与普惠分类施策。在"点"上，必须加大对残疾、五保等特殊或特困群体的补助力度，保障最低生活需求，发挥财政转移支付的托底功能。在"面"上，围绕农民共同富裕的三块短板或三座"大山"精准发力，真正发挥财政转移支付的普惠功能并不断提高普惠水平。其中，在财政转移支付层面，需要在进一步完善农民养老保障的基础上，重点在城乡居民基本医疗保险制度一体化，稳步提高政府补助标准和个人缴费标准，扩大农村居民医疗保险覆盖面和医保范围，提高报支比例、大病统筹水平和医疗救助力度，落实城乡居民基本养老保险待遇确定和正常调整机制等领域精准发力；在教育领域，切实规范义务教育收费行为和社会教育培训机构行为，堵住义务教育阶段各种乱收费渠道，进一步加大对农民职业培训和贫困学生助学金等领域的财政支持力度。

与此同时。财政性公共资源的嵌入，还需要与人力性公共资源的嵌入有机结合、合理搭配，既"授鱼"更要"授渔"。

第三节 人力性公共资源嵌入

与城市居民相比较，农村公共服务成为农村居民共同富裕的短板，不只是体现为财政转移支付数量多少的差距，还有农村人力性公共资源数量和质量上的差距。因此，补齐短板需要两种资源的嵌入双管齐下。

一、嵌入的代际效应

人力性公共资源嵌入，是指中心城市帮助县域、乡村培养培训教育、医疗、养老等公共服务领域本土专业人才，引导中心城市相关专业人才服务县域、乡村，加强城乡相关专业人才的合作与交流，不断提高县域、乡村人力资源配置质量，提升公共服务水平。如果说财政性公共资源嵌入对农村居民脱贫和共同富裕具有倍增效应，那么，人力性公共资源嵌入还具有阻断贫困代际传递，或促进共同富裕代际传递的效应。

在经济社会发展中，一个人的富裕或贫困也许具有偶然性，但一个特定社会群体的贫困则具有规律性。众所周知，人既是经济社会发展的第一推动力，又在经济社会发展中得以发展自身。当然，不同的人在经济社会发展中所起的作用是不一样，人自身的发展也会呈现差异性。马克思认为，人类的物质资料生产和再生产过程，同样也是人口或劳动力的生产和再生产过程，是生产力再生产和社会关系再生产的统一。人口或劳动力的生产和再生产，即"生命的生产——无论是自己生命的生产（通过劳动）或他人生命的生产（通过生育）——立即表现为双重关系：一方面是自然关系，另一方面是社会关系"。① 人口或劳动力的生产和再生产是以人的生理条件、自然条件为基础的社会过程，其生产的数量和质量是由再生产的自然条件和社会条件共同决定的。一方面，人口或劳动力为了进行生产和再生产，即这个个人本身的再生产或维持，不仅需要有一定的、足以使人或者劳动者能够在正常生活状况下维持自己的生存资料，这些生存资料的

---

① 马克思恩格斯选集：第 1 卷 [M]. 北京：人民出版社，1972：34.

范围"多半取决于一个国家的文化水平",① 也即这些生存资料会随着一个国家的文化传统、习俗和经济社会发展而不断变化。同时,"为改变一般人的本性,使它获得一定劳动部门的技能或技巧,或为发达的和专门的劳动力,就要有一定的教育或培训",② 这种教育培训费用包括在生产劳动力所耗费的价值总和中,而且决定着劳动力质量高低和价值量大小。另一方面,人口或劳动力再生产也是由社会关系决定的。不同社会生产方式下,有着不同的人口增长规律和过剩人口规律。马克思深刻批判了马尔萨斯有关人口增长超过生活资料的增加是资本主义下人口过剩和贫困的根本原因这一说法,他认为,资本主义下相对过剩人口和贫困的产生,同再生产的条件,同这些生存资料的生产条件有关,而这种生产条件同样也包括人的再生产条件,包括整个人口的再生产条件,包括相对过剩余人口的再生产条件。③ 这里的条件,既有人口或劳动力维持自己存在所需要的生存资料条件,也包括生产的社会条件。

根据马克思的分析,在替代资本主义的未来社会,随着私有制度的消灭,社会能够有计划地进行物质资料生产和人口生产,资本主义下相对过剩人口规律和贫困规律的社会条件或社会基础将不复存在。这是符合逻辑的,但在我国社会主义初级阶段,却依然存在相对过剩人口和相对贫困现象,这主要应该从人口或劳动力再生产所需要的生存资料条件——吃穿住用等基本生活资料和教育培训等发展资料等条件中去寻找原因。

"贫困代际传递"这一范畴的产生,与拉格纳·纳克斯的贫困恶性循环理论有关。1953 年,纳克斯在研究发展中国家不发达根源后认为,发展中国家因为贫困、人均收入水平低,所以购买力和消费能力不足,引致投资引诱不足和资本形成不足,从而生产规模难以扩大,生产率也难以提高,最终结果是低产出和低收入,从而陷入"低收入—低购买力和低消费力—低投资引诱—低资本形成—低生产率—低产出—低收入"的恶性循环。在纳克斯创立贫困恶性循环理论后,1959 年人类学家奥斯卡·刘易斯从文化角度讨论了贫困的代际传递问题,随后学者们将贫困在代际间传递的现象归纳为"贫困人口代际传递"或"贫困代际传递",即贫困及其影

---

① ② 马克思恩格斯文集:第 5 卷 [M]. 北京:人民出版社,2009:199.

③ 马克思恩格斯全集:第 46 卷下册 [M]. 北京:人民出版社,1980:108.

响因素在贫困人口家庭内部由上一代传递给下一代，从而出现贫困沿袭的现象。关于如何阻断贫困或贫困代际传递，纳克斯从区域发展角度强调了引入外部资本求突破的重要性。而对于贫困群体，西方学者强调了加强贫困人口及其子女教育培训的重要性。特别是，20世纪60年代舒尔茨和贝克尔人力资本理论的产生以来，有关人力资本对于劳动力质量和劳动生产率提高，以及中长期经济增长中人力资本比物质资本具有更大贡献率的验证，使得教育培训、卫生保健、劳动力国内流动、移民入境等人力资本投资的重要性越来越受到人们的重视，逐步纠正了仅仅把人力资本再生产看作消费的传统观念，树立了是长期投资的新理念。西方学者的这些理论或观点，特别是有关突破贫困恶性循环单纯依靠内部可能无解，而必须引入外部要素的思路。加强对贫困群体及其子女的教育培训、卫生保健等方面的人力资本投资，对于我国阻断贫困代际传递现象、促成共同致富代际传递机制体系的建立，具有可借鉴性。

在我国现阶段，经过脱贫攻坚战，已经从整体上解决了绝对贫困现象，这是一个世界奇迹。但是，也应该看到，我国脱贫的基础还不稳固，尤其是农村贫困代际传递现象的根源还没有完全消除。为此，国家特别提出要将巩固脱贫攻坚成果与乡村振兴有效衔接起来。如何巩固脱贫攻坚成果？应该说，财政性公共资源，尤其是财政转移支付嵌入所具有的倍增效应，重点在"输血"，主要解决农村居民代内、眼前的支出负担或增加可支配收入，并由此发挥对农村居民致富和共同致富的连锁效应。而人力性公共资源嵌入则不同，其侧重点在于"造血"，即通过人力资源尤其是专业人才的输入，提高农村居民劳动力或人口生产和再生产质量，不只是被动地阻断贫困代际传递之法，而且是主动地塑造共同致富代际传递之举，具有"治本"功能。所以，我国在《乡村教师支持计划（2015—2020年)》中就明确提出：乡村教育是帮助乡村孩子学习成才，阻止贫困现象代际传递的大事。2017年1月24日，习近平同志在河北省张家口市考察时特别指出：需要将发展教育扶贫作为治本之计，确保贫困人口子女都能接受良好的基础教育，具备就业创业能力，切断贫困代际传递。①

---

① 习近平：落实教育扶贫，切断贫困代际传递［Z］. 央视网，2012-02-23.

二、人力性公共资源供需匹配

提升农村公共服务水平，增强农村居民的"造血"功能，从而补齐共同富裕的短板，既需要基础设施或硬件投入，更需要教师、医生等人力性公共资源投入。与一般人力资源相比，教师、医生等人力性公共资源既具有一般性，也有自身特点。将这些供给特点与县域、乡村对人力性公共资源的需求特点有效搭配或匹配，精准施策，是提高人力性公共资源配置效率的关键。

从人力性公共资源供给侧分析，与一般性人力资源相比较，一方面，教师、医生等人力性公共资源具有共同特征，即为了劳动力生产和再生产，都需要耗费基本生活消费资料和发展性消费资料，都有得到与其劳动付出相适应的劳动报酬、福利等经济利益诉求，以及医疗保障、养老保障等安全需要。另一方面，这些人力性公共资源又具有特殊性，属于专用性、流动性较强的人力资本，需要通过专门学习、培训或培养，是一种复杂劳动力，在劳动力形成过程中需要更多发展性消费资料支出或更多人力资本投资。因此，他们希望得到社会更多的认同，有更强的职业追求和更高的自我价值实现取向。无论是农村教师还是医生，在满足生存需要和安全需要的前提下，他们比一般性人力资源有更强的社会身份或地位意识，更重视个人发展前景，更重视自身才能发挥得到社会认可。当然，在教师、医生等人力性公共资源供给主体内部，受个人天赋、家庭、社会环境等因素影响，人力资本投资有所不同，教师、医生的能力和水平也会呈现出层次性、差异性，并影响他们对未来职业发展目标定位、空间选择。在人力性公共资源配置中，把握教师、医生作为专用性人力资本的特殊性及其内部的差异性、层次性，是精准施策的前提条件。

从人力性公共资源需求侧分析，中心城市可以凭借城市本身的优势，根据城市经济社会发展水平、城市发展定位和特定公共服务领域的岗位要求，主要通过市场途径获得各种类型、各种层次的专业人才，尤其是那些人力资本专用性高的人才。但是，与中心城市相比，县域、乡村在人力性公共资源配置中则不同。在现代市场经济下，不仅在区位、生活环境和发展环境等方面存在差距，在人力资源竞争中具有天然的弱势性，而且，县域、乡村对人力性公共资源的需求具有特殊性，主要体现为多层次性及其由此决定的人才规格差异性。无论是在教育领域还是在医疗领域，县城、乡镇和乡村三个层次对人才的要求具有明显差异。在医疗卫生领域最为明显。2009 年《中共中央　国务院关于深化医药卫生体制改革的意见》提出着力构建的农村医疗卫生服务网络，该网络由三个层次组成，即以县级医院为龙头、乡镇卫生院和村卫生室为基础。其中，村卫生室是由集体或其他形式兴办的非营利性、公益性的村级医疗卫生机构，主要承担辖区的公共卫生管理和常见病、多发病、慢性病的门诊等基本服务工作，是医疗卫生服务网络的网底；乡镇卫生院直接为社区提供医疗、预防、康复、保健综合服务，具有转诊和协助高层次医院搞好中间或院后服务、合理分流病人的功能，是农村医疗卫生服务网络的中间环节；县级医院是地区性医疗预防技术中心，参与指导对高危人群的监测，接受一级转诊，并对乡镇卫生院进行业务技术指导，承担一定教学科研任务。在农村医疗卫生服务网络的三个层次上，对人才需求的规格、能力等存在明显的差异性。一般而言，越面向基层对人才的通用性要求越高，村卫生室层面更需要全科医生。相反，越向上，对人才的专用性要求越高，县级医院越来越多需要专科医生。同样，在县域教育领域，也具有类似的人才需求特征。随着我国独生子女政策和城镇化扩张等因素的影响，改革开放尤其是进入 21 世纪以来，县域基础教育空间布局发生了巨大调整，其基本特点是，县城和重点中心镇基础教育体系完善，是高中教育的主要布局地；一般乡镇主要布局基础教育，是本辖区内小学和初中的主要布局地，受地理因素、经济发展条件等因素影响，有些小学或初中还散落在村；村一般布局幼儿园教育。由此，就形成了具有中国特色的县域师资需求特征。在县城和重点镇、一般镇、村三个层次上，越面向基层越需要全科教师，尤其是需要兼教语文、数学、英语、音乐、美术中两门甚至多门学科的小学、幼儿园师资。相反，越向重点镇、县城层面发展，越需要教师具有专业化水平，而不是同时兼任多门课程的教师。这种多层次、不同规格的人才需求特征，具有鲜明的中国特色和县域、乡村特点。

从人力性公共资源供需有效匹配角度分析，由于教师、医生等人力性公共资源属于专用性人力资本，在社会主义市场经济下，他们大多需要通过人才市场交换，所以，既具有劳动力商品一般特征，又具有特殊性。对这些人力公共性资源供需匹配，需要从两个方面把握。一方面，作为劳动力商品，教师、医生等人力性公共资源的供需匹配与一般劳动力商品供需平衡具有相同点，即保持总量上的大致平衡，也就是说，教师、医生的供给量与社会公共服务领域的需求量大致相当。由于这些人力性公共资源具有异质性，所以，供需匹配不仅要求总量平衡，更加强调结构平衡，即规格、质量上的供需契合。另一方面，教师、医生等人力性公共资源又是一种活的、人格化的特殊商品，这种特殊性不仅体现在与一般的以物化形式存在的商品不同，而且与通用性人力资源也不完全相同。所以，人力性公共资源供需匹配既要满足通用性人力资源供给主体的一般要求，即人力性公共资源需求方提供的条件必须能够满足供给主体生存需要和安全需要，但作为专用性人力资源（本），又要求需求方提供的环境、条件和机会，能够满足供给主体职业发展和自我价值实现的需要。

因此，人力性公共资源供需的有效匹配，就是要在满足供需数量大致平衡、规格和质量要求契合、需求主体基本条件与供给主体生存需要和安全需要相适配等一般条件基础上，尽可能使需求主体提供的发展环境与供给主体职业发展及其价值实现需求相适应。

三、人力性公共资源的错配

对于我国农村公共服务领域所面临的教师、医生等人力性公共资源不足，近年来学术界和实践部门都非常关注。总体而言，这里既有政府财政投入不足的原因，也与农村教师、医生等人才管理体制机制改革尚未到位所产生的公共资源供需错配有关。这种错配是一种在供需不平衡背后的结构不平衡，包括人力性公共资源供给方规格或质量不适配，以及人力性公共资源需求方提供的条件或环境与供给方生存需要、安全需要和发展需要不相适应。这种错配既与管理体制不顺有关（或者说与需求方脱离实际的需求有关），也与人力性公共资源供给方的培养与社会需求脱节有关（或者说与供给方的期望脱离社会现实有关）。所以，要真正解决农村公共服务供给不足，在政府财政投入一定的前提条件下，重点需要从人力性公共资源供需两侧解决资源配置中的错配问题。其中，解决人力性公共资源需求侧的体制机制问题是关键。

新中国成立70多年来，农村教师和医生的身份都经历了一个从公办体制外向体制内转变的过程。

关于农村教师的身份转制。新中国成立初期，政府财力极其有限，国家提出了鼓励农村群众办学的方针。[1] 由此，产生了民办学校和民办教师。在社会主义三大改造期间，民办教师队伍开始壮大。尽管1962年全国教育会议提出"中小学以公办为主、民办为辅"的教育事业发展意见后，民办学校与教师数量在调整中所缩减，[2] 1969年教育部《关于将中小学下放到大队来办、开展农村中小学教育大纲》后，农村教师由贫下中农管理并接受贫下中农再教育，对农村教师尤其是民办教师的发展形成了较大冲击。[3]但总体而言，民办教师在传统体制时期的农村教育中发挥了支撑性作用。从1978年到21世纪初，我国农村民办教师经历了由1978年"从民办（代课）教师中选择补充公办教师的自然减员"，[4] 到1992年解决民办教师问题的"关、招、转、辞、退"五字方针，[5]（重点是不再新招民办教师，而改由师范院校招收和选拔优秀民办教师直接转为公办教师），再到1994年明确提出争取在六七年内基本解决民办教师问题，[6] 以及1997年对民办教师"转正"的数量、方法以及步骤进行明确规定，并提出到2000年"转正"民办教师80万人的目标。[7] 到1999年，全国农村小学民办教师占全国小学教师总数的8.47%，全国农村初中民办教师占全国初中教师总数的1.30%。[8] 到21世纪初，符合条件的原有民办教师和新引进的农村教师都由公办体制外进入了体制内。

---

[1] 何东昌. 中华人民共和国重要教育文献 1949—1997 [M]. 海口：海南出版社，1998：92.

[2] 刘英杰. 中国教育大事典（1949—1990）[M]. 杭州：浙江教育出版社，1993：329 - 336.

[3] 何东昌. 中华人民共和国重要教育文献 1949—1997 [M]. 海口：海南出版社，1998：1145.

[4] 何东昌. 中华人民共和国重要教育文献 1949—1997 [M]. 海口：海南出版社，1998：1590.

[5] 何东昌. 中华人民共和国重要教育文献 1949—1997 [M]. 海口：海南出版社，1998：3365.

[6] 何东昌. 中华人民共和国重要教育文献 1949—1997 [M]. 海口：海南出版社，1998：3654.

[7] 何东昌. 中华人民共和国重要教育文献 1949—1997 [M]. 海口：海南出版社，1998：4265.

[8] 教育部办公厅. 1999年全国教育事业发展统计公报 [N]. 中国教育报，2000 - 05 - 30（4）.

关于农村医生的身份转制。从 20 世纪 50 年代开始，我国农村医生的身份经历了农村合作社中的卫生员、60～70 年代中后期的赤脚医生，以及 80 年代中后期的乡村医生的转变。其中，1965 年 6 月 26 日毛泽东同志提出要把医疗卫生工作重点放到农村，尤其是要培养一大批农村养得起并为农民看病服务的医生。由此，不仅大批城市医务工作者和解放军军医等下乡，而且在农村内部，也产生了一批由农村医学世家家庭成员、经医护专业短期培训的学员、有一定医护能力的自学成才者和部分"上山下乡"知识青年构成的"赤脚医生"。他们没有固定编制、薪金，亦农亦医，一般经乡村或基层政府批准和指派，受当地乡镇卫生院直接领导和医护指导，从事农村基层卫生保健和一般疾病的诊治工作。"赤脚医生"与农村"三级预防保健网"、合作医疗三者结合，被世界卫生组织并称为中国农村医疗卫生服务的"三大法宝"，对农村公共卫生事业发展和农村居民日常就医起到了非常重要的"兜底"作用。在 1975 年底，全国有 150 多万"赤脚医生"，还有 390 多万卫生员、接生员。① 1985 年 1 月 25 日，《人民日报》发表题为《不再使用"赤脚医生"名称，巩固发展乡村医生队伍》的文章，由此开始，乡村医生逐步替代赤脚医生。到 1986 年，全国持有乡村医生证的只有 64 万人。随后，我国逐步提高乡村医生从业要求，2004 年 1 月 1 日起实施《乡村医生从业管理条例》，明确提出要求，即乡村医生需要经过相应的注册、培训考试并获得执业证书后才能以正式名义在村卫生室执照开业。由此，赤脚医生正式退出历史舞台。

进入 21 世纪以来，我国先后将农村民办教师转入公办体制内、由赤脚医生转为持证的乡村医生并纳入公共卫生体制管理框架内，对于提高农村公共教育、医疗保障水平和质量，是一个巨大的历史进步。当然，民办教师、赤脚医生转入体制内后有效发挥作用又是有条件的。

第一个条件是，进入体制内从事公共服务的教师和医生具有从事农村社会公共服务的积极性。自从教师、医生进入体制内管理以来，国家已经推出了一系列改革措施。一方面，农村教师工资、职业发展和编制政策逐步形成体系，其资源有效匹配度提升相对较快。在教师工资待遇方面，2002 年提出"将农村中小学教职工工资全额纳入本级财政预算，并将工资

---

① 周怀宗. 从赤脚医生到执业医生 —— 一部乡村公共卫生史［N］. 新京报，2021 - 03 - 21.

直接打到教职工的银行个人工资账户中"。^① 2008 年国务院印发《关于义务教育学校实施绩效工资的指导意见》并于 2009 年开始实施绩效工资分配。2013 年在中央一号文件中第一次出台对生活在连片特困地区乡、村学校和教学点的教师设立专项资金给予其补助。2016 年提出改革乡村教师待遇保障机制，要求各地实施乡村教师分配倾斜政策，落实生活补助，保证工资水平不低于同职级县镇教师的工资水平，并将符合条件的艰苦偏远地区的乡村教师，纳入政府住房保障体系，^② 农村教师工资保障机制逐步形成。在教师职业发展方面，1993 年"国家实行教师资格制度"，2002 年农村义务教育中开始推行"教师聘任制度"。^③2010 年《国家中长期教育改革和发展规划纲要（2010—2020 年）》提出职务评聘向长期在偏远地区及农村基层工作的教师适当倾斜，在《乡村教师支持计划（2015—2020 年）》进一步明确职称（职务）评聘必须向乡村学校倾斜，规定在评聘时不做外语成绩（外语教师除外）和发表论文的刚性要求。在编制标准方面，2014 年明确提出统一城市与县镇、农村的中小学教职工编制标准。^④ 2015 年的《乡村教师支持计划（2015—2020 年）》和 2018 年的《关于全面加强乡村小规模学校和乡镇寄宿制学校建设的指导意见》，进一步提出乡村中小学教职工编制按照城市标准统一核定，其中村小学、教学点的编制按照生师比与班师比相结合方式核定。由此可见，农村教师转入体制内后，与其生存和发展相关的政策已经相对完善。

另一方面，乡村医生的身份、报酬、社会保障等政策也在积极探索之中，但尚未形成与公共服务管理体制相匹配的制度体系。在 1992~2004 年乡村医生转入体制内管理期间，我国农村乡镇卫生院开始推进人事权、财权、管理权下放到乡政府的改革。由于乡镇财力有限，许多卫生院又采取了承包、租赁或股份合作等经营模式，事实上变成了单纯提供医疗服务的竞争性营利医疗机构。本来接受乡镇卫生院指导的乡村医生也随之进入了

①③　何东昌. 中华人民共和国重要教育文献 1998—2002 ［M］. 海口：海南出版社，2003：1182.

②　国务院关于统筹推进县域内城乡义务教育一体化改革发展的若干意见 ［EB/OL］. https://www.gov.cn/gongbao/content/2016/content_5095494.htm，2016－07－02.

④　中央编办教育部财政部关于统一城乡中小学教职工编制标准的通知 ［EB/OL］. http://www.moe.gov.cn/s78/A10/tongzhi/201412/t20141209_181014.html，2014－11－13.

市场，按照市场化原则开展服务。2004 年乡村医生身份转入体制内管理后，尤其是 2009 年推进新医改以来，乡村医生的职业内容日益明确，公益性逐渐增强，他们开始脱离按市场规律行医取酬、谋生的角色。但是，相应的制度尚未建立或配套。在身份上，多数乡村医生只是属于在村卫生室从业的个体职业者，而且相当一部分既是农民又是医务人员，其农民身份使其只能享受农民的养老保险，尽管有些地区允许其按照灵活就业人员参与城镇职工养老保险，但一次性及后续缴纳的费用负担难以维持。① 从劳动报酬制度看，2004 年《乡村医生从业管理条例》规定，乡村医生执业有获取报酬的权利，乡村医生开展国家规定的预防、保健等公共卫生服务，县级人民政府应当按照有关规定予以补助；2009 年卫生部《关于乡村医生公共卫生服务补助的情况通报》，明确了乡村医生的补助方式和标准。② 但总体而言，有关乡村医生的政策还是不完善或不配套的，一直到 2015 年国务院办公厅印发《关于进一步加强乡村医生队伍建设的实施意见》，才对乡村医生的功能定位、执业管理、学历结构、岗位发展、服务模式、收入分配、养老和退出、工作条件和执业环境做出顶层设计，提出为乡村医生搭建"留得住、能发展、有保障"的舞台。③ 与农村教师相比，乡村医生转入体制内管理后的生存与发展机制尚未配套，在很大程度上存在着进入体制内的门槛高、服务供给公益性强但收入分配和社会保障游离于公共体制外的错配现象。

第二个条件是，农村教师、医生等人力性公共资源供给量能够满足农村公共服务需求。在满足第一个条件的前提下，国家出台的各项激励措施对于调动已经进入公共服务管理体制内的教师和医生的积极性，具有极大的激励作用。但是，随着进入门槛的提高，另一个问题就产生了，即现行的激励政策无法吸引足够数量的人才进入农村公共服务，乡村相关人才短缺成为常态。

① 于倩倩，尹文强，黄冬梅等. 新医改形势下乡村医生的收入补偿现状及对策研究 [J]. 中国全科医学，2014（28）：79 - 81.

② 卫生部关于乡村医生公共卫生服务补助的情况通报 [EB/OL]. 中华人民共和国中央人民政府网（www.gov.cn），2009 - 04 - 28.

③ 国务院办公厅关于进一步加强乡村医生队伍建设的实施意见 [EB/OL]. 中华人民共和国中央人民政府网（www.gov.cn），2015 - 03 - 23.

一方面，乡村医生尤其是执业（助理）医师是最匮乏的。例如，2002年卫生部在《中国卫生人力发展纲要（2001—2015）》中明确提出：到2015年要有85%的乡村医生完成向执业助理医师的转化，但截至2015年底，村一级的执业（助理）医师31.0万人、注册护士10.6万人、乡村医生96.3万人，执业（助理）医师仅占22.48%，[①] 远远没有达标。为此，国家已经先后出台了《以全科医生为重点的基层医疗卫生队伍建设规划》《关于印发开展农村订单定向医学生免费培养工作实施意见的通知》《关于2016年乡村全科执业助理医师资格考试的通知》《国务院办公厅关于改革完善全科医生培养与使用激励机制的意见》等一系列政策文件。毫无疑问，培养全科医生，创新订单定向免费培养等遴选新机制，改革执业考试等举措，对于改进乡村医生来源结构和素质能力具有非常重要的意义，但是，能否有效扭转错配所引致的短缺，尚需要实践检验。事实上，国家每年培养的医学生并不少，但他们大多不惜放低身段也要涌向中心城市，以至于一些中西部欠发达地区县级医院都很难招到合适的本科生，于是就只能招收本来为乡镇卫生院培养的大专生，而这些乡镇卫生院只能去招本来是给村卫生室培养的村医，村医越来越少。这是一种典型的资源错配及其后果。

另一方面，尽管乡村教师在转制后的支持政策体系相对完善，但仍然存在"乡村教师队伍还存在结构性缺员较为突出、素质能力有待提升、发展通道相对偏窄、职业吸引力不强等问题"。[②] 为此，从2003年开始，共青团中央、教育部等部委联合实施"大学生志愿服务西部计划"，2004年教育部启动"农村学校教育硕士师资培养计划"，2006年教育部实施"城镇教师支援农村教育工作"行动、中共中央组织部启动高校毕业生到农村基层从事支教、支农、支医和扶贫工作（简称"三支一扶"）、教育部等部委实施农村义务教育阶段学校教师"特设岗位计划"，2007年国家开始试行师范生免费教育政策，2010年国家正式启动重点支持中西部和农村教师的"国培计划"，2012年开始"建立健全城乡教师校长轮岗交流制度"，

① 2015年卫生和计划生育事业发展统计公报［EB/OL］. https://www.gov.cn/xinwen/2016-07/21/content_5093411.htm, 2016-07-21.
② 教育部等六部门关于加强新时代乡村教师队伍建设的意见［EB/OL］. 中华人民共和国教育部网站（www.moe.gov.cn），2020-08-28.

2021 年国家指出"精准培养本土化优秀教师",等等。在这些政策中,"志愿者服务""三支一扶"等政策对解决乡村教师结构性短缺和能力不足产生了一定的积极作用。但是,乡村教师严重的结构性短缺,使得现行政策难以从根本上解决问题,乡村教师人数下降缺口依然较大,许多乡村教师都只是临时合同工,他们和志愿者一样,只是解决短缺的权宜之计。[①]可喜的是,这一问题已经引起国家的重视,纳入国家乡村振兴战略,在2018 年《中共中央 国务院关于实施乡村振兴战略的意见》中得到体现,并且在 2021 年《关于加快推进乡村人才振兴的意见》中进行了系统性的制度安排。

总之,人力性公共资源的错配,是农村教师、医生供给数量不足并引致农村居民上学难、看病难的主要原因,而供给数量和素质能力不足又进一步制约农村居民劳动力生产和再生产的质量提升,无法从根本上阻断农村居民代内因病致贫或返贫,以及教育贫困所引致的贫困代际传递。因此,公共资源错配导致的公共服务能力不足和水平不高,是农村居民致富并走向共同富裕的短板。从根本上补齐这块短板,必须在乡村人才振兴总体框架下,从农村教师、医生转制中的突出矛盾着手,寻找解决问题的突破口。

四、资源适配的制度

农村教师、医生等公共人力资源的短缺,是农村公共服务供给不足矛盾的主要方面。解决这一难题,需要克服县域人力性公共资源的错配现象。为此,必须在国家层面进行顶层设计、省级层面统筹协调下,紧密结合我国经济社会发展阶段和各地区农村发展实际,妥善处理好财政性公共资源与人力性公共资源关系,人力性公共资源数量与质量、存量与增量、县域本土资源利用与外部资源吸引、公共管理体制内人力资源与市场化人力资源的关系,需要将人力性公共资源需求的紧迫性与供给的现实可能性、长期性制度安排与短期激励有机结合起来,提高人力性公共资源的适配性。

---

① 杨东平. 港媒称中国乡村教师人数下降缺口大 岗位吸引年轻人低 [N]. 参考消息,2017 – 12 – 13.

从我国城乡融合、一体化中农村公共服务需求紧迫性和财政性公共资源可支撑性角度出发，当前和今后相当长一段时期内，加大中心城市财政性公共资源和人力性公共资源支持农村的力度，以外部资源嵌入带动县域内部资源挖潜、整合和高效配置，在克服人力性公共资源数量短缺基础上又进一步推动质量渐进式提升，应该成为农村人力性公共资源领域制度创新和政策设计的主要方向。

中心城市公共人力资源的嵌入主要有两条途径。

第一条途径是，依托中心城市财政性公共资源，主要是相关经费保障、财政转移支付、基础设施项目建设等嵌入或向农村倾斜，支持、支撑县域主导的公共人力资源整合、改革，逐步解决数量短缺矛盾。主要思路有三条。第一，激活存量弥补增量不足，也即通过用活用好农村教师和医生编制资源、落实工资或收入政策、执行有关补偿和岗位津贴补助政策、健全医疗养老保障和住房保障机制，优化工作环境和执业条件，以及创造继续教育、职称职务晋升通道等举措，调动现有岗位农村教师、医生的积极性，激发内在创造性。这一思路具有长期激励效应，对吸引人才也具有示范效应。第二，降低门槛，即为了解决"愿者进不来，条件符合者不愿进"的问题，借鉴过去民办教师、"赤脚医生"的经验，适当降低准入门槛，打破学历限制，从当地的高中毕业生中吸收一批青年加入农村基层公共服务队伍，经过专门机构的培养培训，从中培养出合适的乡村教师（小学、幼儿园）和村级医疗卫生人才，给予合法的从业权。这一思路适合于欠发达地区和部分次发达地区，同时需要借助国家乡村人才振兴的扶持政策和中心城市的教育培训力量。第三，定向培养、订单培养本土人才。根据县域、乡村公共人力资源的需求，通过国家计划和激励性招生政策、中心城市教育培训机构支持、县域创造人才发挥作用良好环境，有计划培养培训适用人才。

第二条途径是，通过政策激励或引导，将中心城市公共人力资源嵌入县域、乡村，缓解农村教师、医生数量短缺和素质能力不足的矛盾。有三条思路可以选择。第一，依托中心城市基础教育、医疗卫生优质资源，构建城乡合作的教育联合体、医疗联合体。通过构建"名校＋"教育联合体和城乡学校共同体，创新"一长多校"、委托管理、兼并融合、结对提升等管理机制，吸引更多农村普通学校加盟，逐步缩小城乡办学中师资数量、素质和能力等方面差距，推动基础教育优质均衡发展。通过构建"三级医院＋"医疗联合体（简称"医联体"），一般以同一区域内中心城市三级医院为主体联合二级医院、社区医院、村医院或卫生室，建立"医联体"内部分工、协作与责任共担、利益共享的机制，鼓励和支持中心城市的优质医疗资源下沉，整合县域、乡村资源，将县域、乡村的疾病预防、治疗、管理有机结合起来，实现医疗质量同步管理。既解决乡村医生的数量短缺，又有助于解决医疗公共服务质量不高的问题。第二，鼓励和支持中心城市的退休或符合条件的在职教师、医生有计划、有组织地向乡村流动。深化义务教育教师队伍"县管校聘"管理体制改革，从制度上激励中心城市教师到乡村学校任教，从机制上完善或创新定期交流、跨校竞聘、学区一体化管理、学校联盟、对口支援、乡镇中心学校教师走教等方式，引导中心城市优秀校长和骨干教师到乡村学校去。同时，加大政策激励和组织引导，鼓励中心城市或城镇优秀退休教师到乡村学校支教、讲学。全面落实城市二级及以上医院在职或退休医师到乡村基层医疗卫生机构多点执业，开办乡村诊所的政策，促进城市优质医疗资源有序向乡村流动并带动乡村卫生健康人才队伍建设。第三，通过制度约束，重点是落实和硬化国家有关城市教师、医生等专业人才定期服务乡村的制度，即中小学教师晋升高级职称原则上要有1年以上农村基层工作服务经历要求，执业医师晋升为副高级技术职称要有累计1年以上在县级以下（或者对口支援的）医疗卫生机构提供医疗卫生服务经历的要求。

从发展的角度看，我国县域、乡村紧缺的人力性公共资源的适配，还必须与城乡空间聚落优化、城乡产业融合发展趋势有机结合起来。随着我国农村聚落的集中化和产业聚集化趋势日益明显，县域、乡村教育、医疗、卫生、文化、体育等公共服务基础设施配置也将会呈现相对集中化趋向。因此，无论是财政性公共资源配置，特别是财政支持方向的选择，还是县域、乡村人力性公共资源配置，都需要适应这一发展趋势。

第七章　城乡生态融合

保护生态环境，既是自然科学问题，也是经济社会问题。在经济学上，保护和改善生态生产环境，就是保护和发展生产力。因此，城乡融合、一体化发展中，必须以资源环境承载能力为基础，尊重自然规律，一体化推进中心城市、县域、乡村生产、生活和生态"三生融合"发展。

第一节　人与自然和谐共生

实现人与自然和谐共生，是马克思主义经典作家对未来社会的伟大构想。人与自然和谐共生需要具备各种条件，既包括马克思主义经典作家从人类史与自然史相结合角度所阐述的社会基础或前提条件，也包括实践中人与自然由对立走向和谐的实现条件。

一、和谐共生的前提条件

有关人与自然界的关系，马克思在《1844年经济学哲学手稿》中指出：一方面，因为人的肉体生活与精神生活与自然界相联系的，人源于自然界，最终又回归自然界，所以，"人是自然界的一部分"。脱离了自然界，人就不复存在了。另一方面，自然界"是人的无机的身体。"① 包含两层含义：一是自然界是人的生活和人的活动的一部分，人从自然界获得其生存所需要的直接生活资料，同时，人又从自然界获得各种材料、工具等人的生命活动的对象。二是自然界的植物、动物、石头、空气、光等，是

---

① 马克思恩格斯文集：第1卷 [M]. 北京：人民出版社，2009：161.

人的精神的无机界和人的意识的一部分，又是艺术的对象，它们属于需要人事先进行加工才能享用和消化的精神食粮。恩格斯指出，自然界"是我们人类（本身就是自然界的产物）赖以生存的基础；在自然界和人以外不存在着任何东西"。①

人与自然界的关系不是一成不变的，而是发展的。马克思主义经典作家从历史唯物主义角度阐述了人与自然的关系史，揭示了人从慑服于自然界到成为自然界主人的过程及其规律。恩格斯在《家族、私有制和国家的起源》中借鉴路·亨·摩尔根将人类社会划分为蒙昧时代、野蛮时代和文明时代的方法，并且从人与自然界关系的角度进行了重新归纳："蒙昧时代是以获取现成的天然产物为主的时期；人工产品主要是用作获取天然产物的辅助工具。野蛮时代是学会畜牧和农耕的时期，是学会靠人的活动来增加天然产物生产的方法的时期。文明时代是学会对天然产物进一步加工的时期，是真正的工业和艺术的时期。"② 在蒙昧时代，"人类差不多完全受着同他异己地对立着的、不可理解的外部大自然的支配"，③ 自然界是"作为一种完全异己的、有无限威力的和不可制服的力量与人们对立的，人们同自然界的关系完全像动物同自然界的关系一样。人们就像牲畜一样慑服于自然界"。④ 在这个时代，人们利用的是自然形成的十分简陋、粗糙的生产工具，获取的主要是现成的天然物，财产表现为自然形成的统治，交换主要是人和自然之间的交换，而作为人与人联系的部落、氏族及其制度都是自然所赋予的最高权力，是神圣不可侵犯的，"他们都还依存于——用马克思的话说——自然形成的共同体的脐带"。⑤ 与蒙昧时代相比，人类在野蛮时代学会了劳动，生产工具也有了进步，"铁剑对于野蛮时代……，乃是决定性的武器"，⑥ 由此，人类获得的天然物在数量上有了增长，而且生产的优越性还体现在"生产品完全由生产者支配"。⑦ 但是，无论如何，野蛮时代并没有从根本上改变自然统治人类的格局，人类的命

① 马克思恩格斯文集：第4卷 [M]. 北京：人民出版社，2009：27.
② 马克思恩格斯文集：第4卷 [M]. 北京：人民出版社，2009：38.
③ 马克思恩格斯文集：第4卷 [M]. 北京：人民出版社，2009：112.
④ 马克思恩格斯文集：第1卷 [M]. 北京：人民出版社，2009：534.
⑤ 马克思恩格斯文集：第4卷 [M]. 北京：人民出版社，2009：112 – 113.
⑥ 马克思恩格斯文集：第4卷 [M]. 北京：人民出版社，2009：34.
⑦ 马克思恩格斯文集：第4卷 [M]. 北京：人民出版社，2009：129.

运仍然由自然界决定，人们的精神世界仍然处于自然崇拜之中，真正改变这一格局的是文明时代。

　　人类自从发明文字并应用于文献记录，人的精神世界开始丰富，生产技能或技术得以留传和发展，能够对天然产物进一步加工，便开始进入文明时代，进入真正的工业和艺术产生的时期。文明时代先后经历了漫长的奴隶社会、封建社会时期，人和自然界的关系逐步经历了由自然界主宰向人类主导的渐变，而真正发生革命性变革的是资本主义社会。"资本的伟大的文明作用——它创造了这样一个社会阶段，与这个社会阶段相比，一切以前的社会阶段都只表现为人类的地方性发展和对自然的崇拜。只有在资本主义制度下自然界才真正是人的对象，真正是有用物；它不再被认为是自为的力量；而对自然界的独立规律的理论认识本身不过表现为狡猾，其目的是使自然界（不管是作为消费品，还是作为生产资料）服从于人的需要。资本按照自己的这种趋势，既要克服把自然神化的现象，克服流传下来的、在一定界限内闭关自守地满足于现有需要和重复旧生活方式的状况，又要克服民族界限和民族偏见。资本破坏这一切并使之不断革命化，摧毁一切阻碍发展生产力、扩大需要、使生产多样化、利用和交换自然力量和精神力量的限制。"① 这就是说，资本的伟大文明作用一方面体现在，它克服了人对自然的崇拜、神化和一切制约生产力发展的精神限制，促进了思想解放、文艺复兴和技术革命，以机器大生产为标志颠覆了旧的生产方式，实现了生产工具和生产技术的革命性变革，从而为自然界服从人的需要提供了手段。另一方面，资本的无限逐利性要求一刻不停地创造出人对自然的新需求。资本"第一，要求在量上扩大现有的消费；第二，要求把现有的消费扩大到更大的范围来造成新需要；第三，要求生产出新的需求，发现和创造出新的使用价值"。② 为最大地满足现有需求和各种形式的新需求，需要探索整个自然界，以发现物的新的有用性；普遍地交换各种不同气候条件下的产品和各种不同国家的产品；采用新方式加工自然物，以便赋予它们新的使用价值；从一切方面探索地球，发现新的有用物体和原有物体的新的使用价值，等等。这样的文明时代的结果是，将生产力推

---

① 马克思恩格斯文集：第 8 卷 ［M］. 北京：人民出版社，2009：90 - 91.
② 马克思恩格斯文集：第 8 卷 ［M］. 北京：人民出版社，2009：89.

动到了新高度，从而使财富巨大增长，形式新颖多样，用途丰富广泛，财富已经变成了一种人无法控制的力量；与此同时，人与自然之间的对立发生了性质上的变化，即由过去的自然界凌驾于人之上，人只能被动接受自然界的恩赐，变成自然界服从于人。面对人的无限需求，自然界越来越不堪重负，资本也以惊人的速度破坏着自然。

马克思主义经典作家从人类史与自然史相结合的角度指出，只有在未来的共产主义社会，才有可能实现自然主义与人道主义的统一，人与自然、人与人之间的矛盾才有可能真正解决。在他们看来，"这种共产主义，作为完成了的自然主义，等于人道主义，而作为完成了的人道主义，等于自然主义，它是人和自然界之间、人和人之间的矛盾的真正解决"。① "关于凌驾于自然界和人之上的存在物的问题，即包含着对自然界的和人的非实在性的承认的问题，实际上已经成为不可能的了。"② 在这里，经典作家始终把解决人与自然的矛盾与解决人与人之间的矛盾作为一个统一体。换言之，人与自然的矛盾不可能单独解决。在《社会主义从空想到科学的发展》中，恩格斯特别强调：人与人矛盾的解决是人与自然矛盾解决的前提，即人们能够成为自然界的自觉的和真正的主人，因为它们已经成为自身的社会结合的主人了，人终于成为自己的社会结合的主人，从而也就成为自然界的主人，成为自身的主人——自由的人。也只有在这个时候，"人在一定意义上才最终脱离了动物界，从动物的生存条件进入真正人的生存条件"。因此，人与自然之间矛盾的解决，必须以人与人矛盾的解决为前提条件，而人与人矛盾的根本解决又必须具备这样的经济社会基础，即"一旦社会占有了生产资料，商品生产就将被消除，而产品对生产者的统治也将随之消除。社会内部的无政府状态将为有计划的自觉的组织所代替。个体生存的斗争停止了。"③ 这些条件，是经典作家从人类史和自然史中，从人慑服于自然、人支配自然，再到人与自然和谐共生的演进过程中，得出的合乎历史逻辑和理论逻辑的伟大构想，构成人道主义与自然主义有机统一的基本条件。

① 马克思恩格斯文集：第 1 卷 [M]. 北京：人民出版社，2009：185.
② 马克思恩格斯文集：第 8 卷 [M]. 北京：人民出版社，2009：196 - 197.
③ 马克思恩格斯文集：第 3 卷 [M]. 北京：人民出版社，2009：566.

二、和谐共生的实现条件

马克思主义经典作家建立了解决人与自然界矛盾的理论框架，但如何在共产主义实践中实现人与自然之间的和谐共生，他们没有而且事实上也不可能提出具体的路线。当今中国具备了将经典作家伟大构想转化为现实的可能性，因为我们已经创造了解决人与自然界矛盾的前提条件——人已经成为自己的社会结合的主人。但是，由于处于社会主义初级阶段，存在着多元所有制结构，需要大力发展市场经济，相当一部分个体的生存还对自然界供给有着高度的依赖性。所以，如何实现人与自然的和谐共生，还需要我们在经典理论框架下，结合中国实际，从人与自然的现实矛盾中去寻找实现路径。

人类源于自然，是自然的一部分。人与自然的和谐共生，从根本上说，就是人类在利用自然的过程中自觉遵循自然规律，"我们对自然界的整个支配作用，就在于我们比其他一切生物强，能够认识和正确运用自然规律"，① 能够自觉地在人类的需求与自然界供给之间保持大致的平衡，而不是像资本主义生产方式下"需求和供给之间的和谐，竟变成二者的两极对立"。② 在现实中，就是要求人类对物质资料的需求及其为此而进行的物质资料生产，包括生产的内容、形式和手段，必须与自然界资源和环境的承载能力保持平衡，人对自然界的索取与回馈保持平衡，自然界的供给与自然界自身的恢复能力保持均衡。否则，人类将会受到自然界的惩罚。"我们不要过分陶醉于我们人类对自然界的胜利。对于每一次这样的胜利，自然界都对我们进行报复。"③ 这是不以人们意志为转移的，而人类能够改变的唯有约束、调整和规范自身的行为。

消费需求，是人类改造、利用自然的源动力，是人的再生产和社会再生产的基本保证。但是，从人与自然和谐共生的要求看，如果不只是从即时而是从一定时期内考察，消费需求可持续满足是有约束条件的，即与自然界的供给保持平衡，这是人与自然和谐共生的首要条件。在现实中，这

---

① 马克思恩格斯文集：第 9 卷［M］. 北京：人民出版社，2009：560.
② 马克思恩格斯文集：第 9 卷［M］. 北京：人民出版社，2009：563.
③ 马克思恩格斯文集：第 9 卷［M］. 北京：人民出版社，2009：559 – 560.

一条件的缺失大多由社会收入阶层中的两端——高收入阶层和低收入阶层引致。一方面是高收入阶层消费需求引起的资源环境约束，是1992年联合国在巴西里约热内卢召开环境与发展大会以来学术界最为关注的话题之一。高收入阶层有支付能力的消费需求旺，资源消耗量大，同时污染排放量也很大。假如全世界高收入阶层的划分标准、人均消费所消耗的资源和排放的污染，均以美国的平均水平为参照，那么，全世界每年消耗的可再生产资源就需要相当于4个地球的生产用地，而每年向大气排放的污染物还需要有9个地球（或9个大气层）才能安全吸收由此产生的温室气体。①能否树立可持续发展意识，并且利用经济手段、法律手段调节，促成高收入群体可持续消费行为，是人与自然和谐共生的关键。另一方面是低收入阶层消费不足（或贫困）引起的资源环境约束。经过几十年的努力，这一阶层在我国整个社会的占比越来越低，目前主要分布在老、少、边、穷地区的农村。这一阶层的特点是，其人均所消耗的资源和污染排放量虽然较低，但由于他们的消费需求主要不是依靠市场交换而是通过对自然界的挖潜来满足，对自然界有着高度依赖性，也即"靠山吃山、靠水吃水"，他们直接消耗着自然资源——土地、森林、草原、江河湖泊、动植物等，同时生活污染物大多直接排放到自然界，所以对自然界乃至生态系统的破坏更加直接。例如，土地的过度利用导致贫瘠化，矿产资源过度开采引起生态危机，河流上游森林、植被破坏、水土流失引致下游自然灾害，野生动物捕杀引致动物多样性破坏和传染性疾病流行，生活垃圾随意丢弃、秸秆焚烧产生水体污染、空气污染，等等。因此，只要低收入阶层的消费需求不能摆脱自然界的束缚，这些问题就很难从根本上得到解决。如果说高收入群体所产生的负面影响主要是有损代际公正的话，那么低收入群体所产生的负面影响则首先是有损代内公正。如果不改变低收入群体的经济基础，贫困及其由此引起的对自然的不和谐行为也会发生代际传递。所以，从人的消费需求角度看，在经济社会发展过程中不断提升社会群体之间收入分配的公平性、均衡性，缩小收入差距及由此引起的消费行为极化，促进消费行为的代际公正和代内公正，成为人的消费需求与自然界供给保持

---

① 李平，叶冰．反思美国的发展模式——评《谁在养活美国》［J］．中国人口·资源与环境，1999（1）：95.

平衡的必要条件。

　　人通过物质资料生产来满足自身的消费需求，是人摆脱自然界进程中的巨大进步。在人类发展史上，生产的主要目的是获得更多、更好的物质产品以满足人的消费需求。但是，随着产品转变为商品，商品的使用价值越来越成为价值的物质载体了，而追求价值增值成为生产的主要目的。资本主义市场经济下体现为资本家追求剩余价值最大化，而社会主义市场经济下则表现为生产者追求利润最大化。当生产以使用价值为取向时，实用、至用是主要原则，而且消费需求规定了生产的数量和质量界限，人与自然界之间的矛盾不很突出。但是，当生产以价值增值为取向时，生产不仅为了满足现有需求，而且还会不断创造出新的消费，不断扩大消费范围，而且会不断地"培养社会的人的一切属性，并且把他作为具有尽可能丰富的属性和联系的人，因而具有尽可能广泛需要的人生产出来"。① 价值增值取向下的生产不仅满足、拓展和创造了人的消费需求，而且在这一过程中也使生产本身的边界无限扩大了。在当今社会，使用价值取向与价值增值取向具有一致性，但也存在着矛盾，并且以不同的方式引致人与自然界的矛盾。一种形式表现为：两种取向一致条件下，为追求价值增值最大化而不断地创造新的或更广泛的使用价值而引致的资源环境压力（如汽车的普及就是典型的例证），以及由于生产的无限扩大而有支付能力的消费需求不足所引起的资源浪费（如产能过剩引起的库存积压、浪费）。另一种形式表现为：以追求价值增值为目标而忽视甚至有意牺牲使用价值，或者损害他人对使用价值的享用（如商品过度包装，假冒伪劣商品禁而不止，农产品和食品生产加工违法添加化学用品时常发生，垃圾偷运或污水偷排屡见不鲜，等等，不仅浪费资源和污染环境，而且严重危及他人的身体健康）。这表明，在现代市场经济下，克服商品生产者价值增值取向与消费者使用价值取向的矛盾，以及两种取向下引起的资源环境超负荷供给，实现绿色生产和可持续生产，是促成人与自然和谐共生不可或缺的条件。

　　在人与自然界的对立中，无论是表现为人由慑服于自然转变为人支配自然所反映的历史进步性，还是体现为自然界供给难以满足人的无限增长

---

① 马克思恩格斯文集：第 8 卷［M］. 北京：人民出版社，2009：90.

所引致的失衡性，都与不断进步的科学技术及其越来越高级化的生产工艺有关。一方面，科学技术和生产工艺本身是先进生产力，它们的运用"可以使土地的生产能力无限地提高。……科学又日益使自然力受人类支配"，① 可以"通过工业日益在实践上进入人的生活，改造人的生活，并为人的解放作准备"，② 而且创造人的新需求和社会的新需要也"要把自然科学发展到它的最高点"。③ 但另一方面，尽管科学技术和生产工艺本身并没有阶级属性，但谁拥有它并用于何种目的，其结果是不一样的。正如马克思所说，当它与资本结合，被用来作为追逐剩余价值工具时，"科学的纯洁的光辉仿佛也只能在愚昧无知的黑暗背景下闪耀。我们的一切发明和进步，似乎结果是使物质力量成为有智慧的生命，而人的生命则化为愚钝的物质力量"，④ 会"更直接地滥用和破坏土地的自然力"。⑤ 在这里，科学技术和先进的改造自然界的手段就沦为剥夺他人的手段，成为破坏自然力的工具。不仅如此，一个时期先进的科学技术和生产工艺在未来有可能成为制约破坏生产力的手段。例如，当传统农业发展到化学农业阶段，农产量有了极大的提高，对于解决农民温饱贡献巨大。但化学农业对土地自然力维持、生态环境保护、农产品质量与安全等方面的弊端也逐步显现，替代、限制甚至淘汰这些技术或工艺成为必要。这表明，在人类利用、改造自然的技术、手段和方法不断丰富且先进的当今社会，加强技术与人、自然之间的协调平衡发展，使之成为促进人的全面发展和资源环境友好的手段，也是人与自然和谐共生的必要条件。

三、和谐共生的中国探索

中国古人非常重视人与自然的和谐统一。庄子曰："天地者，万物之父母也。"老子云："人法地，地法天，天法道，道法自然。"北宋哲学家张载提出了"天人合一"观。可以说，"道法自然，天人合一"，是中国古人对人与自然和谐共生的经典阐释。在中国五千多年历史演进中，绝大部

① 马克思恩格斯文集：第1卷 [M]. 北京：人民出版社，2009：77.
② 马克思恩格斯文集：第1卷 [M]. 北京：人民出版社，2009：193.
③ 马克思恩格斯文集：第8卷 [M]. 北京：人民出版社，2009：90.
④ 马克思恩格斯文集：第2卷 [M]. 北京：人民出版社，2009：580.
⑤ 资本论：第3卷 [M]. 北京：人民出版社，2004：919.

分处于封建社会时期，处于从野蛮时代向文明时代的过渡时期。而到近代，尽管资本主义在中国萌芽并有一定程度生长，但始终没有发展成为主流社会形态。所以，人与自然的矛盾也没有像西方资本主义国家那样表现得非常尖锐。新中国成立尤其是改革开放以来，工业化、城市化高速发展，现代化水平不断提高，我们脱掉了"一穷二白"的帽子，发展成为世界上第二大经济体，人民由温饱、小康、全面小康向基本现代化阶段迈进。但与此同时，人与自然之间的矛盾日益凸显，我们付出的资源环境代价越来越大。"先污染、后治理"模式和资源型经济发展模式，越来越难以为继。

　　所以，自新中国成立以来，通过实践经验积累或教训反思，我国在如何正确处理人与自然关系问题的认识上不断深化，发展理念和思路也经历了不断调整和优化的过程。新中国成立后到改革开放阶段，我们主要在重点领域开展环境保护和治理，包括水利建设和林业建设。20世纪70年代后期，开始参加联合国人类环境大会并参与世界环境保护工作。80年代，我国逐步将环境保护上升为基本国策，更加注重环境保护法制化、组织化建设，1989年12月正式实施的《环境保护法》奠定了我国环境保护法治化、制度化和体系化的基础。20世纪90年代以后，我国响应1992年6月联合国在里约热内卢"环境与发展大会"通过的《里约环境与发展宣言》和《21世纪议程》，于1994年3月向全球率先发布了《中国21世纪议程——中国21世纪人口、环境与发展白皮书》，明确了中国走可持续发展道路，要求加强环境生态和资源保护，形成生产发展、生活富裕和生态良好的文明发展格局，正式启动退耕还林工程。1997年党的十五大，将"可持续发展战略"作为现代化建设的重大战略，提出坚持保护环境基本国策，以及正确处理经济发展与人口、资源和环境关系的政策取向。2002年党的十六大正式将"可持续发展能力不断增强"纳入全面建设小康社会的重要目标，并且在十六届三中全会提出科学发展观并强调统筹人与自然和谐发展，在十六届四中全会首次完整提出了"构建社会主义和谐社会"的概念并且逐步成为我党执政的战略任务，2005年后将人与自然和谐相处作为社会主义和谐社会的基本特征之一，十六届五中全会提出建立资源友好型、环境友好型社会，人与自然和谐实践观初步孕育。2007年党的十七大提出了"生态文明"范畴，从而使对自然的认识进一步升华。

2012 年党的十八大将生态文明正式纳入我国"五位一体"总体布局。党的十八届二中全会提出创新、协调、绿色、开放、共享的新发展理念。2017 年党的十九大进一步强调"人与自然是生命共同体",提出了"以人与自然和谐共生的现代化"目标,也就是"既要创造更多物质财富和精神财富以满足人民日益增长的美好生活需要,也要提供更多优质生态产品以满足人民日益增长的优美生态环境需要",为此要"推动形成人与自然和谐发展现代化建设新格局"。① 2018 年在第十三届全国人大第一次会议上,新发展理念写入宪法。2019 年十九届四中全会《中共中央关于坚持和完善中国特色社会主义制度、推进国家治理体系和治理能力现代化若干重大问题的决定》,进一步强调生态文明建设是关系中华民族永续发展的千年大计,提出了"践行绿水青山就是金山银山的理念,坚持节约资源和保护环境的基本国策,坚持节约优先、保护优先、自然恢复为主的方针,坚定走生产发展、生活富裕、生态良好的文明发展道路,建设美丽中国。"② 由此,以习近平生态文明思想为指导,我国生态文明建设理论体系逐步形成,生态文明法律制度体系更加系统完整。同时,在生态文明实践中,通过推进供给侧结构性改革加强环境污染防治工作,通过高质量发展推进人与自然和谐共生的现代化,推动工业文明向生态文明转型,并将生态文明建设贯穿于构建人类命运共同体建设进程,强调通过对话协商、共建共享、合作共赢、交流互鉴、绿色低碳等途径,建设清洁美丽世界。这表明,中国已经全面进入了建设社会主义生态文明的新时代,人与自然和谐共生理念正在发挥着"指挥棒、红绿灯"作用。③

中国共产党在实践基础上"用'生态文明'统筹了马克思主义人与自然观,是人类人与自然关系史上具有分水岭性质的里程碑"。④ 习近平生态文明思想指导下构建的中国特色生态文明建设理论体系,是对马克思主义人与自然关系理论的继承、创新和发展。

---

① 决胜全面建成小康社会 夺取新时代中国特色社会主义伟大胜利 [M]. 北京:人民出版社,2017.
② 中共中央关于坚持和完善中国特色社会主义制度、推进国家治理体系和治理能力现代化若干重大问题的决定 [M]. 北京:人民出版社,2019.
③ 相关内容均来自 2016 年习近平总书记在中共中央第三十次集体学习会上的讲话。
④ 黄承梁. 中国共产党领导新中国 70 年生态文明建设历程 [J]. 党的文献,2019(5):49-56.

我们在实践中面临的主要任务是，如何将生态文明理论创新成果转化为人与自然和谐共生的成功实践。事实上，我们还面临着人口、资源与环境的巨大压力。这种压力一方面有发展不充分的压力，即我国虽然取得了巨大的经济发展成就，但仍然是发展中国家，人口众多，人均发展水平不高，而人民对美好生活的期待却越来越高，必须通过高质量发展才能满足。然而，我们的发展又面临着资源约束和环境约束矛盾。经过40多年经济高速发展后，我们遇到了西方发达资本主义国家经历二三百年发展才出现的问题，包括资源占有人均水平低、单位产出消耗大、利用率不高的问题比较突出，环境污染的结构型、复合型和压缩型特征明显，再加上历史欠账较多，新矛盾新问题不断涌现，对发展的约束作用越来越大。另一方面是发展不平衡的压力。从国际范围来看，在我国仍与发达国家有较大发展差距的背景下，在碳排放上承受着来自发达国家的巨大压力。在国内，地区之间、城乡之间存在较为典型的二元结构，发展不平衡性问题较为突出，引致区际和城乡生态环境治理的不平衡性。如何结合我国发展不充分和不平衡的实际，正确处理经济建设与生态文明建设之间的矛盾，是重大理论课题和实践难题。其中，从城乡角度探索经济建设与生态文明建设融合、一体化发展，是将生态文明理论转化为人与自然和谐共生成功实践的重点方向之一。

第二节 城乡生态系统的冲突

在人类社会变迁中。人与自然经历着由低层次一体化，到矛盾或冲突，再向和谐共生的演进。这些矛盾或冲突都是在特定生态系统及其内部结构交互作用中产生的。解决这些矛盾或冲突是探索我国城乡居民与自然和谐共生的起点。

一、城乡生态系统及其结构

地球表面上的生态系统，是自然界一定时间和空间范围内生物与环境之间在交互作用和不断演变过程中达到动态平衡的统一整体。生态系统有多种分类，按照其形成的原动力，可以分为依靠生物和环境自我调节能力维持相对稳定的自然生态系统、按人类需求建立并经过人类活动干预和改造的人工生态系统，以及虽有人为干预或改造但仍保持一定自然状态的半自然生态系统或半人工生态系统。根据生态系统的空间形态、动力构成及其系统运行特征等综合因素，可以分为城市生态系统和乡村生态系统。在城市生态系统和乡村生态系统内部，又可以细分为自然生态子系统、经济生态子系统和社会生态子系统。在城乡生态系统内部的三个子系统之间、城乡生态系统之间，都会不断地进行物质、能量交换和信息传递，是高度开放的机能系统。

自然生态子系统是由生物与非生物交互作用形成的结构有序并且依靠自然调节能力维持相对稳定的系统。其中，非生物包括以空气、水、土地、矿物质等形式存在的非生物物质，以及以阳光、热能等形式存在的非生物能量；生物包括作为生态系统生产者的自养型生物，作为消费者的异养型生物，以及作为分解者的异养型、营腐生生活的微生物和少量腐生动物；系统的相对稳定性是由自然规律决定的，在太阳能与生物能驱动系统运行过程中依靠自我调节得以实现，即当系统受到外界干扰破坏但没有超出自然的承载力，系统会通过自我调节修复原有功能使自身维持平衡。当然，如果外界压力使系统结构变化超出了自我调节能力的限度，也即"生态阈限"时，系统自我修复功能就会降低甚至消失，从而产生生态平衡失调，有时会引致系统崩溃。通常情况下，城市生态系统和乡村生态系统的自然生态子系统的共性大于特性，这一子系统不仅为城乡居民提供赖以生存的生命支持系统，包括空气、土壤及其肥力维持、水及其水体净化、生物多样性及其维持、气候调节、废物分解等，而且为经济生态子系统和社会生态子系统提供人类生存和发展需要的食物、木材、燃料、纤维、天然药物等。所以，自然生态子系统是中心城市、乡村生态系统的根基，其他生态子系统都是建立在自然生态子系统基础上的。

经济生态子系统是以自然生态子系统为基础，与经济系统相互作用，在经济规律驱动经济增长与自然规律维持生态稳定之间保持平衡、协调的系统。经济生态子系统既具有经济系统的特征，即在经济规律支配下，以经济增长为目标，实现生产、交换、分配、消费持续循环和社会供求大致平衡，同时又具有自然生态子系统的特征，即在自然规律作用下，以维持系统的相对稳定性为目标。但是，这一子系统又不是经济系统与自然生态子系统的简单叠加，而是按照人的意志，经济要素与生态要素——人口、资源、环境、技术等有机联系、社会再生产与自然再生产相互促进、经济增长与生态平衡共同实现的交叉系统。经济生态子系统以自然生态子系统为基础，不仅提供生命支持系统，而且提供经济系统赖以存在或物质财富创造的两个最原始生产要素——劳动和土地。在这个意义上，经济生态子系统寄生于自然生态子系统中。但经济生态子系统又是一个受人类意志支配的系统，人类为了追求更美好的生活去改造和利用自然生态子系统，所以，它又属于一个人工生态系统。当然，城市生态系统和乡村生态系统的经济生态子系统的人工痕迹，会有所不同。城市经济生态子系统是一个主要受经济规律尤其是市场规律支配的系统，属于相对发达的人工生态系统，而乡村经济生态子系统的主体是农业生态子系统，这一系统是自然与人类交互作用的结合区，受自然规律和经济规律共同支配，属于半人工生态系统或半自然生态系统。无论是城市经济生态子系统还是乡村经济生态子系统，都面临着经济增长目标与生态系统相对稳定目标的平衡、协调。也就是，经济增长目标的实现必须以资源环境承载力为前提。如果人们对自然的经济利用在资源环境承载力范围内，则自然会通过自身调节机制加以修复。否则，不仅会打破生态系统平衡，而且也会打破人类经济增长的节奏。

社会生态子系统是在自然生态子系统、经济生态子系统基础上建立起来的人与人相互联系并与自然生态子系统、经济生态子系统构成要素交互作用、相互渗透的交叉、复合系统。关于社会生态系统范畴，学术界有不同的定义。国外学者的"社会—生态系统"概念，社会生态系统可持续发展总体分析框架，都认为这一系统具有不可预期、自组织、多稳态、阈值效应、历史依赖特征。[1] 国内学者认为，社会生态系统是人类智慧圈的基本功能单元，是人类社会系统及其环境系统在特定时空条件下的有机结合，是社会因素和自然因素纵横交错、相互作用、相互制约形成的

---

① Cumming G S, Barnes G, Perz S, Schmink M, Sieving K E, Southworth J, Binford M, Holt R D, Stickler C, Van Holt T. An Exploratory Framework for the Empirical Measurement of Resilience [J]. Ecosystems, 2005 (8): 975 - 987. Ostrom E. A General Framework for Analyzing Sustainability of Social-ecological Systems [J]. Science, 2009 (5939): 419 - 422.

系统。① 这些思想或观点都具有一定的借鉴意义。我们认为，社会生态子系统寄生于自然生态系统，又建立在经济生态子系统基础之上，但又不是自然生态子系统、经济生态子系统与社会关系系统的简单叠加，而是具有与其他子系统既相互联系又具有自身独有结构、功能和复杂特征的系统。它以人类为主体，以人类活动为系统驱动及其功能演替的主要因素，是一个比较典型的人工生态系统。在人类意志发挥作用过程中，人类的经济社会活动既受经济规律和社会发展规律决定，又受自然规律的制约，政治、经济和文化等因素对社会生态系统内在的自然 - 经济 - 社会结构不断施加影响，而社会也会通过适应性而非对抗性的社会结构、社会权利分配、行为决策机制和综合管理方法，使社会关系系统与自然生态子系统、经济生态子系统相互匹配和协调，在动态过程中实现经济增长、社会和谐、人与自然和谐共生目标。但是，由于各种社会因素对自然—经济—社会结构耦合的方向及其结果难以预期，阈值很容易被突破或被人类所更改。这就使得社会生态系统具有不确定性，很多突发事件都会非常容易打断社会生态系统积极的平稳而使其转入消极的稳态，出现偏离适应性循环的病态困境，包括资源困境、环境困境、贫困困境、僵化困境、锁定困境和未知困境，形成不可持续的枯竭系统。为摆脱这一困境，人类又不得不借助大的外部干预或者内部变革来促成这种消极稳态进行新的转化。城市社会生态子系统和农村社会生态子系统，具有相似性。由于农村社会人与人之间联系相对简单，而且其经济生态子系统是一个半人工生态或半自然生态系统，所以，农村社会生态子系统更多体现为农村居民、社区、农业与自然的关系，尽管该系统也具有不可预期、不确定性，但程度相对较低。城市社会生态子系统则不同，城市本身是区域经济、政治、文化、信息的中心，人们的生产方式和生活方式高度市场化、全球化、信息化，人们的活动范围大大拓展，人与人的关系高度复杂化，因此，城市社会生态子系统是一个阈值更容易被突破或被人类更改，更加具有不可预期、不确定性的系统。

---

① Ye J. Form the Perspective of Human-earth Relationship: The Philosophy of Human Science and Social Ecology [J]. Journal of Yantai University: Philosophy and Social Science Edition, 1997 (4): 9 – 14. Ma D M, Li H Q. The Similarities and Differences between Social Ecological System and Natural Ecological System [J]. Dongyue Tribune, 2011, 32 (11): 131 – 134. Xu F L. Study on Low Carbon Economy form the Perspective of Social Ecosystem Theory [J]. Bridge of Century, 2011 (5): 72 – 73.

由此可见，城市生态系统和农村生态系统是生态系统中的两个亚系统或子系统，而城乡生态系统内部又都由自然生态子系统、经济生态子系统和社会生态子系统构成。在城乡生态系统内部，自然生态子系统都是基础性系统，是自然规律起决定性作用并追求自我平衡的系统；经济生态子系统是以自然生态子系统为形成基础建立起来的半人工生态系统或半自然生态系统，是经济规律和自然规律共同起作用追求经济增长和生态平衡的系统；社会生态子系统是以自然生态子系统和经济生态子系统为存在基础产生的人工生态系统，是社会发展规律、经济规律和自然规律共同起作用追求社会和谐、经济增长和生态平衡的系统；自然生态子系统、经济生态子系统和社会生态子系统之间不是并列关系，而是由简单到复杂、层层递进并相互包含的关系。在城乡关系层面，人与自然的和谐共生，就是在城乡生态系统内部的三个子系统之间，以及城市生态系统三个子系统与乡村生态系统三个子系统之间既相互联系、合作，又相互矛盾、冲突中实现的。

二、城乡自然生态系统交互矛盾

与经济、社会生态子系统不同，城乡自然生态子系统具有天然的不可分割性。所谓城市自然生态子系统与乡村自然生态子系统，主要是从自然生态系统的空间形态划分的，但两者的相互联系性更强，自然生态系统中的城乡居民赖以生存的基本物质环境——所有未经人类劳动改造的或非人工制造的生物和非生物组成部分，具有公共产品性质。在非生物中，除了以阳光、热能等形式存在的非生物能量不可分割外，还有一些非生物物质是难以分割的，例如，对城乡生态系统影响较大的大气环境，包括风向、风速、气温、降水、大气稳定性等；水源环境，包括地面和地下各类水体；土地环境，包括地质、地形、地貌等。在生物中，无论是动物、植物还是微生物，城乡之间可能存在着动物的种类、数量、习性、分布，植物的种类、生长量、覆盖度、分布，以及微生物中有致病微生物、介于生物与非生物之间病原体的密度和分布等方面的差异，但这些生物无论是作为生态系统的生产者、消费者还是分解者，它们与非生物交互作用所形成的生态环境对城乡居民的影响都是相通的，可能会有影响程度差异，但不会存在只影响城市居民或只影响农村居民的自然生态环境。因此，在生态环境保护和治理中，人类是一荣俱荣、一损俱损的命运共同体。遵循自然规律，保持自然生态系统自我平衡，是城乡居民的共同责任。

但是，毕竟城市自然生态子系统与乡村自然生态子系统在空间、地域上存在差异，而且现代社会分工体系中，城乡功能定位不同，因此，两者在自然资源环境领域会存在矛盾。这一矛盾不可能在阳光、热能等非生物能量方面产生，因为，这些非生物物质本身具有城乡空间上的不可分性。同样，矛盾也不可能直接从生物领域产生，因为无论是动物、植物还是微生物，城乡分工决定了城乡之间在生态系统的"生物链"上具有更多的互补性，生物的多样性对城乡任何一方都会产生正效应。因此，城乡自然生态子系统之间的矛盾有可能是首先在非生物物质领域产生，再由这一领域的矛盾间接影响生物领域，从而对自然平衡产生威胁。在非生物物质领域，城乡自然生态子系统的主要矛盾体现在大气环境、水环境和土地环境三大领域。在大气环境领域，城乡联为一体，共享大气资源并共担大气破坏的后果。作为工业主要集中地和人口聚集地，城市工业排放出大量粉尘、硫化物和氮氧化物等有害气体，机动车船排放出大量尾气，再加上城乡生产生活燃煤和农业秸秆焚烧等所排放的烟尘，空气中污染物种类越来越多，影响面越来越广，影响程度越来越高。大气的稳定性遭到破坏，只要在大气污染的范围内，城乡空气质量都会下降，频发雾霾，如果超过一定点并达到一定规模，就会产生温室效应。在水环境领域，只要在水流涉及的或水资源共享的范围内，很难在城乡间做出排他性分割，城乡任何一方对水体造成的危害也都需要另一方共担，如城市工业水污染和城镇生活水污染，农业面源污染和农村生活水污染，以及船舶水污染等，都会改变地面和地下各类水体的质量并影响到可利用的数量。在土地环境领域，与其他非生物物质不同，土地在数量上具有可分割性，但城镇化扩张和工业化扩张一般都是以土地扩张为前提的，其结果都是城市规模、工业区规模越来越大，而乡村的土地越来越小，存在着典型的此消彼长关系。城乡在土地领域的矛盾不只是体现土地数量上，而且还表现在土壤质量方面。目前我国土地污染严重尤其是土壤、耕地质量下降，既有化肥、农药大量使用的原因，也与城市或城镇工业，特别是有色金属矿采选、有色金属冶炼、石油开采、石油加工、化工、焦化、电镀、制革等行业产生的污染有间接关系，也即通过大气、水流等途径使本地和其他地区土壤中镉、汞、砷、铅、铬等重金属和多环芳烃、石油烃等有机污染物种类和含量不断提高、超标，土质则不断下降。城乡非生物物质环境的改变，如果在自然界可承载力范围内，则会通过自然生态子系统的自我调节机制加以修复，但如果超出这一范围，大气环境污染、水环境污染和土壤环境污染就会破坏生物界平衡和生物多样性，改变城乡自然生态子系统各自的平衡，并产生一系列严重后果。例如，城市自然生态子系统的平衡被打破后，就会阻断城市内部自然界物质和能量的循环、流动，改变各种生物通过食物链互相依存、互相制约的环境，从而使动植物生存空间越来越小，生物多样性急剧下降。由此，城市就会因缺乏多样化的生物栖息环境而变得越来越单调，也会因缺少自然界赋予的缓解城市污染、改善城市气候、净化有害物质、减少病虫害的自我调节机制而使"城市病"越来越严重，城市居民生产和生活也会因失去大自然的支持、容纳而陷入种种矛盾，这些都属于大自然对人类的报复。同样，乡村自然生态子系统的平衡被打破后，其生产生活更加依赖自然界。气候变暖所产生的极端天气、自然灾害等事件频发、水质和土质改变等，会使乡村生物圈产生巨大的负面效应，由此影响农业生产的种类、品种、产量和质量，影响农民收入，严重时还会迫使农民改变生产方式和生活方式。也就是说，自然生态子系统的矛盾还会对城乡生态系统内部其他两个子系统的平衡产生消极影响。

正如习近平总书记说：我们一定"要巩固污染防治攻坚成果，坚持精准治污、科学治污、依法治污，以更高标准打好蓝天、碧水、净土保卫战，以高水平保护推动高质量发展、创造高品质生活，努力建设人与自然和谐共生的美丽中国"。①

三、城乡经济生态系统交互矛盾

无论是城市经济生态子系统还是乡村经济生态子系统，既然自然生态子系统是经济生态子系统的基础，那么，城乡自然生态子系统之间的内在矛盾——非生物物质利用的矛盾及其引致生物平衡的冲突，肯定会内含于城乡经济生态子系统运行过程中。

---

① 习近平2021年8月30日在中央全面深化改革委员会第二十一次会议上的讲话［N］. 人民日报，2021－09－01.

城乡经济生态子系统是经济规律和自然规律共同起作用并追求经济增长与生态平衡的系统，在城乡产业分工体系中，乡村经济生态子系统是典型的农业生态系统，而城市经济生态子系统则是非农业经济生态系统。在人类追求经济增长的动机驱使下，城乡对立运动在经济层面就体现为城乡之间经济生态子系统的交互矛盾，也即农业生态系统与非农经济生态系统的矛盾。在中国，尽管城乡对立的社会制度基础已经不复存在，而且国民经济正在由高速增长阶段转向高质量发展阶段，但是，由于市场经济下城乡经济主体之间的竞争并没有消失，城乡经济运行中仍然会存在利益矛盾，所以，这些矛盾将会引致人与自然之间的冲突。研究城乡之间在经济生态子系统层面的交互矛盾，就是要从经济角度进一步探寻人与自然冲突的根源。

乡村经济生态子系统的典型形式是农业经济生态系统，它是在一定时间和空间范围内，在人工调控下农业生产中农业环境因素、绿色植物、各种动物和各种微生物等要素交互作用，通过物质循环和能量转化建立起来的各种类型农业生产体系的总和。农业经济生态系统内部所进行的生产活动，是自然再生产和物质再生产过程的统一。其中，自然再生产是内含在农业生产活动中的生物体在自身遗传规律和非生物因素影响下连续不断、循环往复的生产过程。物质再生产是农业生产按照人类经济目的、经济规律进行投入，促进绿色植物光合作用，使太阳能转化为化学能、无机物转化为有机物，将动物饲养作为提高人类营养的手段，从而为人类产出尽可能多的农副产品或经济效益的过程。这两个再生产不是分别进行的，而是同一生物物质生产过程的两个方面，并且是依靠人类追求农产品使用价值或经济效益最大化来驱动的。这种驱动性的效应可能包括两方面。一方面，极大地促进农业生产效率的提高。在农业生态系统中，除了非生物因素，人类为了更大的农业产出，不断进行农业科技研发和推广使用，通过选育良种、栽培管理、施用化肥和农药、农业机械作业和人们精细化管理等方式，投入的辅助能源越来越多，从而极大地促进了农作物生产力提高。例如，采集经济时代每年每公顷作物的干物质产量为 0.4 ~ 20 千克；不补充化肥、农药、机械等辅助能量的农业为 50 ~ 2 000 千克；而补充投入这些辅助能量的禾谷类农业，其产量可达 2 000 ~ 20 000 千克。据计算，作物产量每增加 1 倍，约需增加投入农用物资 10 倍。① 但是，另一方面，人类的过度索取也在破坏着自然界的平衡。与人类对农业生态系统的需求相比较，一定时空条件下农业生态系统的供给能力是有限度的，而且系统内部粮食及副产品生产加工链、畜牧水产生产加工链、林业及林产品生产加工链的循环与周转的期限也有很大差别。然而，在经济利益最大化驱动下，人们借助现代科技和农业大生产手段，在带来短期生产力突破的同时，也在突破着自然界的承受力。为了增加土地产出和收益，在农户生产体制下，农户主要依靠自己的劳动和精耕细作。随着各种农业专业合作组织的建立、农业科技推广和农业产业化、规模化生产方式的引入，农业劳动生产率、产出率得到了极大提高，但农药化肥滥用，使大量未完全降解的残留物直接威胁人畜安全，使土壤不断酸化、板结，土壤肥力严重衰退或土壤退化，残留的大量地膜或"白色污染"破坏了土壤的透气性和土壤结构，长期透支超采使得地下水水位下降并形成区域地下水位的降落漏斗，等等。正如马克思所说，农户小生产"更多地滥用和破坏劳动力，即人的自然力，"而大生产有可能"更直接地滥用和破坏土地的自然力"。② 因此，经济利益最大化驱动会提高农业产出，但通常又是以降低农产品质量、食品安全和大气、水等自然环境质量为代价的。更为关键的是，如果农业日益增长的资源环境需求长期超出自然界的可承载力，那么，自然再生产就会因不能恢复转移、流失或损失的能量和养分而失调，自我平衡能力越来越小，严重时就会导致生态危机和农业衰退。最终，只能用强制的办法来恢复自然界平衡。

如果说乡村经济生态子系统或农业生态系统具有半人工生态、半自然生态系统特征，那么城市经济生态子系统则是一个以人工生态为主导的系统。在这一系统中，自然界最优机制被人的意志所取代，最优化动力主要不是自然选择而是人工选择，而且这种选择更偏重近期和局部，物质循环系统基本上呈线状而非环状，对不可再生资源具有强烈依赖性，系统关系中正反馈超过负反馈等，所以，这个系统又是一个不稳定的人工生态系

---

① 杨宝林. 农业生态与环境保护［M］. 北京：北京大学出版社，2015：51.
② 资本论：第 3 卷［M］. 北京：人民出版社，2004：919.

统。① 在城市经济生态子系统，无论是在第二产业还是在第三产业领域，自然界或自然规律并不会像对待农户或农民那样，对每个独立经济主体的投入和产出具有直接作用，经济规律尤其是价值规律、竞争规律则对城市及其非农经济主体有着决定性的甚至是生死攸关的影响。一方面，从城市角度看，激烈的城际竞争促使每个城市都在想方设法提升自身的首位度、人口规模尤其是人才规模和其他先进生产要素的聚集度，不断壮大城市经济发展规模和实力。在土地受到国家严格管控背景下，城市只能向空中发展。由此，鳞次栉比的高楼大厦、灰色化的水泥道路或街道在给城市创造繁荣、便利的同时，也会因泥土、树林、水沟、池塘和阳光照射的减少甚至消失，而使城市变得越来越拥挤不堪、空气和水污染严重、噪声不断，城市自然生态环境问题不断涌现，有些还向乡村生态系统外溢。在土地管控不很严格的条件下，城区、产业园区向周边乡村扩张成为主要选择。由此，在城市环境有所改善、生产生活成本有所下降以及乡村经济在城市经济辐射下也有可能得到带动，但大量耕地被侵占，对守住我国 18 亿亩耕地红线的威胁越来越大。另一方面，从城市非农主体来说，城市高度的开放性、市场化和工商文明的熏陶，使得这些经济主体在利益最大化驱动下，主要根据市场供求和经济成本—收入进行资源利用和生产方式、交易行为、消费行为的选择。在缺乏外在强制力的情况下，由于自然资源、生态环境与其经济利益缺乏直接的联系性，所以，物质循环系统是线状还是环状、生态环境是否平衡，并不是其行为决策的主要依据。除非政策约束力或支持力足够大，以至于资源循环利用或新能源利用的收益超过成本，或者为环境污染付出成本超过收益，绿色生产和绿色生活才有可能。这表明，对于以人工生态为主导的城市经济生态子系统，无论是就城市整体还是对城市内部相关经济主体来说，实现自然规律与经济规律、城市经济增长与生态平衡、经济主体利益最大化与生态效益的有机统一，以及人与自然和谐共生，既需要教育引导，更需要依靠强有力的外部制度约束与激励。

所以，在城乡经济生态子系统层面，一定要确立保护生态环境就是保

---

① 卢珂，刘丹等. 城市生态可持续发展中的政府治理能力提升研究［J］. 生态经济，2016（10）：210 – 214.

护生产力、改善生态环境就是发展生产力理念。针对城乡经济生态子系统的矛盾或冲突，必须对城乡经济增长、经济发展与生态环境统一谋划和一体化发展，形成在城乡经济一体化发展中保护生态环境、在生态环境优化中促进城乡生产力共同发展的制度体系，实现生态效益和经济效益的同步提高。只讲经济增长、经济发展不讲生态优化，或者只讲城市生态优化不管乡村环境改善，都不可能实现人与自然的和谐共生。

四、城乡社会生态系统交互矛盾

城乡社会生态子系统，是自然—经济—社会高度复合的人工生态系统。在这个系统层面上，"良好生态环境是最公平的公共产品，是最普惠的民生福祉"。① 在城乡社会生态子系统交互作用过程中，由于社会生态子系统本身具有不稳定性，城乡之间在社会结构、社会权利分配、行为决策机制和综合管理方法等方面也存在很大的差异性，有些还具有对抗性，所以，在自然规律、经济社会发展规律共同作用过程中，经济增长、社会和谐、人与自然和谐的系统目标能否实现，具有很大的不确定性，有可能产生较为尖锐的矛盾。这一矛盾，归根结底是广义的社会建设（包括政治建设和文化建设）与经济建设、生态文明建设之间的矛盾，是生产力高度发展前提下人民美好生活向往所引致的资源环境无限需求与自然界有限供给之间的矛盾。这一矛盾既有可能由城乡之间与自然界联系的紧密性及其与自身经济利益的关联度差异，由此导致相关主体理念、文化、行为的差异而引起，也有可能与城乡之间的社会阶层结构和城乡系统开放程度差异性所引起。我国改革开放 40 多年来的实践还表明，这一矛盾更有可能是由社会权力，主要是社会资源配置和公共产品与服务配置权所引起，是社会权力分配主导下其他因素共同作用的结果。

从理论上分析，在中国的"中央－省级－地市级－县级－乡镇"垂直型行政管理体制下，特别是在多数地区实施"市管县"体制背景下，中央层面已经构建了由经济建设、政治建设、文化建设、社会建设和生态文明建设组成的"五位一体"总体布局，只要垂直体系内中各级政府有效贯彻落实，在城乡社会生态子系统中，社会建设就不应该与经济建设、生态文

---

① 习近平关于全面建成小康社会论述摘编 [M]. 北京：中央文献出版社，2016.

明建设产生严重的冲突，城市社会生态子系统与乡村社会子系统之间也不会有尖锐矛盾。但是，这又必须以中央到地方的权力、利益与责任分配或分担，能够有效保证行政体系中上下级尤其是城乡之间的行动一致为前提条件。

但是，从我国的具体实践看，一方面，地方政府成为经济相对独立的竞争主体，强化了其经济建设动能而弱化了社会建设和生态建设责任。改革开放以来，中央和地方之间从实行财政大包干到后来的"分税制"，即实行在合理划分各级政府事权范围基础上主要按税收来划分各级政府的预算收入、各级预算相对独立和承担平衡责任的财政管理体制模式，其结果是强化了各级地方政府作为经济利益主体的角色。同时，具有中国特色的行政管理体系中上级政府对下级政府的层层考核机制与晋升机制，形成了"锦标赛式的官员晋升博弈"。① 这两种机制相结合，让中国同一层级上的地方政府成为一个个相对独立的竞争主体，每一层级地方政府要承担事权或者获得晋升机会，就必须努力发展本地经济。有学者认为，这一制度设计有效解决了美国经济学家认为社会主义国家进行市场化改革无法摆脱的"改革弯弯绕"的矛盾，② 是中国改革开放30年来经济之所以取得成功最重要的经验，即选择了一套很有用的经济制度，重点是地区间竞争，主角是县际竞争。③ 但竞争政府的另一面是，地方政府为创造更具有竞争力的投资环境和吸引更多外来资本，将可支配的财力、人力等资源更多地用于城区、园区开发和投资优惠，不仅使基础教育、公共医疗卫生、社会保障等社会事业的投入相对减少了，而且也使土地等自然资源消耗过度，以及为吸引更多外来资本而降低进入门槛所诱发的环境污染等问题。在宏观层面上，过度竞争使得相关产业领域产能过剩和低水平重复，导致严重的资源浪费和环境损失。我国从2016年以来，提出在深化供给侧结构性改革过程中推进"三去一降一补"，即去产能、去库存、去杠杆、降成本、补短板，既与2008年全球金融危机爆发后我国刺激需求政策的副作用有关，而地方政府的过度竞争造成的重复投资、低水平投资也与之脱不了关系。

① 周业安. 地方政府之间横向竞争为何如此疯狂 [N]. 中国经营, 2009 – 04 – 14.
② 上海书展论坛 四学者力挺中国模式 [EB/OL]. https：//www. guancha. cn/politics/2012_08_17_91 583. shtml, 2012 – 08 – 17.
③ 张五常. 中国的经济制度 [M]. 北京：中信出版社, 2009：17 – 18.

　　另一方面，基于市际激烈竞争基础上的"市管县"体制，强化了城市社会生态子系统建设而弱化了乡村社会生态子系统建设。按照一般的发展逻辑，无论是城市还是乡村，社会生态子系统有效运行应该在经济发展的基础上协调推进文化建设、民生建设和生态文明建设。而且，经过40多年经济高速发展，面对城乡二元结构，城乡社会生态子系统完善和优化应该转入以城带乡、以工支农阶段，而且"市管县"体制也为此提供了实现机制。然而，建立在市际激励竞争基础上的"市管县"体制，使城乡社会生态子系统建设出现了两极分化。其中，积极的一面是城市社会生态子系统建设不断得到强化。在现行管理体制下，地市级政府可支配财力最大化的内在动力，与新科技革命新经济下的人才竞争、高质量发展中先进生产要素的争夺、人口老龄化下劳动力结构性短缺和人口规模下行引致人口争夺等压力因素共同作用，使得城际竞争愈演愈烈。为了提升城市竞争力，城市政府对教育、医疗卫生、文化娱乐等民生设施投入力度越来越大，城市居民失业保障、医疗保障和养老保障程度不断提升，城市绿化美化度日益提高。无论城市政府出于何种动机，是将社会建设和生态环境建设作为经济发展的目的，还是作为城市竞争的手段，其客观效果都提升了城市社会生态子系统的建设水平。但是，另一面却是，乡村社会生态子系统建设进程缓慢或者弱化了。市际激烈竞争下的"市管县"体制，中心城市对县域、乡村社会生态子系统建设的帮助、支持是有限的，可以分两种情况分析。一种情况是县域本身具有与市域相当的发展水平，如长三角环太湖的县域，其经济发展水平足以支撑社会生态子系统建设，无须市域帮扶，"市管县"有可能增加行政成本或负担。另一种情况是普遍的，即相对发达甚至欠发达的中心城市管辖经济基础较为薄弱的县域、乡村。在这种情况下，要么会出现"小马拉大车"产生的有心无力现象。即使中心城市具有支持所辖县域、乡村的经济能力，但如果缺乏省甚至中央政府的政策约束或监管，在市、县财权、事权挂钩体制和激烈的市际竞争下，中心城市仍有可能主要考虑城市自身的社会生态建设，而且还有可能与所辖县域在资源或项目上形成竞争关系，甚至利用自身的强势地位截留省级下放的各种权力，从而对县域社会生态系统建设产生抑制作用。这也是一些省份实行"省直管县"改革的主要原因之一。

　　除了社会权力配置对城乡社会生态子系统产生决定性影响外，城乡居民与经济基础相适应的思想观念、道德、文化、宗教等上层建筑构成要素，也会对城乡社会生态子系统建设产生重要影响。总体而言，随着我国全球化、市场化、工业化、城镇化和信息化进程的加快，城市对传统农村的影响不断加深，农村社会结构不断分化，带有浓郁地域性及其自然地理环境符号、以适应自然和崇拜自然等原始信仰为主要内容的乡村文化，以及农村居民的思想观念、信仰和行为正在与城市现代文明发生碰撞、渗透或融合。其积极的意义是农村居民改造自然、利用自然，从而摆脱自然束缚的能力得到极大提高，正在从自然的枷锁中解放出来。但与此同时，精神世界的改造及其现代化不可能一蹴而就，需要经历较长的过程。更加不能回避的是，在尊重自然规律、绿色生产、绿色生活、人与自然命运共同体等现代新理念、新思想和新文化还没有完全确立，而利己主义、拜金主义、享乐主义等消极思想文化仍然遗留，优秀传统乡村文化保护和传承还面临着严峻挑战的背景下，会进一步激化城乡社会生态子系统层面的矛盾。

在这个意义上，人与自然和谐共生之路不是一蹴而就的。在城乡融合、一体化发展中，需要大力推进制度创新，统筹推进城乡生态系统建设，既协调处理好城乡生态系统内部自然、经济和社会三个子系统之间的关系，又积极化解三个生态子系统上的城乡矛盾。

第三节　城乡生态融合制度创新

党的十九大提出了建设人与自然和谐共生现代化的总体要求，2019 年中共十九届四中全会对人与自然和谐共生进行了顶层设计，即提出"一个理念两个坚持'三生'融合"①的生态文明建设总思路，是推进城乡生态融合发展的总指引。基于人与自然和谐共生的实现条件和我国城乡生态系统中的现实矛盾，同时基于城乡自然生态系统不完全可分性特征，城乡生

---

① 即"必须践行绿水青山就是金山银山的理念，坚持节约资源和保护环境的基本国策，坚持节约优先、保护优先、自然恢复为主的方针，坚定走生产发展、生活富裕、生态良好的文明发展道路，建设美丽中国"。

态融合必须围绕"强基础、补短板、促平衡"进行体制机制创新，破解城乡生态系统协调、有效运行的矛盾或障碍。其中，"强基础"是指城乡生态系统的自然基础和经济基础，"补短板"是指城乡生态系统运行中人口、资源、环境等领域的瓶颈问题，"促平衡"是指遵循自然规律、经济规律和社会发展规律，实现城乡居民需求、供给与自然承载力之间的平衡，城乡之间生态系统的平衡，以及城乡生态系统内部各子系统之间的平衡。

一、夯实城乡生态融合经济基础

城乡生态融合与经济发展具有相互赋能功能，良好的生态本身是生产力，具有促进经济发展作用。同样，经济发展又能为生态融合奠定物质基础，提供条件保障。城乡生态融合的经济基础包括经济发展水平、质量和结构三个层面。

第一，经济发展水平层面，基于我国仍然属于发展中大国，城乡居民人均发展水平不高、不充分和不平衡问题突出，必须立足于经济发展基础上解决生态环境问题。因此，生态融合路径、政策、方法或手段的选择要与城乡经济发展阶段、水平和趋势相适应，形成同步互促效应。既要防止消极观望，又要防止急躁冒进，任何牺牲发展进行生态建设的办法都是不可持续的。

第二，经济发展质量层面，基于改革开放40多年来经济高速增长引致的资源、环境承载力超负荷，需要推动经济建设由高速增长向高质量发展转换。绿色发展既是城乡经济发展方式变革、动力变革和效率变革的有效形式，也是城乡生态融合的主要形态。城乡生态融合要围绕国家总体布局，构建和健全绿色低碳循环发展经济体系、绿色技术创新体系和清洁低碳、安全高效的能源体系、实现生产系统和生活系统循环链接，创新和发展新兴产业，改造和提升传统产业，革新生产方式和生产工艺，促进生产方式和生活方式绿色化，夯实经济发展绿色之基。

第三，经济发展结构层面，基于我国城乡发展不平衡，必须补齐农村经济发展相对滞后、农村人口中相对贫困群体较为集中的短板。只有使这些人口的生存和发展真正摆脱了对自然界的高度依赖，才有可能消除其生产方式和生活方式对自然界的损害。我国相当一部分农村居民刚刚摆脱绝对贫困，这一群体规模较大、脱贫时间不长，脱贫效果有待巩固。从 2012 年末到 2019 年末，我国农村贫困人口由 9 899 万人减少至 551 万人，累计减少 9 348 万人，贫困发生率也由 10.2% 下降至 0.6%，累计下降 9.6 个百分点。① 在今后相当长一段时期，面临着如何将这部分人口由相对贫困走上共同富裕之路的重任。为此，不仅需要从不断提升其收入水平去谋划，而且要通过推进城乡公共服务一体化，加快建成覆盖全民、城乡统筹、权责清晰、保障适度、可持续的多层次社会保障体系，尤其是加快实施全民参保、一体化推进城乡居民基本医疗保险和大病保险制度、统筹城乡养老保险、完善社会救助体系和最低生活保障制度等，真正让相对贫困群体在参与、融入发展中共享发展成果，在逐步摆脱自然界束缚中学会与自然和谐共生。

二、严格管控城乡国土空间红线

城乡自然生态子系统的主要矛盾集中在如何高效利用大气、水和土地等自然资源并进行污染防治，而这些矛盾大多又是由工业化和城镇化大规模扩张引起的。2019 年 11 月，中共中央办公厅、国务院办公厅《关于在国土空间规划中统筹划定落实三条控制线的指导意见》中提出，国土空间规划必须坚持强化底线约束和保护优先的原则，把控生态保护红线、永久基本农田、城镇开发边界三条控制线。这是国家生态系统的底线，也是筑牢城乡自然生态子系统并促成城乡生态融合的基础。

第一，生态保护红线，包括生态功能保障基线、环境质量安全底线和自然资源利用上限②等，是生态环境安全的底线。城乡生态融合中坚持这一红线，就要坚持应保尽保、应划尽划，通过建立和实施最严格的生态保护制度，对生态功能保障、环境质量安全和自然资源利用，严格保护空间边界与管理限值，使生态功能不降低、面积不减少、性质不改变。守住这一红线，是促进生产、生活和生态三位一体，人口、资源和环境相互协调，经济、社会和生态效益有机统一的基本保证，是满足城乡居民基本环

---

① 2019 年中国农村贫困人口减少 1 109 万人 [EB/OL]. 中国新闻网，2020 - 01 - 23.

② 生态功能保障基线包括禁止开发区生态红线、重要生态功能区生态红线和生态环境敏感区、脆弱区生态红线；环境质量安全底线包括环境质量达标红线、污染物排放总量控制红线和环境风险管理红线；自然资源利用上线又包括能源利用红线、水资源利用红线和土地资源利用红线。

境质量需求的制度保障。

第二，永久基本农田红线，是确保国家谷物基本自给、口粮绝对安全的底线，是极其重要的生命线。确保全国 18 亿亩①数量不减少、质量不降低，是这一条红线的核心内容，也是城乡生态融合的基线。为了守住这条底线，必须从经济、行政、技术等层面构建和完善基本农田保护制度体系，加强永久基本农田划定与各类建设规划、农用地分等定级、土地整理项目等相互衔接，建立永久基本农田保护补偿机制，建立多部门联动、信息共享受和共同担责的永久基本农田保护监管体系。

第三，城镇开发边界红线，即基于一定时期内城镇化、工业化发展的需要而进行城镇开发建设或功能完善的区域边界，包括城市、建制镇和各类开发区。基于地方竞争性政府具有强烈的经济增长和城镇扩张偏好，这是一条最难控制但又必须严格控制的红线。否则，将会引发其他两条红线的突破。为此，一方面需要以城镇开发建设现状为基础，综合考虑城镇发展阶段和发展潜力、人口分布、资源承载能力、经济布局和城乡统筹等因素，以避让重要生态功能和不占或少占永久基本农田为前提，科学框定开发总量、限定容量和设定边界，防止城镇无序蔓延。另一方面，必须加强严格管控。促成多规整合，科学把握边界管理的刚性与弹性，以及兼顾边界内外土地开发权利差异及其由此带来的利益得失，强化边界内权利基础上的责任考核和边界外责任基础上的政策激励。严控城镇开发边界红线动态调整，因国家重大战略实施等原因确需调整的，必须严格审批程序。综合运用法律、行政、科技等手段，建立全国统一、多规合一的国土空间基础信息平台和部门信息共享，提升管控能力和效率。

三、赢得蓝天碧水净土保卫战

大气污染、水污染和土地污染，是我国生态文明建设中三大突出问题，是城乡生态融合需要攻克的三大难题。2015 年以来，国家先后实施了"水污染防治行动计划""土壤污染防治行动计划"和"打赢蓝天保

---

① 中共中央、国务院 2017 年 1 月印发并实施的《中共中央　国务院关于加强耕地保护和改进占补平衡的意见》提出：到 2020 年，全国耕地保有量不少于 18.65 亿亩，永久基本农田保护面积不少于 15.46 亿亩，确保建成 8 亿亩、力争建成 10 亿亩高标准农田。因此，"18 亿亩"是就全国耕地保有量而言的。

卫战三年行动计划",① 诸行动计划分阶段目标初步实现,但中长期目标仍任重道远。在城乡生态融合中,必须根据绿色发展总体要求和城乡经济社会发展实际,瞄准关键性问题,"以更高标准打好蓝天、碧水、净土保卫战"。

第一,蓝天保卫战,重点领域是城乡非农领域,关键是进一步调优产业结构、能源结构、运输结构和用地结构。产业结构优化领域需要进一步细化禁止和限制发展的行业、生产工艺和产业目录,提高和完善高耗能、高污染和资源型行业准入条件和环境空气质量未达标城市的产业准入门槛,以及推进各类产业园区循环化改造、规范发展和提质增效,大力培育绿色环保产业。能源结构优化领域,需要在天然气产供储销体系建设、农村"煤改电"电网升级改造、加快发展清洁能源和新能源等领域形成完善的政策支持体系。同时,加大大气治理法律法规标准体系、科技支撑体系和经济政策体系支持力度,加强环境监测监控网络体系建设,加强环境治理各方责任落实和考核问责。

第二,碧水保卫战,核心是改善水环境质量,重点是城乡生产和生活污染治理,关键是产业结构转型和生产生活方式转变。其中,在 2015 年"水污染防治行动计划"基础上,在城镇生产生活治理领域,进一步巩固取缔"十小"企业、专项整治十大重点行业和工业集聚区污染治理等领域所取得的成果,根据水资源、水环境承载力优化特定区域的产业准入、产业空间布局、城市生态空间的保护,加强工业水循环利用。促进再生水利用,推进循环发展。在农业农村水污染防治领域,与国家乡村振兴行动计划有机结合、协同推进。通过政府市场协同,不断改革创新,依法全面推进,严格考核问责和坚持全民参与,形成"政府统领、企业施治、市场驱动、公众参与"的水污染防治机制体系。

第三,净土保卫战,核心是提高土壤环境质量,重点是农用地和建设用地土壤环境治理,关键是构建保障农产品质量和人居环境安全的土壤污染防治体系建设。其中,在农用地环境分类管理中,进一步加大优先保护类,主要是未污染和轻微污染的农用地,特别是加大耕地保护力度,凡是

---

① 参见《国务院关于印发水污染防治行动计划的通知》《国务院关于印发土壤污染防治行动计划的通知》《国务院关于印发打赢蓝天保卫战三年行动计划的通知》。

符合条件的优先保护类耕地，纳入国家永久基本农田红线管理和保护，确保面积不减少、土壤环境质量不下降、除法律规定的重点建设项目选址确实无法避让外其他任何建设不得占用；通过秸秆还田、增施有机肥、少耕免耕、粮豆轮作、农膜减量与回收利用，以及管控农村土地流转受让方过度施肥、滥用农药等掠夺式农业生产方式，为农产品安全提供土壤环境质量保障。在建设用地环境治理领域，进一步强化建设用地准入管理，通过建立调查评估制度、分用途明确管理措施和落实监管责任，防范人居环境风险。进一步强化政府主导作用和地方政府主体责任，发挥市场、科技和社会监督作用，落实企业责任，形成"政府主导、企业担责、公众参与、社会监督"的土壤污染防治体系。

四、补齐城乡生态融合之乡村短板

我们促进城乡生态融合，就是要将人与自然和谐共生的理念、原则、目标，全面融入城乡经济、社会（含政治、文化）建设全过程，构建和完善安全的自然生态体系、发达的经济生态体系和先进的社会生态（文化、制度等）体系。其中，乡村生态系统是城乡生态融合的短板。基于乡村生态系统是城乡生态安全、食品安全的第一道屏障，为城市提供生态营养、"免疫力"，[①] 事关城市"米袋子""菜篮子"安全，具有基础性、先导性和战略性。所以，为补齐这块短板，需要更加突出政府的主导作用，更加重视城市对乡村的支持。

一是补长农业种植业结构、布局调整优化和控制农业面源污染等领域技术支撑不足的短腿。重点是，淘汰过时技术，引进绿色技术，推广适用技术，支持乡村发展无污染、少排放、循环利用、环境友好为特征的生态产业，将乡村资源优势转化为产业经济优势；推广低毒、低残留农药，推进农作物病虫害绿色防控、统防统治；实施测土配方施肥，鼓励农民增施有机肥，减少化肥使用量，推广精准施肥技术和现代植保机械；完善或新建符合环保要求和技术规范的高标准农田、土地开发整理项目，加强废弃农膜回收利用，加强灌溉水水质管理，强化畜禽养殖污染防治等。

二是补长农村居民（尤其是刚摆脱绝对贫困群体）生产生活仍受自然

---

① 杨承训. 建立优化城乡生态连体结构［N］. 人民日报, 2013 – 07 – 09.

界束缚的短腿。中心城市需要为乡村产业转型升级提供技术、管理、市场等方面的支持,发展现代生态农业、数字农业,同时深度发掘乡村历史文化、农耕文化、生态资源、田园景观、乡村风情,发展乡村科普教育、民俗文化传承、娱乐康健体验等现代新业态,使农村居民在农业绿色发展中不断提高收入水平。进一步加大乡村财政性公共资源和人力性公共资源投入,补齐乡村基础设施和公共服务投入不足的短板,逐步缩小城乡居民在教育、医疗卫生和社会保障领域的差距,使农村居民通过共享发展降低对自然的过度依赖,降低其落后的生产生活方式对自然的损害程度。

三是补长农户生产体制下农村居民生产生活方式相对独立但高度分散的短腿。面对面广量大、高度分散、权利诉求多样、行为多元的农户或农村居民,健全组织管理体系。以县级行政区域为单元,形成以县级政府为主导、乡(镇)级政府为纽带和建制村为实施主体的乡村生态系统协同建设与管理网络。其中,县级政府主要统筹制定辖区乡村生态文明建设规划、管理和监督考核,在资金、技术上给予支持;乡(镇)级政府主要负责辖区内的统筹协调,衔接村与村之间的项目设计与建设;建制村主要引导农民专业合作和农户开展绿色生产,动员村民承担维护村庄环境的责任和义务。

五、激励约束与非正式制度有效匹配

城乡生态融合,是调整和优化城乡政府、企业或农户、居民行为的过程,是将利益追求与生态责任有机统一的过程。为克服竞争性地方政府GDP最大化或地方可支配财力最大化行为、企业或农户追逐利润最大化或农地产出最大化行为,以及居民不可持续消费行为或搭便车等机会主义倾向对人与自然所造成的矛盾或冲突,需要针对不同类型的主体,加强制度与非正式制度的有效匹配,正式制度中需要加强激励与约束的有效匹配,促成各类主体行为绿色化。

一是对于地方政府,在激励的同时更要强化约束机制。作为一个发展中大国,需要充分发挥中央和地方两个积极性。为了进一步规范竞争性地方政府行为,需要进一步理顺中央和地方权责关系,尤其要加强中央在跨区域生态环境保护等方面的事权,减少并规范中央和地方共同事权,赋予地方更多自主权,形成稳定的各级政府事权、支出责任和财力相匹配的制度。同时，强化地方政府在生态文明建设中的主体责任，落实中央生态环境保护督察制度，严格落实政府监管责任并强化监督问责，将生态文明建设目标纳入地方政府目标评价考核体系，建立绿色绩效考核评价机制并与职务晋升相挂钩，建立领导干部自然资源资产离任审计和生态环境损害责任终身追究制度，对地方政府行为形成硬约束。

二是对于企业和农户，需要强化约束基础上的激励匹配，即在进一步健全生态环境保护法律体系、执法司法制度、财税调节、生态环境保护主体责任、损害赔偿制度和损害责任终身追究制等硬约束性制度的基础上，创新和完善生态补偿等市场化、多元化激励机制。根据 2021 年 9 月《关于深化生态保护补偿制度改革的意见》，合理界定生态环境权利，在控制总量前提下建立用水权、排污权、碳排放权初始分配制度，根据受益者付费原则开展市场化环境权交易，创新基于水权、排污权、碳排放权等资源环境权益的融资工具，包括绿色债券、绿色基金、碳债券等，使生态保护者利益得到有效补偿，激发企业主动参与生态保护的积极性。鼓励地方政府将环境污染防治、生态系统保护修复等与生态产业发展结合起来，吸引农户或居民积极参与，建立和完善可持续的惠益分享机制。通过约束机制与激励机制的共同作用，改变生产行为的可持续性成本与收益比较，逐步使绿色化生产方式成为企业和农户的自觉行为。

三是对于城乡居民，需要强化正式性制度安排基础上的非正式性制度匹配。既要运用税收、行政和法律手段，又要加强绿色生活理念宣传、教育和舆论引导，倡导简约适度、绿色低碳的生活方式，反对奢侈浪费和不合理消费，开展多种形式的创建节约型机关、绿色家庭、绿色学校、绿色社区和绿色出行等活动，促成城乡居民生活方式绿色化、可持续性。

第八章　县域内部城乡一体化

在我国，中心城市支持县域、乡村并实现城乡一体化有两个层面。第一个层面是中心城市与县域整体层面的一体化发展，第二个层面是县域内部以县城为代表的城镇与乡村的一体化。本书第二章至第七章所研究的城乡空间聚落一体化前提下中心城市基础设施、生产要素、产业、公共服务嵌入县域和城乡生态融合发展，是在第一个层面展开的。本章研究第二个层面，即县域内部城乡融合、一体化发展，基于本书研究对象和目标，分析如何将中心城乡嵌入县域、乡村的外源性动力内源化，并促进县域内源性动力的高级化。

第一节　城乡一体化的层次及其属性

一、县域内部城乡一体化的层次

马克思主义城乡对立统一理论为未来社会城乡关系的处理提供了理论指导，但由于没有经过社会主义实践，苏联社会主义实践中的城乡关系尚未发展到融合、一体化阶段，所以，他们没有而且事实上也不可能指出城乡一体化的具体路径，需要后来者结合实际进行探索。西方发达国家具有城乡一体化实践经验，但是，这些国家通过掠夺殖民地国家积累发展基础，用资本主义工业化改造农业、农村和剥削农民，这些方式不具有适用性。而且，西方国家地多人少，或者国家小、人口集中，因此，我国不能照抄西方发达国家模式，而要结合中国国情探索城乡融合、一体化之路。

新中国成立以来，尤其是进入 21 世纪以来，从城乡融合、一体化实践看，中国城乡融合、一体化的重要特征之一是，包含中心城市与县域一体化、县域内部城镇与乡村一体化两个相互联系、相互作用的过程见图 8-1。

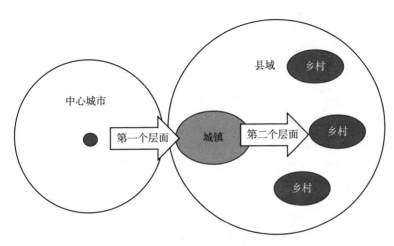

图 8-1　中国城乡一体化的两个层面

第一个层面，中心城市与县域的一体化。在这里，把中心城市和县域看作国民经济系统中相对独立的两个子系统，中心城市与县域一体化，就是城乡空间聚落一体化前提下，通过中心城市将基础设施、先进生产要素、产业、公共服务嵌入县域和城乡生态融合发展，促进两个子系统融合、一体化发展。其中，城乡空间聚落一体化，是中心城市与县域一体化的前提，是基础设施一体化和产业布局一体化科学定位的重要依据。中心城市基础设施、先进生产要素和产业嵌入县域，为城乡一体化提供物质基础，是促进县域经济发展的根本保证。中心城市公共服务嵌入县域，是社会主义公有制下共享发展和促进人的全面发展的内在要求，是促进县域居民尤其是农村居民劳动力生产和再生产持续、高质量发展的基本保证，是缩小不同群体尤其是相对贫困群体代内发展差距、消除代际贫困和实现共同富裕的制度保障。城乡生态融合发展，是人与自然和谐共生、人与人和谐共处的基本要求。只有城乡人口、资源、环境、经济与社会的统筹协调，生产、生活与生态融合发展，才能为城乡关系现代化奠定坚实的自然基础、经济基础和社会基础。

第二个层面，县域内部城镇与乡村发展一体化。我国是一个发展中大国，地域辽阔且东中部发展差异较大，人口众多尤其是农村人口基数较大，从中央到地方尤其是到乡村的管理层级较多。因此，在空间上，城乡一体化不可能都由中心城市直接对接乡村，必须分层次推进。根据中国历史传统和行政管理体制特点，县域是承上启下最适宜的纽带，县城在城乡融合中具有关键支撑作用。这一方面是因为，乡村主要分布在县域，县级政府是垂直型行政管理系统中最接近乡村且对乡村最有调控力的层次，能够有效组织、动员、引导农村居民。因为，县的数量较为庞大，具有独立的规划权、财政权，实际掌握土地开发的权限也最大。而且，县域地理界线清晰，县干部责权对应，对乡村基层情况最熟悉。另一方面，以县城为代表的县域城镇，既具有中心城市的一般功能，更具有直接联系、服务乡村的特殊功能，能够直接、有效赋能乡村。所以，中国历史上就有"郡县治则天下无不治"之说，而在城乡融合、一体化发展中，充分发挥县域（尤其是县域政府和以县城为代表的县域城镇）在承接中心城市外部赋能和整合县域内聚力方面的作用极其重要。

根据本书研究目标，县域内部城乡融合、一体化主要涉及两大任务。第一，将中心城市嵌入县域、乡村的各种发展要素，通过县域平台赋能乡村。其中，发展要素包括劳动力、土地、资本、技术等生产要素及其结合形成的基础设施、产业等，以及先进发展理念、教育、文化、卫生、制度等非直接性生产要素及其结合体，如学校、医疗机构等公共产品与服务。这些发展要素中有些会直接赋能乡村和农村居民，如一些生产要素、产业和公共服务，但也有很多必须通过县域内部的城镇间接赋能。在这里，县域内部城乡一体化实际上是作为第一个层面城乡一体化的实现机制而存在的。第二，县域内部城镇与乡村之间，在功能定位、发展基础和水平、产业选择、公共服务和生态发展等领域客观上存在差异或差距，为缩小发展差距，需要发挥以县城为代表的县域城镇的经济节点作用，也就是发挥城镇作为人口聚集点、加工制造业集聚地和乡村商业服务和公共服务重要网点的带动效应，促进城镇与乡村人口、资源、环境、经济与社会要素的合理配置，带动城镇与乡村的融合、一体化发展。在这里，县域内部城乡一体化具有一定的独立性，需要另行开展专题研究。

县域内部城乡一体化与第一个层面城乡一体化一样，既是县域经济发展的目的或归宿点，也是县域经济发展的动力机制。这种动力机制既作为第一个层面城乡一体化的实现机制而存在，又相对独立地发挥着对县域经济发展的驱动性。作为前一种动力机制，县域处于县际竞争且主导权在中心城市的被动地位，而在后一个层面，县域则处于相对主动或主导的地位。

二、作为动力机制的一体化

在县域经济发展动力结构中，城乡一体化是重要的驱动机制。第一个层面的城乡一体化属于外源性动力，而第二个层面的城乡一体化则属于内源性动力。作为内源性动力机制，县域内部城乡一体化承担着双重功能，也就是将外源性动力内源化和内源性动力高级化。

外源性动力内源化，就是通过县域内部城镇与乡村一体化发展机制，积极争取中心城市发展要素嵌入并将这一外源性动力逐步本土化，转化为推动县域、乡村经济社会发展的内在动力。在这里，县域内部城乡一体化承担着"承上（外）"和"启下（内）"的功能。其中，"承上（外）"主要是县域、乡村承接中心城市的发展要素，也即争取外源性发展动力。在县际激烈竞争背景下，除政策性要素外，市场化要素流动主要取决于县域发展环境。良好的发展环境更有利于吸引中心城市市场化要素的流入，而县域内部城乡一体化本身就是一种投资环境。县域内部城乡一体化机制越完善，越有利于争取中心城市发展要素。"启下（内）"主要是在争取到中心城市发展要素的前提下，将这一外源性动力与内源性动力结合，通过学习、传播、干中学等多种途径，使其本土化，成为促进县域和乡村经济社会发展的持续动力。在城乡一体化进程中，如果离开了"承上（外）"和"启下（内）"的任何一个环节，第一个层面的城乡一体化就不可能有效发挥作用。因此，县域内部城乡一体化在外源性动力内源化中如何有效发挥"承上（外）启下（内）"功能，是一个重要课题。

内源性动力高级化，是指通过县域内部城乡一体化机制，特别是一体化发展平台、公共资源、政策等，将县域、乡村的各种发展要素充分挖掘、整合和有效配置，更有效地作用于县域、乡村经济社会发展和县域居民全面发展。众所周知，在社会主义市场经济下，中心城市与县域、乡村的发展要素具有显著差异性。一方面，从生产要素看，城市的生产要素主要是劳动、资本、技术、数据及其结合体，如现代化或市场化程度较高的基础设施、技术平台、现代制造业和服务业，生产要素配置效率较高，而县域尤其是乡村则以劳动、土地等传统生产要素为主体，市场化程度、流动性和生产要素配置效率相对较低。特别是，土地要素不可流动，劳动力要素存在严重分化，要么流动性极低甚至几乎固定在土地上，要么流动性极高——离土又离乡，劳动力还存在着高度的分散性，农业具有脆弱性。所以，利用县域城镇与乡村一体化机制，是充分挖掘或培育现代生产要素和组织、改造、提升传统生产要素的有效途径。另一方面，从非直接性生产要素角度来看，县域、乡村具有一些独特的历史、民俗、乡村文化等社会资源以及得天独厚的生态资源。如果这些资源不能有机整合，则不仅不能有效地作用于经济社会发展，而且有可能在不可持续的发展方式下消失，或在被现代化、市场化中负面性改造，成为县域、乡村发展的障碍。相反，通过县域内部城乡一体化的推进，特别是乡村文化振兴、生态振兴等重大举措或行动计划，有可能改变社会资源、生态资源散落、无序状态，更有组织性、更有效率地赋能县域、乡村经济、社会与生态发展。这是我们研究的重点。

作为一种动力机制，县域内部城镇与乡村一体化在外源性动力内源化和内源性动力高级化中发挥作用，并不是两种截然不同的功能，两者具有互促和互补性。从动态角度看，多数情况下的内源性动力高级化，需要有外源性动力内源化的支持，如通过中心城市资本、技术、人才等先进生产要素和教育、医疗等公共服务资源的嵌入，带动县域内部土地利用效率、劳动力质量、农业生产经营效率、公共服务质量和水平的提升。当然，内源性动力的高级化又为外源性动力的嵌入创造了条件，尤其是为那些对劳动力素质、技术、市场化要求相对较高的产业或者公共服务嵌入及其更有效地发挥作用奠定了基础。

三、作为发展目的一体化

实现人民对美好生活向往是社会主义的本质特征，也是城乡一体化的根本目的。美好生活是人民在经济、社会、生态等领域生存与发展状态的综合反映，是每个人获得自由、全面发展的美好状态。在中国古代，就倡导"民贵君轻、政在养民"的民本思想。马克思、恩格斯在批判资本主义基础上，揭示了未来共产主义社会的美好生活状态及其实现途径，即"通过消除旧的分工，通过产业教育、变换工种、所有人共同享受大家创造出来的福利，通过城乡的融合，使社会全体成员的才能得到全面发展"。① 进入新时代以来，习近平总书记反复强调：中国共产党人要牢记初心，坚持以人民为中心的价值遵循，永远把人民对美好生活的向往作为奋斗目标。

实现人民对美好生活的向往，就整体而言，就是要基于经济高质量发展，让全体人民共同富裕迈出坚实步伐，中等收入群体比例明显提高，城乡区域发展差距和居民生活水平差距显著缩小，基本公共服务均等化基本实现。从人民个体角度说，就是要创造一切内外部条件，使每个人尽可能地摆脱各种限制与束缚，每个人都尽可能地获得比较充分的自由、全面的发展，也即每个人的才能得到充分发挥、生活需求得到满足、人格得到完善、尊严得到尊重。无论是在城乡一体化哪个层面，实现人民对美好生活向往的目的都是一致的。

县域内部城镇与乡村一体化，既是县域、乡村经济社会发展的动力机制，也是县域、乡村经济社会发展的最终目的——城乡居民美好生活的重要组成部分，是手段与目的的有机统一。这种统一性，是由城乡一体化中发展要素的双重性决定的，无论这种发展要素是由中心城市嵌入县域并作用于乡村，还是源于县域内部城镇对乡村的直接支持。一方面，部分发展要素具有服务城乡居民生活需求的功能，这些要素可以通过县域内部城乡一体化机制直接满足县域内部城乡居民对美好生活的需要。主要包括城乡空间聚落一体化布局为城乡居民提供更好的生活环境，城乡基础设施一体化为城乡居民现代化生活提供支撑条件，城乡生产要素配置和产业发展一体化提高城乡居民收入水平，城乡公共服务一体化实现城乡居民平等民主权利、满足精神文化生活需求和提高教育医疗社会保障水平，城乡生态融合发展提升城乡居民生活环境质量及其人与自然的和谐共生程度。另一方面，有些嵌入或支持乡村的发展要素，属于生产性要素，是通过创造发展平台、生产条件、平等发展机会、增加就业机会等间接途径，最后才满足城乡居民生活需求的。这里主要涉及县域内部城镇对乡村生产要素、产业融合发展领域的支持，直接目的是促进乡村传统生产要素组合更新、生产方式升级、农业产业化和现代化水平提升，也就是通过解决县域内部城镇与乡村之间发展不充分、不平衡矛盾，奠定县域内部城乡居民不断增长的

---

① 马克思恩格斯文集：第 1 卷［M］. 北京：人民出版社，2009：689.

物质文化生活需求的物质基础。另外，还有一些发展要素涉及劳动力生产与再生产数量和质量，从而既具有生产性，又具有消费性，还具有生产、消费代际传递性的特征，如教育、医疗、文化等发展要素，就具有多元属性或功能，不仅对代内劳动力质量的提升、生产效率的提高和共同富裕的实现具有重要作用，而且对阻断贫困的代际传递和促进人的全面发展程度不断提高，都具有重要作用。

在实践中，县域内部城乡一体化作为县域、乡村发展的动力机制与作为发展目的，两者是相互联系、相互支撑、密不可分的。一体化发展目的决定了一体化作用方向、作用形式和制度安排的选择。同样，一体化发展的驱动机制是一体化发展最终目的的实现机制。在一体化发展目的既定条件下，如何有效发挥县域内部城乡一体化的驱动机制功能，赋能县域经济社会高质量发展尤其是乡村振兴，促进县域内部城乡二元结构的现代化，是新时代需要重点突破的领域。

第二节　外源性动力内源化

县域内部城乡一体化的重要目的之一，就是引入中心城市外源性动力并将其内源化，赋能县域、乡村经济社会发展。在县际竞争背景下，县域、乡村能够争取的政策性外源和市场化外源的数量、质量及其内源化程度，从而赋能的大小、效率和持续力，是有条件的。这些条件的满足程度，决定了县域内部城乡一体化进程的快慢及其效率高低。

一、外源性动力嵌入的条件

在开放经济中，县域、乡村积极争取外部资源或发展要素，是城乡对立、二元结构转向融合、一体化发展的主要方式之一。在我国现行体制下，依据资源或发展要素的性质，县域、乡村争取的资源可以分为两大类。一类是由政府配置的资源，通常由上级政府部门或中心城市政府配置，包括发展规划、重大基础设施建设项目、产业空间布局和重大产业项目及其政策、公共服务领域中公益类项目及其相关人力资源配置、财政转移支付、城乡生态建设项目和区域发展优惠政策。另一类是由市场配置发展要素，包括资本、技术、人才、数据等生产要素、产业、基础设施和公共服务领域中的竞争性项目，等等。

无论是政府配置还是市场配置的资源，都是有限的，或者具有稀缺性。于是，竞争在所难免。分权式改革和县域政府财权与事权相结合体制，使得县域政府成为相对独立的经济利益主体，具有发展本地经济的强大内在驱动力。同时，上级政府对县域政府的考核机制及与此相挂钩的官员晋升机制，促使县际竞争的展开。在资源有限条件下，县际竞争的核心内容之一是对有限资源的竞争，本质上是发展思路的选择问题。在国民经济体系中，县域是一个元素细胞，而当县域政府成为相对独立的经济主体后，县域经济运作类似于企业运作，其同样会面临单个资本扩大时所面临的路径选择，即依靠资本积累还是借助资本集中，依靠内源性动力还是外源性动力。如果完全依靠自我积累或内源性动力，马克思在揭示单个资本扩大规律时说："积累，即由圆形运动变为螺旋形运动的再生产所引起的资本的逐步增大，同仅仅要求改变社会资本各组成部分的量的组合的集中比较起来，是一个极缓慢的过程。"[①] 也即，如果县域依靠自我积累或者内源性动力，会受到县域现有生产力发展水平及其由此决定的积累规模的限制，实现发展目标的过程将相当缓慢。但是，如果利用资本集中或者外源性动力，可以突破自身现行生产力发展水平的制约，在较短的时间内筹集巨大的资本或者外部资源，促进县域经济爆发式增长。所以，县域政府在动力机制和压力机制共同作用下，自然会把资本集中方式或利用外源性动力作为发展县域、乡村经济的重要选择。

在县际竞争下，即使是政府配置的资源，也不是平均配置的，而是有竞争的。只有积极创造符合资源有效作用的条件，县域、乡村才有可能吸引外源性动力的嵌入。一方面，对于政府配置的资源，有些是中央、省级政府直接配置的，而有些则是管辖县域的中心城市政府根据上级政府政策要求落实的，或者根据市域经济社会发展需要而专门配置的。面对政府资源的有限性，县域政府为了在县际横向竞争中胜出或获得优势，都会沿着垂直方向与地级市政府、省级政府和中央政府展开纵向竞争，既包括立法、行政、司法等各种政治权力的分配，也包括经济利益的划分与调整，

---

① 马克思恩格斯文集：第5卷［M］. 北京：人民出版社，2009：724.

以便从上级政府那里争取到基础建设项目、产业发展项目、优惠政策、财政补贴或转移支付等直接经济利益。在国家治理体系越来越成熟的背景下，县域政府要在纵向竞争中获得上级政府的认可，从而在横向竞争中取得优势，最主要的是取决于自身的治理能力，尤其是把握上级政府的战略需求、政策意图并进行制度创新的能力。事实上，上级政府鼓励县域创新，但一般只是方向性的，没有统一的标准，更缺乏刚性要求。这一定程度上激励着县域政府从县域经济社会发展需要出发进行制度创新和发展项目设计，而上级政府也需要县域政府创新以总结成功经验。一旦县域政府创新的预期收益较高并得到上级政府的认可，就会得到政策性资源支持。事实上，我国县际、区际发展差距，在很大程度上与地方政府的创新能力有关，发达地区制度创新的密度、频率和效果通常高于欠发达地区。当然，上级政府与县域政府之间存在信息不对称，对欠发达县域来说，根据国家政策要求，与上级政府沟通落实政策，加大对本区域基础设施、产业发展、公共服务等领域政策倾斜，也是一种常见的手法。

另一方面，对于市场配置的资源，县域政府面对的是激烈的县际横向竞争。竞争的内容与县域经济发展阶段有关。在不发达或欠发达阶段，外来资本是争夺的主要对象。当经济发展到较高阶段时，人才、技术等先进要素逐步纳入竞争的主要对象。县域要在竞争中胜出，关键是要把握市场规律，创造外源性动力落地的条件。从资本嵌入角度分析，县域能否利用资本集中方式，也即吸引外部资本促进发展，对县际竞争胜负产生影响的各种因素中，除了自然条件、区位等不可变或不容易改变外，关键取决于县域投资环境和公共服务能力及其效率，而这些因素又与县域政府的先期资本投入，包括园区、开发区等产业平台建设投入、基础设施建设投入、生产生活配套设施建设投入等有关。这些投入及其形成的投资环境，将会大大改变按照等量资本获得等量利润原则流动的社会资本的区位选择，是县域为了吸引社会资本而必须进入的先期投入。在这个意义上，县域政府争取外部资本嵌入，实质上是政府用先期投入的资本吸引外部产业资本、社会资本的形式，是"用一种资本吸引另一种资本"的形式。在县际竞争中，县域政府先期投入的资本越大，投资环境越优，产业资本或社会资本投入的成本或交易费用越低，就越有可能吸引外部资本嵌入。反之，如果缺乏适宜的产业平台和投资环境，不仅不能吸引外部资本，而且县域内部的社会资本还有可能流出。在这里，"竞争的激烈程度同互相竞争的资本的多少成正比，同互相竞争的资本的大小成反比"。[①] 也就是，竞争的激烈程度，与参与竞争的县域政府的数量成正比，与参与竞争的县域投入规模及其形成的投资环境优劣成反比。当县域经济发展到较高级阶段时，县际竞争逐步转向对风险资本、人才、技术等先进生产要素的竞争。这时，不仅需要县域有更好的投资环境，有更好的生产生活服务配套设施和生态环境，还需要创造更加宽松的创新创业环境，需要有更好的政府服务能力。

在县域内部城镇与乡村一体化进程中，吸引外源性动力并将其内源化，是城乡二元结构背景下补齐县域尤其是乡村经济发展短腿、短板的必由选择。但是，除了少数公共资源是按人均分配外，多数公共资源和市场资源都带有竞争性，其嵌入县域是有条件的，只有在县际竞争中的胜出者才有可能获得。

二、外源性动力内源化平台

为了获得外部资源，县域需要根据国家城乡一体化总体布局、市场经济规律并紧密结合县域城乡发展实际，建设外源性动力内源化平台，创新外源性动力内源化制度环境。

平台，是人们施展才能的舞台，是开展工作所需要的环境或条件。在县域内部城乡一体化实践中，外源性动力内源化平台是指为吸引县域外源部发展资源或要素并使其内源化而为县域城镇与乡村一体化发展动能所建设的载体，包括产业发展平台、科技创新平台和政府或社会专业服务平台等。与中心城市非农经济相比，我国县域、乡村经济尤其是农业经济的特点是，生产社会化、组织化程度不高，生产资料尤其是土地可分性，使得生产活动具有分散性，要素生产率和经济效益相对较低。西方发达资本主义国家在工业革命后，采取了用资本指挥劳动、用工业化改造传统农业办法，实现了乡村经济尤其是农业经济的资本主义化。很显然，这条道路不符合中国国情。但是，要克服县域、乡村经济的无组织性和低效率，结合县域、乡村特点打造各种专业化发展平台，是一条有效途径。

无论是政府为产业发展进行公共基础设施等硬环境投入，还是市场要

---

① 马克思恩格斯文集：第5卷 [M]. 北京：人民出版社，2009：722.

素配置，都非常注重空间聚集效应。在经济学上，这种聚集不仅能够提高资源或要素配置效率，便于市场信息传递，有利于土地等自然资源集约节约利用和环境治理，而且可以促进企业进行专业化分工和产业融合，推动技术创新、生产组织形式创新和产业创新。因此，总结发达县域的实践经验，加快县域内部的产业平台建设非常重要。产业平台，是政府在特定空间地域上围绕县域、乡村规划发展的重点产业，按照一定标准和要求，进行基础设施建设，提供专业服务和配套服务并给予一定政策支持或优惠的舞台或投资环境，包括各级政府批准成立的经济技术开发区、高科技工业园、高新技术开发区、各类产业工业园，以及现代农业产业园、农村三次产业融合发展示范园和科技示范园区、农业现代化示范区、现代林业产业示范区，等等。从县域内部城乡一体化角度分析，建设产业平台一方面使县域尤其是经济基础较薄弱的县域可以将有限的基础设施投入更加聚焦于产业发展，为吸引中心城市外源性动力，尤其是中心城市产业及其与此相联系的资本、技术、人才、数据等生产要素向县域、乡村转移创造了条件，促进县域、乡村新产业、新经济、新业态、新模式的生长，以及传统产业转型升级，奠定县域内部城乡一体化的产业基础和经济基础。另一方面又能为县域居民创造新的就业机会。对于农村居民意义更加重大，既促进了农村劳动力从土地中解放出来，转入非农业领域，又使得留在土地上的农民在村组织、农民专业合作组织带领下，在新的农业产业平台上按照社会化、产业化方式开展农业生产活动，从分散的自我指挥的劳动变成有组织指挥的劳动，提高农业生产效率和农民收益。

新科技革命新经济发展，以及中心城市人口过度集中引发的交通拥堵、房价或租金过高、环境质量不佳等问题，加速了中心城市科技创新要素及其科技产业链中下游环节向周边区域的扩散。一方面，为经济转型升级的县域或者毗邻中心城市的县域提供了很好的发展机遇。对于这些县域来说，紧密结合区域产业发展方向建设科技创新平台，承接中心城市先进生产要素转移并将其内源化，是促进县域内部高质量、高水平城乡一体化的重要途径。科技创新平台（园、区）围绕产业链，布局创新链，配置人才链、资金链、服务链，形成融研发中试、孵化加速、创业、产业运营于一体的产业链条和政、产、学、研、金相互支撑的创新生态体系。其中，研发中试是科技创新成果从实验室到成果产业化的"加速器"，孵化器为科技人员创新创业和初创期科技企业提供硬件、软件和政策等方面的孵化服务，创业园区为中试成功并有可能批量生产的科技成果提供独立生产车间和共享实验室、共用生产配套服务平台，产业园区为在创业园成功放大生产后需要大规模生产的项目设立的平台，从而构建了科研成果从中心城市研发或实验室，到周边县域中试、孵化加速、放大，再到产业化的科技创新链条。另一方面，对于尚不具备建设科技创新园区的偏远或欠发达县域来说，可能结合本县域产业发展的技术需求，在政府的引导组织下，发挥骨干企业或农民专业合作组织的作用，以产业发展实际需求为导向，以合作项目为抓手，推进产学研合作或建设科技创新联合体。在我国经济社会转型阶段，技术是县域内部城乡高质量一体化推进中不可或缺的关键要素，但又是县域、乡村经济建设、社会建设和生态文明建设中最稀缺的要素。结合县域、乡村发展需求，建立科研创新平台或产学研合作机制，积极承接中心城市技术要素并将其内源化，是现行条件下县域、乡村的可行选择。当然，要有效承接中心城市的技术并内源化，除了建设承接技术的平台或机制外，还需要加强技术应用者的教育培训。县、乡镇政府要积极引导，充分发挥村社组织的作用，加强对农民的适用技术培训，让他们在认识、接受和熟练应用现代农业科技中，逐步变革传统生产理念和生产方式。

将外源性动力内源化并有效赋能县域城镇与乡村一体化发展，还必须着力打造城乡一体化公共服务平台。众所周知，中心城市嵌入县域的各种发展要素可以分为两类。一类是以物质形态存在并发挥作用，如道路、水、电、气、通信等基础设施和生态环境设施等。另一类是以"活要素"形式存在，它们要么必须有所有者参与才能发挥作用，如资本、技术、数据等要素，要么是能动性主体直接发挥作用，如人才或者人力资源等要素。前一类要素自身不会对投入的区域环境，尤其是对县域的软环境提出特殊要求。但是，"活要素"则完全不同，中心城市与县域、乡村的投资环境，特别是工作环境和生活环境差异性较大，不仅影响投资成本，而且会影响人们的工作方式和生活方式。"活要素"能否从中心城市嵌入县域、乡村，其中的商业类或市场化要素所有者主要考虑的是空间环境变化给其带来的成本降低幅度或者收益增长，以及县域、乡村工作生活环境的适应性，而公益类能动性要素所有者则主要考虑的是政策环境和工作生活环境。因此，为了积极争取"活要素"，县域政府不仅要改善硬环境，而且要高度重视优化软环境。其中，建设优质政务服务平台、专业服务平台和人才生活服务平台尤其重要。在政务服务领域，既要重视实体性政务服务中心建设，又要重视运用现代技术发展电子政务，更要重视政府组织结构、工作流程重组优化，打破时间、空间和部门分隔，通过数据共享建立"一站式"政务服务体系，使政务服务更加高效、优质、规范、透明和全方位。在专业服务领域，需要线上线下相结合，充分运用互联网和移动互联网技术，整合会计、审计、评估、税务、法务、专业咨询等多元业务，打造可供投资者、创业者自由交流、信息获取以及业务流程在线操作的多维度平台。在生活服务领域，需要根据嵌入县域、乡村的能动性要素——人才的工作、生活特点，统筹县域产业园区、科技园区建设，协调推进人才公寓及其配套生活服务设施建设，为人才安家、科研启动、配偶调迁、子女入学就业等提供政策支持，为退休返乡从事科技推广、乡村医疗服务、乡村教育、本土文化传承保护与利用、生态环境保护等公益性事业的各类专业人才提供工作生活方面的特别政策支持。

产业发展平台、专业服务平台和公共生活服务平台建设，既为中心城市发展要素嵌入并内源化创造了条件，也为县域、乡村内部发展要素的聚集并有效发挥作用提供可能，共同促进县域城乡融合、一体化发展。

三、外源性动力内源化机制

外源性动力内源化并有效赋能县域内部城乡融合、一体化发展，既要有上级政府部门的政策支持，更需要县域政府根据外源性动力赋能条件，结合县域、乡村发展实际需求，在建设公共服务平台的同时，进行内源化机制设计，形成互补、配套的赋能环境。

一是空间聚落优化设计。一方面，县域内部城镇与乡村空间聚落的优化是外源性动力嵌入并内源化的前提条件。因为，无论是基础设施、生产要素、产业嵌入，还是政府公共服务供给和生态环境保护与利用，都涉及空间布局，特别是发挥空间聚集效应。县域内部城镇数量多、规模小、服务功能弱、产业集聚程度低等状况较为普遍，传统的自然村布局分散、居住人口稀少、资源利用率低、环境成本高等问题比较突出，不利于承接外源性动力并规模化利用。另一方面，县域内部城镇与乡村空间聚落的优化是打造县域内部经济节点、加速内源性动力聚集并与外源性动力相结合的需要。与中心城市发展动力相比，县域、乡村发展动力具有分散性，既缺少精细化分工，又缺乏协作，很难分享分工带来的高效率和协作创造的结合力。所以，在县域内部城乡一体化制度设计中，必须结合县域、乡村的自然条件、区位、经济社会发展水平和民族文化等特点，优化城镇和乡村空间聚落（包括县域县城和重点镇、一般镇、村落的数量、规模、功能定位、结构分布、文化保护与传承、建筑风格，以及空间聚落之间的相互联系）。以城镇和乡村空间聚落的优化、聚集，带动人口、生产要素、产业的聚集，变革分散的生产生活空间布局方式，加速形成一个个经济节点，促进内外源发展要素在经济节点上汇聚并进一步产生交互作用，促进外源性动力内源化和内源性动力高级化。

二是基础设施条件联通。马克思主义经典作家强调了未来社会基本条件全国均衡分布对城乡一体化的重要作用，而基础设施建设差距也正是我国城乡发展差距产生的重要原因之一。所以，改革开放以来我国在区域经济发展实践中的"要想富、先修路"经验，同样也适用于城乡一体化实践，即必须将基础设施建设放在先行地位。随着经济社会高速发展，有关基础设施的内涵和外延正在不断拓展，从道路、水、电、气、通信等传统基础设施，逐步延伸到5G基站建设、特高压、城际高速铁路和城市轨道交通、新能源汽车充电桩、大数据中心、人工智能、工业互联网等新基建领域。对外联通高速交通路网、有效嫁接新基建项目，对内形成满足生产生活需求的基础设施服务网络，对县域、乡村接受中心城市辐射，促进中心城市发展要素向县域、乡村流动，以及便于县域、乡村产品和劳务对外输出，具有十分重要的基础性作用。对相对落后的县域、乡村来说，在资源有限且竞争激烈的背景下，必须将有限的资源集中投入最紧迫的拉动性大的领域，筹措政府资金并撬动社会资本参与基础设施建设，加强对外通达工程建设，优化支持与电子商务发展相关的基础设施建设，以适应新科技革命新经济发展。

三是生产要素组合创新。在县域、乡村经济低水平发展阶段，吸引中心城市生产要素嵌入的主要目的是解决要素数量短缺问题，经过改革开放40多年的高速发展，我国县域、乡村经济也正在步入高质量发展阶段。因此，县域内部城乡融合、一体化发展中引入生产要素的政策取向，开始转向动力变革、质量变革和效率变革。其中，最重要的是，通过中心城市生产要素的嵌入及其内源化，促进县域、乡村内部传统生产要素组合方式创新。一方面，在县域非农领域，"资本 + 劳动"是最主要的生产组合方式。这一方式在促进县域、乡村经济对接市场、农业劳动力转移、居民增收和区域发展积累等方面发挥了非常重要作用。在我国社会老龄化程度不断提高的背景下，多数乡村甚至很多地区一般乡镇出现了人口空心化趋势，县域、乡村传统的劳动密集型产业越来越难以为继。因此，县域内部城乡一体化中生产要素组合的制度设计，要着力于中心城市资本与内部资本的合资合作，吸引风险资本，以外部社会资本带动内部社会资本结构、质态和作用方式的转型；着力于以资本带动技术、人才、管理、数据等先进要素的嵌入并内源化，尤其是带动县域内部企业生产要素高级化和现代化，适应人工智能正在替代劳动的大趋势，提升县域内部企业劳动力质量，提高其适应新经济、新产业、新业态的能力。另一方面，在农业领域，"劳动 + 土地"是最原始也是目前最主要的生产组合方式。县域生产要素组合的制度设计，既要注重准入清单内的资本、技术引进并促进生产要素组合方式的变革，又要注重现有生产要素组合方式的转型升级，重点是提升劳动力要素的有组织性和能力素质，促进新型职业农民的生长，以及促进土地的节约、集约、高效和可持续利用。

四是三次产业融合发展。适应新科技新经济发展趋势，特别是人工智能、互联网、大数据、区块链技术引致的生产方式、流通方式和消费方式重大变革，借助外源性动力及其内源化促进县域、乡村内部产业发展，必须从传统的城乡产业分工、产业内分工思维方式和格局中走出来，根据市场需求，结合供应链和价值链，探寻产业融合发展的路径和方式。一方面，适应新发展格局和新型城镇化格局，县域内部城镇、乡村产业融合及一体化发展必须善于借助中心城市产业嵌入外源性动力，根据县域、乡村发展需要和资源、环境承载能力，科学定位外源性动力及其内源化方向，优先嵌入拉动效应大且向外输出产品与劳务的产业，特别是促进县域、乡村有可能向下游延伸、向旁侧拓展，从而有可能形成产业集群的产业；优化嵌入具有富民效应的产业，特别是有利于农民增收、农业劳动力转移或再就业、农民共同参与共享发展等产业项目。另一方面，在县域、乡村传统产业转型升级领域，外源性动力嵌入及其内源化要围绕城镇与乡村三次产业融合、协同发展进行制度创新。基于城镇、乡村传统产业具有鲜明的服务农业、农村和农民的特征，借助外源性动力，提升城镇加工制造业惠农服务能力和水平，完善城镇生产服务业尤其是农村物流业、科技服务业、专业服务体系，促进农业与加工业融合，以及农业与文化、休闲娱乐、旅游等产业的融合，推进农业与电子商务业的融合发展，提升农户有效对接市场的能力和水平。

五是公共服务均衡配置。中心城市公共服务资源嵌入县域及其内源化，是助推县域内部城镇、乡村公共服务均衡化、一体化的需要。与中心城市与县域层面公共服务一体化相比，从 2013 年中央新型城镇化工作会议以来，我国逐步破除了县域内部城镇与乡村之间人口流动、落户及其公共服务供给管理等方面的体制机制障碍，公共服务均等化、一体化进程较快。目前迫切需要解决的是，如何根据县域居民尤其是农村居民对公共服务的需求，结合农村人口分布、空间聚落、产业布局等出现的新变化、新趋势，合理公共服务供给的城镇、乡村布局，整合内外部公共资源，提高公共服务供给效率、能力和水平。其中，财政性公共资源配置的关键是，建立 GDP、地方财政收入与县域居民医疗保险、养老保险财政支出相互挂钩的机制，确保县域城乡居民社会保障水平随着经济社会发展同步增长，逐步提高社会救助和社会救济的覆盖面和水平。人力性公共资源配置的关键是，整合中心城市资源、县域内部资源和各种社会力量，充实和提高县域乡镇、村级中小学教师尤其是欠发达地区与偏远乡村小学、幼儿园师资，充实和提高县医院、镇卫生院和乡村卫生所（室）三级医疗机构医生特别是乡村医生队伍，不断提高乡村基础教育和公共卫生医疗水平，逐步消除因病致贫、返贫和贫困的代际传递。

六是生态一体化治理。在生态系统治理体系中，从自然生态子系统看，县域内除了县城、重点镇具有中心城市特征外，其他城镇与乡村之间的界限不很明显，大多与乡村自然生态子系统合为一体。但是，从经济生态子系统和社会生态子系统角度看，县域城镇在中心城市与乡村之间具有桥梁和纽带作用，既承接中心城市生态治理理念、技术、方法，又具体实施镇域、乡村的生态治理项目，还需要直接面对各种现实矛盾。因此，无论是在中心城市与县域生态融合层面，还是县域内部城乡生态一体化治理层面，要将县域外部生态治理理念、技术、方法和县域政府生态治理方案转化为县域内部企业、农户、居民的自觉行动，必须充分发挥乡镇及其政府的作用，使其既承担承上启下的责任，强化生态环境保护与治理中的责任约束，又通过建立相应的利益补偿机制或利益分享机制，调动乡镇和基层百姓打造绿水青山的积极性、主动性和创造性。同时，为乡镇政府有效履职提供人、财、物和技术保障，提升其生态治理能力。

第三节　内源性动力高级化

从我国县域经济发展的总体水平看，多数县城、重点镇属于现代部门与传统部门并存，而乡村则是属于传统部门为主。县域内部城乡融合、一体化发展，需要致力于县域内部城乡内源性动力高级化和现代化，主要抓手是加强县城的载体功能建设。

一、内源性动力高级化内核

劳动和土地是县域内部财富创造的两个原始生产要素，也是内源性发展的基础性动力。在我国城镇土地国有制和农村土地集体所有制条件下，资本、技术、数据等派生性生产要素只有首先与原始生产要素中的能动性要素，即劳动要素的结合，并通过劳动要素再与土地要素相结合，才有可能真正发挥作用。因此，县域内源性动力的高级化，关键要通过劳动要素的高级化——组织化、智能化、市场化，带动土地集约、节约利用和规模化、绿色化利用，促成劳动、土地两个原始要素与资本、技术、数据等派生性要素有机结合，从而实现生产方式由传统向现代的转型，推动县域内部动力变革、质量变革和效率变革。

县域内源性动力高级化是一项系统工程。在城乡一体化进程中，首先需要着力推进县域内部劳动要素的高级化。在现代社会，中心城市生产资料——机器的不可分割性和机器协作，机器替代部分人力但又必须由人来驾驭，由此催生了企业内部劳动分工协作及其社会化分工合作，中心城市劳动呈现高度社会化、市场化和现代化特征。随着新科技革命新经济的高速发展，人工智能正在不断替代人力，但同时又催生了一大批与智能机器相关联的产业，这并没有替代劳动要素，只是改变了劳动的形式，即体力劳动大大降低，而脑力劳动尤其是劳动的智能化、智慧化要求越来越高。与中心城市相比，县域内部生产活动尤其是农业生产中主要生产资料——土地的无限可分性和农户生产体制结合，使得劳动要素的作用更强调个体或家庭，更强化个体积极性的发挥。但是，这种自我指挥的劳动与由专门管理团队指挥的劳动相比，社会化、组织化程度都比较低，与土地要素的结合方式也非常传统甚至原始，而与现代生产要素的结合通常非常偶然、孤立，有时甚至是排斥的，劳动效率总体较低。因此，在现行体制下，促成县域内部城乡一体化、现代化中内源性动力的高级化、现代化，关键要促进劳动要素的高级化、现代化。发达资本主义国家是以工业化手段改造农业、以资本剥夺传统农民、以城市统治农村的方式完成了劳动要素高级化、现代化过程。中国的社会制度决定了我们不可能走西方的道路，但学习借鉴其中心城市劳动要素高级化、现代化的某些方式是可行的。也就是，通过生产组织方式和劳动形式的创新，将县域城乡尤其是农村分散的、孤立的、自我指挥劳动转变成为既具有组织性、社会化的劳动，又能发挥个体或家庭积极性的劳动；通过促成县域内部尤其是农村社会化分工与合作，将自给自足为主的劳动转变为面向市场的生产劳动；通过加快新基建，发展县域各种专业合作组织和加强教育培训等途径，在进一步巩固机械力替代人力，使劳动者从繁重的体力劳动中解放出来的前提下，不断提升县域内部劳动者人力资本含量，特别是提升利用智能化、智慧化手段进行劳动的能力。从动态角度分析，县域内部劳动要素的高级化，还包含着劳动要素内在结构的优化，重点是通过促进农村转移劳动力市民化（"减法"）和引入或培育新型职业农民（"加法"），以及对县域内部"存量"劳动要素教育培训等途径，实现劳动力结构升级。对于县域内部城乡劳动者来说，这一劳动要素高级化过程，是一场重大变革，决定着县域内源性动力高级化乃至城乡现代化的进程。尽管有不小的难度，但又是必须跨越的一道坎。

在县域，与中心城市相比，无论是在城镇还是在乡村，土地要素的利用都是比较粗放的，利用效率较低。除了自然差异外，从根本上说，与县域内部劳动要素素质（主要是人力资本含量）较低有关，也与劳动要素利用方式相对落后有关。一方面，在县域城镇，作为我国劳动密集型产业的主要集中地，尽管劳动组织具有近似于中心城市的特征，但以劳动投入实现增长的方式决定了其必然以土地扩张为支撑，县域城镇土地供给的相对宽松和廉价性，又助长了企业滥用劳动、土地的倾向。因此，城镇土地要素利用高级化的重点主要在于土地的集约节约，即提高单位面积土地投入产出强度和尽量节省用地、尽可能不占或少占耕地。这既有赖于国家土地利用政策的调节，更主要取决于县域非农产业自身的转型升级。只有当县域非农经济逐步摆脱对劳动要素的高度依赖，从而资本、技术等要素日益发挥主导作用，土地要素利用的高级化才有可能逐步实现。另一方面，在县域农村，土地集体所有家庭承包的经营体制，既阻拦着资本向农业领域自由转移及由此造成的伤害，但同时也制约着科学技术和方法在土地利用领域的嵌入。因此，我国县域内部城乡一体化不可能像西方发达国家那样，先吞并土地再倒逼农民转型，而只能在劳动要素高级化中，带动土地要素高级化。在农村尤其是农业领域，在坚持土地承包经营制度的前提下，通过土地适度规模化和绿色化利用，推动土地要素利用逐步高级化。其中，土地适度规模利用，是指土地利用的规模处于报酬或产出递增阶段，至少处于报酬或产出不变阶段，而不是处于报酬或产出递减阶段。土地的绿色化是指在土地利用过程中，保持耕地质量自然等级不变和由低等级向高等级转变的状态。很显然，在农村体制改革初期，土地是按照农村户籍人口，或劳动力数量，或部分按人口、部分按劳动力进行承包经营的，没有也不可能考虑土地适度规模或土地规模经济性问题。而且，在土地承包经营初期，农业生产效率很低，政府和农户主要关注的是土地的最大化产出，很少考虑土地的绿色化利用这一带有长期性、公共性的问题。然而，经过40多年改革发展，面对国内外激烈的市场竞争、日益提升的绿色发展要求和百姓对农产品需求由数量向质量的转换，农村土地利用向规模化、绿色化方向转型成为必然。

县域内源性动力高级化，不仅要致力于劳动和土地这两个创造财富的原始要素的高级化、现代化，而且要在引进外部资本、技术和数据等现代生产要素并内源化过程中，培育本土现代生产要素，在既定的制度框架下找到原始要素与现代要素的结合点。这是因为，在创造县域财富的生产要素中，无论是劳动还是土地，其黏合其他生产要素的能力都偏弱，通常处于被其他生产要素黏合的地位。而且，随着新科技革命新经济的发展，尽管这两个原始要素仍然不可或缺，但贡献率呈现下降趋势。相反，资本、技术、数据要素的地位则呈现上升的趋势。资本作为现代市场经济下最具有黏合力的生产要素，它几乎可以黏合其他一切生产要素，将一切动能都转变为自己的动能。同时，在工业革命后，技术成为被其他生产要素黏合最多的要素。在新一轮新科技革命下，数据要素逐步成为被其他生产要素黏合最多的要素，它几乎可以被其他一切生产要素所黏合。一个国家、地区或区域所拥有的生产要素的黏合力越强，或者被黏合性越强，则越有可能汇聚其他生产要素，从而其经济发展潜力越大、发展能力越强。我国中心城市与县域、县域内部城镇与乡村的发展差距，在很大程度上也是发展动能的黏合性和被黏合性上的差距。中心城市拥有资本、技术、数据等黏合性和被黏合性都非常强大的生产要素，县域城镇次之，而乡村最弱。因此，县域内源性动力高级化，既需要通过中心城市嵌入黏合力和被黏合性强的生产要素并将其内源化，更要大力培育本土具有较强黏合力和被黏合性的生产要素——资本、技术和数据等现代要素，带动劳动要素组织化、智能化和市场化，以及土地要素适度规模化、绿色化和集约节约利用。

二、高级化中县城的载体功能

县域内源性动力高级化主要通过两条途径实现。一是在各种生产要素投入水平保持不变的条件下，通过合理配置，改变其散落性，促进生产要素聚合、分工和协作，从而产生额外的或超额的生产效率，或者提高全要素生产率。二是在现有生产要素基础上，在外部生产要素嵌入中学习、借鉴，以及内部整合、培育过程中产生新的、主要是先进生产要素。无论是何种途径，都会改变县域、乡村传统生产要素结构，使生产要素之间重新组合、聚合，形成更高的生产效率。在现行条件下，与中心城市主要借助企业或市场组织力量聚合生产要素不完全相同，县域内部发挥主导性作用的生产要素——劳动力和土地自身的黏性不强，农户和县域本土企业黏合现代先进生产要素能力也不足。所以，无论是内源性动力中"存量"调整、升级，还是资本、人才、技术、管理、数据等现代或先进生产要素"增量"的生成，特别是基于现代或先进生产要素的人格化特征，只有满足人的发展所需要的条件，这些生产要素才有可能产生并发挥作用，单纯从生产要素本身难以找到内源性动力高级化的有效途径，而将市场力量与政府作用有机结合起来，共同打造县域内源性动力高级化的平台，特别是发挥县城的载体功能非常关键。这是我国发达地区城乡融合发展实践中的重要经验。

一方面，县城是县域、乡村原始生产要素升级的关键平台。在土地承包经营制度下，县域、乡村创造财富创造的原始生产要素——劳动力和土地要素的升级，主要是通过提高劳动力、土地自身质量、优化"劳动力 + 土地"组合或结构，以及提升要素利用效率等途径实现的。在社会主义市场经济下，无论原始要素通过何种途径升级，都必须以破除生产要素及其结构的固化，保持生产要素的合理流动性为前提。其中，劳动力是可以流动的，土地要素在空间上具有不可流动性，但开发、利用或者承包经营土地的主体及其权利具有可流动性、可流转性。因此，县域、乡村原始生产要素升级，实质上是原始生产要素所有、占有、使用等主体及其权利配置的合理化、优化，重点是在传统农村劳动力转移、新型农民或新型农业生产经营主体生成，以及农户在自愿基础上由自我指挥劳动和土地利用，逐步转向新型农业生产组织分工、协作开展劳动和土地利用，由单纯的农业生产转向农业生产经营过程中实现的。能否转型，关键取决于县城能否提供相应平台。重点包括两个平台。一个是传统农业劳动力转移的平台。在我国，无论是提高农业劳动生产率还是土地生产率，都必须面对农业人口规模巨大的现实，而且不能走西方国家以工业化改造传统农业、通过剥夺和驱赶农民方式提高农业生产率的路子，只能通过市场机制吸引农业转移人口自愿向中心城市流动，或者利用政策激励和引导农民自主向县城流动，为农业生产方式、土地利用方式的变革创造条件。当然，这里的前提是县城、重点镇具有吸引农业转移人口的能力，包括为农业转移人口提供新的就业机会和更好的生存发展环境。另一个是新型农民培育平台。从根本上看，我国农业现代化必须依靠农民现代化，从中长期看有赖于农村人力资本的积累与改善，从近期看有赖于新型农民的培养。因此，需要基于县域尤其是农村农业发展需求，统筹发挥好职业学校、技工学校的作用，针对转移到县城的农民工，加强职业技能教育培训，提高农民工就业机会、能力和技能素质；面向青壮年农民，加强农业职业教育，提高适应现代农业新技术、新业态、新生产经营方式的能力。无论是中长期还是近期，新型农民发挥作用的领域主要在农村农业，但培养培训主要在县城。

因此，县城职业教育发展程度及其水平，在很大程度上决定着本区域新型农民生长及其农业生产方式转型。

另一方面，县城是县域、乡村孕育先进生产要素的关键载体。在县域，内源性人才、技术、管理、数据等生产要素的生成、选择和赋能都是有条件的。县城作为本区域经济、政治、教育、文化中心，是承接中心城市经济辐射同时又服务乡村的桥梁或纽带，是县域、乡村孕育和汇聚先进生产要素的重要载体。（1）从内源性先进生产要素生成角度看，需要借助一定的平台——职业学校、实验室、数据应用平台等。在县域，尽管有些先进要素的作用对象在乡村，但这些要素的生成平台主要集中在县城，或者说只有县城才具备平台及其先进要素赖以形成的基础条件，特别是汇聚各类创新资源。所以，县域内部规模企业一般都将企业总部设在县城，农业产业体系中无论是全产业链层面，还是三次产业融合与多功能发展层面的建设，一般都要将研发中心、技术服务中心或营销中心放在县城，这是由创新资源、平台及其形成的先进生产要素具有空间聚集性特征所决定的。（2）从内源性先进生产要素流动性选择上看，已经形成的内源性先进要素在空间上是可以流动的，并不必然在本地才能发挥作用。内源性先进要素在本地发挥作用，也需要有要素作用的条件支撑，需要为创造先进要素所有者提供良好的工作和生活环境。否则，内源性先进要素也会流失。在县域，能够为内源性先进要素所有者创造条件并留住这些要素的，空间上主要是县城或部分重点镇。进入21世纪以来，我国许多县域由过去的开发区建设，逐步转向重视以县城为中心建设科教园区，既是县域经济转向高质量发展的重要信号，也表明县城积聚区域先进要素的功能正在不断提升。（3）从内源性先进生产要素赋能角度看，内源性先进要素生成源于经济社会发展尤其是产业发展内在需求，并在满足这些需求、赋能经济社会发展中体现其价值、再创造或再创新。尽管内源性先进要素要赋能县域、乡村经济社会发展，但在更大范围产生质量变革、效率变革等效应，也是有条件的，主要包括创造良好的先进要素扩散、传播、赋能场景，尤其是一定数量的企业或其他产业组织、产业之间的关联性、产业在空间上的积聚性、规模经济等。多数情况下，县城是县域内源性先进生产要素赋能的最佳场景。从农村农业角度看，县城也是形成"粮头食尾""农头工尾"农产品加工业集群，发展农资供应、技术集成、仓储物流、农产品营销等农业生产服务体系，从而有效赋能乡村振兴的主要载体。

在我国沿海发达地区，县域经济发展的重要经验之一，就是通过做大做强县城，不仅发挥其在吸引外源性动力中的功能，而且通过外源性动力内源化、内源性动力整合、交融和新动力的生长，推动县域内部城乡融合、一体化发展。以江苏为例，在世纪之交"撤乡并镇"的基础上，2007年出台了《江苏省政府关于推进小城镇建设加快城镇化进程的意见》，将全省各县（市）城区和222个重点中心镇作为建设重点，提出积极稳妥地进行乡镇行政区划调整，全面推开户籍管理制度改革，继续深化土地使用制度改革，加快城镇建设投融资体制改革，提高城镇规划建设管理水平等政策意见，以充分发挥县（市）城区和重点镇在区域经济节点塑造、以城（镇）带乡、城乡融合中的载体功能。十多年来的实践证明，县域内城乡融合的江苏经验具有可借鉴性、可复制性。

三、县城载体现代化建设

县城作为我国城镇体系的重要组成部分，是城乡融合发展的关键支撑。这一关键支撑性作用不仅体现为对外连接中心城市、在构建新型城镇化体系中有效接受外部发展动能并内源化，更体现为直接服务乡村，是有效赋能乡村振兴的重要载体，是有效对接城乡、工农的桥梁和纽带。为了有效发挥县城的载体功能，根据2022年5月《关于推进以县城为重要载体的城镇化建设的意见》，从整体层面看，就是要在坚持"以县域为基本单元推进城乡融合发展"的政策取向下，"因地制宜补齐县城短板弱项，促进县城产业配套设施提质增效、市政公用设施提档升级、公共服务设施提标扩面、环境基础设施提级扩能，增强县城综合承载能力，提升县城发展质量，更好满足农民到县城就业安家需求和县城居民生产生活需要"。[①]

首先，科学把握县城现代化功能定位。基于我国努力建成各具特色、富有活力、宜居宜业的现代化县城的中长期发展目标，立足各地区县城不同自然条件、区位条件和经济发展不同阶段等实际，因地制宜选择县城现

---

① 关于推进以县城为重要载体的城镇化建设的意见 [EB/OL]. 中华人民共和国中央人民政府网站，2022 – 05 – 22.

代化发展中的功能定位：位于城市群和都市圈范围内的县城，要加快融入邻近大城市，发展成为与邻近大城市通勤便捷、功能互补、产业配套的卫星县城；具有资源、交通等优势的县城，重点发挥专业特长，发展成为先进制造、商贸流通、文化旅游等专业功能的县城；位于农产品主产区内的县城，集聚发展农村第二、第三产业，延长农业产业链条，做优做强农产品加工业和农业生产性服务业；位于重点生态功能区内的县城，逐步有序承接生态地区超载人口转移，发展适宜产业和清洁能源，为保护修复生态环境、筑牢生态安全屏障提供支撑；人口净流失的县城，需要将内部严控城镇建设用地增量、盘活存量，促进人口、公共服务资源适度集中和促进产业转型或发展替代产业，与有序引导人口向邻近经济发展优势区域转移有机结合起来。①

其次，加强县城服务功能现代化建设。生产和生活服务是城市最主要的功能，而服务功能偏弱，恰恰是我国县城普遍存在的短板，是城乡融合载体功能发挥不足的主要原因。因此，需要以人的城镇化、现代化为中心，以有效吸引农民进城就业安家和满足县城居民现代生产生活需要为重点，加强市政基础设施体系现代化建设与改造，完善市政交通设施，畅通对外连接通道，健全防洪排涝设施，增强防灾减灾能力，加强老化管网改造，推动老旧小区改造，推进数字化改造；强化公共服务供给现代化建设，完善医疗卫生体系，扩大教育资源供给，发展养老托育服务，优化文化体育设施，完善社会福利设施；加强县城生态生产生活环境现代化建设，保护传承历史文化资源，打造蓝绿生态空间，推进生产生活低碳化，完善垃圾收集处理体系，增强污水收集处理能力。② 通过功能完善、服务健全、宜居宜业的城市环境建设，吸引县域农业人口自愿向县城集中，既为县城自身发展提供条件，又为乡村发展方式转型提供空间。

再次，推进中国式县城现代产业体系建设。产业发展是县城现代化的经济基础，是县城载体功能发挥的支撑条件。基于人口规模巨大的中国实际，与中心城市不同，县城现代产业体系建设需要紧密结合县城功能定位，统筹培育本地产业、承接外部产业转移和区域产业转型升级，重点发

---

① ②　关于推进以县城为重要载体的城镇化建设的意见 [EB/OL]. 中华人民共和国中央人民政府网站，2022 - 05 - 22.

展比较优势明显、带动农业农村能力强、就业容量大的产业。从我国县域实际看，一方面，注重县城产业特色发展、集聚发展、错位发展：城市群和都市圈范围内的卫星县城，加快发展功能互补、产业配套；具有资源、交通等优势的县城，重点发展先进制造、商贸流通、文化旅游等产业集群；农产品主产区内的县城，以农业为重点推进与第二、第三产业的融合发展，培育"粮头食尾""农头工尾"的农产品加工业集群，发展农资供应、技术集成、仓储物流、农产品营销等农业生产性服务业；绝大多数县城，要与毗邻中心城市合理分工、错位发展，因地制宜发展相互配套、具有比较优势的制造业，积极依托各类开发区、产业集聚区、农民工返乡创业园等平台，引导县域产业集中、集聚发展，支持建设产业转型升级示范园区，建设公共配套设施；人口净流失尤其是资源枯竭型的县城，促进产业转型或发展替代产业。① 另一方面，注重发展提升生产生活服务功能的现代产业，特别是发展物流中心和专业市场，打造工业品和农产品分拨中转地，加强县城商贸流通网络现代化建设。适应县城产业转型升级和居民消费升级需求，大力推进县城消费环境改造、升级和现代化。

最后，加强县城带动乡村能力现代化建设。发挥城乡融合中县城的关键支撑作用，关键在于提升县城对乡村的"吸引力"和"辐射力"等核心能力。一方面，提升县城吸引农业转移人口的能力。除了就业吸引、县城生活环境吸外，最主要的是要逐步提升政策的吸引力，既包括县域内部吸引农业转移人口的政策（如全面落实取消县城落户限制政策、外来人口与本地农业转移人口落户一视同仁政策、新落户人口与县城居民享有同等基本公共服务的政策，以及依法保障进城落户农民农村土地承包权、宅基地使用权、集体收益分配权和依法自愿有偿转让上述权益等政策），又包括上级政府激励县域政府吸引农业转移人口的政策或机制（如建立健全省以下财政转移支付与农业转移人口市民化挂钩机制、省以下城镇建设用地增加规模与吸纳农业转移人口落户数量挂钩机制、专项安排与进城落户人口数量相适应的新增建设用地计划指标等）。另一方面，补齐乡村振兴"两块短板"提升县城赋能乡村振兴能力。一是补齐乡村基础设施建设滞

---

① 关于推进以县城为重要载体的城镇化建设的意见 [EB/OL]. 中华人民共和国中央人民政府网站，2022－05－22.

后的短板，促进县城公共基础设施向乡村延伸、拓展，包括县城交通、客运等传统公用基础设施和第五代移动通信网络、千兆光网等新基建的延伸、以城带乡的污水垃圾收集处理系统建设，以及冷链物流、电商平台、农贸市场网络等产业基础性平台建设等。二是加快补齐乡村公共服务供给不足短板，通过创建或健全、完善县域医疗卫生共同体、城乡教育联合体、县乡村衔接的三级养老服务网络等途径，促进县城公共服务向乡村覆盖。

第九章　中国特色城乡关系理论创新

　　理论是实践基础上总结、提炼和创造的产物，又在新实践中完善、发展和创新。马克思主义城乡对立统一理论，是经典作家在揭示资本主义城乡对立矛盾和对未来社会美好憧憬、科学推理中创立的。由于社会主义胜利并未按照经典作家所设想的基于发达资本主义而是在资本主义最薄弱的链条上首先取得成功，所以，由城乡对立转向融合、一体化发展的物质基础条件并不充分，社会主义面临着如何在发展不充分、不平衡基础上推进城乡融合、一体化的难题。苏联、东欧社会主义国家在 20 世纪 90 年代发生剧变，中国则将马克思主义城乡关系理论同中国具体实际相结合、同中华优秀传统文化相结合，找到了一条具有中国特色的城乡一体化之路，发展了马克思主义城乡对立统一理论，创新了中国式城乡现代化理论，包括中国特色人的全面发展尤其是农民全面发展理论，以及有效突破城乡发展不充分和不平衡的县域经济发展动力结构理论。这些理论是我国破解城乡发展不充分、不平衡条件下城乡一体化难题的经验总结，为新时代城乡一体化制度创新提供了理论遵循。

第一节　中国式城乡现代化理论

　　本书有关中心城市发展要素嵌入县域经济发展动力结构的研究证明：面对城乡二元结构，对于中国这样的社会主义发展中大国，转向城乡融合、一体化和现代化，西方发达国家城乡现代化道路不完全适用，不能照抄照搬，必须将马克思主义城乡关系理论同中国具体实际相结合、同中华优秀传统文化相结合，在实践中不断探索，归纳、总结和提炼经验教训，

创新城乡现代化理论，并进一步指导中国城乡现代化实践。新中国成立 70
多年来，中国共产党人基于社会主义初级阶段理论，在城乡二元结构现代
化实践中创新的中国式城乡现代化理论，是马克思主义城乡关系理论中国
化的最新成果。

全面建设社会主义现代化国家，实现中华民族伟大复兴，是中华民族
的最高利益和根本利益，是中国共产党领导人民进行一切奋斗的目标。同
时，我国现代化强国建设又是建立在生产力极其薄弱基础之上的，不能脱
离社会主义初级阶段的基本国情，这是探索中国式现代化道路的出发点，
也是探索中国式城乡现代化之路的起点。众所周知，马克思在《哥达纲领
批判》中正式提出了共产主义发展阶段理论，即无产阶级在夺取政权后将
经历"长久的阵痛"———一般称为资本主义向共产主义的过渡时期，即
共产主义社会的低级阶段———社会主义阶段，以及共产主义社会高级阶
段的共产主义。由于缺乏共产主义实践，所以，马克思没有而且事实上
也不可能阐述共产主义不同发展阶段的城乡关系，特别是共产主义低级
阶段城乡对立走向城乡融合、一体化的具体路径。列宁在十月革命前夜
发表的《国家与革命》中，对不发达国家向共产主义过渡问题进行了详
细论述，明确了共产主义将经历三个发展阶段，即资本主义向共产主义
的过渡、共产主义的第一阶段和共产主义高级阶段。在十月革命胜利后，
列宁又进一步提出论断：经济落后国家的社会主义将分阶段，而且越落
后的国家过渡时期将越长。但是，由于当时新生的苏维埃政权面临着严
重的内忧外患，再加上列宁早逝及斯大林继任后政策方向调整，尤其是
进入东西方冷战后经济管理体制和政策的僵化，以及 20 世纪 80 年代后
期执政党逐步偏离社会主义方向，共产主义发展阶段理论在苏联并未得
到有效贯彻，未能提供社会主义不同发展阶段如何推进城乡一体化的有
效经验。

真正成功推进社会主义阶段城乡融合、一体化发展实践探索和理论创
新的是中国共产党人。从历史角度分析，这一成功实践的关键是科学把握
我国现代化的起点，提出了我国目前正处于而且将长期处于社会主义初级
阶段的科学论断。新中国成立后，毛泽东同志提出了社会主义分为不发达
的社会主义和比较发达的社会主义两个阶段的观点。1981 年党的十一届六
中全会《关于建国以来党的若干历史问题的决议》，第一次提出了我国社

会主义制度还处于初级阶段的论断。党的十三大报告对社会主义初级阶段进行了全面系统的阐述，即这个阶段是指我国从 1956 年社会主义改造基本完成到 21 世纪中叶社会主义现代化基本实现的整个历史阶段；正确认识我国社会现在所处的历史阶段，是建设有中国特色社会主义的首要问题，是我们制定和执行正确路线和政策的根本依据。① 党的十五大报告突出强调了社会主义初级阶段的长期性。党的十八大进一步将社会主义初级阶段提升为建设中国特色社会主义的总依据。党的十九大强调，尽管我国经济社会取得了快速发展，但仍处于并将长期处于社会主义初级阶段的基本国情没有变；社会主义初级阶段是一个动态的逐步摆脱不发达状态、逐步缩小同世界先进水平的差距，直到基本实现现代化的过程。

关于社会主义初级阶段将经历哪些具体阶段，党的十三大上提出了"三步走战略"，即 1981 年到 1990 年解决人民的温饱问题、1991 年到 20世纪末人民生活达到小康水平、21 世纪中叶基本实现现代化并使人民过上比较富裕的生活。在党的十五大，对第三步发展目标进行了细化，即 21 世纪前十年"人民的小康生活更加宽裕"、建党一百年"国民经济更加发展"和新中国成立一百年"基本实现现代化"。党的十六大对建党百年的目标作了进一步明确，提出本世纪前二十年"全面建设惠及十几亿人口的更高水平的小康社会"。2017 年，习近平总书记在党的十九大报告中又分两个阶段明确了第二个百年奋斗目标，即从 2020 年到 2035 年基本实现社会主义现代化，从 2035 年到本世纪中叶把我国建成富强民主文明和谐美丽的社会主义现代化强国。无论是邓小平同志设计的"三步走战略"，还是在中国特色社会主义建设进程中对第三步战略如何具体化，都是在社会主义初级阶段总框架内的具体化，是社会主义初级阶段下的具体发展阶段，是从量变、部分质变，最终向社会主义高级阶段进行质变的具体环节。正如习近平总书记所说，"全面建设社会主义现代化国家、基本实现社会主义现代化，既是社会主义初级阶段我国发展的要求，也是我国社会主义从初级阶段向更高阶段迈进的要求。"②

----

① 沿着有中国特色的社会主义道路前进 [M]. 北京：人民出版社，1987.

② 习近平在省部级主要领导干部学习贯彻党的十九届五中全会精神专题研讨班开班式上发表重要讲话强调，深入学习坚决贯彻党的十九届五中全会精神　确保全面建设社会主义现代化国家开好局 [EB/OL]. 央视网，2021 – 01 – 12.

　　城乡现代化,在社会主义现代化建设中具有举足轻重的地位和影响。"城乡关系一改变,整个社会也跟着改变。"① 对于中国这样一个脱胎于生产力极不发达条件下的社会主义大国,在由农业文明转向工业文明进程中,能否正确处理好城乡关系,实现城乡对立向城乡融合、一体化发展的转型,事关党和国家事业的兴衰成败,"关乎社会主义现代化建设全局。"② 改革开放尤其是中国特色社会主义进入新时代以来,我党基于我国处于社会主义初级阶段的总体判断和理论指导,在城乡现代化实践中不断摸索、总结、提炼,创造性地建立了具有中国特色的城乡关系理论,即中国式城乡现代化理论。这一理论的核心要义包括两个方面,一方面,建立在不发达生产力基础上社会主义国家要实现城乡现代化,必须与社会主义初级阶段演进中生产力发展趋势相适应,依次经历了夯实城乡关系经济基础的产业优先发展阶段、统筹城乡发展的均衡发展阶段和促进城乡居民全面发展的融合(一体化)发展阶段,城乡现代化程度逐步由低层次向高层次不断演进。另一方面,在城乡关系发展高级化过程中,特别是转向融合发展阶段,需要根据中国国情,充分发挥优势,坚持走新型工业化、信息化、城镇化和农业现代化"四化同步"或"并联式"发展之路。这两个方面相互联系,相互支撑,是中国式城乡现代化不可或缺的内容。

　　第一个方面,基于中国社会主义初级阶段的国情,我国破除城乡二元结构不可能一蹴而就,必然要经历不同的发展阶段。新中国成立后,我国城乡关系主要经历了三个发展阶段。

　　第一阶段,1949~2002 年,以夯实城乡关系经济基础为目标的城乡非均衡发展阶段。其中又分为两个具体发展阶段。

　　第一个具体发展阶段为 1949~1978 年,由工农业关系引致城乡关系非均衡发展的阶段。新中国成立之初,国内面临着如何在一穷二白基础上建立和巩固社会主义制度问题,外部则面临着西方资本主义国家高度封锁甚至试图颠覆政权的复杂环境问题。因此,我们面临的最大任务是完成向社会主义过渡,开展大规模经济建设,促进工农业生产,恢复和稳定国民经济,而城乡关系并不是矛盾的主要方面。关于这一点,可以从毛泽东 1956

---

① 马克思恩格斯选集:第 1 卷 [M]. 北京:人民出版社,2012:237.
② 十九大以来重要文献选编:上 [M]. 北京:中央文献出版社,2019:142.

年4月25日在中央政治局扩大会议上的讲话——《论十大关系》中得到印证。作为我党在这一时期开展社会主义建设的总体思路，生产力层面关注的重点主要是正确处理好重工业和轻工业、农业关系，沿海工业和内地工业关系，经济建设和国防建设关系，核心是以重工业为建设重点，利用和发展沿海工业老底子，支持内地工业发展，在这一基础上推动国防建设；在生产关系领域，关注的重点是正确处理好国家、生产单位和生产者个人关系、中央和地方关系、汉族和少数民族关系、党和非党关系、革命和反革命关系、是非关系、中国和外国关系。因此，从1956年完成向社会主义过渡到改革开放初期，城乡关系都是由这一时期的建设重点——工农业关系决定并随着工农业关系的调整而发生变化的，初衷是迅速改变一穷二白的面貌，夯实国民经济基础。从城乡关系的具体情况看，新中国成立初期是典型的低水平一元结构，即无论是城市还是农村，都属于生产力水平较低的传统部门。尽管突破城乡低水平一元结构不是这一阶段社会主义建设的重点，但由于工农业关系是城乡关系的经济基础，而且这一阶段我国工业尤其是重工业主要分布在城市，而农业主要在乡村，所以，国家有关工农业关系尤其是政策变化必然会引起城乡关系的变化。1949～1978年，在工业优先发展战略下初步形成了城市优先发展的非均衡发展格局。其中，1949～1952年，为促使国民经济迅速恢复，经济上允许多种经济成分并存、富农经济存在、城乡私营工商业自由发展，以及农村土地、劳动力、资本等生产要素自由流动，城乡人口迁移较为自由。1953～1957年，随着第一个五年计划的实施，特别是开始大规模经济建设，积累与消费、农业与工业的矛盾开始显现，特别是粮食供应紧张和人口盲目迁移，中央政府不得不限制农村劳动力、资本、土地等生产要素的自由流动。以1953年11月政务院《关于实行粮食的计划收购和计划供应的命令》和1956年12月《国务院关于防止农村人口盲目外流的指示》为标志，逐步形成统购统销制度和城乡分隔管理。1958年1月第一届全国人大常委会通过的《中华人民共和国户口登记条例》，开始区分农业户口和非农业户口，按不同户籍享受不相同的粮食供给、副食品和燃料供给、生产资料供给、住宅、教育、就业、医疗、养老保险、劳动保护等。1958年"政社合一"的人民公社制度，使农民固定在农村、农业和集体生产经营中，相互封闭、隔绝的城乡二元结构基本定型，在保证工业优先的同时，延缓了农村发展步伐。

第二个具体发展阶段为 1978～2002 年，市场化改革引致我国城乡非均衡进一步扩大的阶段。1978 年十一届三中全会后，农村开始实施家庭联产承包责任制，1982 年 12 月通过的《中华人民共和国宪法》，乡镇政府替代人民公社成为农村基层行政组织，"政社合一"体制和大锅饭组织分配方式彻底瓦解，农民获得了自由支配自身劳动力的权利，成为独立的经济主体，其长期被压抑的生产积极性得到释放，一举解决了长期以来困扰农民的温饱问题。1978～1984 年，我国城乡居民收入差距从 2.57∶1 下降到 1984 年的 1.84∶1①，这一阶段是我国改革开放后城乡发展差距较低的时期，城乡关系得到显著改善。1984 年 10 月十二届三中全会的《中共中央关于经济体制改革的决定》，标志着以城市为重点的经济体制改革全面展开，为农村集体经济发展和农民收入提高带来了机遇。随着户籍制度逐步松动，乡村生产要素开始加速向城市流动。1984 年中共中央一号文件允许务工、经商、办服装业的农民自带口粮在城镇落户，1994 年进一步废除了农业和非农业户口划分，以居住地和职业划分为农业和非农业人口，实行常住户口、暂住户口、寄住户口三种管理形式的登记制度。从 1997 年 6 月、1998 年 7 月，到 2001 年 3 月，国务院先后批转公安部《小城镇户籍管理制度改革试点方案和关于完善农村户籍管理制度的意见》《关于解决当前户口管理工作中几个突出问题的意见》《关于推进小城镇户籍管理制度改革的意见》，逐步放松户籍管制，许多小城市和中等城市基本放开了户籍制度，有些大城市也放松了外地人口落户限制。这一时期我国农村人口向城市流动的速度和规模不断递增。尽管农民收入水平不断提高，但城乡居民收入差距却呈现不断扩大之势。从 1985 年较低水平的 1.86∶1，扩大到 1990 年的 2.2∶1，1995 年的 2.71∶1，到 2002 年则达到较高水平的 3.11∶1。② 如何协调城乡关系成为当时中国社会非常棘手的重大问题。

第二阶段，2003～2012 年，我国城乡关系进入统筹发展、均衡发展阶段。这一阶段与城乡非均衡发展阶段的农业支持工业、农村支持城市不

---

① 根据《中国统计年鉴》（1978－1985 年）相关数据计算。
② 根据《中国统计年鉴》（1986－2003 年）相关数据计算。

同，是以工业反哺农业、城市支持农村和建设社会主义新农村为主要特征的。进入 21 世纪以来，面对农业疲软、乡村空心化和城乡居民收入差距日益拉大，调整城乡关系逐步成为党和国家的重点工作。2002 年党的十六大提出："统筹城乡经济社会发展，建设现代化农业，发展农村经济，增加农民收入，是全面建设小康社会的重大任务。"[①] 从 2004 年起，中央一号文件聚集"三农"发展成为惯例。2004 年 12 月中央经济工作会议提出"我国现在总体上已到了以工促农、以城带乡的发展阶段。"2007 年 10 月党的十七大首次提出了城乡一体化的目标，即"加强农业基础地位，走中国特色农业现代化道路，建立以工促农、以城带乡长效机制，形成城乡经济社会发展一体化新格局。"[②] 2008 年十七届三中全会明确提出：2020 年基本建立城乡经济社会发展一体化体制机制。2010 年 10 月十七届五中全会《中共中央关于制定国民经济和社会发展第十二个五年规划的建议》，提出了"加快社会主义新农村建设"重大命题，首次直接面对乡村建设问题，对于正确处理我国城乡关系问题具有标志性意义。在政策层面，2004～2006 年的政策重点主要是通过实施"两减免、三补贴"（减免农民农业税、取消除烟草以外的农业特产税，对种粮农民实施直接补贴、良种补贴、农机补贴）和解决农业投入不足、基础脆弱，调动农民从事农业生产的积极性，直至 2006 年全面废止农业税，终结了有着 2 600 年的中国农业税历史。2007 年以后，中央"三农"政策在继续强化农业支持政策外，开始直接面对城乡统筹发展中的短板——乡村建设。其中，2007 年中央一号文件提出把基础设施建设重点转向农村，把社会事业发展重点转向农村，提出在全国建立农村最低生活保障制度。2008 年一号文件首次提出建立新型农村社会养老保险制度。2009 年一号文件则将农村民生建设重点投向农村电网、乡村道路、饮水安全、沼气、危房改造等领域。2010 年一号文件进一步强调加快改善农村民生，缩小城乡公共事业发展差距。在城乡统筹阶段，由于惯性的作用，我国城乡居民收入差距由 2002 年的 3.11：1 进一步扩大到 2007 年的峰值 3.33：1，随后统筹发展效应逐年显现，城乡居民收

---

① 全面建设小康社会，开创中国特色社会主义事业新局面 [M]. 北京：人民出版社，2002.

② 高举中国特色社会主义伟大旗帜为夺取全面建设小康社会新胜利而奋斗 [M]. 北京：人民出版社，2007.

入差别逐步缩小，2012 年为下降为 2.88∶1，① 城乡均衡发展程度明显提升。

第三阶段，2012 年党的十八大以来，中国特色社会主义进入新时代，城乡关系进入以促进城乡居民全面发展为目标的城乡融合、一体化发展阶段。新时代在城乡关系上的"新"主要体现在，以人民为中心，尤其是通过补齐农民发展的短板促进城乡居民全面发展，以乡村振兴战略推进城乡融合、一体化发展。2012 年党的十八大将城乡一体化纳入工业化、信息化、城镇化、农业现代化同步发展的总体安排，提出"加快完善城乡发展一体化体制机制，着力在城乡规划、基础设施、公共服务等方面推进一体化，促进城乡要素平等交换和公共资源均衡配置，形成以工促农、以城带乡、工农互惠、城乡一体的新型工农、城乡关系。"② 2013 年 12 月，中央城镇化工作会议将新中国成立以来的城镇化由波动城镇化、农村城镇化、土地城镇化正式转入新型城镇化发展阶段，其典型特征之一是突出以人为本，更加关注人的生产方式和生活方式的转变，政策上着力有序推进农业转移人口市民化，关注流动人口的"落地"，强调现代化建设成果的全体居民共享。③ 2014 年中央一号文件开启了村庄人居环境整治，同时强调赋予农民更多财产权利，让农民平等参与现代化进程、共同分享现代化成果。2016 年中央一号文件提出"确保亿万农民与全国人民一道迈入全面小康社会"。2017 年党的十九大将"坚持以人民为中心"上升为新时代中国特色社会主义基本方略，将人民对美好生活向往作为奋斗目标，同时，提出实施乡村振兴战略和产业兴旺、生态宜居、乡风文明、治理有效、生活富裕的总要求，以及"以城市群为主体构建大中小城市和小城镇协调发展的城镇格局，加快农业转移人口市民化"的城镇化布局。2018 年中央一号文件，提出了 2020 年、2035 年两个阶段城乡基本公共服务均等化水平和城乡融合发展体制机制的建设目标，在《乡村振兴战略规划（2018－2022年)》中，强调要"充分尊重农民意愿，切实发挥农民在乡村振兴中的主

---

① 根据《中国统计年鉴》(2003－2013 年）相关数据计算。

② 坚定不移沿着中国特色社会主义道路前进为全面建成小康社会而奋斗 [M]. 北京：人民出版社，2012.

③ 吴莹. 新中国成立七十年来的城镇化与城乡关系：历程、变迁与反思 [J]. 社会学评论，2019（6).

体作用，调动亿万农民的积极性、主动性、创造性，把维护农民群众根本利益、促进农民共同富裕作为出发点和落脚点，促进农民持续增收，不断提升农民的获得感、幸福感、安全感。"① 2018 年 9 月，在中共中央政治局第八次集体学习会上，习近平总书记提出了"促进农业全面升级、农村全面进步、农民全面发展"的重要思想，进一步强调"通过振兴乡村，开启城乡融合发展和现代化建设新局面"，并提出要"围绕农民群众最关心最直接最现实的利益问题，加快补齐农村发展和民生短板，让亿万农民有更多实实在在的获得感、幸福感、安全感"。② 2019～2021 年的中央一号文件，主要围绕脱贫攻坚，分别就"补齐农村人居环境和公共服务短板""补上农村基础设施和公共服务短板"及与乡村振兴如何有效衔接进行了制度安排。2022 年，在脱贫攻坚战取得全面胜利后，中央一号文件提出把"三农"工作的重心转移到全面推进乡村振兴上来。由此，新型城镇化、乡村振兴和农民全面发展，构成新时代我国城乡一体化实践的主线，是中国城乡融合、一体化和现代化道路的新探索。2012 年党的十八大以来，我国城乡居民收入差距由 2.88∶1 持续缩小到 2021 年的 2.50∶1，③ 而且非货币性收入领域得到极大改善。在新型城镇化和乡村振兴战略下，农村基础设施、公共服务两块短板持续加长，农民的获得感、幸福感、安全感大大增强，城乡居民全面发展程度得到明显提升。

新中国成立 70 多年来，从"农业支持工业、农村支持城市"，到"工业反哺农业、城市支持农村"，再到"以工促农、以城带乡、工农互惠、城乡一体"的城乡关系实践进一步证明：基于生产力极其落后的社会主义发展中大国国情，破除城乡二元结构，促进城乡融合、一体化和现代化，必须随着经济发展水平的不断提高，逐步从城乡非均衡发展向统筹发展、融合发展和一体化发展阶段攀升，城乡现代化过程是由低层次向高层次不断演进的过程。

第二个方面，我国在完成第一个百年奋斗目标——全面建成小康社会后，进入了完成第二个百年奋斗目标——全面建成社会主义现代化强国的

① 乡村振兴战略规划（2018－2022 年）[M]．北京：人民出版社，2018．
② 十九大以来重要文献选编（上）[M]．北京：中央文献出版社，2019：160．
③ 根据《中国统计年鉴》（2013－2022 年）相关数据计算。

新阶段。中国现代化道路到底如何走？中国式现代化道路是与西方发达国家现代化道路相对应的。这两条道路的本质差别是，西方发达国家的现代化是通过资本主义道路实现的，而中国则要走社会主义道路建成现代化强国。我们所推进的现代化，既有各国现代化的共同特征，更有基于国情的中国特色。

一方面，从现代化总体特征看，在党的十九届五中全会第二次全体会议上，习近平总书记深刻总结了中国式现代化的五大特征并在党的二十大报告进行了系统阐述。① 一是人口规模巨大的现代化，是 14 亿人整体迈入现代化社会，规模超过现有发达国家总和，将彻底改写现代化的世界版图，是人类历史上有深远影响的大事。二是全体人民共同富裕的现代化，即坚持以人民为中心，自觉主动解决地区差距、城乡差距、收入分配差距，促进社会公平正义，逐步实现全体人民共同富裕，坚决防止两极分化，实现中国特色社会主义本质要求。三是物质文明和精神文明相协调的现代化，坚持社会主义核心价值观，加强理想信念教育，弘扬中华优秀传统文化，增强人民精神力量，促进物的全面丰富和人的全面发展。四是人与自然和谐共生的现代化，注重同步推进物质文明建设和生态文明建设，走生产发展、生活富裕、生态良好的文明发展道路。五是走和平发展道路的现代化，不是一些老牌资本主义国家暴力掠夺殖民地、以其他国家落后为代价的现代化，而是同世界各国互利共赢，推动构建人类命运共同体，努力为人类和平与发展作出贡献。在 2021 年 11 月党的十九届六中全会第二次全体会议上，习近平总书记强调：中国式现代化道路摒弃了西方以资本为中心的现代化、两极分化的现代化、物质主义膨胀的现代化、对外扩张掠夺的现代化老路，拓展了发展中国家走向现代化的途径，为人类对更好社会制度的探索提供了中国方案。②

另一方面，从现代化进程来看，中国式现代化也与西方发达国家有很大的不同。"西方发达国家是一个'串联式'的发展过程，工业化、城镇化、农业现代化、信息化顺序发展，发展到当前水平用了二百多年时间。

① 高举中国特色社会主义伟大旗帜 为全面建设社会主义现代化国家而团结奋斗［M］. 北京：人民出版社，2022.

② 资料来源：2021 年 11 月 11 日，习近平在党的十九届六中全会第二次全体会议上的讲话。

我们要后来居上，把'失去的二百年'找回来，决定了我国发展必然是一个'并联式'的过程，工业化、信息化、城镇化、农业现代化是叠加发展的。"① 与西方发达国家"串联式"现代化相比较，我国的"并联式"现代化具有发展时间高度压缩性，西方国家现代化经历了200多年，而我国则要在100年时间达成目标；发展任务的高度叠加性，我国要在100年内推动工业化、信息化、城镇化、农业现代化叠加发展和同步发展，具有极大的挑战性；发展要求的多重协调性，需要统筹推进物质文明、政治文明、精神文明、社会文明和生态文明，也就是坚持"五位一体"总体布局；发展战略的后发赶超性，只有发挥我国的制度优势、人力资源优势和市场优势，发挥后发优势，实施赶超战略或者弯道超车，才能缩短与发达国家的发展差距，全面建成社会主义现代化强国。

城乡现代化，是中国式现代化的重要组成部分，需要在中国式现代化框架内探寻现代化的实现路径。基于中国式现代化的基本特征和"并联式"实现进程，结合本书对中国特色社会主义城乡融合、一体化实践的研究，可以对中国式城乡现代化的特征作归纳和总结。

第一，中国式城乡现代化的重点是规模庞大的农业人口的现代化。在城乡二元结构背景下，我国14亿人整体迈入现代化社会的重点和难点在于6亿多农业人口的现代化。社会主义制度本质规定性和农业人口规模庞大的现实性，都决定了我国不能走西方发达国家城市极化农村、工业改造农业、资本剥夺农民的激进式城乡现代化道路，而必须将中心城市支持县域和乡村、工业支持农业，以及社会支持农民作为长期的政策取向和行动指南，从优化空间聚落、引导和支持农业人口转移人口市民化、补齐农村基础设施和公共服务短板、增加农民收入及其提升共享水平、促进生产生活生态融合发展等方面加强制度创新和政策配套，在农业人口逐步现代化中，不断提高城乡现代化水平。

第二，中国式城乡现代化的难点是农民共同富裕及其现代化。共同富裕是中国特色社会主义本质要求，是中国式现代化的基本特征。中国式城乡现代化是城乡居民共同富裕的现代化，难点是农民的共同富裕，短板在于农村基础设施和基本公共服务，根源在于农村发展动力结构固化和市场

---

① 习近平关于城市工作论述摘编［M］. 北京：中共中央党史文献研究院，2023：19.

极化效应共同作用。中国国情决定了城乡现代化必须基于土地承包经营制度长期不变，既发挥市场决定性作用，又更好地发挥政府在扩大农村基础设施和基本公共服务供给、鼓励和支持中心城市外源性动力嵌入县域尤其是乡村并内源化、有效组织农民和培训培养新型农民、引导社会力量支持农村农民发展等方面的作用，不断提高农业劳动生产率和农民收入水平，不断提升社会公平正义度和农民共建共享水平，使农民在共同富裕路上不掉队，在现代化路上不落伍。

第三，中国式城乡现代化是城乡居民全面发展、促进五大文明相协调的现代化。人的全面发展，是马克思主义经典作家对未来社会的美好愿景，是中国式现代化的最终目标。与西方发达国家人的现代化处于从属地位不同，中国式城乡现代化以物的全面丰富为基础，以城乡居民全面发展为本质特征，即以城乡居民全面发展为中心，以物质财富现代化为基础，促进城乡居民个人努力及其收入、财富不断增长和城乡居民共建共享水平不断提高，促进城乡居民物质财富不断增长与精神文化生活不断丰富，促进城乡居民与自然和谐共生、生产生活生态融合发展。中国式城乡现代化下的人的全面发展，不仅是城乡居民所有人都得到发展，而且是所有人在物质、精神、政治、社会、生态等所有方面的充分发展。

第四，中国式城乡现代化是工业化、城镇化、农业现代化、信息化"并联式"发展、融合发展和一体化发展。与西方发达国家以工业革命为起点，按照工业化、城镇化、农业现代化、信息化的顺序"串联式"发展道路不同，中国式现代化和中国式城乡现代化建设的起点和基础是农业社会，城乡均处于传统的、低水平的一元结构，经过城乡非均衡发展、统筹发展，目前正在转向城乡融合、一体化发展。我们不能走西方发达国家"串联式"发展之路，而要走"并联式"发展道路，即通过城乡空间聚落、基础设施、生产力布局、发展要素和产业等领域的融合、一体化发展，促进县域、乡村工业化与农业现代化相结合、产业现代化与新型城镇化相结合、信息化与工业化相结合、中心城市县域一体化与县域内部城乡一体化相结合，也即城乡现代化任务的高度叠加、现代化要求的多重协调、现代化发展的后发赶超，实现全面建成社会主义现代化强国目标。

中国式现代化框架内城乡关系现代化的特征，对中国式城乡现代化实践的重点、难点、核心内容和实现进程进行了归纳、提炼，是马克思主义城乡对立统一理论中国化的实践成果，是中国式现代化客观要求在城乡发展领域的具体体现，是相互联系、互为补充、不可或缺的有机组成部分。

第二节　中国特色人的全面发展理论

人的全面发展，是马克思主义城乡对立走向融合、一体化的根本目标。自新中国成立以来，我国由城乡非均衡发展、城乡统筹发展转向城乡融合、一体化发展的实践，创新了中国式城乡现代化理论，丰富了中国式现代化理论。为什么我国的现代化一定要强调"中国式"？正如 2022 年 11 月 4 日习近平总书记在会见德国总理朔尔茨时所说：中国式现代化是由中国独特的客观条件决定的，是中国社会制度和治国理政的理念决定的，也是中国在实现现代化长期实践中得到的规律性认识决定的。

中国式现代化的五大特征，如果归纳为一点，本质上就是人的全面发展的现代化。众所周知，中国共产党自从诞生之日起，就将马克思主义人的全面发展理念中国化为人民对美好生活的追求，作为不变的初心。在百年历史演进中，中国共产党人不断丰富人的全面发展，实现人民美好生活向往的内涵和外延。在新民主主义革命时期，中国共产党人将打土豪分田地、翻身做主人作为动员群众、凝聚群众和带领群众的法宝之一，通过 28 年的浴血奋战取得了新民主主义革命的胜利，为人民美好生活创造了基本前提，使中国人民真正实现了"站起来"。在社会主义革命和建设时期的 28 年里，面对一穷二白的家底，通过社会主义改造及其随之展开的社会主义建设，为实现人民美好生活和人的全面发展奠定了根本政治前提、制度基础和物质基础。在改革开放和社会主义现代化建设新时期，为迅速实现中国人民从"站起来"到"富起来"的目标，全党把解放和发展生产力作为第一要务，引领改革开放，1980 年 1 月正式提出"以经济建设为中心"，1987 年党的十三大正式确立"三步走"战略，明确提出了到 1990 年解决人民温饱、到 20 世纪末实现人民生活达到小康的战略目标。全党践行"三个代表"重要思想，把先进生产力和先进文化内化为人民美好生活和人的全面发展的具体内容，并将"两个文明"建设细化为经济建设、政治建设、文化建设"三位一体"战略布局，将人的全面发展从物质生活追求拓展到精神文化生活等方面。2003 年提出科学发展观，强调坚持以人为本，树立全面、协调、可持续的发展观，促进经济、社会和人的全面发展，强化了人作为一切发展的理念，逐步形成了保障和改善民生、促进社会公平正义的政策取向。2007 年，党的十七大将社会建设正式纳入社会主义建设总体布局，从而形成经济建设、政治建设、文化建设和社会建设构成的"四位一体"新布局，和谐社会建设成为人的全面发展、人民美好生活的主要内容和新的政策取向。

2012 年中国特色社会主义进入新时代以来，我国的首要任务是实现第一个百年奋斗目标，即全面建成小康社会。但是，与改革开放以来鼓励一部分地区和一部分人通过诚实劳动和合法经营先富起来的时代背景和主要任务不同，社会基本矛盾转为人民日益增长的美好生活需要和不平衡不充分的发展之间的矛盾。在这一形势下，我党旗帜鲜明地表达了我们所追求的人民的美好生活，不只是追求个体的美好生活和发展，而是集体的、大众的幸福生活和发展。2021 年 2 月 25 日习近平总书记在全国脱贫攻坚总结表彰大会上引用孙中山先生所言，是"家给人足，四海之内无一夫不获其所"。[①] 我们的新时代，"是全国各族人民团结奋斗、不断创造美好生活、逐步实现全体人民共同富裕的时代"，[②] 意味着"全面小康一个都不能少，共同富裕的道路上一个都不能掉队"。为此，我们必须坚持以人民为中心的思想，让人民有更多的获得感，人民生活的美好度得到极大提升。由此，我们在人的发展内容的"全面性"和发展覆盖面的"全面性"两个层面，极大地丰富、拓展和创新了马克思主义人的全面发展理论，形成了有中国特色的人的全面发展理论及其中国样式。

第一个层面，在人的发展内容的"全面性"上，基于中国国情特别是社会主义发展阶段，创新了以人民为中心，坚持人、自然、社会三位一体，构建人民共建共享、人与人和谐共处、人与自然和谐共生新局面的人的全面发展观。马克思主义经典作家从资本主义劳资对立、城乡对立矛盾分析中，得出了只有在未来的共产主义社会，才能实现"人和自然界之

———————————

① 习近平：在全国脱贫攻坚总结表彰大会上的讲话 [Z]. 中华人民共和国中央人民政府网，2021 - 02 - 25.

② 中国共产党第十九次全国代表大会文件汇编 [M]. 北京：人民出版社，2017：9.

间、人和人之间的矛盾的真正解决"① 的一般结论，但是，马克思主义经典作家没有也不可能指出解决这些矛盾的路径或具体次序。中国共产党自从成立到进入中国特色社会主义新时代前的 90 年奋斗史，在实践中闯出了具有中国特色的人的全面发展基本路径，即通过新民主主义革命、社会主义改造和无产阶级专政，为人的全面发展奠定政治前提和制度基础；脱胎于生产力极其落后旧社会的社会主义，必须坚持以经济建设为中心，才能为人的全面发展提供物质基础；人民温饱问题解决后，必须将文化建设纳入社会主义建设总体布局，以不断丰富人民的精神生活；在建设全面小康社会中，必须将社会建设纳入社会主义建设总体布局以促进社会和谐。中国特色社会主义进入新时代以来，面对日益突出的人与自然的矛盾和资源、环境对发展的约束，2012 年党的十八大，将生态文明建设正式纳入社会主义建设布局，形成"五位一体"总体布局，开启了"美丽中国"建设进程。党的十九大进一步强调："我们要建设的现代化是人与自然和谐共生的现代化，既要创造更多物质财富和精神财富以满足人民日益增长的美好生活需要，也要提供更多优质生态产品以满足人民日益增长的优美生态环境需要。"为此，要树立和践行绿水青山就是金山银山的理念，坚持节约资源和保护环境的基本国策，坚持节约优先、保护优先、自然恢复为主的方针，坚定走生产发展、生活富裕、生态良好的文明发展道路。由此，人的全面发展就由全体人民物质生活富裕、精神生活丰富、人与人和谐，进一步拓展到人与自然共生，人的全面发展的"全面性"更加具有系统性、发展性。

第二个层面，在人的发展覆盖面上，中国特色社会主义进入新时代以来，面对城乡二元结构和改革开放以来日益扩大的城乡发展差距，特别是，农业越来越成为"四化同步"的短腿，农村越来越成为全面建成小康社会的短板，农民越来越成为共同富裕和人的全面发展的瓶颈，我党坚持以人民为中心理念，坚持以工促农、以城带乡、工农互惠、城乡一体的新型城乡关系思想，逐步将"三农"工作的出发点和落脚点由农业、农村转向农民全面发展，大力实施脱贫攻坚、乡村振兴等国家战略，创造性地形成了中国特色农民全面发展理论。众所周知，在新中国成立初期，我国城

---

① 马克思恩格斯文集：第 1 卷［M］．北京：人民出版社，2009：185．

乡还处于传统、落后的一元结构状态，为了建立人的全面发展的经济基础，从新中国成立到改革开放前的城乡非均衡发展时期，在工业优先发展战略和"农业支持工业、农村支持城市"政策导向下，形成了城乡二元结构。从改革开放到 2002 年党的十六大，我国开启了以经济建设为中心和市场化改革的进程，鼓励一部分地区和一部分人通过诚实劳动和合法经营先富起来，在促进国民经济跨越式发展和人民生活水平整体提升的同时，客观上也拉大了城乡居民发展差距。从党的十六大开始，我国进入"工业反哺农业、城市支持农村"的城乡统筹发展新阶段，从 2004 年起，中央连续出台支持"三农"发展的一号文件，加大对"三农"政策支持力度。从"三农"政策的着力点看，城乡统筹发展阶段的政策重点由农业进一步向农村拓展，即推进社会主义新农村建设。2012 年中国特色社会主义进入新时代，城乡关系进入了城乡融合、一体化发展新阶段，在以人民为中心理念指引下，农民全面发展不仅成为"三农"的核心问题，而且成为党和国家全面建成小康社会的中心工作。2018 年 9 月，习近平总书记在中共中央政治局第八次集体学习会上有关"农业全面升级、农村全面进步、农民全面发展"重要论断，不仅意味着我党"三农"实践探索取得新进展，而且也标志着基于中国"三农"现代化实践的中国特色农民全面发展理论基本定型。这一理论从根本制度、管理体制和现实运行三个层面回答了一个发展中社会主义大国如何实现农民全面发展的难题，发展了马克思主义人的全面发展理论。

在根本制度层面，中国特色农民全面发展理论旗帜鲜明地昭示农民全面发展是社会主义本质规定性。众所周知，人的全面发展是马克思主义经典作家所设想的未来社会本质要求和主要特征，为人民谋幸福是中国共产党人的初心，体现在实践层面的主要特征之一就是，人的发展或人民幸福的覆盖面具有"全面性"或"全体性"。当然，在社会主义发展的不同阶段，"全面性"或"全体性"的实现会有所差异。在改革开放之初，面对人民日益增长的物质文化生活需求与落后的生产力之间的基本矛盾，解决百姓温饱是主要任务，邓小平同志强调"贫穷不是社会主义"，为解放和发展生产力，实施非均衡发展战略和"先富"政策取向具有必要性，是完全符合当时中国国情的。中国特色社会主义进入新时代以来，社会基本矛盾转向人民日益增长的美好生活需要和不平衡不充分的发展之间的矛盾，主要任务转向全面建成小康社会并向现代化强国迈进。在这一形势下，需要着力解决发展的不平衡性，具体到城乡关系上，作为党和政府的中心工作，着力解决农民发展的不充分、不全面和不平衡性，从而实现共建共享和共同富裕，促进城乡居民共同发展、全面发展，成为城乡融合、一体化发展的主要目标，也是社会主义初级阶段由较低层次阶段转向较高层次阶段的重要标志。进入新时代以来，习近平总书记从丰富的中国实践中总结提炼出了农民全面发展的重要思想。2013 年 4 月考察海南时强调"小康不小康，关键看老乡"。2014 年 12 月在江苏调研时提出要"让广大农民过上幸福美满的好日子，一个都不能少，一户都不能落"。2016 年中央一号文件提出"确保亿万农民与全国人民一道迈入全面小康社会"。2018 年 6 月考察山东时指出"农业农村工作，说一千、道一万，增加农民收入是关键"。2021 年 2 月在全国脱贫攻坚总结表彰大会上再次重申我们"全面建成小康社会，一个都不能少；共同富裕的路上，一个都不能掉队"。① 这些重要论述不只是体现了对农民富裕和农民发展的一种情怀，更是社会主义及其执政党性质的具体体现，习近平总书记在党的十九大报告中指出："为什么人的问题，是检验一个政党、一个政权性质的试金石。带领人民创造美好生活，是我们党始终不渝的奋斗目标。必须始终把人民利益摆在至高无上的地位，让改革发展成果更多更公平惠及全体人民，朝着实现全体人民共同富裕不断迈进"，必须"深入开展脱贫攻坚，保证全体人民在共建共享发展中有更多获得感，不断促进人的全面发展、全体人民共同富裕。"②

在管理体制层面，中国特色农民全面发展理论揭示了农民全面发展必须重点突破城乡二元体制性障碍。从改革开放到 2002 年，我国在城乡二元管理体制尤其是户籍制度及与此相联系的公共产品和服务供给制度领域采取了一系列重大改革，农民的流动性选择、公共产品和服务分享水平得到了显著提高，但是，市场化改革的极化效应又进一步放大了城乡居民发展差距。为扭转这一局面，2002 年党的十六大提出了"统筹城乡经济社会发展"，并在十六届三中全会明确以"统筹城乡发展"为首的"五个统筹"，

---

① 习近平：在全国脱贫攻坚总结表彰大会上的讲话［EB/OL］. 中华人民共和国中央人民政府网，2021 - 02 - 25.

② 决胜全面建成小康社会　夺取新时代中国特色社会主义伟大胜利［M］. 北京：人民出版社，2017.

从而开启了城乡统筹发展新阶段。在政策层面，最主要的是通过加大对农业农村的直接投入、"多予少取"来改善城乡关系，既包括对农民减负促进农民增收，特别是 2002 年以后陆续试点并出台了种粮直补、良种补贴、农机具购置补贴和农资综合直补等"四项补贴"政策，以及 2006 年全面取消农业税，也包括从 2003 年正式实施"让公共财政的阳光逐步照耀农村"计划，主要是 2003 年开始在部分县（市）开展新型农村合作医疗制度试点并于 2008 年覆盖全国，2006 年开始实施农村义务教育经费保障机制改革，2007 年在全国范围内建立农村最低生活保障制度，2009 年开展了新型农村社会养老保险试点并于 2012 年基本实现了地域全覆盖。由此，20世纪 90 年代以来我国城乡居民收入不断扩大的发展差距呈现收敛之势。2012 年党的十八大开启了城乡融合、一体化新时代，在十八大报告中强调，解决好农业农村农民问题是全党工作重中之重，城乡发展一体化是解决"三农"问题的根本途径。2013 年十八届三中全会提出，城乡二元结构是制约城乡发展一体化的主要障碍，必须健全体制机制，形成以工促农、以城带乡、工农互惠、城乡一体的新型工农城乡关系，让广大农民平等参与现代化进程、共同分享现代化成果。[①] 2017 年党的十九大更进一步提出要建立健全城乡融合发展的体制机制和政策体系。这一阶段最重大的突破是对城乡二元体制的逐步破除。2014 年国务院颁布的《关于进一步推进户籍制度改革的意见》，开启了新一轮户籍制度改革，取消了农业户口和非农业户口的区分，消除了城乡居民自由迁移的制度障碍，在义务教育、就业服务、基本养老、基本医疗卫生、住房保障等城镇基本公共服务领域逐步实现了覆盖全部常住人口。2014 年国务院《关于建立统一的城乡居民基本养老保险制度的意见》，促成了全国范围内统一的城乡居民基本养老保险制度的建立。2015 年国务院《关于进一步完善城乡义务教育经费保障机制的通知》，促成了城乡统一、重在农村义务教育经费保障机制的建立。2016 年国务院《关于整合城乡居民基本医疗保险制度的意见》，我国所有省份统一的城乡居民医疗保障制度基本建立，城乡融合、一体化的体制性障碍大大弱化。

　　在实现机制层面，中国特色农民全面发展理论是发展中社会主义大国

农民全面发展实践经验的结晶。新中国成立 70 多年尤其是中国特色社会主义进入新时代以来，我国农民全面发展的实践证明：在社会主义初级阶段，社会主义本质要求、发展中大国的经济基础和农业人口十分庞大的国情，与我国城乡二元结构、地区间发展不平衡、农民群体内部发展不平衡性，以及市场化引致的农民内部分化等一系列因素叠加，决定了中国农民全面发展在覆盖面上必然是分步、分众的，在发展程度和水平上必然是一个渐进的、呈现螺旋式上升的过程。这主要包括但不局限于三个方面的含义。

第一，基于人的全面发展的共性，农民全面发展是渐进并呈现螺旋式上升的过程。人的全面发展的"全面性"首先体现在人的物质文化生活需求满足、人与人的和谐相处、人与自然的和谐共生的程度与水平。经济社会发展的动态性、渐进性决定了人的全面发展实现具有长期性和螺旋式上升的特点，无论是城市居民还是农村居民都是如此，对于中国这样的发展中大国来说更是如此。新中国成立以来，在我国城乡关系由城乡非均衡发展、城乡统筹发展向城乡融合、一体化发展阶段转换过程中，随着经济社会发展面临的主要任务由解决人民温饱、实现小康目标逐步向全面小康社会建设的转变，我国促进城乡居民全面发展的内容也呈现出由满足人民不断增长的物质文化生活需要，向不断提高人民物质文化生活需要的质量和社会和谐拓展、递进，而且呈现螺旋式上升的趋势。中国特色社会主义进入新时代以来，我党在继承历史上创造的满足人民物质文化生活需求、人与人和谐共处等要义的基础上，又与时俱进地赋予了平等政治参与、平等发展权利、人与自然和谐共生等创新性内容，从而使人的全面发展形成了一个包括人自身发展、人与人或社会、人与自然既相互制约又相互促进的完整体系。在党的十九大有关全面建设社会主义现代化国家两个阶段的目标设计中，就人民对美好生活的具体内容进行了规划：第一阶段，从 2020 年到 2035 年，人民平等参与、平等发展权利得到充分保障，人民生活更为宽裕，基本公共服务均等化基本实现，全体人民共同富裕迈出坚实步伐，美丽中国目标基本实现，国家基本实现社会主义现代化；第二阶段，从 2035 年到本世纪中叶，全体人民共同富裕基本实现，我国人民将享有更加幸福安康的生活，建成富强民主文明和谐美丽的社会主义现代化强国。① 毫无疑问，作为我国人的全面发展的重要组成部分之一，农民发展的"全面性"，必须纳入新时代人的全面发展和全体人民共同富裕的总体框架去思考、谋划、选择并逐步实现。

第二，基于区域发展不平衡性，农民全面发展是在分步中达到相对同步的过程。从经济社会发展一般规律看，城乡、区域发展不平衡规律和人的全面发展渐进式实现的特点，决定了农民全面发展必然是分步实现的，但我国社会主义实现人民共同富裕的本质要求，特别是人的全面发展中有关发展"全面性"在覆盖面上的具体要求，又决定了农民全面发展必须与城市居民保持相对的"同步性"，这是全面小康路上一个不能少、共同富裕路上一个不掉队的真正含义。在这里，"分步"与"同步"不仅在理论上是一个二律背反的命题，而且在中国进入中国特色社会主义新时代之初的实践中也存在着矛盾。也就是，以农民为主体的贫困群体和以"老、少、边、穷"农村为主体的贫困地区成为当时我国小康社会建设的短腿。国家统计局数据显示，按照 2010 年农村贫困标准，1978 年末我国农村贫困人口 7.7 亿人，农村贫困发生率高达 97.5%，经过长期努力，2012 年末我国农村贫困人口降至 9 899 万人，农村贫困发生率降至 10.2%。② 很显然，进入新时代之初我国农村贫困人口规模仍然十分庞大，与社会主义本质要求和我党的执政理念不符。邓小平指出："我们奋斗了几十年，就是为了消灭贫困。""我们坚持社会主义，要建设对资本主义具有优越性的社会主义，首先必须摆脱贫穷。"③ 为了解决"分步"与"同步"的矛盾，努力在"分步"中"同步"实现农民共同富裕和农民全面发展目标，2012 年党的十八大以来，在继承改革开放以来党和国家扶贫工作经验基础上，开始了令世界瞩目的脱贫攻坚历史性工程。2013 年，习近平总书记在湖南湘西考察时首次提出了精准扶贫。2015 年 10 月习近平总书记向全世界宣言："未来 5 年，我们将使中国现有标准下 7 000 多万贫困人口全部脱贫"，从而"到 2020 年，现行标准下农村贫困人口实现脱贫，贫困县全部摘帽，

① 决胜全面建成小康社会　夺取新时代中国特色社会主义伟大胜利 [M]. 北京：人民出版社，2017.

② 孙明增，张军. 夺取脱贫攻坚战全面胜利的历史意蕴 [N]. 天津日报，2020 - 07 - 27.

③ 邓小平文选 [M]. 北京：人民出版社 .1993：109 - 265.

解决区域性整体贫困"。① 2017 年党的十九大报告提出：为实现 2020 年全面建成小康社会目标，要坚决打赢脱贫攻坚战，使全面建成小康社会得到人民认可、经得起历史检验。与此同时，我们构建了中国特色脱贫攻坚制度体系：通过建档立卡，解决好"扶持谁"问题；派驻扶贫工作队加强一线攻坚力量，解决好"谁来扶"问题；坚持因人因地制宜，实施"五个一批"，解决好"怎么扶"问题；严格退出标准、程序及严格执行，解决好"如何退"的问题。经过八年的持续奋斗，2021 年 2 月 25 日，习近平同志在全国脱贫攻坚总结表彰大会上庄严宣告：我国现行标准下农村贫困人口全部脱贫，贫困县全部摘帽，消除了绝对贫困和区域性整体贫困，近 1 亿贫困人口实现了脱贫。② 根据国务院新闻办公室 2021 年 2 月发布的《人类减贫的中国实践》白皮书，按照世界银行国际贫困标准，中国减贫人口占同期全球减贫人口 70% 以上，占世界人口近 1/5 的中国全面消除绝对贫困，提前 10 年实现《联合国 2030 年可持续发展议程》减贫目标，③ 成为中华民族发展史上具有里程碑意义的重大事件，也成为人类减贫史乃至人类发展史上的重大事件。同时，随着绝对贫困的消除，农民全面发展也实现了分步中的相对同步性。

第三，基于市场催生农民分化，农民全面发展是在分众化中达到整体发展的过程。改革开放 40 多年来市场化改革，促进了农民分化，即农民群体中包括了转移到城市的非农化农民（离土又离乡农民）、兼业农民（离土不离乡农民）和纯农民等多种类型。这种分化尽管有城市化和工业化扩张的影响，但与西方资本主义国家城市占领农村、工业侵蚀农业、资本剥夺农民的性质不同，主要是由农民基于利益比较而自愿做出的选择。中国特色社会主义进入新时代，城乡二元体制依然存在，非农化农民仍然属于农民。所以，在新时代农民全面发展的制度安排中，赋予农民发展"全面性"在覆盖面上的第二重含义：既包括从事农业生产农民（含兼业农民和

---

① 关于"中国梦"，习近平总书记是这样描绘的——习近平 2015 年 10 月 16 日出席 2015 年减贫与发展高层论坛并发表主旨演讲《携手消除贫困 促进共同发展》［EB/OL］. 新华网，2016 - 11 - 30.

② 习近平：在全国脱贫攻坚总结表彰大会上的讲话［EB/OL］. 中华人民共和国中央人民政府网，2021 - 02 - 25.

③ 《人类减贫的中国实践》白皮书［EB/OL］. 中华人民共和国国务院新闻办公室网，2021 - 04 - 06.

纯农民）的发展，又包括非农化农民的发展。基于不同类型农民有不同的
发展需求，新时代农民全面发展是在分众化施策中向整体化发展目标推进
的。一方面，对于非农化农民，2013 年 12 月召开的首次中央城镇化工作
会议，开启了以人为中心的新型城镇化，提出坚持自愿、分类、有序，推
进农业转移人口市民化，解决已经转移到城镇就业的农业转移人口的落户
问题，提高农民工融入城镇的素质和能力；全面放开建制镇和小城市落户
限制，有序放开中等城市落户限制，合理确定大城市落户条件。① 在中央
城镇化工作会议后，国务院先后颁布了进一步推进户籍制度改革、建立统
一城乡居民基本养老保险制度、完善城乡义务教育经费保障机制和整合城
乡居民基本医疗保险制度的意见或通知，逐步实现义务教育、就业、基本
养老、基本医疗、住房保障等城镇基本公共服务覆盖全部常住人口。2017
年党的十九大报告提出"加快农业转移人口市民化"，城市常住人口公共
产品与服务全覆盖进程进一步加快，非农化农民与城市居民共建共享共治
格局基本形成。另一方面，对于从事农业生产的农民发展，在增加农民收
入领域，除了进一步继承"多予少取"政策外，在 2014 年中央一号文件
中首次提出要赋予农民更多财产权利，让农民平等参与现代化进程、共同
分享现代化成果。2017 年党的十九大实施乡村振兴国家战略，将农民发展
作为系统工程，在产业振兴、人才振兴、文化振兴、生态振兴、组织振兴
中促进农业全面升级、农村全面进步、农民全面发展。其中，城乡基本公
共服务均等化，对于农民全面发展具有历史性突破意义。2018 年中央一号
文件明确了 2020 年和 2035 年城乡基本公共服务均等化和城乡融合发展体
制机制建设的目标。在《乡村振兴战略规划（2018 - 2022 年）》中，强调
要把维护农民群众根本利益、促进农民共同富裕作为出发点和落脚点，促
进农民持续增收，不断提升农民的获得感、幸福感、安全感。② 2018 年 9
月习近平总书记强调要"加快补齐农村发展和民生短板，让亿万农民有更
多实实在在的获得感、幸福感、安全感"。2020 年和 2021 年的中央一号文
件又分别围绕"补齐农村人居环境和公共服务短板""补上农村基础设施
和公共服务短板"进行了制度安排。由此，农民全面发展就从单一的增加

---

① 魏后凯. 解读中央城镇化工作会议［EB/OL］. 中国网. 中国访谈，2013 - 12 - 17.
② 十九大以来重要文献选编（上）［M］. 北京：中央文献出版社，2019：160.

收入拓展到生活富足、精神丰富、社会和谐、生态友好等整体发展领域，初步探索到了中国农民在分众化发展中实现整体发展和全面发展的有效路径。

第三节　中国特色县域发展动力结构理论

促进城乡二元结构转向融合、一体化和现代化，实现城乡居民全面发展，需要变革城乡发展动力结构。2016 年 1 月，习近平在省部级主要领导干部学习贯彻党的十八届五中全会精神专题研讨班上指出：对我们这么大体量的经济体来讲，动力问题解决不好，要实现经济持续健康发展和两个翻番是难以做到的。党的十九大在谋划现代经济体系建设时，也将动力变革作为供给侧结构性改革的重要环节，作为促进效率变革、质量变革的前提条件。

在我国城乡动力结构变革中，最重要的是处理好政府与市场的关系问题。众所周知，在社会主义市场经济下，市场机制既会使城市自动地发挥对乡村的极化效应，也有可能对城市周边乡村发挥辐射效应。但是，市场机制不会自动发挥城市支持乡村并实现城乡一体化的功能。在城乡关系的市场失灵区间，只能更好地发挥政府的作用。其中，县域政府对城乡一体化具有举足轻重的地位和作用。本研究证明，改革开放尤其是中国特色社会主义进入新时代以来，发挥县域政府作用，促进县域经济发展动力结构及其内在的乡村发展动力结构变革，是我国这样的发展中大国有效突破城乡发展不充分、不平衡的关键，是促进城乡融合、一体化发展的关键。基于中国实践所创新的中国特色县域经济发展动力结构理论，有可能极大地丰富和发展马克思主义城乡一体发展理论。

竞争性县域政府，是中国特色县域经济发展动力结构的基石，是中国城乡现代化的主要推动力量。在乡村发展不充分、城乡发展不平衡的社会主义发展中大国如何推进城乡融合、一体化发展，没有成功的先例可借鉴。中国将竞争性地方政府纳入经济体制改革整体设计，创造了一种既有别于西方市场经济体制，又有别于苏联、东欧社会主义国家改革的体制模式，保证了市场化改革的有效推进，大大推进了城乡融合、一体化进程。

　　斯蒂格利茨认为，苏联、东欧社会主义经济之所以没有取得成功，不仅仅是因为产权不明晰，关键在于激励与竞争，不仅表现在企业层面上，而且也体现在政府层面上。[①] 中国之所以成功，张五常认为，最关键的是选择了一套很有用的经济制度，这一制度的重点是地区间竞争，主角是县际竞争。[②] 史正富也认为，苏联、东欧社会主义国家没有取得成功中国却非常成功，主要是中国在世界上进行了独一无二的制度变革，关键是建立了一个竞争性的地方政府体系，从而解决了社会主义国家进行市场化改革无法摆脱的"改革弯弯绕"的矛盾。[③] 竞争性县域政府的形成，一方面，源于改革开放初期的"财政大包干"和1994年以后推进的分税制改革，这种类似于佃农分成的制度，赋予了地方政府经济主体功能，使其有了推动本地发展和增加财政收入的积极性。另一方面，也源于中央对地方、地方内部的层层考核机制与晋升机制，形成了"锦标赛式的官员晋升博弈"。在动力机制和压力机制的共同作用下，地方政府之间的竞争形成了，而且在省—市—县这一地方政府序列中，竞争性由上而下逐步增强，即县域政府的竞争性最强。竞争主要围绕两个层面展开：一是纵向层面上沿着垂直的国家行政管理系统，力求获得上级政府直至中央政府更多的资源，促使上级政府做出更有利于本地经济社会发展的决策，争取中心城市更多的公共产品和服务向县域延伸。另一个层面是横向层面上，为吸引外部资本、技术、人才等生产要素而展开相互竞争。通过改善县域投资环境，招商引资或者招才引智。县域政府的竞争性角色，从改革开放之初开始萌芽，1992年建立社会主义市场经济体制后逐步兴起和发展，在2001年中国加入WTO后达到了高潮，逐步形成了中国特色。

　　2012年党的十八大尤其是党的十八届三中全会提出"使市场在资源配置中起决定性作用"以来，县域政府竞争性角色在竞争内容、方式或手段上发生了一系列重要变化。如果说进入中国特色社会主义新时代以前，面对县域经济发展中的资金短缺，县域政府竞争主要着眼于县域经济增长，在横向层面争取外部资本要素嵌入，即招商引资，那么进入新时代以来，

---

①　斯蒂格利茨. 社会主义向何处去 [M]. 吉林：吉林人民出版社，1998：228-237.
②　张五常. 中国的经济制度 [M]. 北京：中信出版社，2009：17-18.
③　史正富. http://www.guancha.cn，2012-09-28.

在以人民为中心的理念下，县域政府竞争则主要着眼于经济发展，重点是质量变革、效率变革和动力变革，促进人的全面发展。在县域政府竞争中，中心城市发展要素嵌入、外源性动力内源化和乡村全要素生产率提高，不仅成为推动县域、乡村发展的具有鲜明中国特色的实践，而且极大地推动了中国特色县域经济发展动力结构理论创新，取得了一系列标志性理论成果。

第一，中心城市发展要素嵌入理论，是新时代对市场化中城市极化县域、乡村纠偏实践的科学总结。改革开放以来的经济体制改革，其基本特征是渐进式发挥市场在资源配置中的决定性作用。市场机制在解放和发展城乡生产力的同时，也引致城乡两极分化效应，体现在人才和技术等先进生产要素、中高端消费力、企业总部等由乡村向城市单向流动的格局，加剧了城乡发展差距。这是市场规律作用的必然结果，但与城乡融合、一体化发展目标相悖，必须进行纠偏。2015 年习近平总书记指出：城乡发展一体化就是"要把工业和农业、城市和乡村作为一个整体统筹谋划，促进城乡在规划布局、要素配置、产业发展、公共服务、生态保护等方面相互融合和共同发展。"① 城乡一体化的目标，就是逐步实现"城乡居民基本权益平等化，城乡公共服务均等化，城乡居民收入均衡化，城乡要素配置合理化，城乡产业发展融合化"。如何推进城乡一体化？2018 年 9 月，习近平总书记强调必须走城乡融合发展之路："我们一开始就没有提城市化，而是提城镇化，目的就是促进城乡融合。要向改革要动力，加快建立健全城乡融合发展体制机制和政策体系。要健全多元投入保障机制，增加对农业农村基础设施建设投入，加快城乡基础设施互联互通，推动人才、土地、资本等要素在城乡间双向流动。要建立健全城乡基本公共服务均等化的体制机制，推动公共服务向农村延伸、社会事业向农村覆盖。要深化户籍制度改革，强化常住人口基本公共服务，维护进城落户农民的土地承包权、宅基地使用权、集体收益分配权，加快农业转移人口市民化。"② 2020 年 12 月，在中央农村工作会议上，习近平总书记又进一步强调：为推动城乡融

---

① 第十八届中央政治局集体学习．第二十二次学习内容：健全城乡发展一体化体制机制，共产党员网。

② 第十九届中央政治局集体学习．第八次学习内容：实施乡村振兴战略，共产党员网。

合发展见实效，"要把县域作为城乡融合发展的重要切入点，赋予县级更多资源整合使用的自主权，强化县城综合服务能力。"① 由此，我国对城市极化县域、乡村进行纠偏的思路越来越清晰：将县域作为城乡融合发展的重要切入点，以健全城乡融合发展体制机制和政策体系为动力，赋予县级更多资源整合使用自主权，促进城乡基础设施互联互通、城乡发展要素双向流动、城乡产业双向借力，逐步实现城乡居民共同发展和城乡一体化发展。

　　对中国特色社会主义城乡融合、一体化研究表明，中心城市发展要素嵌入县域、乡村，是实现城乡发展要素融通、双向流动并促成融合、一体化发展的主要途径。与乡村要素流向中心城市不同，在城乡二元结构下，中心城市发展要素不可能完全通过市场机制自发地或自动地流向县域、乡村，即使是那些自发流向县域、乡村的要素，如资本，也是为逐利而非城乡融合发展。市场化机制确实可以提高经济效率，促进农业现代化发展，但并不一定必然作用于农民共同富裕及其全面发展，也不一定引致农村现代化及其城乡融合、一体化发展。因此，在市场经济下要实现中心城市发展要素向乡村的"反向"流动，必须发挥好政府的作用，这也是本研究采用"嵌入"一词的主要原因之一，即嵌入虽然也是一种运动或流动形式，但与市场机制下自发性流动形式不同，是一种更加体现政府意志及其作用的流动方式。其中，政府的作用，不仅包括中央政府进行城乡一体化体制机制和政策的顶层设计，省级政府将顶层设计具体化为本地区的实施方案并且推动中心城市有效组织实施，更主要的是发挥县域政府在城乡融通、融合和一体化中承上启下的作用，特别是在创造条件争取中心城市发展要素有效嵌入县域、乡村，并与县域内部要素有机整合中发挥关键作用。根据习近平总书记城乡一体化要"促进城乡在规划布局、要素配置、产业发展、公共服务、生态保护等方面相互融合和共同发展"的思想，县域政府在城市发展要素有效嵌入县域、乡村的关键性作用，主要体现在六个方面。一是作为城乡规划布局一体化中最重要的决策者之一和乡村规划实施中最有力的推动者，通过城乡一体的人口分布、空间聚落和生产力布局的

---

　　① 习近平出席中央农村工作会议并发表重要讲话 [EB/OL]. 中华人民共和国中央人民政府网，2020－12－29.

科学规划，为吸引中心城市各类发展要素嵌入，促进城乡发展一体化创造前提条件。二是作为城乡基础设施建设一体化的主体，积极争取中心城市基础设施有计划地向县域、乡村延伸、拓展或覆盖，促进新基建在县域、乡村的同步布局，改善县域区位条件、发展环境，优化城乡融合一体化发展前置条件。三是在竞争性政府体制下，县域政府是吸引中心城市生产要素嵌入县、乡村，校正市场机制作用下人才、技术等要素单向流动，实现城乡生产要素双向流动和配置一体化的主导力量。特别是，在突破县域、乡村"劳动＋土地"固化结构，实现传统动力结构现代化，提高全要素生产率等领域，县域政府扮演着其他市场主体，或者行政管理系统中其他层级政府无法替代的作用。四是在城乡产业一体化领域，县域政府在优化政务环境、市场环境、法治环境、人文环境等营商环境的作为，决定着县域内外部市场主体在流入、生产经营和流出，特别是承接中心城市产业转移能力和水平，具有决定性作用。五是在城乡公共服务一体化领域，县域政府既是县域内部公共产品与服务的供给者，在竞争性政府体制下，还是上级政府、中心城市财政性转移投入和人力性公共资源嵌入的有力竞争者。六是城乡生态建设领域，县域政府既是推进县域、乡村生态保护，从而"留得住青山绿水，记得住乡愁"的重要责任主体，也是贯彻绿色发展理念，吸引绿色技术嵌入，把生态效益转化为经济效益、社会效益的重要推动者。

第二，外源性动力内源化理论，既是县域竞争外部资源经验教训的提炼，又是新时代与时俱进的创造。在理论上，外源性动力内源化，是区域经济发展中外部资源引进、利用、转化为区域内部资源，或者促进区域内部现有资源利用效率提高，或者内外部资源相互作用产生新动力的状态，是促进区域经济发展的重要途径。新中国成立尤其是改革开放以来，为推进城乡现代化，从1978年十一届三中全会到1992年党的十四大，农村土地承包责任制改革、发展乡镇企业和非公有制经济，其性质上主要属于县域、乡村内源性发展方式。从1992年党的十四大提出社会主义市场经济以来，随着竞争性县域政府逐步形成，从江苏昆山等县域萌芽的招商引资模式逐步兴起，在长三角、珠三角区域迅速推广到全国，在2001年中国加入WTO后成为我国县域经济发展的普遍方式。这种发展方式，既有市场的力量，更是竞争性县域政府的产物，是县域发展方式的创新。从本质上看，这种依托县域地方政府营造良好投资环境吸引外部资本嵌入的方式，是一种利用资本集中途径发展经济的方式，与利用区域内部积累发展经济不同，是一种典型的外源性发展方式。本研究证明：这种外源性发展方式对于宏观层面（即我国经济体制改革向纵深发展和国民经济保持持续增长）具有积极意义，对于县域经济尤其是非农经济发展、农村剩余劳动力转移和增加非农收入也具有促进作用，在一定程度上促进了外源性动力内源化，主要体现在通过外部资本黏合人才、技术、管理等要素嵌入县域、乡村，带动县域、乡村内部劳动者和企业管理人才观念转变和劳动或管理素质、技能和水平的提升。当然，我国的发展实践也证明，以招商引资为主导的外源性发展方式在消除城乡发展差距上的作用是有限的，这不仅是因为资本本质上是逐利的，资本集中方式不会增加资本总量而只是资本或资源的重新配置，而且更主要的是，外部资本能否为区域内源性动力，具有很大的不确定性，甚至，县域、乡村为满足外部等量资本获得等量利润的要求，可能需要付出巨大的经济成本、社会成本和生态成本等代价，与社会主义本质规定性特别是与实现人民美好生活向往、促进人的全面发展的目标相悖。事实上，当中国经济步入中等收入发展阶段，为消除城乡二元结构，县域、乡村所需要的外部资源并内源化的不只是资本，更需要公共基础设施和公共服务的嵌入，以及技术、人才、数据等先进要素的嵌入。

中国特色社会主义进入新时代以来，为加速推进城乡融合、一体化发展，特别是为促进处于传统一元地位的县域、乡村的现代化，国家通过实施新型城镇化、脱贫攻坚和乡村振兴等一系列国家战略，在发展思路和政策体系上逐步由"扶持"转向"优先支持"和"全面支持"，由"多予少取"增加农民收入，上升为变革乡村传统的动力结构，实现农业全面升级、农村全面进步、农民全面发展。在动力结构变革中，不仅注重激活县域、乡村内源性动力，而且更加重视外源性动力嵌入，尤其是注重外源性动力内源化程度，加速传统动力结构变革并带动质量变革和效率变革。中国特色社会主义进入新时代以来，我国县域、乡村外源性动力内源化实践及其理论创新主要体现在三方面。

一是优化公共性外源性动力嵌入的优先次序，即当经济发展到一定阶段，要突破城乡二元结构，必须优先向传统部门、区域嵌入内源化程度高的公共性外源性动力，即加快县域、乡村公共基础设施和公共服务的嵌入，补齐供给不足的短板。公共基础设施直接构成经济发展的前提条件，公共服务决定人力资本数量和质量并对经济增长持续性、质量和效率产生影响。公共基础设施和公共服务具有一旦投入就不会轻易流动、变更的特点，属于内源化程度极高的外源性动力。对于一个国家或地区来说，公共基础设施和公共服务供给能力或水平，是由其经济发展水平，实质上是政府可支配财力决定的。新中国成立以来相当长时期内，因工业优先发展战略的需要，我国公共基础设施和公共服务优先供给中心城市，县域、乡村则普遍存在着供给不足。进入新时代以来，克服公共基础设施和公共服务供给不足，成为县域、乡村传统动力结构变革的主要发力点。2019年中央一号文件提出加快补齐农村人居环境和公共服务短板，2020年中央一号文件继续就"对标全面建成小康社会加快补上农村基础设施和公共服务短板"加大政策支持力度，2020年12月习近平总书记在中央农村工作会议上进一步强调要继续把公共基础设施建设的重点放在农村，在推进城乡基本公共服务均等化上持续发力，注重加强普惠性、兜底性、基础性民生建设。①

二是验证了市场化外源性动力嵌入及其内源化具有不确定性、间接性、有条件性和作用结果的双重性，需要加强政策引导。在社会主义市场经济条件下，除了县域政府竞相争夺资本要素外，在资本黏合下嵌入的人才、技术、管理数据等要素，或者独立通过市场交换嵌入的技术要素，一般很难直接内源化为县域、乡村的发展动力。或者说，如果要内源化，则需要创造相应的营商环境、创新环境等，县域、乡村为此需要支付极高的但事实上承担不了的代价。所以，在多数情况下或者绝大部分县域、乡村，其内源化通常是在市场外源性动力嵌入并发挥作用过程中，县域、乡村内部相关经济主体在"干中学"中更新观念、提高职业素养、劳动技能或管理水平等间接途径实现的。而且，市场化嵌入所带来的效率、效益提高等成果，可能主要被资本、技术、数据所有者占有，与外源性动力内源化的目的——人民共建共享相背离。正如习近平总书记所说：资本同土

---

① 习近平出席中央农村工作会议并发表重要讲话 [EB/OL]. 中华人民共和国中央人民政府网，2020-12-29.

地、劳动力、技术、数据等生产要素共同为社会主义市场经济繁荣发展作出了贡献，但资本具有逐利本性，如不加以规范和约束，就会给经济社会发展带来不可估量的危害，为此，要设立"红绿灯"，健全资本发展的法律制度，形成框架完整、逻辑清晰、制度完备的规则体系。①

三是初步探寻了内外源动力交互作用中新动力的生长点，即基于新科技革命新经济和新发展理念培育数字化、绿色化新动力。新时代县域、乡村经济发展实践表明，如果要实现动力结构根本性变革，那么，外源性动力嵌入，无论能否内源化，内源化条件下也无论是通过直接还是间接的途径，都要重视动力的量的累积或原有内源性动力的升级，更要重视创新性动力的培育。党的十八大，生态文明建设正式纳入中国特色社会主义建设"五位一体"总体布局。在"绿水青山就是金山银山"发展理念下，借助于人才、技术等外源性动力支持，生态要素及其绿色经济正成为县域、乡村发展的新动力。面对新科技革命新经济的高速发展，党的十八届五中全会提出国家大数据战略，党的十九大提出建设数字中国，十九届五中全会提出发展数字经济，先后出台《国家信息化发展战略纲要》《数字经济发展规划纲要（2020－2030年）》《"十四五"数字经济发展规划》等一系列政策文件，强调城乡一体推进数字基础设施建设、数字产业化发展。鉴于乡村发展基础相对滞后，为跟上数字经济发展步伐，2019年5月国家出台《数字乡村发展战略纲要》，其主要内容包括：发挥信息技术创新的扩散效应、信息和知识的溢出效应、数字技术释放的普惠效应，加快推进农业农村现代化；着力发挥信息化在推进乡村治理体系和治理能力现代化中的基础支撑作用，繁荣发展乡村网络文化，构建乡村数字治理新体系；着力弥合城乡"数字鸿沟"，培育信息时代新农民。② 由此，借助国家和中心城市外源性动力支持，数字农业基础不断夯实，农业数字化转型不断加快，农村流通服务体系不断创新，观光农业、都市农业、创意农业、认养农业等新业态和健康养生、游憩休闲和创意民宿等新产业，逐步成为促进县域、乡村发展新动力。

第三，乡村内源动力结构变革理论，是新时代继承我党"三农"工作

---

① 习近平谈治国理政（第四卷）［M］. 北京：外文出版社，2022：218，219.
② 数字乡村发展战略纲要［M］. 北京：人民出版社，2019：64.

历史经验基础上的重大理论创新。从特定历史发展阶段看，尤其是在城乡二元结构背景下，为加速乡村现代化，嵌入外源性动力并将其内源化是必要的、必需的。当然，从长远发展、持续发展角度看，对乡村发展起决定性作用的仍然是内源性动力，乡村动力结构变革必须着力推进内源性动力结构的改革创新。从1978年改革开放到2012年党的十八大，面对我国城乡发展不平衡、农村发展不充分矛盾，我国乡村动力结构变革大致经历了三个阶段，即1978年十一届三中全会以来，推进农村土地承包经营责任制改革并承诺这一制度长期不变，以激发农民潜能；1984年以来，大力发展乡镇企业和非公有制经济，促进农村剩余劳动力转移，增加农民非农收入；2002年党的十六大提出发展县域经济，尤其是2004年以来连续出台基于"多予少取"或者具有"输血"特征的"三农"支持政策。通过改革和建设，我国"三农"发展总体水平和现代化程度都得到了极大提高，国家的政策支持与市场极化效应交互作用使我国城乡发展差距经历了先扩大、世纪之交达到峰值、尔后逐步缩小的过程。然而，我国乡村内源性动力不足，乡村发展滞后和城乡二元结构依然是我国全面小康社会和社会主义现代化强国建设的短板。因此，从2012年党的十八大以来，在延续"多予少取"的"输血"政策基础上，积极探索乡村内源动力结构变革成为改革主基调。2013年中央城镇化工作会议推进的以农业转移人口为核心的新型城镇化，以及随后进行的城乡一体户籍管理制度改革，是直面乡村问题、扭转农村城镇空心化以带动乡村发展的重要尝试。党的十九大提出实施乡村振兴战略，则是我国乡村动力结构变革和城乡融合、一体化实践的一次伟大飞跃。

劳动和土地，是乡村发展的两个最原始、最基本的生产要素，是乡村动力结构中的两根支柱。由于乡村发展与自然条件联系最紧密，协作和分工程度较低，以及受到社会环境相对封闭等因素的影响，其动力结构容易产生"劳动＋土地"固化、封闭现象，如果没有足够大的外力推动，这一结构一般难以突破。改革开放前的乡村动力结构就属于这一状态。改革开放以来所推进的改革，主要是围绕如何解放劳动生产力和土地生产力而展开的。毫无疑问，这些改革是有成效的。但是，要建立符合现代化发展要求的乡村动力结构，仅从乡村发展原始要素本身进行改革还不够。新时代推进乡村振兴战略，最具有突破和创新意义的是从全面、系统的角度构建开放的乡村发展动力结构,以实现乡村全要素生产率提高。2017 年党的十九大提出乡村振兴战略,2018 年中共中央、国务院印发《乡村振兴战略规划(2018—2022 年)》,将"产业兴旺、生态宜居、乡风文明、治理有效、生活富裕的总要求"进一步具体化,提出了乡村"五大振兴",即乡村产业振兴、人才振兴、文化振兴、生态振兴和组织振兴,从经济、政治、文化、社会、生态文明角度,推动乡村动力结构整体性、系统性变革。"五大振兴"是相互联系、相互支撑的体系。其中,产业振兴是乡村振兴的物质基础,着力点在于通过科技兴农、质量兴农、绿色兴农,发展现代种养业,推进农产品就地加工转化增值,发展乡村现代服务业,促进农村一二三产业深度融合,加快构建现代农业产业体系、生产体系、经营体系,解决乡村就业机会和拓宽农民增收渠道问题,让农业经营有效益而成为有奔头的产业,让农民增收致富而成为有吸引力的职业,让农村留得住人而成为安居乐业的美丽家园;人才振兴是乡村振兴的关键所在,着力点在于培养造就懂农业、爱农村、爱农民的"三农"工作队伍,激励各类人才在农村广阔天地大显身手,解决农村缺人手、少人才、留不住人等问题,凝聚乡村发展人气;文化振兴是乡村振兴的重要基石,着力点在于挖掘乡村文化功能和农村思想道德建设,提升乡村文化价值,增强乡村文化吸引力,推动社会主义核心价值观转化为农民的情感认同和行为习惯,不断提升乡村社会文明程度;生态振兴是乡村振兴的内在要求,着力点在于推进农业绿色发展和乡村自然资源加快增值,治理农村环境突出问题,不断增加农业生态产品和服务供给,构建百姓富、生态美、人与自然和谐共生的乡村发展新格局;组织振兴是乡村振兴的根本保障,着力点在于加强农村基层党组织建设,坚持党组织对农村各类组织的统一领导,建立健全党委领导、政府负责、社会协同、公众参与、法治保障的社会治理体制和自治、法治、德治相结合的乡村治理体系,把广大农民群众凝聚起来,形成乡村发展合力和乡村社会活力。[①] 在乡村"五大振兴"中,实现农业强、农村美、农民富的阶段性目标,同时借助城乡产业双向借力、人才等资源要素双向流动互通、乡村治理结构逐步现代化,实现城乡关系重塑、城乡发展差距逐步消除目标。由此可见,新时代城乡不平衡治理,已从单一的农业

---

① 韩俊. 谱写新时代农业农村现代化新篇章[N]. 人民日报, 2018–11–05.

发展、农民富裕或农村建设，转向整体、全面、系统治理"三农"问题，促进农业全面升级、农村全面进步、农民全面发展，初步构建了基于城乡融合、一体化发展的现代开放型乡村发展动力结构、体制机制和政策体系。

在城乡二元结构背景下，为加速县域、乡村现代化，基于中国国情和新时代县域、乡村发展需求，促进中心城市发展要素有效嵌入，促进外源性动力内源化，促进乡村内源性动力结构变革，是相互联系、互为补充的三个方面，是新时代中国特色社会主义县域、乡村经济发展实践的经验总结，是对马克思主义经典作家城乡关系理论的丰富、完善和创新，初步解答了发展中大国突破城乡发展不充分不平衡的路径、策略和政策选择等一系列重大问题，共同构成新时代中国特色县域经济发展动力结构理论的重要内容。

第十章　城乡一体化嵌入制度创新

研究表明，我国城乡二元结构具有中国特点，同样，城乡融合、一体化发展的路径选择也具有鲜明的中国特色。因此，城乡一体化嵌入县域、乡村经济发展动力结构的制度创新，既不能照抄马克思主义经典作家的城乡关系理论，更不能照搬西方经济学等理论，必须将马克思主义城乡关系理论中国化，即基于社会主义根本经济制度本质要求，针对中心城市发展要素嵌入县域、乡村的矛盾、冲突，找到解决矛盾的新思路和新方法。本章所说的城乡一体化嵌入县域经济发展动力结构的制度创新，就是依据新时代中国式现代化理论和中国特色城乡关系理论，对我国实践层面推进城乡融合、一体化发展所进行的具体制度安排，包括嵌入的体制机制和政策体系。

第一节　制度创新的边界

中国特色社会主义进入新时代以来，制度创新是城乡一体化最重要的推动力之一。2013 年党的十八届三中全会通过的《中共中央关于全面深化改革若干重大问题的决定》，对城乡一体化发展体制机制进行了顶层设计，强调"必须健全体制机制，形成以工促农、以城带乡、工农互惠、城乡一体的新型工农城乡关系，让广大农民平等参与现代化进程、共同分享现代化成果。"[1] 2017 年党的十九大报告进一步提出了建立健全城乡融合发展体制机制和政策体系的要求。

---

[1] 习近平著作选读（第一卷）[M]. 北京：人民出版社，2023：169.

城乡关系中的制度创新涉及各种经济利益关系,任何一种制度的出台都有可能是一种利益调整,会引致利益矛盾或冲突。在马克思主义经典作家认为,人们的利益关系及其社会地位归根结底是由这一社会的根本制度——生产资料所有制及其由此决定的利益分配关系决定的。西方发达资本主义国家用资本剥夺农民、大工业改造农业、城市占领农村的办法实现城乡一体化,完全符合资本主义私有制及其按资分配原则,在资产阶级看来完全是天经地义的,但这恰恰又是以牺牲农民阶级的利益为代价的,结果是其成为无产阶级。很显然,我国的社会主义性质和人口规模尤其是农业人口规模巨大的国情,决定了西方城乡一体化道路在中国行不通。

为处理好城乡关系,新中国成立尤其是改革开放以来,我们进行了发展道路、体制机制和政策体系的不断探索,积累了一些成功经验,但也有诸多教训。中国特色社会主义进入新时代以来,城乡一体化最重要的进展是,在继承历史经验教训的基础上,从社会主义本质规定性及其由此决定的共产党执政理念上厘清了城乡融合、一体化的初衷。2013 年党的十八届三中全会,明确将健全城乡一体化体制机制落脚于"让广大农民平等参与现代化进程、共同分享现代化成果";2013 年 12 月中央城镇化工作会议首次将"新型城镇化"落脚于"人的城镇化";2017 年党的十九大更是旗帜鲜明地将"为中国人民谋幸福"作为共产党人的初心,强调"增进民生福祉是发展的根本目的""带领人民创造美好生活,是我们党始终不渝的奋斗目标"。由此,人的全面发展,城乡居民全面发展,成为我国城乡一体化制度创新的出发点和归宿点。

在理论上,城乡一体化的根本目的是由这一社会根本制度的本质要求决定的,又要通过这一社会的基本经济制度加以实现。根据党的十九届四中全会精神,与我国生产力发展水平相适应,新中国成立尤其是改革开放40 多年来,我国建立和不断完善社会主义公有制和按劳分配根本制度,形成了"公有制为主体、多种所有制经济共同发展,按劳分配为主体、多种分配方式并存,社会主义市场经济体制等社会主义基本经济制度"。① 其中,公有制为主体、多种所有制经济共同发展既规定了社会主义基本经济

---

① 全面建成小康社会重要文献选编(下)[M]. 北京:人民出版社,新华出版社,2022:1182.

制度性质，又对社会主义收入分配制度和社会主义市场经济体制发挥决定性作用；按劳分配为主体、多种分配方式并存，是社会主义公有制经济关系在收入分配领域的实现；社会主义市场经济体制是资源配置方式，以社会主义公有制关系为前提并体现其内在要求。三者相互联系、相互作用，共同支撑社会主义基本经济制度体系并为实现社会主义根本经济制度本质要求而运行。当然，这种运行并不是一帆风顺的，通常是在社会主义根本经济制度本质要求、基本经济制度内在规定性与现实经济运行的矛盾、冲突中波浪式前进的。这些矛盾、冲突的存在，既为现实经济运行层面进行制度创新提供了必要性，同时也为制度创新指明了方向。

基于中西方城乡一体化的经验教训，我国城乡一体化嵌入县域、乡村经济发展动力结构的制度创新，必须纳入社会主义根本制度本质要求、社会主义基本制度的内在规定性与城乡融合、一体化发展实践中去认识，而不只是在经济运行层面寻找"药方"，头痛医头、脚痛医脚。

城乡一体化嵌入县域、乡村经济发展动力结构的研究表明，城乡二元结构的现代化面临着诸多矛盾。这些矛盾实际上是新时代中国特色社会主义基本矛盾——人民日益增长的美好生活需要和不平衡不充分的发展之间的矛盾在城乡关系领域的体现，即城乡居民的物质生活、文化生活和民主、法治、公平、正义、安全、环境等精神生活需（诉）求的日益增长与城乡发展不平衡不充分的矛盾，重点难点是农民全面发展需求与农村发展不平衡不充分的矛盾。在城乡一体化发展实践中，这一基本矛盾又反映在各种具体矛盾上，包括但不限于：社会主义本质要求的"先富"帮"后富"、城市支持乡村、共建共享共富与市场经济下城市对乡村极化之间的矛盾，社会主义本质要求的按劳分配为主体与市场化要素嵌入县域、乡村要求按要素贡献分配的矛盾，农村居民日益增长的公共服务需求及其城乡居民平等共享诉求与政府供给有限增长的矛盾，基于"饭碗主要装中国粮"所要求的粮食产出最大化与市场经济下农民收入增长的矛盾，新科技革命新经济背景下生产力高度社会化、市场化、信息化、现代化与农村土地集体所有、土地承包经营制度长期不变体制下农户小块土地自我指挥、分散经营的矛盾，更具体地体现为分散的农户需要市场但又不能有效对接市场、需要资本但又不能有效利用资本、需要技术但又不能有效运用技术的矛盾，特别是，市场起决定性作用要求资本等生产要素自由流动与放任资本作用又会对农民产生危害的矛盾，等等。这些矛盾都是基本矛盾在城乡融合、一体化中的具体反映。

新时代中国社会基本矛盾在城乡关系领域的体现及其各种具体形式的矛盾，涉及公有制与市场经济、公平与效率，实际上主要是政府与市场关系的正确处理。在社会主义市场经济条件下，城乡融合、一体化发展必须发挥市场在资源配置中的决定性作用，发挥市场促进生产力发展的功能，为城乡现代化和城乡居民全面发展奠定坚实的物质基础。但是，这一目标并不是自然而然实现的，市场的极化效应、分化效应与城乡融合、一体化目标相悖。为此，有必要发挥好政府作用，为市场要素的作用设置"红绿灯"，其主要途径是城乡融合、一体化发展体制机制和政策体系创新，而制度创新的基本边界是社会主义根本制度的本质要求和社会主义基本经济制度的内在规定性。

第二节　嵌入体制创新

在经济学上，体制是具有上下层级关系的国家机关、企事业单位、相关责任主体机构设置和管理权限、责任划分及其相应利益关系的制度，包括上下级之间的经济体制和责任主体内部的管理体制。在社会主义市场经济下，经济体制的核心问题是处理好政府与市场的关系。在城乡融合、一体化发展中，涉及既要发挥好市场在城乡资源配置中的决定性作用，又要发挥好政府在调节城乡发展差距、促进市场有序高效运行、加速城乡社会治理现代化、保障城乡公共基础设施和公共服务有效供给等方面的功能。

如何处理好政府与市场关系，既是经济学研究中具有百年历史的传统命题，又是社会主义经济体制改革中的现实难题。[①] 1929～1933 年的资本主义大危机，对经济学理论的影响体现在，宣告了亚当·斯密"政府无用论"的失效和凯恩斯"国家干预"理论的粉墨登场；对西方国家经济的影

---

① 有关政府与市场关系的认识，参见笔者的研究成果；正确处理好政府与市场的关系——关于党的十八大报告经济体制改革核心问题的解读 [J]. 扬州大学学报（人文社会科学版）2012 (6)：5－10.

响体现在，标志着其市场经济模式由"市场—企业"的一维结构转向由"市场—企业、市场—政府"构成的二维结构。另外，还引致了社会主义经济中政府与市场关系的大讨论。20 世纪 30 年代中期以来，波兰经济学家兰格在与米塞斯、哈耶克等论战中提出了"兰格模型"，主要是将市场机制引入社会主义经济，开创了社会主义经济可以利用市场机制的先河。随后，政府（计划）与市场关系一直成为社会主义经济理论和社会主义国家经济体制改革中的重大课题，直到 20 世纪 90 年代前后苏联、东欧剧变。在我国高度集中的计划体制时期，主流经济学主要阐释计划经济的优越性，而市场被看作资本主义产物而被排挤出社会主义经济的讨论。1978 年改革开放后，我国学术界和改革实践中开始探索计划与市场如何结合，直到 1992 年党的十四大正式提出建立社会主义市场经济体制，强调要加快政府职能转变，重点是"统筹规划，掌握政策，信息引导，组织协调，提供服务和检查监督"。① 由此，政府与市场关系代替计划与市场，成为我国建设、改革和发展的重大课题。1997 年党的十五大强调"进一步发挥市场对资源配置的基础性作用"，同时完善政府宏观调控目标和手段体系。2002 年党的十六大将政府职能进一步明确为"经济调节、市场监管、社会管理和公共服务"。② 2007 年党的十七大提出"要深化对社会主义市场经济规律的认识，从制度上更好发挥市场在资源配置中的基础性作用，形成有利于科学发展的宏观调控体系"。③ 2012 年党的十八大报告强调"经济体制改革的核心问题是处理好政府和市场的关系。必须更加尊重市场规律，更好发挥政府作用。"④ 2013 年党的十八届三中全会《中共中央关于全面深化改革若干重大问题的决定》强调要"紧紧围绕使市场在资源配置中起决定性作用深化经济体制改革""经济体制改革是全面深化改革的重点，核心问题是处理好政府和市场的关系，使市场在资源配置中起决定性作用和更好发挥政府作用"。⑤ 由此可见，对于市场经济下"政府要不要干预经济

---

① 全面建成小康社会重要文献选编（上）［M］. 北京：人民出版社，新华出版社，2022：281.
② 改革开放三十年重要文献选编（下）［M］. 北京：中央文献出版社，2008：1441.
③ 全面建成小康社会重要文献选编（上）［M］. 北京：人民出版社，新华出版社，2022：583.
④ 十八大以来重要文献选编（上）［M］. 北京：中央文献出版社，2014：16.
⑤ 全面建成小康社会重要文献选编（下）［M］. 北京：人民出版社，新华出版社，2022：722.

活动"的认识已经趋于统一，即政府干预经济活动是必要的、必然的，关键问题是如何有效发挥好政府作用。

实践进一步证明，随着新科技新经济发展和现代市场嬗变，过去学术界所谓的"政府与市场各自坚守自身的作用领域"，也即政府主要在公共产品与服务领域、市场主要在竞争性领域发挥作用的说法已经过时的，或者不符合实际。尽管政府和市场在不同资源配置领域各有优势，但领域划分都只是相对的。即使优势领域的划分是清晰的，也并不意味着一方就一定不能在另一方更有效率的领域内发挥作用。这是因为，一方面，价值规律是市场经济的基本规律，其运行过程中又派生出市场供求规律、价格规律和供求规律等，这些规律会随着客观条件的变化而变化。与马克思时代相比，随着经济发展、科技进步和市场变革，现代市场经济已经发生了重大变化，包括但不限于：与完全竞争市场不同，现代市场不再是由无数原子型企业构成并发挥主导作用的无序市场，而是逐步由大企业引领的相对有序的市场；现代市场不再只是有形市场并发挥主导作用，新经济下技术、信息、知识、数据等先进要素的融合使得无形市场不断涌现，市场的业态、形态正在深刻变化，市场运行方式也在发生巨变；现代市场竞争也不再是完全的恶性竞争，竞争是有代价的，大企业恶性竞争代价更高，使得合作基础上的竞争成为现代市场的发展趋势；现代市场不再是盲目性市场，随着互联网、人工智能、大数据、区块链技术的成熟和广泛运用，搜寻市场信息越来越便捷，费用越来越低，"看不见的手"的"能见度"越来越高。这些变化既使市场规律及其实现形式发生了重大变化，也为政府介入并更有效发挥作用提供了可能性。另一方面，无论是社会主义还是资本主义下，实现根本制度本质要求都越来越重视政府作用。在社会主义经济中，政府不仅是公有资产的代表，具有经济主体角色的身份，而且在市场主要发挥作用的领域，市场机制的两极分化效应与社会主义的本质要求相悖，需要政府调控。在资本主义经济中，为实现资本利益，即使在那些一直被认为应该由市场机制发挥决定性作用的竞争性领域，代表资本利益的政府越来越"挺身而出"，以各种手段干预市场活动。因此，除了少数必须由国家垄断的领域外，在其他领域，为在资源配置中既发挥好市场的决定性作用，又更好地发挥政府作用，既实现市场主体目标又促成政府经济调控目标的实现，需要政府和市场建立起一种"分工"与"协作"的关系，在有效市场与有为政府之间，以及在社会根本制度本质要求、基本经济制度内在规定性与现实经济运行之间找到一个最佳结合点。这正是我们创新城乡一体化体制的基本逻辑。

毫无疑问，社会主义市场经济下创新城乡一体化体制，必须充分发挥市场在资源配置中的决定性作用。这是就总体或主体层面而言的。从现实层面看，一方面，城乡一体化中的资源或者发展要素包括两大类，即以生产要素为代表的市场化资源，以及以公共基础设施和公共服务为代表的公共资源。其中，城乡生产要素配置主要是由市场起决定性作用并发挥好政府调节功能，城乡公共资源配置则主要是发挥好政府作用并善于借助市场力量。另一方面，从各种发展要素流动方向看，在我国城市现代部门为主与乡村传统部门为主的二元结构背景下，经过 40 多年的改革开放，在发展要素由乡村向中心城市流动上，市场机制发挥决定性作用的障碍已经基本消除，制度创新的重点是如何更好地发挥政府作用，防止或治理由于市场极化效应引致的乡村发展要素的过度流失。在发展要素由中心城市向乡村流动上，我国面临的难题是，在应该由市场起决定性作用的领域，如乡村多数非农经济领域，由于不能满足等量资本获得等量利润的要求而难以吸引外部要素的流入；而在政府管制较多的领域，剔除公共基础设施和公共服务等应主要由政府发挥主导作用的领域，一些市场经济下还比较脆弱的行业或领域（如农业生产经营领域），一旦由市场机制起决定性作用，农民则面临着轻则丰产不能增收、重则两极分化的可能。这表明，在促进中心城市发展要素流向乡村领域，应更加注重发挥好政府作用，不断提升农户或农民适应市场、对接市场、赢得市场和抵御市场风险的能力，同时让可以利用市场机制的细分领域更好地借力市场，这正是城乡一体化体制创新的重点所在。

所以，中心城市发展要素嵌入县域、乡村的体制创新，主要是就中心城市辐射、支持县域尤其是乡村这一流动方向而言的。研究证明，与市场决定性作用下县域、乡村发展要素流向中心城市不同，在我国城乡二元结构背景下，中心城市发展要素向乡村流动不能完全通过市场机制自发、自动地实现，而必须借助于"双嵌入"体制，即政府主导下中心城市发展要素嵌入县域、乡村发展动力结构，与政府主导的细分领域再嵌入市场机制协同、互补和互促，逐步实现城乡发展要素双向流动和城乡融合、一体化发展。这一"双嵌入"体制包含三个相互联系、相互支撑的内容。

第一,"政府主导"是根本保证。我国城乡二元结构,市场机制推动了县域、乡村发展要素向中心城市的积聚,在促进中心城市发展的同时也有可能使县域、乡村因极化效应而被外围化、边缘化并衰弱,而要使中心城市发展要素辐射县域、乡村,市场机制要么不起作用,要么需要付出为社会主义根本制度所不容的经济代价和社会代价。根据中国城乡发展实际,这一方向上发挥政府主导作用,不只是为了"对冲"市场机制引致中心城市对县域、乡村的极化效应,政府促进中心城市支持县域、乡村,更是从区域层面实现"先富"帮助"后富"、最终实现共同富裕和城乡居民全面发展,这既是社会主义的本质要求,更是中国特色社会主义制度优势的体现。政府的主导作用包括中央政府的宏观顶层设计与地方政府主动作为两个方面。"我们的国家这样大,人口这样多,情况这样复杂,有中央和地方两个积极性,比只有一个积极性好得多。我们不能像苏联那样,把什么都集中到中央,把地方卡得死死的,一点机动权也没有。"① 其中,中央政府的作用主要体现在城市支持农村的基本方向、步骤、管理体制、政策体系等方面的总体设计和方向把控,地方政府尤其是省级政府主要根据本区域实际将中央意志具体化并监督实施,而地市级、县级政府则负责相关政策举措的落地生根。其中,发挥好县域政府在有效贯通中心城市与乡村之间的桥梁作用非常关键。研究表明,吸取竞争性县域政府的经验教训,新时代不是不要竞争,而是要围绕有效履行政府职责开展有序、有效的竞争或竞赛,扮演好公共事务管理者和经济事务管理者的双重角色。作为公共事务管理者,无缝对接中心城市,积极争取上级政府对县域、乡村公共基础设施、公共产品和服务、生态建设等领域的投入。作为经济事务管理者,既要发挥好作为公共事务管理者角色在经济领域延伸部分的作用,如"总部服务""招才引智"及其相关事务等,又要发挥好政府作为公有财产代表的作用,如"(公有)资本经营""土地经营""招商引资"等。在市场发挥决定性作用体制下,为了避免县域政府过度竞争引致的"越位"及其负面效应,实施权力清单制度非常必要。同时,为了应对政府"懒政"或"缺位",必须实施责任清单制度。这两个清单制度,构成

---

① 建国以来毛泽东文稿:第6册 [M]. 北京:中央文献出版社,1992:90-91.

县域政府乃至地方政府在中心城市发展要素嵌入县域、乡村方向上发挥主导作用的行为边界。

第二，"中心城市发展要素嵌入县域、乡村"是核心内容。面对我国城乡融合、一体化发展中的瓶颈、短板，主要在县域、乡村发展要素尤其是公共资源配置不均衡这一现实，引导和支持中心城市将发展要素嵌入县域、乡村成为政府主导方向和"有为"的核心内容。在社会主义市场经济下，特别是政府权力清单约束下，决定了"政府主导"并不意味着政府可以大包大揽。事实上，在公共资源和生产要素等两大类发展要素中，一方面，政府发挥主导作用的重点是促进公共资源配置优先向县域、乡村倾斜，补齐县域、乡村公共资源投入不足的短板。研究表明，主要包括但不限于：加强中心城市与县域城镇、乡村空间聚落统筹规划、建设和治理，重点支持农村城镇、乡村空间聚落现代化建设与治理，促进城乡空间布局与建设发展一体化；加强中心城市与县域、乡村道路、水、电、气、通信和互联网、5G 等新基建的科学布局与建设，重点支持农村城镇、乡村生产生活公共基础设施现代化和适用新基建的布局与建设，促进城乡公共基础设施的一体化；补短板、强弱项，必须优先支持县域、乡村基础教育、医疗卫生、社会保障等财政性公共投入和人力性公共投入，补齐乡村公共资源投入不足的短板，促进公共产品和服务一体化；加强城乡空气、土壤、河流、森林、草地、湿地等生态资源一体化保护、利用和环境污染综合治理，促进城乡生态保护一体化，等等。另一方面，对于县域、乡村发展所需要的生产要素，政府在国有资本、公共数据平台及其共享数据、国家机关或事业单位人才、技术等具有公共性质的生产要素嵌入方面，应该有效发挥主导作用。在市场化生产要素配置领域，尽管政府不能替代市场的决定性作用，但可以利用金融政策、税收政策和产业政策等手段，加速中心城市与县域、乡村产业专业化分工，促进中心城市产业转移、生产制造环节转移，或者通过加大县域、乡村公共资源投入、改善政府服务等途径优化营商环境等间接途径，既扭转县域、乡村内源性生产要素的过度流失，又吸引中心城市生产要素嵌入县域、乡村并内源化，在生产要素嵌入中带动县域、乡村产业壮大、转型升级和创新发展。

第三，"政府主导的细分领域再嵌入市场机制"是有机补充。在中心城市面向县域、乡村方向，政府主导是有界限的。其中，在县域非农领域，尤其是面向居民消费服务、加工制造及其流通领域，市场发挥着决定性作用。在政府主导的中心城市发展要素嵌入县域、乡村领域，还可以细分为更加具体的领域，再嵌入市场机制，即在政府主导框架范围内，将政府作用与市场力量有机结合，根据政府制定的相应规则或清单制度，遵循按生产要素贡献分配原则，特别是对其他生产要素最具有黏性的资本，按照等量资本获得等量利润要求，吸引相关发展要素更多、更好地嵌入县域、乡村。研究表明，一是在政府主导的公共基础设施建设和生态保护等领域，特别是适宜嵌入市场机制的准公共产品和服务领域，可以通过政府和社会资本合作方式，也即 PPP 模式，鼓励私营企业、民营资本通过市场竞争方式与政府进行合作，双方平等协商、全程参与、共同合作，社会资本成为公共产品和服务生产者、供给者，政府则根据公共服务绩效评价结果向社会资本支付对价，从而实现合作各方达到比预期单独行动更为有利的结果。在实践中，我国自从 2013 年以来，出台了一系列鼓励和支持政策，极大地提高了公共资源嵌入县域、乡村的效率。二是政府主导的扶持性发展与建设领域，主要是"三农"领域，事关农民权益保护、生活保障、收入增长、共同富裕和全面发展，鉴于完全由市场机制作用会产生极化效应，而完全由政府作用又缺乏能力支撑，所以，在各类社会资本总体实施准入负面清单的背景下，既可以对基础性、战略性或脆弱性领域明确禁止类、限制类准入范围，也可以明确政府鼓励和支持类领域，如 2020 年 4 月农业农村部出台的《社会资本投资农业农村指引》中明确的十二个细分领域，积极引导社会资本参与"三农"相关领域建设，有可能带动其他发展要素的有效嵌入。三是政府作为经济事务管理者角色发挥作用的领域（包括提供总部服务、招才引智等属于公共事务管理者角色在经济领域延伸的领域，以及公有资本经营、招商引资等作为公有财产代表身份发挥作用的领域），吸取竞争性县域政府的经验教训，既要发挥好县域政府的主观能动性，又要避免过度竞争产生的负面效应，可以在政府权力清单框架内利用市场机制，吸引中心城市发展要素嵌入县域、乡村经济。

总之，在我国城乡二元结构背景下，面对市场化驱动下中心城市对县域、乡村的极化效应，在中心城市支持县域、乡村方向上，实施由政府主导推动中心城市发展要素嵌入县域、乡村，在县域尤其是"三农"细分领域再以不同方式嵌入市场机制，既是改革开放尤其是中国特色社会主义进入新时代以来的实践探索及其经验总结，也是新时代城乡关系政策体系完善和创新的主要依据。

第三节　嵌入政策体系创新

在城乡融合、一体化发展中，城乡一体化嵌入县域、乡村经济发展动力结构的体制创新，需要借助有效的机制或政策体系才能实现。这里的政策，除了我们在研究中心城市单个发展要素嵌入县域、乡村所揭示的制度创新外，更主要的是指全局性、系统性、配套性的政策体系创新。

第一，补长农民共同富裕"短腿"的政策。实现共同富裕，促进人的全面发展，是中心城市发展要素嵌入县域经济发展动力结构、实现城乡现代化的基本目标，是中国特色社会主义的本质要求和中国式现代化的重要特征。在我国城乡二元结构下，农民是共同富裕和人的全面发展道路上的"短腿"。因此，嵌入的政策体系设计必须围绕补长这一"短腿"展开。一方面，做大做好"蛋糕"的政策设计。在总体层面，要按照习近平总书记"在推动高质量发展中强化就业优先导向"[①] 的制度创新取向，提高经济增长的就业带动力，支持中小微企业发展，不断壮大实体经济，提高劳动者素质，夯实共同富裕的基石。在城乡关系层面，政策设计要围绕做大做好农民的"蛋糕"展开。基于农业既具有基础性、战略性，又是市场经济条件下农民收入的主要来源和共同富裕的基础，政策上必须既激发农民提高生产能力和效率，又能实现农民丰产与增收的有机结合。为此，必须继续加强对农业农村领域的政策倾斜，补齐农业农村公共基础设施短板，推进高标准农田建设，实施种业振兴行动，提高农机装备水平，提高农业综合生产能力；健全农民种粮收益保障机制，重点完善农业生产者补贴制度、国家粮食最低收购价政策，保证农民合理收益；促进农业转移人口在农业系统内部就业创业，同时，有序推进农业转移人口市民化，推动农业内部动力变革、质量变革和效率变革。另一方面，切好、分好"蛋糕"的政策设计。总体上，一定要处理好公平与效率的关系，发挥分配制度的功能，

---

① 习近平著作选读（第二卷）［M］. 北京：人民出版社，2023：575.

有效构建初次分配、再分配、三次分配协调配套的基础性制度安排。从城乡关系角度看，由于我国农民有效对接市场的能力不足，在市场主导下的初次分配中处于弱势，所以，初次分配领域，要突出按劳分配主体地位和作用，提高劳动报酬比重，进一步完善按生产要素分配政策；再分配领域，加大税收、社保、转移支付等调节力度，补齐农民基本公共产品和服务供给不足的"短板"，特别是要根据农民需求和政府供给能力，在教育、医疗、养老、住房等领域尽力而为、量力而行，兜住困难群众基本生活底线；第三次分配领域，积极引导和支持企业和社会群体参与公益慈善事业，加大对农村尤其是弱势农民的帮扶力度。

第二，适度超前的县域、乡村布局政策。科学的城乡空间规划，尤其是基于城乡融合、一体化发展的县域、乡村布局规划，是中心城市一切发展要素有效嵌入县域、乡村的前提条件，也是实现县域城乡居民生产生活现代化转型的必要条件。在新中国成立以来的较长时期内，我国生产力发展总体水平低、农业社会特征明显和改革开放后较长时期发展小城镇的政策取向，形成了我国县域城镇，乡村星罗棋布但缺乏紧密联系（事实上高度分散）的格局，与当前及其未来我国新发展格局、高质量发展和社会主义现代化强国建设存在着矛盾，与提高中心城市发展要素嵌入县域、乡村的效率，促进农业全面升级、农村全面进步、农民全面发展的要求相冲突。因此，县域、乡村规划在遵循"县域规划建设一盘棋"① 和适度超前原则的前提下。一方面，坚持国家"以城市群为主体构建大中小城市和小城镇协调发展的城镇格局"总体要求，县域城镇，尤其是县城和重点镇一定要提升联通中心城市与乡村、承接中心城市产业或生产环节转移、聚集农村发展要素、提供农业生产总部服务、创造农业转移人口就业机会、满足农民物质精神文化生活需要等方面的功能。通过优化布局、体制机制创新和县域内部的资源整合，提升县域城镇的城市功能，将县域城镇塑造成为区域经济网络中的重要节点、农村经济发展的发动机和未来农民美好生活空间聚落的目的地之一。另一方面，以县域城镇、中心村为中心，科学规划并建设中国未来乡村空间布局。坚持人与产业发展、乡村文化、生态

---

① 根据 2022 年 5 月中共中央办公厅、国务院办公厅印发的《乡村建设行动实施方案》中第（四）条精神，提出"坚持县域规划建设一盘棋，明确村庄布局分类，细化分类标准"。

环境协调统一，以满足农业发展和农民需求为中心，根据乡村自然条件、区位、生产生活生态协调性、生产经营方式的演进、历史文化等内在条件，结合公共基础设施、基本公共产品与服务、生产要素或产业嵌入的要求和国土综合整治目标，科学、合理划定和守护各类空间管控边界，特别是科学规划、完善和优化农业生产空间、农民生活空间和乡村生态空间，守住 18 亿亩耕地红线。重点发展中心村、保护特色村、整治空心村，分阶段、分类型建设美丽乡村，形成生产空间集约高效、生活空间宜居适度、生态空间山清水秀的基本格局。既要改变农村城镇、乡村过度分散格局，又要防止乡村城市化、非农化、资本化现象，守住城镇乡村山清水秀的自然底色、农业为主的产业特征和自然朴素的民风乡愁，共建共治共享农民美好家园。

第三，补齐农村公共基础设施短板的政策。城乡基本条件均衡分布，是马克思主义经典设想的未来社会城乡一体化的必要条件。新中国成立以来，在生产力发展总体发展水平较低背景下实施的工业优先发展战略，以及城市优先发展政策取向，形成了我国县域尤其是乡村公共基础设施建设滞后的格局。进入新时代以来，尤其是党的十九大以来，补齐乡村公共基础设施短板成为乡村振兴的重大战略举措。补短板既是促进县域、乡村经济发展的一种手段——促进中心城市发展要素尤其是生产要素、产业向县域、乡村流动，激发投资引擎，同时激活农村消费引擎，又是经济发展的主要目的——实现农村居民对美好生活的向往。补齐农村公共基础设施短板，需要统筹兼顾改善农村投资环境、农民生产环境和生活环境，将公共基础设施投入与产业转型发展、融合发展、农民生活品质提升有机结合起来。一方面，在传统基础设施建设领域，大力推进农村道路畅通工程、农村防汛抗旱和供水保障、乡村清洁能源建设工程、农产品仓储保鲜冷链物流设施建设工程，为乡村振兴增添新动力。重点是，有序推进中心城市公共交通线路向周边村镇延伸、农村公路建设项目更多向进村入户倾斜，促进农村公路与乡村产业深度融合，大力推进乡村产业路、旅游路、资源路建设；适应人民生活品质不断提高的新要求，完善国家骨干冷链物流基地布局和产销冷链集配中心布局，为提高农村物流配送效率，着力打造高效衔接农产品产销的冷链物流通道网络，进一步完善农产品产地批发市场、农村商业体系、县乡村三级物流配送体系。另一方面，在新基建领域，为加速乡村振兴动力结构变革，坚持城乡同步、各有侧重，积极实施数字乡村建设发展工程，促进数字技术与农村生产、生活深度融合。适应新科技革命新经济发展趋势和"三农"发展需求，重点加强农村信息基础设施建设，提升农村通信网络质量和覆盖水平；深化农村光纤网络、移动通信网络、数字电视和下一代互联网覆盖，加快建设农业农村遥感卫星等天基设施，建立农业农村大数据体系，推进重要农产品全产业链大数据建设，发展智慧农业；实施"互联网＋"农产品出村进城工程和"数商兴农"行动，推进乡村管理服务数字化，推动"互联网＋"服务向农村延伸覆盖，等等。①

第四，生产要素嵌入的"红绿灯"政策。在社会主义市场经济下，以资本为代表的生产要素嵌入县域、乡村既具有刺激、拉动等积极作用，也具有排挤、极化甚至破坏等消极作用。在大国小农背景下，农户依靠自身能力很难抵御这些消极作用，有可能对农民收入增加、共同富裕、国家粮食安全和社会稳定产生不利影响。为此，一方面，基于资本对技术、人才、管理和数据等其他生产要素具有强大的黏合力，为了既发挥资本要素的积极作用，又有效控制资本要素在农业农村野蛮生长、扩张所产生的消极作用，必须为资本设置"红绿灯"，引导资本规范健康发展。也就是，在中心城市生产要素嵌入县域、乡村中，根据国有资本、民营资本与外国资本，实体资本与虚拟资本，实体资本内部不同产业资本的特性和功能，以及这些资本嵌入县域、乡村范围及其细分领域，通过负面清单或正面清单制度，设置鼓励、限制、禁止资本嵌入的区间和允许资本嵌入的具体方式，遵循国有资本社会效益为先兼顾经济效益、非国有资本或社会资本实行等量资本获得等量利润基本准则，既鼓励和支持各类资本有序嵌入，又依法实施有效监管，解决农业农村经济发展既离不开资本又不能依靠资本的难题，既避免因资本短缺而不活的问题，又防止因资本横冲直撞而不稳的后果。另一方面，基于技术、人才、数据等生产要素既可以是私人产品也可以是公共产品，面对市场经济下中心城市对县域、乡村市场化生产要素的极化效应，在中心城市嵌入县域、乡村生产要素方向上，需要更加强

---

① 中共中央办公厅　国务院办公厅印发《乡村建设行动实施方案》［EB/OL］. 中华人民共和国中央人民政府网站，2022－05－23.

调政府主导作用，鼓励和支持具有公共产品性质的生产要素嵌入，由此吸引市场化生产要素的嵌入，包括但不限于：充分发挥政府财政资金对社会资本的撬动、引导作用，充分激发农业转移人口返乡创业的积极性，鼓励和支持国有企事业单位，特别是高校科研机构科技人员和科技成果下乡、管理人员下乡、志愿服务下乡，鼓励和支持各种非营利组织或社会力量在农业农村科普、日用技术、数据应用推广等方面发挥帮扶作用，等等。通过为资本等要素设置"红绿灯"和更好地发挥政府作用，逐步实现城乡生产要素双向有序流动、融合发展。

第五，基于丰产增收的产业融合政策。产业振兴是城乡现代化的物质基础，中心城市产业嵌入是促进县域、乡村产业转型升级、融合发展的主要途径。基于我国粮食安全和社会主义共同富裕本质要求，中心城市产业嵌入与西方国家用资本主义工业化手段改造农业农村不同，是一种让农民共同参与产业嵌入、融合过程，共同分享发展成果的城乡产业互补、协同发展方式。在新科技革命新经济催生产业之间、产业内部的产业链之间融合发展的背景下，为了避免产业嵌入成果主要被资本等市场强势要素所有者占有、农民丰产不增收甚至歉收的两极分化效应，需要加强产业嵌入中的政策引导和调控。一方面，在农业领域，鼓励和支持中心城市产业资本在符合清单制度前提下参与拓展农业多种功能、挖掘乡村多元价值，促成农业与第二、第三产业融合发展。重点是鼓励和支持中心城市相关产业资本嵌入县域、乡村，建设现代农业产业园和国家农村产业融合发展示范园等产业发展平台，发展粮油加工、食品制造等农产品加工业；鼓励和支持参与乡村休闲旅游提升计划，发展乡村民宿、农家乐特色村（点）等乡村休闲旅游产业；鼓励和支持参与"数商兴农"工程，推进电子商务进乡村。另一方面，在非农领域，鼓励中心城市疏解产业向县域有序梯度转移，重点支持带动能力强、就业容量大、有利于形成县域比较优势的产业转移或产业嵌入，促进县域产业链与创新链融合、县城产业服务功能提升、产业向园区集中和规模骨干企业做强做大。加强中心城市、县域城镇、村贯通的商业流通体系建设，重点支持覆盖农村的物流快递网点布局，形成县、乡、村物流共同配送、农村客、货、邮融合发展格局；鼓励和支持中心城市大型流通企业根据县域内部城乡居民生产生活需求，以县城和中心镇为节点下沉供应链，积极参与"互联网＋"农产品出村进城工程，建立长期稳定的产销对接关系，克服小农户与大市场对接困难；鼓励和支持中心城市冷链物流服务网络向农村延伸，参与农产品产地仓储保鲜冷链物流设施建设，通过合作联营、成网配套等途径，降低农产品生产季节性风险和损失。通过协同推进，让农民既能够分享农业领域融合发展带来的价值增值，又能在非农产业融合发展中增加就业、创业机会，促进农户在劳动力、土地资源配置方式的重新调整，产生直接增加农民非农收入和间接推动农业领域动力结构变革的双重效应。

第六，补齐农村基本公共服务短板政策。不断提高基本公共服务供给水平和质量，对实现共同富裕和满足人民美好生活需求具有稳定器作用，既是社会主义的本质要求，也是有效激活消费需求，形成以国内大循环为主体、国内国际双循环相互促进的新发展格局的有效手段。为此，坚持既尽力而为又量力而行，在着力提高城乡基本公共服务水平的同时，通过政策倾斜，重点在农村教育、医疗、养老、住房等领域发力，补齐农村公共服务供给不足短板，兜住农村困难群体基本生活底线。一方面，充分发挥国民收入再分配功能，加强公共财政对农村的投入。根据县域、乡村基本公共服务供给和需求状况，强化县城综合服务功能打造，推动县城服务重心下移和资源下沉，发挥县城在县域城乡融合发展中的支撑保障作用，提高农村居民公共服务共享的可及性、便利性。重点是，加强乡村与县城的有效对接，加速推进农村义务教育学校基本办学条件建设，巩固提升高中阶段教育普及水平，发展涉农职业教育和乡村继续教育；加大县域内部医疗卫生三级网络体系中乡村医疗卫生体系建设，加大基层公共卫生设施建设投入，持续推进村卫生室标准化建设；完善养老助残服务设施，发展农村幸福院等互助型养老，推进县乡村公共服务一体化示范建设；加强乡村文化礼堂、文化广场、乡村戏台、非遗传习场所等乡村公共文化设施建设，加强农村全民健身场地设施建设，加强村级综合服务设施提升工程；加大农房质量安全提升工程推进力度，加快农村低收入群体等重点对象危房改造进程，构建农村低收入群体住房安全保障的长效机制。另一方面，结合县域、乡村公共服务需要和人才需求实际，加大对县域、乡村公共服务领域专门人才或人力资源的培养、就业、留用和有序流动的政策设计，充分发挥中心城市人才集聚的优势，鼓励和支持中心城市公共教育、医疗、卫生、健康、养老服务等机构或单位，通过组成联合体，利用互联网平台，开展合作共建、结对帮扶、指导培训、挂职锻炼和志愿服务等形式，不断加大对县域、乡村公共服务人才的支持力度。通过公共财政投入和公共人力资源投入双管齐下，逐步实现城乡基本公共服务一体化。

第七，乡村"三生"融合宜居宜业政策。按照"产业兴旺、生态宜居、乡风文明、治理有效、生活富裕"的总要求，以及中国未来乡村生产、生活、生态融合和宜居宜业的美好愿景，一方面，国家从城乡融合、一体化和现代化总体层面加强顶层设计，制订和实施乡村生态振兴指导意见或行动方案，将乡村生态振兴纳入乡村振兴整体布局和国家财力、人力、技术支持体系。重点是，以促进农村居民生产生活环境根本性改善为目标，以农村厕所革命（农村改厕）、生活污水和黑臭水体治理、农村生活垃圾收运处置、荒山荒地荒滩绿化为重点，以打造生态综合示范区（带、村）、垃圾综合处理示范村、农村环境综合整治示范村、"清洁田园"示范点和美丽乡村示范点为主要抓手，促进农村人居环境的不断改善。另一方面，加强地方各级政府在乡村生态振兴中的责任落实。基于市管县体制、城乡生态空间不完全可分性和县域在协调跨区域生态治理矛盾中能力有限等特点，乡村生态治理不仅要注重行政管理序列中从上至下"线""条"上的治理责任落实，而且要特别关注特定行政区域、流域的"块"或"面"上的治理责任体系建立。省级政府不仅要在国家总体部署下承担长江、黄河等大流域生态治理中的主体责任，而且要发挥在省域范围内跨行政区域、跨流域生态治理中的主导作用，强化并落实地级市政府在行政区域范围内城乡生态一体化和省域范围内跨区域、流域生态治理中的主体责任。在"面""块"的生态治理中，要特别重视流域生态治理，以国家推进水系连通及水美乡村建设试点为契机，以小流域为生态建设和绿色发展的统筹单元，加大中心城市财力、技术、人才支持县域、乡村生态建设力度，建立中心城市、县域和乡村生态治理联动机制、责任分担机制和收益共享机制，帮助补齐农业种植业结构与布局调整优化、控制农业面源污染等领域技术支撑不足的短腿、补齐农民尤其是刚刚摆脱绝对贫困群体的生产生活仍然受到自然界束缚的短腿、补齐农户生产体制下农民生产生活方式高度分散妨碍环境友好建设的短腿，促成乡村生态环境根本好转，同时为城市生态环境优化提供有力支撑。

参 考 文 献

[1] 埃比尼泽·霍华德. 明日的田园城市 [M]. 金经元译. 北京: 商务印书馆, 2002.

[2] 安同良, 卞加振, 陆国庆. 中国工业反哺农业的机制与模式: 微观行为主体的视角 [J]. 经济研究, 2007 (7).

[3] 岸根卓朗. 迈向 21 世纪的国土规划: 城乡联合系统设计 [M]. 高文琛译. 北京: 科学出版社, 1990.

[4] 白永秀等. 马克思主义城乡关系理论与中国城乡发展一体化探索 [J]. 当代经济研究, 2014 (2).

[5] 蔡昉, 都阳. 经济转型过程中的劳动力流动——长期性、效应和政策 [J]. 学术研究, 2004 (6).

[6] 陈清. 关于县域经济问题的若干思考 [J]. 学术论坛, 2004 (1).

[7] 陈锡文. 推动城乡一体化 [J]. 求是, 2012 (13).

[8] 陈秀山. 促进区域协调发展的两个重点 [J]. 生产力研究, 2007 (13).

[9] 陈雪娟, 胡怀国. 中国现代化进程透视下的城乡关系演变 [J]. 经济纵横, 2021 (5).

[10] 陈宗胜, 黎德福. 内生农业技术进步的二元经济增长模型——对 "东亚奇迹" 和中国经济的再解释 [J]. 经济研究, 2004 (11).

[11] 戴双兴. 数据要素: 主要特征、推动效应及发展路径 [J]. 马克思主义与现实, 2020 (6).

[12] 丹尼斯·C. 缪勒. 公共选择理论 [M]. 北京: 中国社会科学出版社, 1999.

[13] 党国英. 从脱贫走向致富的大竹探索 [J]. 人民论坛, 2016 (11).

[14] 邓万春. 内生或内源性发展理论 [J]. 学术论坛, 2011 (4).

[15] 丁学良．马克思的"人的全面发展观概览"［J］．中国社会科学，1983（3）．

[16] 董辅礽．中华人民共和国经济史［M］．北京：经济科学出版社，1999．

[17] 段培君．县域经济发展战略理论的系统框架［J］．中国软科学，2003（6）．

[18] 费孝通，刘豪兴．中国城乡发展的道路［M］．上海：上海人民出版社，2016．

[19] 冯雷．中国城乡一体化的理论与实践［J］．中国农村经济，1999（4）．

[20] 高帆．中国城乡二元经济结构转化的影响因素分解：1981—2009年［J］．经济理论与经济管理，2012（9）．

[21] 龚维斌．坚定不移走中国式现代化新道路［N］．学习时报，2022－07－07．

[22] 辜胜阻．解决我农村剩余劳动力问题的思路与对策［J］．中国社会科学，1994（5）．

[23] 辜胜阻，李华，易善策．推动县域经济发展的几点新思路［J］．经济纵横，2010（2）．

[24] 辜胜阻．新时期城镇化进程中的农民工问题与对策［J］．中国人口·资源与环境，2007（1）．

[25] 郭书田，刘纯彬．失衡的中国——农村城市化的过去、现在与未来［M］．石家庄：河北人民出版社，1990．

[26] 郭小聪，代凯．国内近五年基本公共服务均等化研究：综述与评估［J］．中国人民大学学报，2013（1）．

[27] 国家发展改革委发展战略和规划司．深入推进中国式现代化的战略擘画［N］．经济日报，2021－11－02．

[28] 国家新型城镇化规划（2014～2020年）［M］．北京：人民出版社，2014．

[29] 韩俊．建立统筹城乡发展的制度体系［J］．理论前沿，2006（22）．

[30] 韩俊．谱写新时代农业农村现代化新篇章［N］．人民日报，2018－11－05．

［31］韩启德．新型城镇化和县域经济发展是一项历史任务［J］．人民论坛，2014（10）．

［32］贺耀敏．集群式经济：我国县域经济发展的新思路［J］．西北大学学报，2004（1）．

［33］洪银兴．城乡差距和缩小城乡差距的优先次序［J］．经济理论与经济管理，2008（2）．

［34］洪银兴等．《资本论》的现代解析（修订版）［M］．北京：经济科学出版社，2011．

［35］洪银兴．"互联网＋"市场的经济学分析［J］．教学与研究，2020（3）．

［36］洪银兴，杨德才．新中国经济史论［M］．北京：经济科学出版社，2019．

［37］洪银兴，张宇．马克思主义经济学经典精读．当代价值［M］．北京：高等教育出版社，2012．

［38］鸿雁．城市化理论重构与城市化战略研究［M］．北京：经济科学出版社，2012．

［39］侯风云，张凤兵．从人力资本看中国二元经济中的城乡差距问题［J］．山东大学学报（社会科学版），2006（4）．

［40］胡鞍钢．中国式现代化道路的特征和意义分析［J］．山东大学学报（哲学社会科学版），2022（1）．

［41］胡必亮，马昂主．城乡联系理论与中国的城乡联系［J］．经济学家，1993（4）．

［42］胡福明．中国县域经济学［M］．南京：江苏人民出版社，1987．

［43］湖北省社会科学院编．中国县经济的改革与发展［M］．北京：经济管理出版社，1987．

［44］黄承梁．中国共产党领导新中国70年生态文明建设历程［J］．党的文献，2019（5）．

［45］黄群慧．新时代中国经济现代化的理论指南［N］．经济日报，2021－10－21．

［46］黄泰岩，李德标．我国新型工业化的道路选择［J］．中国特色社会主义研究，2003（1）．

［47］黄泰岩，王检贵．工业化新阶段农业基础性地位的转变［J］．中国社会科学，2001（3）.

［48］黄云鹏．"十二五"促进城乡基本公共服务均等化的对策建议［J］．宏观经济研究，2010（7）.

［49］建国以来毛泽东文稿［M］．北京：人民出版社，1992.

［50］蒋永穆，戴中亮．双重二元经济结构下的城乡统筹发展［J］．教学与研究，2005（10）.

［51］孔凡文，张小飞，刘娇．我国城乡基本公共服务均等化水平评价分析［J］．调研世界，2015（7）.

［52］李红波，张小林．吴启焰等．发达地区乡村聚落空间重构的特征与机理研究：以苏南为例［J］．自然资源学报，2015（4）.

［53］李华胤．论现代化中后期的城乡关系与乡村振兴［J］．西安财经大学学报，2020（6）.

［54］李慧．乡村旅游发展步入快车道［N］．光明日报，2020 - 09 - 18.

［55］李文宇．城乡分割会走向城乡融合吗［J］．财经科学，2015（6）.

［56］李小三，徐鸣．关于县域经济的理论思考［J］．江西社会科学，2000（3）.

［57］李源．内源性经济与外源性经济比较研究［J］．学术研究，2004（1）.

［58］厉以宁．区域发展新思路［M］．北京：经济日报出版社，2002.

［59］厉以宁．走向城乡一体化：建国60年城乡体制的变革［J］．北京大学学报（哲学社会科学版），2009（6）.

［60］列宁全集［M］．北京：人民出版社，1963.

［61］林刚．关于中国经济的二元结构和三元结构问题［J］．中国经济史研究，2000（3）.

［62］林岗等．诺斯与马克思：关于社会发展和制度变迁动力的比较［J］．中国人民大学学报，2000（3）.

［63］林毅夫．中国发展带来的几点启示［N］．人民日报，2019 - 08 - 13.

［64］凌耀初．县域经济发展战略［M］．上海：学林出版社，2005.

［65］刘爱华．以优化县域经济发展推进城乡一体［N］．农民日报，

2014 – 04 – 16.

［66］刘成奎，王朝才. 城乡基本公共服务均等化指标体系研究［J］.
财政研究，2011（8）.

［67］刘典. 加快数据要素市场运行机制建设［N］. 经济日报，2020 –
09 – 04.

［68］刘俊杰. 县域经济发展与小城镇建设［M］. 北京：社会科学文
献出版社，2005.

［69］刘彦随. 中国新时代城乡融合与乡村振兴［J］. 地理学报，2018
（4）.

［70］刘易斯·芒福德. 城市发展史：起源、演变和前景［M］. 倪文
彦，宁俊岭译. 北京：中国建筑工业出版社，1989.

［71］刘志澄，余汉新. 对县域经济发展的几个问题的认识［J］. 齐齐
哈尔大学学报（哲社版），1988（9）.

［72］吕方. 乡村振兴与中国式现代化道路：内涵、特征、挑战及关
键议题［J］. 杭州师范大学学报（社会科学版），2021（5）.

［73］马克思恩格斯全集［M］. 北京：人民出版社，1960 – 1980.

［74］马克思恩格斯文集［M］. 北京：人民出版社，2009.

［75］马克思恩格斯选集［M］. 北京：人民出版社，1995.

［76］迈克尔·P. 托达罗. 经济发展与第三世界［M］. 印金强，赵荣
美译. 北京：中国经济出版社，1992.

［77］毛泽东文集［M］. 北京：人民出版社，1999.

［78］毛泽东著作选读［M］. 北京：人民出版社，1986.

［79］孟中华. 推动县域经济跨越发展［N］. 人民日报，2016 – 06 – 16.

［80］诺斯. 经济史中的结构与变迁［M］. 上海：上海三联书店，1997.

［81］秦宏等. 沿海地区农户分化与非农化、城镇化协调发展道路探
析［J］. 安徽农业科学，2009（21）.

［82］曲延春. 以加强农村公共产品供给扩内需［N］. 经济日报，
2021 – 12 – 08.

［83］石盛林. 我国县域制度变迁路径分析及启示［J］. 农业经济问
题，2011（3）.

［84］史丹，邓洲. 促进数据要素有效参与价值创造和分配［N］. 人

民日报，2020 – 01 – 22.

［85］斯蒂格利茨. 社会主义向何处去［M］. 长春：吉林人民出版社，1998.

［86］宋洪远. 调整城乡关系：国际经验及其启示［J］. 经济社会体制比较，2004（3）.

［87］孙久文. 区域经济学［M］. 北京：首都经济贸易大学出版社，2006.

［88］孙久文. 走向2020年的我国城乡协调发展战略［M］. 北京：中国人民大学出版社，2010.

［89］孙谦. 中国现代化发展动力论［M］. 合肥：安徽大学出版社，2009.

［90］孙学文，王长远等. 中国县经济学［M］. 北京：中国经济出版社，1990.

［91］W. 阿瑟·刘易斯. 经济增长理论［M］. 上海：上海三联书店，1990.

［92］王长远. 县域经济发展战略［M］. 北京：中国经济出版社，1993.

［93］王怀岳. 中国县域经济发展实论［M］. 北京：人民出版社，2001.

［94］王积业，王建. 我国经济发展中的二元结构矛盾与90年代经济发展的出路选择［J］. 经济研究参考，1993（12）.

［95］王磊，刘泉红，曾铮. 健全基础性制度　培育数据要素市场［N］. 经济日报，2020 – 10 – 28.

［96］王灵桂. 中国式现代化新道路与人类文明新形态［N］. 经济日报，2021 – 12 – 02.

［97］王明华，王淑贤. 消除城乡二元结构　推进中国农村现代化［J］. 农业经济问题，2001（2）.

［98］王盛章，赵桂溟. 中国县域经济及其发展战略［M］. 北京：中国物价出版社，2002.

［99］王新民，南锐. 基本公共服务均等化水平评价体系构建及应用——基于我国31个省域的实证研究［J］. 软科学，2011（7）.

［100］王一鸣. 深化要素配置改革释放增长新潜能［N］. 经济参考报，2020 – 08 – 04.

［101］王志刚，黄棋. 内生式发展模式的演进过程［J］. 教学与研究，2009（3）.

[102] 魏后凯，刘同山. 论中国农村全面转型——挑战及应对 [J]. 政治经济学评论，2017 (9).

[103] 吴承明，董志凯. 中华人民共和国经济史 [M]. 北京：社会科学文献出版社，2010.

[104] 吴莹. 新中国成立七十年来的城镇化与城乡关系：历程、变迁与反思 [J]. 社会学评论，2019 (6).

[105] 西奥多·W. 舒尔茨. 改造传统农业 [M]. 梁小明译. 北京：商务印书馆，1987.

[106] 习近平扶贫论述摘编 [M]. 北京：中央文献出版社，2018.

[107] 习近平关于"三农"工作论述摘编 [M]. 北京：中央文献出版社，2022.

[108] 习近平关于社会主义经济建设论述摘编 [M]. 北京：中央文献出版社，2017.

[109] 习近平谈治国理政（1–4卷）[M]. 北京：外文出版社，2014–2022.

[110] 习近平. 正确认识和把握我国发展重大理论和实践问题 [J]. 求是，2022 (10).

[111] 习近平总书记在省部级领导干部"学习习近平总书记重要讲话精神，迎接党的二十大"专题研讨班上的讲话 [Z]. 人民日报客户端，2022–07–27.

[112] 项久雨. 中国式现代化的伟大创新 [N]. 经济日报，2022–08–24.

[113] 谢志强，姜典航. 城乡关系演变：历史轨迹及其基本特点 [J]. 中共中央党校学报，2011 (4).

[114] 谢自奋，凌耀初. 中国县域经济发展的理论与实践 [M]. 上海：上海社会科学院出版社，1996.

[115] 苏星. 新中国经济史（修订本）[M]. 北京：中共中央党校出版社，2007.

[116] 邢志广，李果. 县域经济发展战略探讨 [J]. 宏观经济管理，2006 (4).

[117] 许经勇. 解决"三农"问题的两种互补模型：外生性发展与内

生性发展［J］．北京行政学院学报，2007（4）．

［118］杨承训．建立优化城乡生态连体结构［N］．人民日报，2013 - 07 - 09．

［119］杨中虎．发展县域经济浅谈［J］．中国经济体制改革，1990（5）．

［120］游祖勇．中国县域经济与政府行为分析［M］．北京：经济科学出版社，2000．

［121］袁红英．新时代加快农业农村现代化的行动指南［N］．经济日报，2021 - 12 - 08．

［122］臧峰宇．马克思的现代性思想与中国式现代化的实践逻辑［J］．中国社会科学，2022（7）．

［123］曾红颖．我国基本公共服务均等化标准体系及转移支付效果评价［J］．经济研究，2012（6）．

［124］曾红颖．我国基本公共服务均等化标准体系及转移支付效果评价［J］．经济研究，2012（6）．

［125］曾寅初．我国工业化带动二元经济结构转型的制约因素分析［J］．教学与研究，2006（8）．

［126］张弛，张曙光．从外源工业化走向内源城市化［J］．中山大学学报，2011（1）．

［127］张春根．县域论［M］．北京：中国文联出版社，1999．

［128］张环宙，黄超超，周永广．内生式发展模式研究综述［J］．浙江大学学报，2007（2）．

［129］张杰．坚定不移走中国式现代化新道路［N］．中国社会科学报，2021 - 08 - 11．

［130］张金山．县域经济导论［M］．杭州：杭州大学出版社，1997．

［131］张五常．中国的经济制度［M］．北京：中信出版社，2009．

［132］张卓元，路遥．实现从二元经济结构向现代经济结构转变是新世纪前20年战略任务［J］．宏观经济研究，2002（4）．

［133］郑有贵．中华人民共和国经济史（1949—2019）（第二版）［M］．北京：当代中国出版社，2019．

［134］中共中央关于坚持和完善中国特色社会主义制度、推进国家治理体系和治理能力现代化若干重大问题的决定［M］．北京：人民出版社，2019．

［135］中共中央、国务院关于构建更加完善的要素市场化配置体制机制的意见［M］. 北京：人民出版社，2020.

［136］中共中央文献研究室. 建国以来重要文献选编［M］. 北京：中央文献出版社，2011.

［137］中共中央文献研究室. 习近平关于社会主义生态文明建设论述摘编［M］. 北京：中央文献出版社，2017.

［138］周叔莲，郭克莎. 中国城乡经济及社会的协调发展（上）［J］. 管理世界，1996（3），1996（4）.

［139］周天勇. 托达罗模型的缺陷及其相反的政策含义——中国剩余劳动力转移和就业容量扩张的思路［J］. 经济研究，2001（3）.

［140］周业安. 地方政府之间横向竞争为何如此疯狂［N］. 中国经营，2009 - 04 - 14.

［141］周志家. 从分离与对立到统筹与融合：马克思的城乡观及其现实意义［J］. 哲学研究，2007（12）.

［142］朱孔来，倪书俊. 论县域经济的特点和发展［J］. 宏观经济管理，2006（1）.

［143］朱舜. 县域经济学［M］. 成都：四川人民出版社，1995.

［144］朱舜. 县域经济学通论——中国行政区域经济研究［M］. 北京：人民出版社，2001.

［145］资本论［M］. 北京：人民出版社，2004.

［146］Cumming G S, Barnes G, Perz S, Schmink M, Sieving K E, Southworth J, Binford M, Holt R D, Stickler C, Van Holt T. An Exploratory Framework for the Empirical Measurement of Resilience［J］. Ecosystems, 2005（8）.

［147］D A Rondinelli. Secondary Cities in Develeoping Countries: Policies for Diffusing Urbanization［M］. London: Sage Publications, 1983.

［148］D Vollrath. How Important are Dual Economy Effects for Aggregate Productivity?［J］. Journal of Development Economics, 2009（2）.

［149］D W Jorgenson. The Develeopment of a Dual Economy［J］. Economic Journal, 1961（2）.

［150］Elinor Ostrom. A General Framework for Analyzing Sustainability of Social-ecological systems［J］. Science, 2009（325）.

［151］ John C H Fei, G. Rains. A Theory of Economic Develeopment ［J］. American Economic Review, 1961 (9).

［152］ Jonathan Temple. Aggregate Production Functions and Growth Economicss ［J］. International Review of Applied Economics, 2006 (3).

［153］ Jonathan Temple. Dual Economy Models: A Primer for Growth Economists ［J］. Manchester School , 2005 (4).

［154］ L Alfaro, A Charlton, F Kanczuk. Plant-Size Distribution and Cross-Country Income Differences ［Z］. NBER International Seminar on Macroeconomics, 2008.

［155］ Lei An, Pei Zhang, Dan Li. Research on the Evaluation Method of Urban-Rural Integration［J］. Applied Mechanics and Materials, 2012 (209 –211).

［156］ M Douglass. A Regional Network Strategy for Reeiprocal Rural Urban Linkages: An Agenda for Policy Researech with Reference to Indonesia ［J］. Third World Planning Review, 1998 (1).

［157］ M Lipton. Why Poor People Stay Poor: Urban Bias in World Develeopment ［M］. MA: Harvard University Press, 1977.

［158］ R B Potter, T. Unwin. The Geography of Urban-rural Interraction in Developing Countries: Essays for Alan B Mountjoy ［C］. London: Routledge, 1989.

［159］ Theodore W. Schultz. Economc Growth and Agriculture ［M］. New York: meGraw-Hill, 1968.

［160］ W A Lewis. Economic Develeopment with Unlimited Supply of Labor ［J］. The Manchester School of Economic and Social Studies, 1954 (5).

［161］ W B Stohr, D R Fraser Taylor. Devolopment form Above or Below? The Dialectics of Regional Planning in Develeoping Countries ［M］. Chichester: John Wiley & Sons. LTD, 1981.

［162］ Xu F L. Study on low carbon economy form the perspective of social ecosystem Theory ［J］. Bridge of Century, 2011 (5).

［163］ Ye J. Form the Perspective of Huaman-earth Relationship: The Philosophy of Human Science and Social Ecology ［J］. Journal of Yantai University: Philosophy and Social Science Edition, 1997 (4).

后　　记

　　笔者主持并完成的国家哲学社会科学基金重点项目——城乡一体化嵌入县域经济发展动力结构的制度创新研究——（项目编号：17AJL009）的最终成果，在2023年4月经全国哲学社会科学工作办公室鉴定通过后，经过十个月的修改、完善，终于正式出版了。这一成果既是笔者在县域经济研究领域的深化，即在前一个国家社科基金研究我国县域经济发展动力结构及其变迁规律的基础上，研究外源性动力嵌入县域经济发展动力结构并内源化的实践逻辑，又是笔者六年来摆脱、战胜病魔的良药！

　　感谢本书研究初步完成后在意见征求阶段的同行专家和实践部门专家、在成果鉴定阶段的管理部门领导和同行专家，以及在成果鉴定通过并进入进一步修改完善阶段的校内外专家！您们提出的宝贵意见或建议，使本成果对作为目的的城乡一体化与作为发展机制的城乡一体化有了更清楚、正确的阐释；对中国特色城乡一体化框架的描述也更加清晰、科学，即必然分为两个层次——中心城市与县域（乡村）融合及其一体化、县域内部城乡融合及其一体化，而且我国城乡关系现代化必须以中心城市城乡一体化发展要素嵌入县域经济发展动力结构为前提，率先破除县域城乡二元结构，促进县域内部城乡融合、一体化发展。

　　特别感谢全国时代楷模、全国道德模范、全国脱贫攻坚楷模赵亚夫先生及其在他带领下所创造的"戴庄经验"！不仅因为本书研究缘起"戴庄经验"，即在社会主义市场经济下，我国不发达县域、乡村到底如何才能走出共同富裕的"新路子"，而且通过深入研究"戴庄经验"，我们发现，必须借助政府、社会诸力量变革县域、乡村日益固化的动力结构，为此需要激活县域、乡村的内源性动力、引入外源性动力并内源化，初步形成本书研究的假说性学术思想及其学术观点。"'戴庄经验'及其可推广性研究"，是笔者于2015年主持的镇江市"一号课题"，自2017年承担本书研究项目后，为揭示"戴庄经验"背后所隐含的规律性，我们调整、优化了课题组成员，取得了很好的效果。课题组提炼、总结的"戴庄经验"受到中共江苏省委三任书记的肯定并在江苏全省推广，而且基于丰富实践经验所进行的理论研究也有重要突破。本成果第九章有关中国特色城乡关系的理论创新，不是纯粹的理论演绎，而是基于中国特色城乡关系实践基础上的经验总结！当然，囿于能力、水平或认识，有些方面有可能还没有完全达到理论高度，只能作为课题组下一步继续努力的方向。

　　十分感谢笔者 2004~2007 年在扬州市邗江区人民政府挂职担任副区长期间的同事们！一方面，笔者主要从事的是理论经济学研究，所以，对城乡空间布局、基础设施、公共服务、生态建设等方面的认识不到位，特别是对相关政策的把握有可能不准。在研究中，老同事们不仅提供了诸多政策线索，而且提供了很多有价值的数据、案例和对相关问题的看法，使笔者能够比较顺利地推进研究。另一方面，在课题组研究第二章至第八章相关领域制度设计、第十章城乡一体化嵌入制度创新过程中，为了尽可能避免只是站在制度供给方讨论问题的缺陷，老同事们扮演了制度需求方角色，发表了很多有价值的意见和建议，构成本成果相关部分的重要内容。当然，城乡融合、一体化发展中制度供给与制度需求是否有效匹配，可能会有不同的看法，课题组将做更深入的研究。

　　本成果部分章节由笔者指导的马克思主义理论学科博士生管星森、孙梦莹、孙凤娟和博士后李在军参与完成，包括资料搜集、整理、分析、撰写和校对工作；扬州大学商学院田珍副教授、薛月琪老师分担了部分调查研究工作，一并表示感谢！

　　感谢经济科学出版社经管中心编辑的辛勤付出，确保了本成果如期、高质量出版！

　　衷心感谢国家哲学社会科学基金、扬州大学出版基金、扬州大学商学院出版基金，资助本成果的出版。

2024 年 5 月 29 日